As duas guerras de Vlado Herzog

Audálio Dantas

As duas guerras de Vlado Herzog

Da perseguição nazista na Europa à morte sob tortura no Brasil

1ª edição

Rio de Janeiro
2012

Copyright © Audálio Dantas, 2012

PARTICIPAÇÃO NAS ENTREVISTAS
Jorge Sá de Miranda

CAPA
Rogério Fratin

ENCARTE
Gabinete de Artes

DIAGRAMAÇÃO
Editoriarte

CIP-BRASIL. CATALOGAÇÃO NA FONTE
SINDICATO NACIONAL DOS EDITORES DE LIVROS, RJ

D21s   Dantas, Audálio, 1932-
          As duas guerras de Vlado Herzog / Audálio Dantas. –
          Rio de Janeiro: Civilização Brasileira, 2012.

          Inclui bibliografia
          ISBN 978-85-200-1151-5

          1. Herzog, Vladimir, 1937-1975. 2. Jornalistas – Brasil.
          3. Prisioneiros políticos – Brasil. Brasil – História. I. Título.

                              CDD: 981.062
12-5563   CDU: 94(81)

Todos os direitos reservados. Proibida a reprodução, armazenamento ou transmissão de partes deste livro, através de quaisquer meios, sem prévia autorização por escrito.

Texto revisado segundo o novo Acordo Ortográfico da Língua Portuguesa.

Direitos desta edição adquiridos pela
EDITORA CIVILIZAÇÃO BRASILEIRA
Um selo da
EDITORA JOSÉ OLYMPIO LTDA.
Rua Argentina 171 — 20921-380 — Rio de Janeiro, RJ — Tel.: 2585-2000

Seja um leitor preferencial Record.
Cadastre-se e receba informações sobre nossos lançamentos e nossas promoções.

Atendimento e venda direta ao leitor:
mdireto@record.com.br ou (21) 2585-2002

Impresso no Brasil
2012

Aos companheiros do Sindicato dos Jornalistas de São Paulo,* que se uniram no protesto contra o assassinato de Vladimir Herzog, não permitindo que, como outras vítimas da ditadura militar, seu corpo fosse sepultado em silêncio.

Em memória de Gastão Thomaz de Almeida e José Aparecido, que muito contribuíram para que, unidos, os jornalistas fizessem de seu Sindicato uma trincheira da luta contra o arbítrio.

Para Clarice Herzog, exemplo de coragem.

E para minha mulher, Vanira, exemplo de dedicação.

---

* Relação dos integrantes da diretoria do Sindicato dos Jornalistas de São Paulo (gestão 1975-1978), incluídos os suplentes, sem distinção da cargos:
Antônio Carlos de Júlio, Antônio Carlos Félix Nunes, Antônio Carlos Soares, Audálio Dantas, Cid Leite, Derly Marques da Silva, Dirceu Salles, Eduardo N. Alves Ferreira, Elias Miguel Raide, Everardo Rodrigues Mello, Fernando Pacheco Jordão, Francisco Wanderley Midei, Gastão Thomaz de Almeida, Hamilton Octavio de Souza, Hélio Damante, José Aparecido, José Hamilton Ribeiro, Laís Fagundes Oreb, Laurindo Leal Filho, Lia Ribeiro Dias, Luís Weis, Luiz Carlos Ramos, Moysés Oscar Ziskind, Oscar Menezes Barbosa, Osmar Santos, Roland Marinho Sierra, Vasco Oscar Nunes, Walter Silva, Wilson Lourenço Gomes e Wilson Tomé de Castro.

"Mas ainda é tempo de viver e contar.
Certas histórias não se perderam."

— CARLOS DRUMMOND DE ANDRADE

"Um homem, coisa fraca em si, macia mesmo,
aos pulos de vida e morte, no meio das duras pedras."

— JOÃO GUIMARÃES ROSA

"A guerra, repito, é nojenta. E o que ela nos tira
(quando não nos tira a vida) nunca mais nos devolve."

— JOEL SILVEIRA

"Choram Marias e Clarices no solo do Brasil."

— JOÃO BOSCO E ALDYR BLANC

Sumário

INTRODUÇÃO   9

1. Lições de fuga   21
2. Começa a segunda guerra   37
3. Lições de Brasil   43
4. Saudades do Brasil   53
5. Caminho sem volta   59
6. Os jornalistas se organizam   75
7. Resistência na TV Cultura   87
8. O jornal resiste, a censura vai embora   97
9. A luta pelo Sindicato   109
10. O Sindicato na história   117
11. Os jornalistas no olho do furacão   129
12. Uma campanha sórdida   141
13. Memória dos dias de terror   155
14. Cenas de um batizado   181
15. Aperta-se o cerco   195
16. Desaguadouro de aflições   201
17. "Eles desmontam a gente"   219
18. Diário do medo e da revolta   229
19. No cemitério, a convocação: "Vamos para o Sindicato!"   241
20. As vozes da solidariedade   261
21. Interrogatório no corredor   269
22. Um clima de ameaças   277
23. O general contra os "inimigos de farda"   287

AUDÁLIO DANTAS

24. Suspense na praça: tudo pode acontecer	299
25. Silêncio na catedral	309
26. Como as águas claras dos riachos	317
27. Suspiros de alívio	321
28. Um breve recuo tático	329
29. O Sindicato contesta o IPM	341
30. Em nome da verdade	351
31. A morte de Fiel Filho	355
32. O sumiço do capitão Ubirajara	361
33. Duas sentenças	373
34. Testemunhos	377
BIBLIOGRAFIA	395
ÍNDICE	399

Introdução

O projeto deste livro tem mais de trinta anos. Quando decidi realizá-lo, em 2005, avaliei o tamanho das dificuldades que teria pela frente. A primeira, maior de todas, era juntar as lembranças, os cacos de memória que ficaram espalhados pelo caminho até então percorrido.

Trinta anos haviam se passado desde a escalada de terror que culminou com o assassinato de Vladimir Herzog, no DOI-Codi (Destacamento de Operações de Informações-Centro de Operações de Defesa Interna) do II Exército, em São Paulo, no dia 25 de outubro de 1975.

Escrever este livro significava reviver um pesadelo.

Nos pesadelos, os momentos de maior angústia persistem na memória. Mas faltava juntar as lembranças das angústias reais. Em que momento, exatamente, tudo aquilo tinha começado? Como reconstituir cenas reais que muitas vezes se misturavam à ficção?

Trinta anos depois, era grande a dificuldade para retomar o fio da meada.

No entanto, era preciso contar a história daqueles dias de outubro de 1975.

O projeto do livro nasceu no exato momento em que, descendo as escadarias da catedral da Sé, em São Paulo, vi a multidão — 8 mil pessoas — que participara, em protesto silencioso, do culto ecumênico em memória de Vladimir Herzog escoar-se pelas esquinas da praça que, aos poucos, se esvaziou.

Aquele vazio, no fim da tarde de 31 de outubro de 1975, estava carregado de simbolismos.

A paz ocupara o espaço que poderia, naquele exato momento, estar tinto do sangue dos que haviam comparecido ao ato cívico-religioso na catedral.

Ao mesmo tempo que os participantes do culto ecumênico deixavam a praça, em pequenos grupos, retiravam-se centenas de policiais que para ali tinham sido mandados, com ordens de reprimir qualquer manifestação fora dos limites da catedral.

Esvaziavam-se a praça e, ao mesmo tempo, o pretexto para uma ação repressiva que poderia terminar num massacre.

Um grito que fosse, dentro ou fora da catedral, poderia desencadear a fúria reprimida dos que haviam assassinado Vladimir Herzog e ali esperavam justificativa para a continuidade de uma guerra contra a "subversão", articulada na sombra dos porões controlados pelos órgãos de segurança da ditadura militar, transformados em campo de operação de um poder paralelo.

O Brasil inteiro estava em suspense naquele momento em que, na previsão sinistra de uma autoridade, tudo poderia acontecer.

Mas o vazio da praça tinha o sentido de um marco na luta contra a ditadura que, no dizer de um dos oficiantes do culto ecumênico, dom Helder Câmara, começava a cair naquele instante.

Ao descer as escadarias da catedral, tive a certeza de estar vivendo o início de um novo capítulo na história das lutas do povo contra a opressão.

Vale registrar aqui o depoimento que, anos depois, daria o jornalista Marco Antônio Rocha, um dos que constaram da mesma lista de militantes comunistas em que estava o nome de Vladimir Herzog:

> Nunca se disse tanto sem nenhuma palavra e nenhum ruído. O povo reunido na catedral da Sé — corajosamente, diga-se de passagem, depois do festival de truculências policial-militares engendrado para que ninguém fosse lá — não disse nada. Mas, simplesmente, estava dizendo: "Basta!" De maneira uníssona, enérgica, firme, determinada — e absolutamente pacífica. (...) Eu quero que meus filhos, Júlia e Alexandre, os jovens que têm a idade deles e a idade do Ivo e do André — filhos do Vlado —, saibam isso: aquele fato mudou o Brasil e mudou nossas vidas.

Os dias de outubro, que se haviam iniciado com uma onda de prisões e sequestros de jornalistas — até a morte de um deles, Vladimir Herzog, sob tortura — não terminavam ali, naquele fim de tarde.

O projeto do livro, portanto, ficaria para depois.

A luta continuava. Uma das tarefas que se impunham era a da exigência de esclarecimentos sobre as circunstâncias em que ocorrera a morte de Herzog.

O presidente da República ordenara ao comandante do II Exército que se fizesse um IPM, inquérito policial-militar, para apurar o caso. O comandante instaurou uma farsa: um "inquérito para apurar as circunstâncias em que ocorreu o suicídio do jornalista Vladimir Herzog".

O Sindicato dos Jornalistas Profissionais no Estado de São Paulo, por mim presidido, continuava a ser uma trincheira na guerra desigual que os setores mais extremados da ditadura militar moviam contra os opositores do regime.

Escrever sobre os acontecimentos dos quais fui um dos protagonistas não era uma tarefa simples. Decidi mais uma vez adiar o projeto. O distanciamento dos fatos, dos momentos de grande tensão que vivera, era recomendável. Uma desculpa, talvez. Outros fatores, no entanto, iam se juntando e justificando o adiamento. Um deles, importantíssimo, foi o lançamento, em 1979, do livro *Dossiê Herzog*, de Fernando Jordão. Como eu, Fernando, também diretor do Sindicato dos Jornalistas, foi tomado pela mesma indignação que levara à luta para denunciar o assassinato. Em seu caso, a tragédia pesara ainda mais, pois era um dos amigos mais próximos de Vlado.

O livro de Jordão, uma grande reportagem tocada pelo humano sentimento de revolta, retratava os dias de angústia que juntos tínhamos vivido. Em poucas palavras que escrevi, à guisa de apresentação do livro, defini-o como "uma admirável reportagem escrita a partir do instante em que a consciência da necessidade de resistir à opressão se sobrepõe ao medo".

O que acrescentar ao trabalho de Jordão?

Outros livros vieram depois, demonstrando a grandeza e a importância dos acontecimentos que, a partir da denúncia do assassinato de

Vladimir Herzog, feita pelo Sindicato dos Jornalistas de São Paulo, abriram os caminhos que levaram à queda da ditadura militar.

Desde então, a história do tempo de sombras que o país viveu a partir do golpe de 1964 não pode ser contada sem — pelo menos — o simples registro do que se passou a chamar de "Caso Herzog".

Acompanhei, ao longo dos anos, praticamente tudo que se escreveu a respeito em jornais, revistas, livros e teses acadêmicas. A leitura de inúmeros textos levou-me à conclusão de que eu tinha uma dívida a pagar. Era preciso, em muitos casos, tentar repor a verdade dos fatos, preencher lacunas de informações, apontar inverdades e até omissões propositais.

Escrever este livro tornou-se, para mim, uma tarefa irrecusável.

Havia, sim, muito mais a dizer sobre os dias de outubro de 1975. Principalmente sobre o papel do Sindicato, na maioria das vezes omitido nos textos produzidos sobre o episódio. Reproduzo aqui um trecho do que escrevi para o livro *Pela democracia, contra o arbítrio*, publicado em 2006 pela Editora Fundação Perseu Abramo:

> O papel desempenhado pelo Sindicato dos Jornalistas de São Paulo na denúncia do assassinato de Vladimir Herzog ainda não foi devidamente avaliado. Se o sacrifício de Vlado foi, sem sombra de dúvida, o ponto de partida para o desmonte do aparelho de repressão armado pela ultradireita, que lutava pela hegemonia na ditadura militar, a atuação do Sindicato no episódio marcou o momento em que se abriu espaço para o crescimento da resistência da sociedade civil ao regime instalado no país com o golpe de 1964. (...) Naqueles dias de outubro, o Sindicato dos Jornalistas era a principal trincheira, uma referência para a sociedade civil na luta contra a repressão.

A omissão desse fato pode ser constatada na maioria das referências sobre o Caso Herzog. Uma saída cômoda para a falta de pesquisa ou, não poucas vezes, para os que, por paixão partidária, tentam reescrever a história remetendo os fatos para um exílio siberiano qualquer é a repetição de que tudo aconteceu em função de uma repentina "reação da sociedade civil".

Houve, claro, essa reação — e sem ela não teria sido possível avançar na denúncia de mais um crime da ditadura — mas falta dizer como e por que ela surgiu. Não foi, evidentemente, num passe de mágica.

Antes de Vlado, dezenas de outros crimes haviam sido cometidos pela ditadura, em circunstâncias mais ou menos parecidas, sem que se produzissem reações tão significativas como as ocorridas em outubro de 1975.

Basta lembrar que, antes de Herzog, 21 jornalistas foram mortos ou permanecem até hoje nas listas dos desaparecidos políticos, sem que esses crimes tenham sido denunciados com a veemência que tornou possível a maior manifestação de massa desde a decretação do AI-5 — apesar do gigantesco cerco policial montado para impedir a participação do povo em um ato público — o culto ecumênico em memória de Vlado, na catedral da Sé.

São inúmeros os casos de informação torta sobre a repercussão da morte de Vlado. Alguns, produzidos em trabalhos acadêmicos, por autores conhecidos e respeitados.

Este livro é uma tentativa de reconstituição de um tempo ruim. Centrado nos tumultuados dias de outubro de 1975, quando a fúria dos agentes do lado mais escuro da ditadura militar golpeou a fundo a categoria dos jornalistas, ele mostra os acontecimentos do ponto de vista de quem os viveu intensamente. Eu, por exemplo, que não tenho dúvidas de que aqueles foram os dias mais angustiantes da minha vida.

A partir das acusações de infiltração comunista nos veículos de comunicação, repetidas à exaustão pelos militares, e que levaram à escalada de prisões e sequestros de jornalistas, até os dias de maior tensão e medo que se sucederam à morte de Vlado, a reação do Sindicato dos Jornalistas foi decisiva para o movimento de protesto contra o assassinato. Toda essa história é contada neste livro, em que os acontecimentos são narrados de dentro para fora.

Para que ela pudesse ser mais bem compreendida, foi preciso recuar a um tempo mais distante e contar um pouco da história do Sindicato e da luta que levou jornalistas a se organizarem, nos anos 1970, para alijar da entidade grupos comprometidos com a ditadura militar. Muitas lutas marcaram essa história. Do grupo que fundou o Sindicato, em 1937, participaram figuras importantes, entre elas Oswald de Andrade e Pagu, que no início da década haviam lançado um provocante pasquim chamado *O Homem do Povo*, que teve vida curta de apenas oito edições. Por causa dele, os dois não foram, por pouco, linchados na praça da Sé.

Ao escrever este livro, não tive a pretensão de esgotar o assunto, mas sim acrescentar novas informações e jogar um pouco mais de luz sobre o que se pode considerar um dos capítulos mais importantes da história recente do Brasil.

Minha intenção nunca foi a de fazer "revelações". No entanto, o leitor poderá encontrar aqui alguns fatos novos, boa parte dos quais permaneceu oculta nos papéis até recentemente sonegados pelo Serviço Nacional de Informações (SNI) e que, finalmente, foram entregues à guarda do Arquivo Nacional, em Brasília.

A propósito desses documentos, vale registrar que, mesmo sob a guarda de um arquivo público, o acesso ao seu conteúdo tem sido extremamente dificultado. Pude constatar isso quando, em fevereiro de 2011, solicitei ao Arquivo Nacional a documentação sobre Vladimir Herzog. Pedi, também, os dados a meu respeito. Registrado o pedido, por escrito, em ficha com a qualificação do requerente, recebi um bom tempo depois o ofício assinado pela coordenadora da instituição no qual se exigiam vários documentos. Além da autorização da viúva de Herzog, a qual eu tinha em mãos no dia em que fiz a solicitação, eram exigidas nova autorização "atualizada" e cópias autenticadas das certidões de casamento e de óbito de Vladimir Herzog.

A exigência era, além de absurda, desrespeitosa à memória de Vlado. Cumpri-la significava aceitar como verdadeiro o laudo necroscópico que o médico Harry Shibata, colaborador do DOI-Codi, assinou sem ver o corpo, atestando a morte como suicídio.

O acesso à documentação só foi possível depois que o caso foi levado ao ministro da Justiça, José Eduardo Martins Cardozo, a quem o Arquivo Nacional é subordinado. Mas não por completo. Tanto no caso dos papéis sobre Herzog quanto nos que me dizem respeito, há um claro "apagão" justamente no que se refere ao período em que estivemos mais visados pelos órgãos de informação: no caso de Vlado, a partir de sua indicação para dirigir o Departamento de Jornalismo da TV Cultura até sua morte e as manifestações de protesto que se seguiram; no meu, não foi encontrado, em cerca de 400 documentos em que sou citado, qualquer registro de fatos relevantes sobre os passos que dei desde o dia 5 de maio, quando assumi a presidência do Sindicato dos Jornalistas, até o fim de 1975. Em diferentes datas, porém, antes e depois dos acontecimentos, os papéis me colocam em posições as mais desencontradas possíveis: de dócil instrumento de manipulação pelos comunistas a militante de pelo menos seis organizações da luta armada.

O que faltou durante o período em que presidi o Sindicato sobrou nos anos seguintes. Durante a campanha eleitoral de 1978, quando concorri à Câmara dos Deputados pelo MDB, meu nome entrou em várias listas de "candidatos comunistas".

Eleito, tive meus passos seguidos pelos órgãos de informação. E continuaram a me espionar mesmo depois da queda da ditadura. O informe confidencial ACE nº 059431, de 6 de novembro de 1986 (Acervo do Arquivo Nacional, Brasília), me incluiu entre os esquerdistas que ocupavam cargos no governo federal. Apontado como militante do PCB, eu era, então, membro do Conselho Fiscal da EBN (Empresa Brasileira de Notícias).

Sempre vigiado, o sindicato de onde partiu a denúncia do crime e a mobilização para as manifestações de protesto é mencionado em umas poucas atividades rotineiras, ao contrário do que ocorreu antes das eleições, quando a chapa de oposição da qual eu participava como candidato a presidente como cabeça de ponte de mais uma conspiração comunista.

Os documentos a que tive acesso são anteriores ou posteriores à ofensiva que levou aos cárceres do DOI-Codi 12 jornalistas, um dos quais de lá não sairia com vida. As referências mais importantes sobre a morte de Vlado só vão aparecer num longo relatório — o de nº 2.122, do CIE (Centro de Informações do Exército), datado de 6 de novembro de 1975 — que se estende sobre a versão do suicídio e apresenta Vlado como ponta de lança para a montagem de um núcleo de "formação esquerdista" e de "uma verdadeira célula comunista na TV Cultura".

Em dois ofícios enviados em março de 2011 ao Arquivo Nacional/ Coordenação Regional no Distrito Federal solicitei informações sobre a ausência de referências sobre fatos de grande importância ocorridos nos períodos acima citados.

Não obtive qualquer resposta.

Muito da história que insistem em manter na sombra é aqui contada por pessoas que viveram os longos anos de opressão da ditadura e são testemunhas dos fatos ocorridos durante os dias tumultuados de outubro de 1975. Depoimentos de quase meia centena de pessoas foram registrados para este livro. Todos os jornalistas que passaram pelo DOI-Codi, antes e depois da morte de Vlado, foram entrevistados. Foram ouvidos diretores do Sindicato e personalidades que tiveram participação relevante no episódio.

Neste trabalho, contei com a preciosa colaboração do jornalista Jorge Sá de Miranda, ele próprio uma das testemunhas dos fatos que levaram à morte de Herzog e à reação dos jornalistas unidos em torno de seu Sindicato para responsabilizar os militares pelo crime. Fizemos juntos a maior parte das entrevistas e, em alguns casos, Jorge se encarregou sozinho desse trabalho, completado com um competente resumo dos textos gravados. Jorge tem especial admiração por Vlado, de quem foi aluno no curso de Jornalismo da FAAP (Fundação Armando Álvares Penteado), em São Paulo.

Muitas outras fontes foram consultadas para este livro, cujo ponto de partida é a saga da pequena família Herzog em fuga desesperada da Iugoslávia para a Itália, durante os dias de horror da Segunda Guerra Mundial. Fugiam da guerra que despedaçava a Europa e da perseguição nazista aos judeus. Para trás ficou o que restava da família, em sua maior parte assassinada nos campos de concentração.

Para sobreviver, o menino judeu Vlado Herzog aprendeu dolorosas lições de fuga. Ele vivia a sua primeira guerra. A segunda viveria no Brasil, país a que chegou aos 9 anos.

A paz que ele e seus pais acreditavam ter encontrado aqui terminou um dia na escuridão de uma sala de tortura.

Para contar a história da infância de Vlado vali-me da carta escrita em 1968 por seu pai, Zigmund Herzog (falecido em 1972), guardada como documento e relíquia da família e cuja íntegra seria publicada em 1986 por Trudi Landau, em seu livro *Vlado: o que faltava contar*. Outras informações a esse respeito foram dadas a Trudi pela mãe de Vlado, Zora. Essa história está aqui registrada em sua essência, contada com outras palavras.

O menino em fuga e o jovem que aqui aprendeu lições de Brasil e tornou-se o brasileiro Vladimir Herzog compõem o perfil do personagem central deste livro, cuja realização contou com a ajuda de muitas pessoas, amigos muito especiais e queridos aos quais deixo aqui os meus agradecimentos. Alguns deles, como os escritores Antônio Possidônio Sampaio, que tanto me incentivou a escrever este livro, Antonio Torres, Fernando Pacheco Jordão e Levi Bucalem Ferrari, honraram-me com a leitura crítica do texto. Clarice Herzog, sempre atenta, dedicou especial atenção à parte que trata da infância e do perfil de Vlado adulto, e Ivo Herzog é o guardião da memória de seu pai.

Juca Kfouri, participante das lutas do Sindicato dos Jornalistas nos momentos de crise mais aguda, foi outro dos que me distinguiram com a atenção de sua leitura. Finalmente, um leitor mais do que especial, do qual posso dizer que assistiu à elaboração deste livro durante todo o tempo que pude dedicar à sua escrita, foi um velho companheiro, o sociólogo Sineval Martins Rodrigues. Quando precisei, digamos, de um refúgio, foi Sineval que, com a cumplicidade de Sidneia, sua mulher, pôs à minha disposição sua casa, num canto tranquilo da Vila Romana, para que eu escolhesse um espaço mais adequado para a realização do trabalho. Frequentei durante meses o canto que considerei mais sossegado — um pequeno estúdio de som desativado, no fundo da garagem.

Sineval, aliás, tem tradição em conceder "asilo". Durante quase dois anos, entre 1978 e 1979, um velho líder sindical rural, Espedito Rocha, permaneceu escondido em sua casa. Espedito vivia na ilegalidade em Mato Grosso e tinha escapado de um cerco policial. A pedido de um dirigente do PCB, foi se refugiar na casa de Sineval, que nas horas vagas fazia esculturas. Sineval e sua mulher passavam longas temporadas no interior, fazendo pesquisas, e o "aparelho" ficava por conta de Espedito, que passava o tempo mexendo com pedaços de madeira. Com o tempo, virou um escultor famoso.

Devo ainda agradecimentos a outros amigos que de algum modo contribuíram para que eu pudesse escrever este livro: Sérgio Gomes da

Silva, o primeiro jornalista a ser apanhado na grande caçada de outubro de 1975; Ayrton Soares, companheiro da bancada da oposição na Câmara dos Deputados, nos anos 1970 e 1980, e que comigo e outros parlamentares acompanhou nas ruas do ABC as grandes greves operárias; os jornalistas Domingos Meirelles, Nunzio Briguglio, Eduardo Ribeiro, Wilson Baroncelli, Vladimir Sacchetta, Edimilson Cardial, Márcio Cardial, Inês Pereira, Danylo Martins, Nivaldo Honório da Silva, José Alberto Lovetro (JAL) e Carlos Alberto Malagodi, além de amigos muito especiais, como Onésio e Clementina Dantas, Roberto Ferreira, Thiago Francês Cordeiro, João Carlos Poço, José Gustavo Kunc, Olga Kunc e Severina Alves da Silva. Finalmente, devo estender estes agradecimentos à Infraero (Empresa Brasileira de Infraestrutura Aeroportuária), pela contribuição que me permitiu dedicar o tempo necessário à realização das pesquisas.

Audálio Dantas
São Paulo, dezembro de 2011

1 Lições de fuga

O menino Vlado tinha pouco mais de 6 anos quando foi abordado por um homem de olhar raivoso:

— Como você se chama?

— Aldo — respondeu o menino, reunindo todas as suas forças para não demonstrar o pavor que sentia diante de seu inquiridor.

O homem voltou a perguntar, com palavras carregadas de desconfiança:

— Aldo... Como você se chama Aldo se usa sempre essa malha com a letra "V" bordada?

Vlado vinha aprendendo, desde bem pequeno, que era preciso ter cuidado para não ser apanhado pelos inimigos que sabia existirem, mesmo que não entendesse as razões que o levavam a temê-los. Coração aos pulos, procurou uma resposta rápida, não podia deixar que o inesperado interrogador percebesse qualquer hesitação. Precisava, com urgência, de um nome com a inicial "V". Então, respondeu firmemente:

— Ganhei esta malha do meu primo Vittorio.

Era o mês de setembro de 1943. Vlado e seus pais, Zigmund e Zora Herzog, haviam chegado poucos dias antes à cidade italiana de Fermo, na costa do mar Adriático. Vinham de uma longa e desesperada fuga iniciada havia dois anos em Banja Luka,[1] na Iugoslávia ocupada pelas

---

[1] Banja Luka, atualmente a segunda cidade (cerca de 150 mil habitantes) da Bósnia e Herzegovina, localizava-se na região da Sérvia, na ex-República da Iugoslávia.

tropas alemãs. Eles haviam permanecido por mais de um ano na cidadezinha de Fonzaso, na região das montanhas Dolomitas, no Norte da Itália, em relativa calma, até que receberam a notícia de que tropas nazistas vindas da Áustria acabavam de invadir o país, com o objetivo de combater as forças aliadas que haviam desembarcado na Sicília. A notícia se espalhou como uma onda de pavor.

— Os alemães estão chegando! — anunciavam, aflitos, os refugiados de Fonzaso.

O medo tomou conta de todos os que, ali, haviam encontrado refúgio, principalmente os judeus, como os Herzog. Iniciou-se, em debandada, o novo êxodo.

Ao prosseguir em sua fuga até Fermo, o casal tomara a providência de mudar o nome do filho. A família fazia-se passar por italiana e o nome Vlado despertaria suspeitas. Por isso, chamaram o menino e lhe explicaram a necessidade de que passasse a atender pelo nome de Aldo, muito comum na Itália.

A situação era confusa no país, que, até poucos meses antes, fora o principal aliado da Alemanha nazista. Divergências entre os líderes do fascismo levaram à derrubada de Mussolini do poder, em julho daquele ano, e o novo governo decidira assinar, no início de setembro, o armistício com os aliados.[2]

A Segunda Guerra Mundial, que incendiara a Europa, começava a mudar de rumo na Itália. Em setembro, forças aliadas iniciaram a invasão do país. Mas os fascistas fiéis ao Duce, o chefe supremo, continuavam a perseguir refugiados estrangeiros, principalmente os judeus.

Vlado Herzog gostava de usar a malha que sua mãe bordara, com muito carinho, com a letra "V" na altura do peito. Enquanto subia correndo as escadas que levavam ao quarto que a família alugara no segundo andar de um velho prédio no centro de Fermo, seus pensamentos se voltaram, embaralhados, para os primeiros dias de terror em Banja Luka, quando, na cidade ocupada, os nazistas obrigaram os judeus a ostentar no lado esquerdo do peito a estrela de Davi, no centro da qual

---

[2] O armistício foi assinado no dia 3 de setembro de 1943, na cidade de Cassebile, na Sicília.

se destacava a letra "J" (de *jude*, judeu em alemão). Uma estrela amarela, grande, que permitia rapidamente que eles fossem identificados.

Agora, por causa de uma letra bordada em sua roupa, fora interrogado por aquele homem e tivera de negar o próprio nome. Imaginou que poderia ser proibido de usar a roupa com o "V". Temeu por isso, pois, ao contrário do ódio com que haviam obrigado os judeus a usar a estrela amarela, a letra tinha sido bordada com todo o carinho pela mãe.

No quarto, quando contou aos pais o que acontecera, eles choraram. Ao mesmo tempo que bendiziam a rapidez de raciocínio do filho, ao perceber que lhe preparavam uma armadilha, Zigmund e Zora lamentaram que ele tivesse aprendido tão cedo, ao longo dos incertos caminhos da fuga, a usar a mentira como forma de escapar da perseguição.

No entanto, era preciso mentir. E prosseguir na fuga.

Parecia muito distante o dia em que a família decidira, enfrentando todos os riscos, abandonar a cidade de Banja Luka. Viviam um pesadelo desde o momento em que o rádio anunciara pela primeira vez que os alemães estavam chegando. Foi no dia 6 de abril de 1941, um domingo, de manhã. A notícia dava conta de que Hitler havia declarado guerra à Iugoslávia às 8 horas, mas duas horas antes os aviões da Luftwaffe[3] já despejavam bombas sobre Belgrado, a capital do país, fazendo milhares de vítimas civis.

Na tarde do mesmo dia, a guerra chegou a Banja Luka. Aviões atacaram, primeiro, as tropas iugoslavas que guarneciam a cidade e logo depois vieram os pesados bombardeios, destruindo casas, escolas, igrejas. Tanto quanto o medo das bombas, os judeus que viviam na Sérvia, uma das nações que integravam o reino da Iugoslávia,[4] começaram a temer a chegada das tropas nazistas que marchavam em direção a Banja Luka. Ao imenso poderio bélico das tropas de Hitler somava-se a crença nazista de que lhes cabia aniquilar as raças "inferiores", como as dos eslavos e dos judeus.

---

[3] Luftwaffe, a poderosa força área da Alemanha.
[4] No fim da Primeira Guerra Mundial, em 1919, por decisão dos países aliados, foi criado o Reino da Iugoslávia, formado pelos povos da Sérvia, Croácia, Eslovênia, de Montenegro e parte da Macedônia.

Entre outras motivações, como a necessidade de abrir caminho pelos Bálcãs até a Grécia para ajudar as tropas de Mussolini que haviam invadido o país, a ocupação da Iugoslávia pelos alemães tinha o sentido de uma lição aplicada por Hitler. Um pacto feito com o príncipe-regente Paulo, simpático aos nazistas, garantia o trânsito livre das tropas do Führer pelo território iugoslavo.

O pacto caíra por terra no fim de março, e o príncipe Paulo fora obrigado a renunciar. Em poucos dias, a esperança de que a Iugoslávia ficasse a salvo dos nazistas também cairia por terra, com a declaração de guerra feita por Hitler e a imediata invasão do país, no início de abril.

A situação dos judeus se complicaria ainda mais quando, mal as tropas alemãs ingressassem na Iugoslávia, os croatas, liderados por Ante Pavelitch, proclamassem um Estado independente, abrangendo a Bósnia e Herzegovina. Pavelitch havia assumido a chefia do governo títere da Croácia. Era a vitória dos *ustachi*, adeptos da Ustacha, uma organização nacionalista que lutava desde o fim dos anos 1920 pela separação da Iugoslávia. Como os nazistas invasores, aos quais logo se aliaram, os *ustachi* odiavam os judeus e os sérvios, considerados amigos do povo hebreu.

Não demorou muito para que os *ustachi* se instalassem em Banja Luka, onde montaram um quartel-general e passaram a executar as ordens dos alemães. Uma das primeiras medidas adotadas foi a nomeação de comissários encarregados de ocupar as casas de comércio e outros estabelecimentos pertencentes aos judeus, com o confisco de todos os seus bens.

Um dos estabelecimentos que logo seriam ocupados foi a loja do velho Moritz Herzog. Era uma loja tradicional, de artigos de louça e cristal, presentes finos, que ocupava a parte térrea de um edifício próprio, de dois pavimentos, no centro da cidade. A parte superior do prédio servia de moradia para Moritz, sua mulher Gisela e seus filhos. Zigmund, Zora e Vlado ocupavam um apartamento de dois quartos.

Não tardou muito para que, assim como a loja, as moradias fossem requisitadas. Um tenente alemão, acompanhado por um ordenança, invadiu o prédio. Foi diretamente ao apartamento do velho Moritz e deu a ordem:

— Vocês têm meia hora para desocupar a casa.

Não chegaram a ouvir os apelos dos moradores para que lhes dessem mais tempo, pelo menos para que pudessem providenciar um lugar para ficar. Logo invadiram o apartamento de Zigmund, carinhosamente chamado de Giga por toda a família. O oficial foi entrando, ar marcial, como se tivesse acabado de conquistar uma fortaleza inimiga. Na porta da sala, em posição de combate, um ordenança apontava a baioneta e dava a ordem:

— *Raus, raus!* (fora, fora).

Os apelos de Zora e Giga eram abafados pelos gritos do ordenança.

Num canto da sala, encolhido e trêmulo, os grandes olhos esbugalhados, o menino Vlado assistia à cena, sem entender o que estava acontecendo. Ele ainda não completara 4 anos. Sentia medo, mas não podia compreender a razão da violência. Muito menos compreendia que aqueles homens fardados e armados eram seus inimigos.

Vlado estava doente, acometido por forte diarreia. Mal podia se sustentar de pé. Mas em poucos minutos estava na calçada, com os avós e os pais. Chovia e ele chorava, pedindo uma explicação que não lhe podiam dar.

Com o pouco que conseguiram levar, roupas e alguns utensílios domésticos, os Herzog foram morar de favor na casa de uma família amiga. Os avós encontraram abrigo na casa do rabino.

Rapidamente, o cerco dos novos senhores foi se apertando. Os homens da comunidade judaica passaram a ser recrutados para trabalhos forçados. Um dos serviços que foram obrigados a executar foi o de completar a demolição da igreja ortodoxa, iniciada pelos bombardeios aéreos. A igreja, um antigo e belo edifício, era o orgulho dos sérvios e empregar seus amigos judeus na demolição tinha um sabor especial de vingança para os *ustachi* croatas.

Logo os *ustachi* passariam a executar seus inimigos sérvios. Pessoas conhecidas da cidade, primeiro, depois sacerdotes e centenas de anônimos foram levados em caminhões até as margens do rio Vrbas e fuzilados. Antes de serem embarcados, seus algozes lhes diziam que seriam despachados para Belgrado. Depois das execuções, vendo os corpos a boiar rio abaixo, diziam que, assim, eles viajariam até a capital do país.

As atrocidades contra os sérvios, alvos do ódio mais feroz dos *ustachi*, eram uma espécie de aviso aos judeus. Começaram a circular notícias de que eles seriam despachados para os campos de concentração nazistas, o que levou várias famílias a se porem em fuga, buscando desesperadamente alcançar territórios iugoslavos que haviam ficado fora do controle dos alemães. Seguiam para a parte do país ocupada pelos italianos, onde não eram criadas maiores dificuldades aos refugiados.

No início de agosto, Giga, Zora e Vlado deixaram Banja Luka. Com eles seguiu um irmão de Giga, Albert. Acertaram a viagem com um oficial alemão que enriquecia fazendo tráfico de refugiados, aos quais cobrava preços exorbitantes. A maior parte do que lhes restava de dinheiro foi entregue ao alemão. Pelo acerto, ele deveria conduzir a família até a cidade de Ljubljana, capital da Eslovênia, na região controlada pelas tropas italianas.

Saíram ao anoitecer. Mas a caminho da primeira escala da viagem, que seria em Zagreb, na Croácia, o plano de fuga dos Herzog quase malogrou. O traficante de refugiados e seu chofer estavam bêbados e, numa curva da estrada, o automóvel bateu num veículo militar alemão. Durante a confusão que se seguiu, com as explicações que o oficial dava aos outros militares, os Herzog se encolhiam dentro do carro, tremendo de pavor. Felizmente, os ocupantes do veículo militar eram de patentes mais baixas. Prevaleceu a autoridade do oficial traficante e a viagem prosseguiu.

Em Zagreb, o alemão instalou a família no quarto da casa de um de seus colaboradores e voltou a Banja Luka, de onde, segundo acertado, traria os pais de Giga, Moritz e Gisela, que também seguiriam até Ljubljana.

No quarto em Zagreb, Vlado começou a aprender a sua dura lição de fuga. À ansiedade pela chegada de Moritz e Gisela juntava-se o medo de serem descobertos antes da partida para Ljubljana. Giga recomendara que todos mantivessem o máximo de silêncio, por isso falavam baixo, aos cochichos. Mas a longa espera causava inquietação cada vez maior. Vlado começou a correr pelo quarto, agitado. Não entendia a razão daquele silêncio, fazia perguntas em voz alta. Giga enfureceu-se. Parecia outra pessoa quando, de um pulo, alcançou o filho, envolvendo-lhe o pescoço com as duas mãos. Tomado de fúria, sacudia o menino e falava entre dentes:

— Cale a boca! Eu não avisei que era para ficar calado?

Zora ficou muda durante um instante, sem compreender a mudança de comportamento do marido, normalmente calmo, tranquilo, diante de situações difíceis. Mas, também de um pulo, alcançou Giga.

— Você ficou louco? Tire as mãos do menino! — disse, mesmo se contendo para não gritar.

Um silêncio de perplexidade dominou o ambiente. Giga e Zora se olharam, sem nada dizer. Olhavam-se como se fossem estranhos, cada um a se perguntar sobre as razões da cena que acabavam de protagonizar. Vlado assistia a tudo, em aflição, mal refeito do medo que sentira do pai.

Zora e Giga abraçaram o filho, os dois num mesmo pranto. E, com a calma possível naquele instante, abrandaram a voz, escolheram as palavras com as quais continuaram a ensinar a Vlado a lição de fuga que ele teria, forçosamente, de aprender. Desfiaram um rosário de recomendações. O menino deveria ter cautela diante de qualquer estranho, medir as palavras se tivesse de responder a perguntas, esconder o medo, fingir-se de desentendido, mentir se fosse preciso.

A espera pela volta do oficial alemão se prolongou por mais um dia. Ele trouxera, como combinado, os pais de Giga, mas viajara em seguida de volta a Banja Luka, levando no bolso os comprovantes do despacho da bagagem deles. Prometera que estaria de volta a Zagreb no dia seguinte, antes do anoitecer. Não apareceu.

Tomando todos os cuidados que a situação exigia, com medo de ser reconhecida, pois os *ustachi* controlavam toda a cidade, Zora procurou a congregação israelita, onde foi aconselhada a mudar-se com a família para uma pensão, pois corriam risco de ser denunciados pelo dono do quarto que ocupavam. Decidiram, então, prosseguir a viagem por conta própria. Com a ajuda de um amigo da congregação, conseguiram, mediante pagamento de bom dinheiro, um passe para a viagem até Ljubljana. Viajariam na noite do mesmo dia, de trem.

Seguiram sem os velhos pais, que à última hora desistiram da fuga. O oficial alemão não aparecera com os comprovantes da bagagem. O velho Moritz justificou:

— Perdemos nossa casa, nossa loja e agora ficamos só com a roupa do corpo. Como viajar desse jeito?

Zora e Giga choraram. Mas era preciso prosseguir. Era preciso, sobretudo, salvar o filho, levá-lo para qualquer lugar onde ele pudesse crescer livremente. Despediram-se dos dois velhos, que não tornariam a ver.

O trem partiria às 23 horas, depois de rigorosa vistoria dos passageiros.

Antes da partida, começou um tiroteio nas imediações da estação, assustando a todos. Era mais um confronto entre os croatas e os partisans[5] guerrilheiros que opunham tenaz resistência às forças de ocupação alemãs e seus colaboradores. Mais assustados ficaram todos quando um policial croata, revólver em punho, invadiu os vagões, gritando:

— Porcos judeus, porcos judeus. Vocês são culpados de tudo!

No colo da mãe, Vlado encolheu-se o mais que pôde. E não ousou dizer nada.

O trem seguiu, com destino à cidade de Suchak, na Eslovênia, na área sob ocupação italiana, de onde os Herzog viajariam por outros meios até Ljubljana, a capital. Mas o medo, incômodo companheiro de viagem, passava de vagão em vagão. Corria a notícia de que os italianos, às voltas com um número cada vez maior de refugiados, estavam impedindo que eles entrassem no território que controlavam. Por isso, muitos passageiros decidiram desembarcar antes da chegada do trem a Suchak, escapando, assim, da fiscalização que estaria montada na estação ferroviária.

Vlado perguntou ao pai, quando desciam do trem:

— Vamos ficar aqui?

---

[5] Guerrilheiros que, sob o comando de Josip Broz Tito, lutaram durante a Segunda Guerra Mundial contra as forças de ocupação alemãs na Iugoslávia. Com a derrota da Alemanha, em 1945, foi criada a República Popular Federativa da Iugoslávia.

— Não — respondeu Giga —, vamos continuar a viagem.

— Para onde vamos? — Vlado voltou a perguntar.

— Até onde pudermos — disse o pai, num tom que indicava sua decisão de encerrar a conversa.

No trem, uma moradora de Suchak explicara aos Herzog como chegariam à cidade. Seria uma penosa travessia, que exigia o uso de diferentes meios de transporte e até que vencessem longos trechos a pé, por caminhos secundários, através da floresta.

Ljubljana abrigava, naqueles dias, grande número de refugiados, que eram bem recebidos pelos militares italianos da força de ocupação. Lá, os Herzog encontraram parentes e famílias conhecidas que haviam partido nas primeiras levas de fugitivos de Banja Luka. Experimentavam enorme sensação de alívio, mas não deixavam de tomar as precauções que haviam adotado durante a longa e acidentada viagem até ali. Ao abraçar parentes e amigos, continham-se em sua alegria pelo reencontro. Falavam baixo, quase em sussurro. Um dos irmãos de Giga observou, divertido:

— Podem falar alto, sem medo. Aqui não há perigo.

Mesmo assim, o medo tão longamente experimentado por todos provocava sobressaltos. As coisas poderiam mudar de uma hora para outra. Corriam boatos pela cidade, avolumados pelo fato de que alguns refugiados, sem documentos, estavam sendo mandados de volta à Croácia. Foi o caso de um irmão de Zora, Robert Wollner, o Robi.

Mas não demorou para que Giga, Zora e Vlado conseguissem permissão para viajar à Itália. Os italianos dispensavam maior atenção às famílias com crianças. Eles puderam até escolher a cidade em que passariam a viver. Escolheram Fonzaso, na província de Belluno, no norte do país. Ali, um dos irmãos de Giga se refugiara por algum tempo durante a Primeira Guerra Mundial. Era um lugar de gente acolhedora.

A pequena cidade de Fonzaso recebeu com carinho os Herzog e outras famílias de refugiados. Eles conseguiram, até, sacudir um pouco do medo que carregavam. Receberam das autoridades locais ajuda em dinheiro para o pagamento do aluguel da casa que escolhessem e para outras despesas. E o pároco convocou os fiéis à igreja para lhes recomendar acolhimento aos forasteiros e ajuda no que fosse possível. "Eles perderam tudo, abandonaram seu país para salvar o único bem que lhes resta, a própria vida", disse o padre, em seu sermão. Fonzaso parecia uma ilha na Itália dominada pelo fascismo.

Até o secretário do partido fascista seguiu as recomendações do padre. Visitava as famílias refugiadas, levava doces para as crianças, perguntava aos pais se precisavam de alguma ajuda. Era do lado dos fascistas, mas um homem de bom coração, segundo Giga observou numa conversa com Zora:

— Ele faz tudo isso mesmo sabendo que somos judeus — disse, como se estivesse testemunhando um milagre.

Foi nesse ambiente acolhedor que eles receberam meses depois Robi, que conseguira escapar da Croácia.

Felizes, viam Vlado a correr e brincar com outras crianças. Agora ele podia falar alto, até gritar. Com frequência, porém, Giga se lembrava dos dias de silêncio e medo vividos pelo filho. A cena do quarto em Zagreb, quando o agarrara pelo pescoço, impondo-lhe silêncio, vinha-lhe à cabeça; sentia-se cheio de culpa.

Mas ali, na poeira da rua, em meio ao alvoroço das crianças de Fonzaso, Vlado era feliz. Não tanto, talvez, quanto elas, que haviam crescido sem ser obrigadas a manter-se caladas, recebendo o tempo todo lições de sobrevivência.

Giga observava que seu filho guardava, apesar da liberdade de que desfrutava, um certo ar de criança assustada.

A vida corria em relativa calma, mas a guerra que empurrara a pequena família de judeus até ali ainda estava longe de terminar. Continuava a varrer a Europa e chegava até Fonzaso em notícias aterrorizantes.

A "solução final" pretendida por Hitler, com o extermínio total dos judeus em território alemão e nos países ocupados por seus exércitos, avançava.

Em 1942, Moritz e Gisela, pais de Giga, com outros membros da família, foram enviados ao campo de extermínio de Jasenovac, na Iugoslávia. Com eles, seguiram centenas de integrantes da comunidade judaica de Banja Luka e de outras cidades próximas, enquanto os pais de

Zora, Ziga Wollner e Sirena Wolf, que viviam na cidade de Osijek, foram deportados para o campo de Auschwitz.

O campo de Jasenovac não dispunha, como os que foram montados na Alemanha e em outros países, como a Áustria e a Polônia, de instalações "avançadas". Não contava com câmaras de gás e fornos crematórios. Os prisioneiros eram fuzilados e enterrados em valas comuns.

Antes de ser despachados para Auschwitz, os pais de Zora ficaram numa fábrica abandonada de Mursa Mil, nas proximidades de Osijek, onde permaneceram concentrados com outros judeus que restavam na cidade. Dali, a mãe de Zora, Sirena Wolf, escreveu uma carta à filha, datada de 19 de agosto de 1942. Descrevia a situação precária do alojamento, mas acrescentava: "Ficaríamos muito contentes se pudéssemos continuar aqui, mas infelizmente a nossa gente já vai para a Alemanha, em grupos. (...) Para onde iremos, parece que tudo está muito bem organizado."

O destino era Auschwitz, uma grande máquina organizada para a matança de seres humanos. Mas ainda restava esperança. A carta de Sirena terminava assim: "Fiquem honrados e corajosos. Logo as coisas vão melhorar."

Coragem não faltava a Zora em sua luta para salvar o filho. Não lhe restava, porém, outra alternativa senão prosseguir na fuga. Chorou sobre a carta da mãe, a última que receberia dela. As lembranças de Osijek, sua cidade natal, afloraram com força.

Como se assistisse a um filme, reviveu o dia do nascimento de Vlado, 27 de junho de 1937, em Osijek. Vivia em Banja Luka, mas decidira dar à luz na casa dos pais, para que o menino nascesse sob os cuidados da avó materna. A casa dos Wollner se encheu de alegria quando ela e Giga chegaram, carregados de malas. Zora exibiu, uma por uma, as peças do enxoval que bordara durante meses.

Foi na mesma casa, com toda a família reunida, que se realizou, meses depois, a cerimônia de circuncisão do menino Vlado, primeiro e único filho de Zora e Giga Herzog. Zora lembrou-se de cada um dos parentes e amigos, da alegria que todos manifestavam em torno de seu filho. Onde estariam agora? Ou não estariam mais em parte alguma?

Quando chegou a Fonzaso a notícia de que as tropas alemãs haviam invadido o norte da Itália, a esperança de uma vida tranquila, até que a guerra terminasse de vez, se desvaneceu. Na fuga precipitada, os Herzog e os outros refugiados mais uma vez deixaram para trás quase todos os seus pertences e, com imensa tristeza, o bom povo que os acolhera. Vlado perguntou, aflito, se não podia se despedir dos amigos de brincadeiras e das muitas *mammas* que conquistara na cidade.

Não havia tempo. Fugir era preciso, o mais depressa possível.

Vlado entendeu que deveria retomar, rapidamente, as lições de fuga que vinha aprendendo desde que deixara Banja Luka, ocupada pelos nazistas. Não podia, por exemplo, se esquecer de que teria de atender pelo nome de Aldo.

A primeira prova aconteceu em Fermo, diante do desconhecido que manifestara dúvida sobre o nome Aldo, pois ele usava uma malha com um "V" bordado. O episódio deixou seus pais orgulhosos, mas também preocupados. Poderiam ser descobertos a qualquer momento pelos fascistas caçadores de judeus.

Os Herzog se faziam passar por italianos refugiados da fronteira com a Iugoslávia e, por isso, além de providenciar um novo nome para o filho, decidiram que Giga, que falava muito mal o italiano, passaria a se fingir de mudo. Ele só falava, com voz abafada, quando estava no quarto com a família.

A guerra estava de volta com a chegada dos alemães a Fermo. Vinham em fúria desde que pisaram terras italianas, na fronteira com a Áustria. Espalharam o terror pela cidade e, dias depois, entraram em confronto com as tropas aliadas, que penetravam cada vez mais o território italiano.

Mais uma vez a família Herzog se pôs em fuga. A locadora do quarto em que eles se hospedavam, dona Peppa, indicou-lhes a casa de uma irmã, Emma, na pequena aldeia de Magliano de Tenna, localizada nas colinas próximas, onde foram recebidos com carinho.

Giga exercitava com rigor o seu papel de mudo. Os cuidados se redobraram quando Robi foi preso. Espiões fascistas haviam descoberto que ele era judeu iugoslavo.

A prisão de Robi não durou muito. Os *partisans* italianos, que se empenhavam na luta contra os alemães e seus aliados fascistas, ocupavam posições importantes na região de Fermo. Uma noite, um grupo deles, armado, libertou Robi e outros prisioneiros.

A luta dos aliados contra as tropas alemãs intensificou-se em Fermo e nas cidades próximas. A casa de Emma tremia quando os aviões aliados passavam voando baixo para bombardear as posições alemãs. Não tardou para que as tropas nazistas, acossadas, iniciassem a retirada. À noite, passavam em grandes colunas, atravessando a aldeia.

Logo as tropas aliadas entraram em Magliano de Tenna. A população foi ao encontro dos soldados, em grande alvoroço. Giga era um dos que manifestavam maior alegria. Abraçava os soldados, pulava no meio da rua, como se estivesse dançando. E dizia palavras de agradecimento aos libertadores, misturando italiano e iugoslavo.

O povo assistia à cena, com admiração. Aquele homem que haviam conhecido mudo disparara a falar de repente. Algumas pessoas disseram que ele havia recuperado a fala por sentir muita alegria; outras acreditavam num milagre.

— *Miracolo! Miracolo!* — gritava uma vizinha de Emma.

Os Herzog e milhares de outros refugiados — iugoslavos, gregos, africanos do norte e judeus de vários países da Europa ocupada pelos alemães — que se encontravam na região libertada pelos aliados não precisavam mais se esconder. Mas não sabiam qual seria o seu destino. Eram considerados *displaced persons*, deslocados que não tinham como regressar aos seus países de origem. Para onde ir, e com que recursos? Viviam um novo tempo de incertezas e de uma espera que, com o passar dos dias, tornava-se exasperante.

No campo de refugiados montado em Bari pelos aliados, Giga respondia às perguntas de um funcionário. Dava todas as informações, mas emudeceu quando o homem lhe perguntou para onde pretendia ir com a família. Não tinha resposta.

Restos da guerra que os expulsara de sua terra estavam ali. Entre os refugiados havia crianças que não tinham nome, não sabiam dos pais, nem de onde tinham vindo. Em algum momento, em algum lugar, elas haviam se perdido e foram salvas por estranhos. Zora punha sobre aquelas crianças seus olhos de piedade e avaliava que, mesmo tendo perdido tudo, podia se considerar privilegiada por ter o filho Vlado a seu lado, são e salvo. Senhora de extraordinária coragem, iria até o fim do mundo, a qualquer lugar onde ele pudesse crescer em liberdade, longe dos perigos da guerra.

Corria o ano de 1944. Os refugiados que não tinham para onde ir foram transferidos para Santa Maria de Bagni, uma ex-colônia de veraneio de funcionários do governo fascista, à beira do mar Adriático. Ali recebiam alimentação e acomodações decentes. Mas os dias se passavam sem que obtivessem informações sobre seu destino. Não havia trabalho nas redondezas, a inatividade aumentava o nervosismo de todos.

Um dia, Robi comunicou a Giga e Zora sua decisão de partir para a Iugoslávia, onde se juntaria aos *partisans* de Tito no combate aos invasores alemães. Antes de partir, prometeu que se empenharia na procura de possíveis sobreviventes da família na Iugoslávia despedaçada.

Robi encontrou seu país em escombros, mas empenhado numa luta heroica contra os invasores nazistas, os *ustachi*, seus aliados e outros colaboracionistas. Os *partisans* comandados por Tito já constituíam um exército, com mais de 300 mil homens. Apesar das enormes diferenças culturais e históricas entre os povos que integravam a Iugoslávia — sérvios, croatas, eslovenos, macedônios, montenegrinos e outros da Bósnia e Herzegovina — o sentimento de repúdio ao nazifascismo forjara a unidade na luta de libertação. Mesmo na Croácia, que se constituíra como Estado independente, aliado aos nazistas, um número cada vez maior de pessoas, revoltadas contra as atrocidades praticadas pelos *ustachi*, apoiava a resistência que levaria, com o fim da guerra, ao surgimento de uma nova Iugoslávia.

No fim da guerra, a Iugoslávia contava os seus mortos — cerca de um milhão e 700 mil, mais de 10% de sua população. Os que não caíram em sua terra, massacrados pelos invasores ou na luta da resistência, foram morrer nos campos de extermínio, como aconteceu com os judeus. Quando voltou à Itália, Robi levava, além da notícia da vitória contra o nazismo, a tristeza de não haver encontrado vestígios de sua gente.

Para os Herzog, não havia sentido em voltar para a Iugoslávia devastada. Zora e Giga buscavam, ansiosos, uma saída. Imaginavam um lugar em que pudessem viver em paz e em liberdade, trabalhar, reconstruir a vida. Um dia, ouviram falar do Brasil, um país distante que recebia bem os estrangeiros, inclusive judeus, para os quais uma ditadura que acabava de cair fechara as portas.

Em 1946, o Brasil era uma promessa de liberdade.

Confiantes nessa promessa, Zora e Giga fizeram a sua escolha. A ideia de um país longínquo, a milhares de quilômetros da Europa destroçada pela guerra, confortava-os. No canto do mundo escolhido para uma nova vida, não mais precisariam esconder seus nomes verdadeiros, escritos nos passaportes fornecidos pela Cruz Vermelha. No espaço destinado à nacionalidade estava escrita uma palavra que os incomodava: "apátrida". Mas a ansiedade e a expectativa da partida eram mais fortes. Estavam felizes com a ideia de que, num dia não muito distante, poderiam viver livremente num país que poderiam adotar como sua nova pátria.

O navio *Philippa*, que servira na guerra transportando tropas e fora adaptado para o transporte de refugiados, deixou, sob bandeira panamenha, a Itália com destino ao Rio de Janeiro. Os Herzog e centenas de outros refugiados viajavam no porão. Nenhum desconforto, porém, suplantava a alegria que todos sentiam. Vlado logo passou a explorar todos os espaços possíveis do navio, conversava com os tripulantes, impressionava-se com a vastidão das águas. Nunca vira tanto mar, tanta água sem fim.

A chegada ao Rio de Janeiro, na véspera do Natal de 1946, causoulhe impacto maior do que o mar que parecia não ter fim. Onde terminava o mar começava a cidade, enorme, estirada ao pé de montanhas verdes. Tanto verde assim Vlado também nunca vira. No convés, debruçado na amurada, o menino espalhava os olhos sobre a paisagem que, em certos momentos, de tão iluminada até doía na vista.

Zora descreveria, muitos anos depois, o momento da chegada do navio *Philippa* ao Rio de Janeiro:

> Ao aproximar-nos do porto, nossa mente mal podia absorver o espetáculo deslumbrante que se nos oferecia. A cidade com seus prédios altos,

o céu cor de anil que se refletia na água, os montes verdes, toda a beleza natural e tão diversa de tudo que conhecíamos; a atmosfera de paz e serenidade emanando dos navios, barcos, barcaças; o vozerio numa língua desconhecida. No navio, nossa gente desiludida pelas perseguições, despojada de quaisquer bens materiais, viajando com passagem doada, a perguntar-se: como iremos refazer a vida no meio desse povo tão diferente? Será que podemos ficar? Vão tolerar-nos, aceitar-nos como somos, ou seremos obrigados a fugir novamente?

Olhei meu filho e rezei para que ele pudesse criar raízes, fazer amizades, crescer num mundo sem violência e sem fanatismo ideológico.

Poucos dias depois a família viajou para São Paulo, o lugar escolhido para o recomeço de vida. No trem, lento e superlotado, a sensação já não era de fuga. Já não havia o temor de surgir no vagão, de uma hora para outra, um soldado raivoso a gritar "porcos judeus". Vlado via nos olhos de esperança de Zora e Giga que o horror da guerra, os caminhos tintos de sangue que haviam percorrido, numa fuga que parecia não ter fim, tudo ficara para trás.

O Brasil era uma promessa de paz. Uma vida nova estava começando.

2 Começa a segunda guerra

A pequena família foi, aos poucos, se adaptando à vida no Brasil. Não era uma vida sem sacrifícios. Nos primeiros dias dependiam da ajuda de uma congregação israelita, arrumavam-se como podiam. Mas já não precisavam fugir, temer pelo dia seguinte. Ninguém lhes perguntava se eram ou não judeus.

Zora, feliz, muitas vezes relembrava o momento em que, ainda no navio que os trouxera da Itália, rezara pela felicidade de Vlado, pedindo que na terra que os abrigaria ele criasse raízes, crescesse livre de perseguições, sem medo da violência que o obrigara muito cedo a viver em fuga.

Foi assim que o menino Vlado cresceu, fez-se homem e cidadão brasileiro. No pedido de naturalização que apresentou, decidiu optar pelo nome Vladimir, mais comum no país. Desde então, só o chamavam de Vlado no círculo familiar e entre os amigos mais próximos.

Vladimir Herzog criou raízes no Brasil. Tanto que, durante a temporada que passou na Inglaterra, contratado pela BBC, muitas vezes manifestou o desejo de voltar, mesmo que o país estivesse submetido a um regime militar. Misturava o interesse pelo trabalho, que fazia com apuro e gosto, com a saudade da terra que adotara como sua.

Voltou num momento difícil, no fim de dezembro de 1968, nos primeiros dias de vigência do Ato Institucional nº 5, decretado no dia 13 pelos militares. O país mergulhara de vez na escuridão do arbítrio.

A promessa de paz na qual a família acreditara ao chegar ao Brasil começava a se quebrar. Iniciava-se, então, uma nova guerra.

Na manhã de sábado, 25 de outubro de 1975, às 8 horas em ponto, Vladimir Herzog estava diante do grande portão de ferro cinzento da rua Tomás Carvalhal, 1030, no Paraíso, um bairro de classe média alta de São Paulo. Minutos depois, ele foi conduzido a uma dependência no fim de um grande pátio que, àquela hora, estava ensolarado. Ordenaram-lhe que se despisse e entregasse valores e objetos que trazia. Em seguida, deram-lhe um macacão verde-oliva, a mesma cor usada pelos militares do Exército brasileiro.

Vlado estava entregue ao DOI-Codi. Era um departamento do II Exército, um órgão oficial, mas funcionava como se fosse uma organização clandestina, nos fundos de uma delegacia de polícia.

Vestindo o macacão verde-oliva que lhe sobrava no corpo franzino, Vlado foi levado para o primeiro interrogatório. O interrogador não lhe perguntou o nome, como fizera outro, 32 anos atrás, na Itália. Gritava, possesso, alternando perguntas com xingamentos:

— Vai falando logo, comunista filho da puta!

Vladimir não podia ver o rosto do homem que lhe desferia golpes cada vez mais pesados com um pedaço de madeira. Tinham-lhe enfiado um capuz na cabeça, era impossível ver de que lado viria o próximo golpe. Mas sentia na carne a fúria e ouvia os gritos do torturador, que se misturavam aos seus. Seu algoz era muito mais raivoso do que aquele homem que o interrogara quando, ainda menino, usava uma malha com a letra "V" bordada na altura do peito.

Na escuridão sob o capuz, teve a certeza de que, ali, não bastaria recorrer ao nome de um primo fictício. O interrogador exigia-lhe que falasse muito mais do que o nome de alguém. Mas ele não falava, repetia que nada sabia do que o torturador lhe perguntava.

Vladimir Herzog teve a certeza de que, dali, não havia fuga possível.

Aos golpes cada vez mais fortes, sempre entremeados por xingamentos, seguiram-se outras formas de tortura. Seus gritos eram ouvidos pelos prisioneiros que estavam na sala contígua. Todos já haviam passado pelo mesmo suplício e sabiam o que acontecia lá dentro. Ouviram nitidamente quando o torturador gritou:

— Tragam a pimentinha!

A "pimentinha" era um aparelho de choque elétrico. Nu, o prisioneiro era colocado numa cadeira especial, de assento metálico, no qual jogavam água. Em seguida, amarravam-lhe os pés e as mãos, e depois o pênis, com fios elétricos que se ligavam às orelhas. A máquina entrava em ação sob o comando do torturador, que alternava a velocidade de uma manivela que fazia girar um dínamo, aumentando ou diminuindo a intensidade dos choques, que só se interrompiam quando sua voz se impunha sobre os gritos do prisioneiro.

Herzog estava na "cadeira do dragão", à mercê do torturador. Ao capuz ele adicionara amoníaco, que penetrava nas narinas, tornando a respiração quase impossível. As horas se passavam sem que a tortura cessasse. Um rádio foi ligado e aos gritos se misturavam os sons de música e de notícias, uma das quais — um dos prisioneiros ouviu nitidamente na sala ao lado — anunciava que o ditador Francisco Franco, da Espanha, estava agonizante e acabara de receber a extrema-unção.

De repente, os gritos de Vlado diminuíram de intensidade, sua voz tornou-se abafada. Era como se lhe tivessem colocado uma mordaça. Seguiu-se um longo, pesado silêncio.

Passado algum tempo, os gritos recomeçaram e em dado momento, a tarde já avançada, cessaram de vez. Vladimir Herzog estava morto.

Vlado mergulhou numa noite muito escura. O silêncio, um silêncio de paz, era quebrado de vez em quando por guinchos que vinham dos lados do mato que se estendia além da casa do sítio. Vinham fortes, repetidos, depois iam diminuindo de intensidade, até cessar. Mas logo recomeçavam.

Vlado caminhava por uma trilha estreita no meio do mato, onde a noite se fazia mais escura. Guiava-se pelo som de aflição que ouvia cada vez mais próximo. Com uma lanterna, espalhava fachos de luz pelas beiradas do caminho, até que viu, entre as moitas, brilharem os olhos de um pequeno animal. Aproximou-se e viu que o bicho estava preso numa armadilha, agitando-se desesperadamente, numa inútil tentativa de fuga.

Vlado tentou libertá-lo, mas logo desistiu, por desconhecer o funcionamento da armadilha. Voltou correndo pela mesma trilha. Diante da casa, onde todos já dormiam, gritou, ofegante:

— Alguém me ajude! Tem um bicho preso na armadilha, está sofrendo.

Minutos depois, o animalzinho estava solto e, mesmo ferido, mergulhou rapidamente no escuro da noite, correndo para a liberdade.

Na sexta-feira, 24 de outubro de 1975, aquele sítio poderia ter sido o ponto de partida para uma fuga que Vlado recusou. Percebeu que as lições de fuga que aprendera desde menino não lhe serviriam naquele momento. Era como se estivesse preso numa armadilha impossível de ser desativada.

Antes de sair para o trabalho, de manhã, ele havia combinado com a mulher, Clarice, que seguiriam para o sítio logo que concluísse a edição do telejornal da noite, na TV Cultura, canal educativo controlado pelo governo de São Paulo, onde dirigia o Departamento de Jornalismo. Ela e os filhos do casal, Ivo, de 9 anos, e André, de 7, o aguardariam na TV, já com as malas prontas.

O sítio, em Bragança Paulista, a pouco mais de 80 quilômetros de São Paulo, era o refúgio da família, quase todos os fins de semana. Vlado comprara a propriedade em sociedade com o sogro, João Chaves, o Zico, no início de 1974.

Aquele pedaço de terra era a concretização de um sonho antigo, ainda dos tempos de criança, quando ele vivia refugiado com a família na pequena cidade de Fonzaso, no norte da Itália. Seus pais haviam conseguido autorização para cultivar uma horta num terreno baldio ao lado do cemitério, onde ninguém queria plantar. Vlado participou, com grande alegria, da plantação de hortaliças e, depois, dos cuidados com as plantas. Um dia, quando chegou o tempo de colher tomates, ele disse a Zora, enquanto segurava alguns frutos maduros:

— Sabe, *mamma*, quando eu crescer quero ter um terreno bem grande para plantar.

* * *

Quando Clarice chegou à TV Cultura, de malas prontas, como havia combinado com Vlado, dois agentes do Exército já se encontravam nos estúdios da emissora, com ordem para levá-lo preso. Diretores e colegas de trabalho tentavam, em penosa negociação, evitar que ele fosse levado. Argumentavam que ele precisava terminar o trabalho de edição do noticiário que iria ao ar logo em seguida. Ele sabia que seu nome estava na lista para ser preso e se fosse sua intenção fugir, já o teria feito.

Enquanto a negociação prosseguia, alguns colegas na redação ainda insistiam para que Vlado fugisse. Clarice estava com o carro pronto, não seria difícil escapar. Ele decidiu ficar. Não se considerava um criminoso, entendia que deveria enfrentar a situação.

Concluídas as negociações, depois de consultas feitas pelos agentes a seus superiores, ficou decidido que ele se apresentaria ao DOI-Codi no dia seguinte.

O dia seguinte não terminaria para Vlado.

Herzog passara os últimos dias em grande tensão. Desde que tinha assumido, no início de setembro, a direção do Departamento de Jornalismo da TV Cultura, vinha sofrendo forte pressão.

Uma campanha articulada pelos órgãos de repressão, montada pelos militares da chamada linha dura, acusava-o de colocar o noticiário da emissora a serviço da subversão comunista.

Emergindo dos porões, a campanha ocupava cada vez mais espaço em alguns jornais, principalmente na coluna assinada pelo jornalista Cláudio Marques, no *Diário Comércio Indústria* (DCI) e no *Shopping News*, esse último de grande tiragem, distribuído gratuitamente nos bairros de classe média alta. Logo as denúncias chegariam à tribuna da Assembleia Legislativa, onde parlamentares da Arena[6] chamavam a atenção do governo do estado para o que apontavam como sendo uma

---

[6] Sigla da Aliança Renovadora Nacional, partido criado em 1966 para apoiar o regime militar. No ano anterior, os 13 partidos políticos existentes haviam sido extintos pelo Ato Institucional nº 2. O mesmo AI-2 impôs eleições indiretas para presidente da República e outras medidas ditatoriais, como a intervenção nos estados e o fechamento do Congresso Nacional.

ação articulada pelos comunistas para transformar a emissora pública em veículo a serviço da subversão.

A semana que estava para terminar tinha sido especialmente tensa. A escalada da repressão, que desde setembro já alcançara mais de uma centena de pessoas, chegara aos jornalistas no início de outubro. Dois deles, Paulo Markun e Anthony de Christo, trabalhavam com Vlado na TV Cultura. Outros, como ele próprio, estavam na lista de captura do DOI-Codi. O cerco se fechava, Vlado e Clarice discutiam, angustiados, o que fazer, pois não tinham dúvidas de que a prisão dele era iminente.

Viviam uma situação absurda. Amigos com os quais haviam se encontrado dias atrás tinham sido presos. Por isso, passaram a evitar qualquer contato com outros. Poderiam estar sendo seguidos. Que fazer, então? Fugir poderia ser uma opção. Mas Vlado, apesar de psicologicamente abalado, buscava encontrar alguma lógica em meio ao clima de terror instalado em São Paulo. Entendia que não havendo oficialmente nada contra ele, não havia também razão para fugir. Além disso, sabia que o braço da repressão política comandada pela ultradireita militar era suficientemente longo para alcançá-lo aonde quer que fosse. Fugir também significava dar razão aos que o acusavam de envolvimento com o Partido Comunista, a serviço do qual era acusado de estar na direção do Jornalismo da TV Cultura.

3 Lições de Brasil

Já iam longe os dias em que, recém-chegados ao Brasil, os Herzog acreditaram ter encontrado a paz. Em São Paulo, para onde se mudara dias depois da chegada ao Rio de Janeiro, a família vivia pobremente, mas feliz. Giga trabalhava na expedição de uma fábrica de papel de uma família judia, os Ffefer, enquanto Zora cuidava da casa que haviam alugado no bairro operário da Mooca, não muito distante do centro da cidade. Para ajudar nas despesas, alugavam um dos quartos para quatro rapazes conhecidos, aos quais também forneciam as refeições, que Zora preparava com grande sacrifício numa espiriteira. Mas ela achava que assim estava bom, a vida era difícil, mas compensada pela paz que tanto buscara. Via, feliz, o filho crescer, aprendendo rapidamente a língua do país.

Não demorou muito para Vlado concluir o curso elementar. Um dia, ele chegou a casa com um *Atlas Geográfico* que Zora passou a exibir aos amigos como se fosse um troféu. No livro estava escrito, em letra bem desenhada: "Prêmio do Curso São Judas Tadeu a Vlado Herzog por ter se classificado em primeiro lugar nos exames de admissão ao Colégio Presidente Roosevelt, em fevereiro de 1949."

Tão rapidamente quanto aprendera a falar italiano, nos tempos de fuga, Vlado aprendeu a falar português. Zora caprichava em seu orgulho de mãe judia. Proclamava aos amigos:

— O Vlado já é brasileiro.

A nova vida transcorria em paz. Aos poucos, as dificuldades iam sendo superadas. Um fogão a gás de quatro bocas, comprado a prestação, livrou Zora da agonia de cozinhar numa espiriteira. Nos fins de semana, a família já podia se dar ao luxo de pequenos passeios pela cidade.

Quando chegou o tempo de Vlado se matricular no curso ginasial do Colégio Presidente Roosevelt, a situação já estava bem melhor. Já havia até geladeira em casa, adquirida tão logo pagaram a última prestação do fogão. No ginásio, ele não se sairia tão bem quanto os pais esperavam. No quarto ano, foi reprovado em ciências naturais. Terminou passando em segunda chamada, mas com nota baixa.

De certo modo, o insucesso refletia as inquietações que o levariam, mais tarde, a voltar-se para matérias que não estavam no currículo escolar. Cinema, música, literatura, teatro tomavam conta de seu interesse. Já no colegial, passou a frequentar o Instituto Cultural Ítalo-Brasileiro, onde fez um curso de teatro. A música também o apaixonava. Tanto que sem dinheiro para assistir a uma ópera no Teatro Municipal, acabou conseguindo um lugar de figurante, como soldado romano, e enquanto não entrava em cena, ficava na coxia, deslumbrado com a música e o desenrolar da trama.

A inclinação pelas artes, aliada à necessidade de ganhar algum dinheiro, levou Vladimir a desistir do curso científico no Presidente Roosevelt. Concluído o primeiro ano, arranjou trabalho numa ótica e, depois, conseguiu um serviço de meio expediente num banco. Tinha consciência, porém, de que precisaria prosseguir nos estudos. No início de 1956, inscreveu-se para as provas de seleção do colégio, dessa vez para o curso clássico, voltado para a área de ciências humanas. Aprovado, voltou aos estudos com interesse redobrado.

Tímido, não era dado às expansões próprias da idade. Tampouco se interessava pelas questões políticas que empolgavam a maioria dos colegas, um dos quais, Luís Weis, tornou-se seu maior amigo, apesar das discordâncias que rendiam longas e às vezes acaloradas discussões. Vlado torcia o nariz para a argumentação do amigo de que era preciso combater o imperialismo, lutar contra a ação dos trustes estrangeiros. Mordaz, não poupava críticas aos discursos recheados de chavões esquerdistas repetidos pela estudantada. Não foram poucas as vezes em que, ao fim de uma discussão mais quente, Weis saiu xingando o amigo de alienado. As diferenças entre os dois não se limitavam à discussão de questões políticas. Quando chegavam ao campo da cultura, Vlado exacerbava seu senso crítico.

Certa vez, depois de assistir com Weis a um espetáculo teatral, foi duro com o amigo, que fazia rasgados elogios à peça encenada:

— Bobagem, isso não passa de teatro de província.

A discussão foi engrossando, os dois estavam a ponto de se pegar. Weis contemporizou:

— Está bem. Gosto não se discute.

Vlado voltou, impiedoso:

— Esse é o eterno argumento dos ignorantes.

A aspereza das palavras não chegava, porém, a provocar um rompimento. Weis buscava entender o rigor crítico e o ceticismo com que Vlado se colocava perante o mundo. Assim, as discussões se aprofundavam, tornavam-se instigantes.

Logo Weis perceberia que o amigo não era aquele alienado que se negava a seguir o cordão dos que gritavam slogans. O que acontecia é que ele não queria se limitar à superficialidade das coisas. Queria saber por que elas aconteciam.

Em abril de 1959, os dois iniciavam no jornalismo, na redação de *O Estado de S. Paulo*. Chegaram à redação pelas mãos de Mário Leônidas Casanova, professor de filosofia no Presidente Roosevelt e redator de prestígio do jornal. O mesmo Casanova que apostava no talento dos futuros jornalistas levou-os a fazer o vestibular na Faculdade de Filosofia da USP.

Vlado continuava a empunhar a bandeira do ceticismo. Aparentemente, ele passara incólume pela onda de otimismo que tomara conta do país. O Brasil chegava ao fim da década embalado pelas conquistas das metas traçadas pelo presidente Juscelino Kubitschek, que prometera cinquenta anos de crescimento durante os cinco de seu governo. Automóveis fabricados no país rodavam pelas ruas e pelas novas estradas que rasgavam o território nacional em todas as direções, muitas delas convergindo para Brasília, a nova capital, construída em tempo recorde no Planalto Central, no meio do cerrado goiano.

Vlado assistiu, como repórter, aos preparativos para o nascimento de Brasília, anunciada como a "Capital da Esperança". Ainda verde na profissão, era um dos mais jovens integrantes da equipe da sucursal recém-montada pelo *Estadão* em Brasília. Entregou-se com entusiasmo ao trabalho e ali, na cidade que mal despontava de um imenso canteiro de obras, começou a entender melhor o país que o acolhera ainda criança. Ali se concretizava um sonho de grandeza que revelava, ao mesmo tempo, as profundas desigualdades, as marcas seculares do atraso. Cobriu-se de poeira vermelha, comoveu-se com os candangos que, vindos dos cantos mais remotos e mais pobres do país, penduravam-se nos andaimes, dobrando as horas de trabalho para que a cidade fosse entregue a tempo para a festa de inauguração. Muitos deles, despencados dos andaimes, não puderam assistir à festa.

Na redação do *Estadão*, já de volta a São Paulo, Vlado trabalhava na reportagem geral, mas de olho no caderno de cultura, o suplemento literário do jornal, editado por um dos intelectuais mais respeitados da época, o professor Décio de Almeida Prado. Algumas vezes transitou da geral para o suplemento, produzindo reportagens e artigos, mas o grande momento se deu quando Jean-Paul Sartre visitou o Brasil, em 1960. Admirador do pensador francês, de quem conhecia boa parte da obra, Vlado partiu com entusiasmo para fazer a cobertura da passagem de Sartre por São Paulo. Acompanhou todos os passos do visitante, suas conferências, entrevistas, debates.

Além da aura de intelectual brilhante, pensador admirado em todo o mundo, Sartre carregava em sua bagagem notícias quentes de Cuba, onde estivera havia pouco tempo e de onde voltara cheio de exclamações de louvor à revolução vitoriosa de Fidel Castro. E de outros temas ele tratou, com destaque para o Brasil, que então vivia um momento de grande efervescência político-ideológica, de debates sobre reformas sociais.

Vlado não se limitou a fazer as anotações para as matérias que devia escrever. O pensamento de Sartre exposto ao vivo, suas palavras muitas vezes carregadas de paixão causaram-lhe verdadeiro fascínio. Luís Weis escreveria mais tarde: "Via Sartre, ele descobriu o engajamento." E foi além, sobre o que se pode chamar de "momento mágico". O amigo a quem considerara alienado tanto fez, tanto buscou e tanto indagou que, enfim, chegou à sua verdade. Para Weis, "Vlado retivera de Sartre a matéria-prima de sua metamorfose pessoal".

No texto que escreveu para um livro sobre Vlado,[7] Luís Weis refere-se ao processo de transformação pelo qual passara seu amigo. Sendo traço marcante da personalidade de Vlado não fazer alarde sobre o que pensava ou fazia, poucos perceberam as mudanças que se haviam operado em seu modo de ver o mundo. Depõe Weis:

> Com o passar do tempo, foi ficando cada vez mais claro que a relação de Vlado com aquilo que chamávamos de "realidade brasileira" havia mudado substantivamente, com o ceticismo cedendo lugar à tomada de posições e, sobretudo, à definição de contornos de um projeto pessoal comprometido com o agora-aqui. Não se imagine, porém, que ele tivesse saído correndo para matricular-se no partido de esquerda mais próximo ou que, de repente, passasse a fazer política estudantil ou militar no sindicato dos jornalistas.

O que ele fez foi aproximar-se e buscar participação nos movimentos culturais voltados para o país real — o teatro popular por Augusto Boal, Gianfrancesco Guarnieri e Oduvaldo Viana Filho, no Teatro de Arena, em São Paulo, e o cinema novo de Nelson Pereira dos Santos. O cinema seria, no processo de engajamento, um dos caminhos que Vlado seguiria. Ele continuava jornalista, mas aproveitou o tempo livre para fazer, em 1963, um curso de cinema patrocinado pelo Itamaraty, em colaboração com a Unesco. Voltou-se para o documentário e a escolha do tema de seu primeiro trabalho revela sua preocupação com a realidade brasileira. Passando ao largo do glamour de Copacabana,

---

[7] Paulo Markun (Org.), *Vlado: retrato da morte de um homem e de sua época*.

registra, num canto da praia, as imagens dos pescadores que ali resistem, em seu trabalho artesanal, à modernidade do bairro famoso. Mais do que os pescadores, o documentário, intitulado *Marimbás*, mostra o que eles desprezavam sobre a areia, os peixes miúdos, restos que os miseráveis sobreviventes em Copacabana ou nas favelas próximas vinham apanhar.

Vlado buscava, com interesse cada vez maior, o cinema-verdade, que encontra na obra do cineasta argentino Fernando Birri, diretor do Instituto de Cinematografia da Universidade do Litoral, em Santa Fé, Argentina. Um dos trabalhos de Birri, o documentário *Tire dié*, produzido com a participação de seus alunos, causou-lhe grande impacto. O filme mostra um pedaço ignorado da realidade argentina, os favelados que vivem numa área pantanosa transposta por uma grande ponte ferroviária. A cada trem que se aproximava, os meninos da favela escalavam rapidamente os pilares e, sobre a ponte, corriam ao lado dos vagões, pedindo esmola aos passageiros. Todos repetiam, gritando: "Tire dié, tire dié!" Na língua deles as duas palavras queriam dizer "atire um dinheiro, jogue uma moedinha", mais ou menos o que repetem hoje outros meninos aos motoristas dos automóveis, nos cruzamentos das grandes cidades brasileiras. (Vlado faria essa observação se escrevesse hoje o texto que escreveu no início dos anos 1960 sobre o documentário de Fernando Birri.)

Vlado observa, no texto publicado no *Estadão*, que as crianças sobre a ponte "são o sustentáculo econômico da favela". O *tire dié* tornara-se, para elas, praticamente uma instituição: "Uma instituição desumana, que encontra similares em todos os centros urbanos do hemisfério." O texto acentua:

> Pela primeira vez uma obra de arte cinematográfica produzida na América do Sul era sul-americana. Pela primeira vez, em um filme, o homem deste continente, isto é, o homem-maioria, o "lado de lá" desses milhões de indivíduos cujos direitos a uma vida digna foram retirados desde os tempos de Cortez, tinha lugar numa película.

Tire dié, que Vlado assistira ao lado de Birri em Buenos Aires, em exibição especial, contribuiu de maneira marcante para aprofundar a sua paixão pelo cinema e, mais do que isso, aumentar sua convicção de que era preciso fazer arte olhando para o "lado de lá", o lado dos deserdados. Como o autor do documentário, ele acreditava que "o cinema podia de algum modo contribuir na luta contra a injustiça social".

O golpe militar de 1964 desabou sobre o país, jogando por terra as garantias constitucionais; um ato institucional, o primeiro da nova ordem, decretado nove dias depois da vitória do golpe, garantiu poderes excepcionais ao governo, que deflagrou uma onda de perseguições, fazendo centenas de prisões e cassando os direitos políticos de milhares de pessoas. Jornais considerados de esquerda, como o *Ultima Hora*,[8] passaram a ser vigiados de perto.

Clarice, jovem estudante de Ciências Sociais na USP, dividia os estudos com o trabalho de repórter na bem-sucedida edição paulista de *Ultima Hora*. Um dia, pouco depois do golpe, o jornal foi invadido pela polícia. Clarice não estava na redação, ficara em casa devido a um problema de saúde.

Na redação do jornal, os invasores buscavam, com especial interesse, uma mulher chamada Bernardete. Como nenhuma das mulheres que estavam na redação tinha esse nome, alguns colegas concluíram que Bernardete podia ser um codinome de Clarice e logo correram a avisá-la. Por precaução, ela permaneceu em casa durante alguns dias.

O mistério da mulher procurada durou alguns dias até ser decifrado: a truculência, aliada à ignorância policial, confundira o crítico de cinema do jornal, Jean-Claude Bernardet, com alguma perigosa subversiva.

A violência avançava dia a dia, prenunciando tempos cada vez mais difíceis.

Clarice Ribeiro Chaves e Vladimir Herzog conheceram-se no saguão da Faculdade de Filosofia, Ciências e Letras da Universidade de São Paulo,

---

[8] Jornal fundado por Samuel Wainer, no Rio de Janeiro, em junho de 1951, alcançou grande sucesso, com edições regionais em São Paulo, Recife e Porto Alegre. Wainer foi acusado pela oposição de receber financiamento privilegiado do Banco do Brasil, para promover o governo de Getúlio Vargas.

no fim de 1962, ela ainda no primeiro ano de Ciências Sociais; ele, concluindo Filosofia. No caso deles, pode-se recorrer ao lugar-comum da paixão à primeira vista. Pouco mais de um ano depois do primeiro encontro estavam casados. Casaram-se no dia 15 de fevereiro de 1964, quando o golpe militar já estava em marcha para, menos de dois meses depois, ser deflagrado.

As famílias dos dois só foram avisadas poucos dias antes. Vlado e Clarice temiam reações contrárias, por questões religiosas. De um lado, os pais de Vlado poderiam alegar que não era bom um casamento com uma não judia; de outro, a família católica de Clarice temia que ela não fosse aceita entre judeus.

Para Zora, que meses antes fora duramente atingida em seu apego de mãe judia quando Vlado anunciou que decidira morar sozinho, a notícia do casamento chegou junto com Clarice. Vlado levou-a à casa dos pais e, sem rodeios, foi logo falando:

— Apresento-lhes Clarice, minha futura mulher.

Zora e Giga não conseguiram disfarçar a surpresa, mas não disseram nada que pudesse ser considerado como desaprovação. Bem que gostariam de ter sido avisados antes, para que pudessem opinar sobre a escolha, mas aceitaram a decisão do filho como uma consequência natural dos tempos modernos, já que não tinha mais cabimento os pais aprovarem a escolha dos filhos. Além do mais — considerou Zora —, no Brasil as pessoas eram mais tolerantes, não ligavam muito para questões religiosas ou de origem. E mais: nem Vlado nem Clarice praticavam religião alguma.

O casal foi morar no pequeno apartamento no qual Vlado já vivia há algum tempo, bem em frente ao prédio do *Estadão*, onde ele trabalhava. Herzog inquietava-se com a situação do país. Sem ligação com nenhuma organização de esquerda, era, contudo, por pensamento e ação, um homem de esquerda. O que fazer, porém, diante da marcha avassaladora do regime que perseguia e praticava toda sorte de violência contra todos os que ousavam a ele se opor? Dia após dia, a repressão política se aprofundava, transitando dos sindicatos operários para as redações de jornais, os teatros e as universidades. Entre os perseguidos estavam jornalistas, professores e cineastas, muitos deles seus amigos.

O episódio da invasão da *Ultima Hora*, que por alguns dias fizera Clarice prisioneira em sua própria casa, foi uma espécie de gota d'água. O casal decidiu sair do país e Vlado viajou ao Chile, para tentar algum trabalho. Mas as coisas não estavam fáceis por lá, onde muitos brasileiros que se haviam exilado depois do golpe se encontravam em situação complicada, pensando em voltar, mesmo temendo a repressão política no Brasil.

Vlado voltou, mas já pensando em transpor maiores distâncias. Pensou na Inglaterra, onde dois colegas de redação do *Estadão*, Nemércio Nogueira e Fernando Pacheco Jordão, já estavam, havia mais de um ano, trabalhando no Serviço Brasileiro da BBC. Jordão, com quem trabalhara na redação do *Estado* e no jornalismo da TV Excelsior, era seu grande amigo e vivia em Londres com a mulher, Fátima, amiga de Clarice desde os tempos de ginásio e depois sua colega na universidade. Tudo isso o encorajava a tentar a BBC. Além do trabalho, em Londres iria viver praticamente em família. Mas ele só conseguiu ser contratado em 1965.

O clima era cada vez mais pesado no Brasil dos militares. Os chamados órgãos de segurança vigiavam de perto todos os cidadãos suspeitos de atividades contra o regime. O nome de Vlado aparecia em listas do Dops (Departamento de Ordem Política e Social) entre jornalistas considerados contrários ao chamado "Movimento Revolucionário". Apesar de não ser filiado a nenhum partido, ele temia ser alcançado pela repressão, mas sua consciência não lhe permitia acomodar-se na omissão. Em 1965, fora um dos signatários de um manifesto de intelectuais contra as perseguições políticas.

Em junho de 1966, finalmente, conseguiu deixar o Brasil, assumindo em seguida o trabalho na BBC, contratado por três anos. Clarice permaneceu em São Paulo, onde concluiria, no fim do ano, o curso na USP. Em dezembro, foi se juntar ao marido em Londres.

4 Saudades do Brasil

De longe, do outro lado do mar, a voz de Vlado chegava ao Brasil nos programas que ele apresentava no Serviço Brasileiro da BBC. Colados ao aparelho de rádio, Zora e Giga não perdiam um programa. No depoimento que prestaria mais tarde a Trudi Landau,[9] Zora evoca: "Todas as noites em que Vlado estava escalado para a transmissão da BBC ao nosso país, Giga e eu escutávamos a sua voz. Era a mesma emoção cada vez. A voz do nosso filho vinda de ultramar, falando a milhões de pessoas."

Em Londres, onde Vlado trabalharia até o fim de 1968, nasceram os seus dois filhos, Ivo e André. A amizade que os unia ao casal Fernando e Fátima Pacheco Jordão facilitou a vida de todos. Moravam em apartamentos vizinhos e tinham um automóvel comprado em sociedade. Se um dos casais saía de férias, deixava os filhos aos cuidados do outro. Foi o que aconteceu no verão europeu de 1967, quando Vlado e Clarice fizeram um giro por vários países do continente. Foi como uma segunda lua de mel e, ao mesmo tempo, um rico e variado roteiro cultural que incluiu cidades medievais, museus, catedrais grandiosas.

Para Vlado, a viagem tinha também o sentido de uma volta às origens. Na Iugoslávia e na Itália — o primeiro, país de nascimento; o se-

---

[9] Judia alemã, fugiu da perseguição nazista e veio para o Brasil pouco antes do fim da Segunda Guerra. Em São Paulo, tornou-se uma espécie de defensora pública, conhecida pelas cartas que enviava aos jornais, denunciando injustiças. Várias dessas cartas referiam-se ao assassinato de Vlado.

gundo, de refúgio durante os anos de perseguição nazista — ele percorreu boa parte dos caminhos que trilhara quando criança.

Em muitos pontos, a paisagem, as ruas, as casas já não eram as mesmas para ele — eram como lembranças borradas, manchas imprecisas. Em outros, porém, se revelavam nítidas como se tivessem sido vistas na véspera. Traziam de volta momentos ruins, lembranças dolorosas. Mas havia também lembranças felizes.

A viagem seria contada numa carta datada de Londres, junho de 1967. Dirigida "aos queridos pais e avós", dá notícias, primeiro, do pequeno Ivo, descrito como "o nosso filhão", um garoto forte, sadio, já com o primeiro dente a despontar. "Precisam só ver como cresceu o malandro durante o tempo em que ficamos fora! Está i-m-e-n-s-o!", dizia a carta.

O texto, escrito na primeira pessoa do plural, junta Vlado e Clarice na narração, como se eles fossem, unidos pela alegria de viver, uma só pessoa. Misturam-se os dois, às vezes um a falar do outro, dizendo de suas reações em diferentes situações. Trata-se, na verdade, de uma bela carta de amor.

Vlado escolhera como um dos pontos principais de seu roteiro italiano a cidadezinha de Magliano de Tenna, um de seus refúgios com a família durante a guerra. A casa em que encontrara abrigo naqueles dias de medo foi logo reconhecida. E sua hospedeira, Emma, a mesma e boa Emma, apesar dos fios brancos na cabeça e do corpo mais arredondado que compunha melhor a sua figura de *mamma*, estava ali, pronta para lhe dizer: "Entre, a casa é sua!" Vlado fez uma graça:

— Adivinha quem sou.

Emma não precisou de mais de cinco segundos para responder, num grito de alegria:

— Aldo!

Emma recebeu Vlado e Clarice com carinhos de *mamma*. Juntou-os aos próprios filhos, ofereceu-lhes pão — um tagliatelli muito especial, massa feita em casa — e vinho, um vinho escolhido entre os melhores da região.

A alegria na italiana Magliano de Tenna não se repetiria na Iugoslávia, a terra natal de Vlado. A carta registra impressões sombrias de Banja Luka, de onde a família Herzog partira em 1941, quando a cidade vivia sob o terror da ocupação nazista.

> No dia 3 partimos em direção a Banja Luka, via Zagreb, chegando ali no fim da tarde. Foi realmente a parte mais triste da viagem. A região continua mostrando sinais de terrível pobreza. (...) Em Banja Luka ainda há ciganos pedindo esmolas nas ruas. Mas o que mais nos deprimiu (ao Vlado principalmente) foram as inevitáveis recordações que a cidade desperta. As casas onde morava nossa família, os relatos das perseguições, que nascem em todas as conversas, o estado físico-psicológico em que se encontram amigos de vocês que ainda vivem. (...) O nosso prédio continua igualzinho ao desenho que o papai tinha feito (quase igual, comparem depois com as fotos para ver se houve alguma modificação). Na parte de baixo, onde era a nossa loja, há agora uma loja chamada Metal, que vende geladeiras, fogões e artigos domésticos. (...) Subimos até o andar onde era o nosso apartamento, onde mora uma família Disdarevic. Não entramos.

A porta que Vlado não transpôs era a mesma pela qual, fazia 26 anos, ele e seus pais saíram escorraçados, sob ameaça de revólver e baioneta.

Ele estava diante da casa que, na verdade, ainda era sua, pois nenhuma lei, além da do mais forte, dizia o contrário. Não precisava entrar para se ver menino encolhido num canto da sala, apavorado diante dos homens armados que diziam "raus, raus!". Ficou do lado de fora, como se tivesse sido expulso pela segunda vez. As lembranças se atropelavam numa sequência de filme de terror.

Além daquele prédio onde viveram os Herzog, não havia em Banja Luka mais vestígios da família. Vlado buscou qualquer outra coisa que lembrasse a passagem da família por ali. Encontrou uma pedra.

Ele foi, em companhia de Clarice e de uma antiga moradora da cidade, da família Poljokan, amiga dos Herzog, ao cemitério judaico. Atendeu a um pedido de Giga para que visitasse o túmulo de um dos irmãos, David.

Vlado contou, na carta:

Como o papai pediu, fui ao cemitério, ou melhor, ao que resta do cemitério judaico em Banja Luka. (...) No lugar onde, pelas indicações de papai, devia estar o túmulo do irmão dele, David, não há quase nada; só do outro lado há alguns túmulos mais conservados, como os da família Poljokan.

A amiga explicou que os túmulos estavam sendo depredados, as lápides roubadas, mas não podiam fazer nada, pois o terreno do cemitério pertencia ao Exército iugoslavo.

Vlado não desistiu da busca:

Com ela [a amiga] começamos a procurar algum vestígio do túmulo de David e já íamos desistindo quando, de repente, Vlado bateu os olhos num pequeno bloco de pedra clara. (...) Nele podia-se ler ainda distintamente as palavras "David Herzog" e, embaixo, semiapagada, uma data que nos pareceu 1916.

Vlado providenciou para que o bloco, que pesava entre trinta e quarenta quilos, ficasse aos cuidados de um amigo da família, o Dr. Laslo Poljokan. Se fosse a vontade de Giga, ele providenciaria a remessa da pedra — o último vestígio dos Herzog em Banja Luka — por navio ao Brasil. Ficaria no cemitério israelita, em São Paulo, ao lado de outros túmulos da família.

Em Londres, as coisas correram bem para Vlado, que desenvolvia com competência o seu trabalho. Era feliz na convivência com os amigos e com a família, que aumentara com a chegada de Ivo, o "filhão" de quem dá notícia aos pais e aos amigos do Brasil.

O nascimento do filho deixou-o tão orgulhoso que ele passou a assinar suas cartas como "O pai do Ivo". Logo depois, em 1968, nasceria o segundo filho, André, trazendo mais alegria.

Quando André estava para nascer, a mãe de Clarice, Inês, viajou a Londres, para compartilhar a alegria da filha e do genro. Foi então que ela conheceu Vlado melhor. Aquele homem franzino, de temperamento tímido, retraído, era ao mesmo tempo um sujeito amoroso, terno, afetuoso.

Era a semana da Páscoa. Na Sexta-Feira Santa, dia de recolhimento para os católicos, Vlado saiu sem dizer nada e quando voltou trouxe peixe para a sogra, que guardava o preceito de não comer carne naquele dia.

O respeito pelo outro era um dos traços marcantes de sua personalidade. Disso Inês teve mais do que uma prova. Num domingo ensolarado, Vlado reuniu toda a família para um passeio em Cambridge. Estavam num parque, Clarice e a mãe a empurrar os carrinhos das crianças, quando ele perguntou à sogra:

— A senhora gostaria de assistir à missa? Há uma igreja católica perto daqui.

Inês surpreendeu-se com o convite. Lembrou-se, num repente, das dúvidas que tivera quando Clarice lhe anunciou a decisão de se casar com Vlado. Daria certo, sendo ele de outra religião? A família judia aceitaria sem problemas o casamento com uma moça de família católica? Foi despertada dessas lembranças pelo genro, que renovava o convite:

— Vamos?

Foram os dois. Na igreja, Vlado sentou-se a seu lado, enquanto ela, de joelhos, rezava.

Inês se indagava, entrecortando as orações: "Será que ele também está rezando?"

A passagem por Londres, enriquecida com a experiência profissional e o nascimento dos filhos, poderia mudar o rumo da vida de Herzog. Ele poderia tentar permanecer na Inglaterra, mas havia, ao longo de todo o tempo, uma mosca azul a lhe zumbir a sugestão de voltar ao Brasil. Em carta a um amigo, datada de 8 de maio de 1968, dizia: "Essa vida sedentária, passiva, na Europa, está ficando sem sentido e a gente sente necessidade de ver-se integrado, bem ou mal, nalgum processo ou atividade criativa. Vou disposto a jogar uma boa cartada nesse negócio de TV educativa."

A decisão de voltar não tinha sido fácil. Em alguns momentos, a ideia chegara a ser posta de lado, pois "as notícias que nos vêm do Brasil são as mais desencorajadoras possíveis". A possibilidade de fazer televisão educativa pesaria, mais tarde, na decisão. Antes de terminar o contrato com a BBC, em agosto de 1968, Vlado conseguiu da TV Cultura de São Paulo uma carta-compromisso de contratação, que lhe garantiria uma bolsa de estudos do governo britânico para um curso de produção de televisão.

Quando terminou o curso, em dezembro, Vlado começou a se preparar para a volta. De Londres foi para Roma, onde encontraria Fernando Birri, que, além de uma referência na arte do documentário cinematográfico, tornara-se seu amigo. Clarice e os dois meninos tinham viajado em setembro de volta ao Brasil. Vlado permaneceria em Roma até dezembro. Tinha passagem marcada para o dia 15. Dois dias antes, porém, uma sexta-feira 13, recebeu a notícia da decretação do AI-5. As notícias recebidas na Itália não revelavam toda a extensão do poder que o golpe colocava nas mãos do governo, mas o título de uma pequena matéria publicada por um jornal italiano não deixava dúvidas: "Ditadura militar no Brasil".

Vlado avaliou as consequências de um retorno ao Brasil naquele momento. Adiou a viagem. As notícias que recebia em Londres sobre os protestos da sociedade civil organizada contra o regime e a reação cada vez mais violenta dos militares evidenciavam um endurecimento ainda maior do governo, agora armado de poderes ilimitados.

A permanência na Europa não seria fácil, mas poderia ser considerada. Seria uma espécie de fuga sem o fugitivo sair do lugar em que se encontrava. Vlado optou pela volta ao Brasil, o país que, sem reservas, adotara como seu.

5 Caminho sem volta

O país que Vlado reencontrou vivia dias de terror. A ditadura militar mostrava, sem disfarces, a sua verdadeira face. Dispunha agora de um instrumento legal com o qual liquidaria o que, apesar de tudo, ainda restava de direitos constitucionais.

Eram os primeiros dias de janeiro de 1969. Uma onda de repressão sem precedentes, desencadeada logo após a decretação do AI-5, atingia milhares de pessoas. Armado pelo AI-5, o governo tudo podia. Entre outras medidas, podia decretar o recesso do Congresso Nacional, das assembleias estaduais e das câmaras municipais; cassar mandatos e suspender direitos políticos; intervir no Poder Judiciário, suspendendo garantias de magistrados; cancelar habeas corpus, dispensar ou aposentar compulsoriamente funcionários públicos; limitar garantias individuais e censurar a imprensa.

O regime cuidava, pela censura, de esconder da opinião pública as arbitrariedades que cometia. Redações de jornais e de emissoras de rádio e televisão foram invadidas, jornalistas e intelectuais, artistas e estudantes foram para a prisão. A fúria repressiva dos militares podia ser medida pelo número de cassações de parlamentares: 94 deputados federais e quatro senadores perderam os mandatos e tiveram os direitos políticos suspensos por dez anos.

Em meio ao turbilhão de violência, Vlado sofreu uma punição menor: as portas da TV Cultura, cuja direção havia assumido o compromisso de contratá-lo, uma vez concluído o curso de produção de TV na Inglaterra, fecharam-se para ele. Previsível, o motivo de lhe negarem o emprego tinha a ver com as informações que vinham dos arquivos policiais da ditadura, carimbando-o como subversivo.

Os dias que se seguiriam não foram fáceis. Além da opressão da situação política que o país vivia, era preciso encontrar meios de sobrevivência. Conseguiu um emprego na J. W. Thompson, uma das maiores agências de publicidade da época. Foi trabalhar na produção de comerciais para televisão. Pode-se imaginar o que lhe custou isso, que, de certo modo, representava um "desvio de função". Ele preparara-se para aplicar seus conhecimentos no jornalismo, entusiasmado com as possibilidades de fazer televisão, informar, discutir as questões de interesse público, mas se viu, de repente, reduzido à condição de vendedor de produtos diversos. Aplicava ao trabalho de produzir comerciais o melhor de sua capacidade profissional, mas como sofria!

Ao fim de um ano de trabalho, pediu demissão.

A experiência publicitária de Vlado seria lembrada, mais tarde, por Clarice: "Foi a época mais difícil e infeliz da vida dele. O trabalho para ele era a essência. Ele sofria terrivelmente por ter de fazer um trabalho que não tinha nada a ver com a cabeça dele."

Mesmo sem ter garantido o salário no fim do mês, Vlado optou pela incerteza do trabalho avulso. Em 1970, foi trabalhar como *freelancer* na revista *Visão*, para a qual produziria reportagens importantes. Uma delas tratava do assunto que, desde a passagem pela BBC, lhe despertara grande interesse: a televisão educativa. A matéria traçava um panorama das emissoras existentes no país e mostrava, com argumentos consistentes, que de educativas elas tinham muito pouco, quase nada. Mas não se limitava a criticar: ia além, oferecendo sugestões e listando experiências em tele-educação realizadas com êxito em outros países. O sucesso dessa e de outras matérias levou-o a ser contratado, no fim do ano, como editor de cultura da revista. Foi nessa função que Vlado fez, mais tarde, um profundo levantamento da situação em que estava a cultura no Brasil depois de dez anos de regime militar. Escrita em parceria com Zuenir Ventura, a reportagem era, antes de tudo, um ato de coragem.

Mesmo que em 1974 já soprassem ventos na direção de alguma liberalização do regime,[10] a matéria, minuciosa e bem escrita, era uma ousadia. Apontava os vilões que causavam o vazio cultural em que se encontrava o país. Um deles, o principal, era o AI-5; o outro, um filhote monstruoso desse — a censura. A censura, ao mesmo tempo violenta e burra, proibia peças de teatro, músicas e filmes e chegava ao ridículo de colocar Sófocles e Michelangelo no rol dos subversivos. Esse último fora incluído na categoria dos imorais por causa de uma obra-prima — a estátua de Davi — reproduzida num pôster.

Um quadro sombrio era mostrado na matéria, apoiada por depoimentos e opiniões de alguns dos mais respeitáveis intelectuais e artistas brasileiros. Entre outros, o professor e crítico literário Antonio Candido, os diretores de teatro Augusto Boal e José Celso Martinez Corrêa, o escritor Antonio Callado, os cineastas Glauber Rocha e Leon Hirszman, o arquiteto Maurício Roberto e o jornalista Alberto Dines.

Pela opinião de Alberto Dines, então editor-chefe do *Jornal do Brasil*, reproduzida na matéria, podia-se avaliar a crise que atravessava a imprensa, que, por sua vez, tinha sido impedida de noticiar ou opinar sobre as restrições impostas às manifestações culturais.

> A imprensa, em particular, e o campo das manifestações coletivas, em geral, vinham atravessando no Brasil um processo ascendente de qualidade, vitalidade e amadurecimento. O AI-5 abafou repentinamente esta explosão. Não apenas porque implantou a censura prévia com todo o seu rol de não menos desagradáveis nuanças, mas porque instalou definitivamente o arbítrio na área da informação. Hoje não há mais fontes de notícias, há notas oficiais. Hoje não há mais reportagem no sentido clássico do termo (procura, descoberta, inventiva), há apenas entrevistas coletivas ou reportagens incidentais. (...) Enfim, hoje não há mais aquela indispensável espontaneidade no processo de busca e divulgação da informação, porque há um fantasma balançando em cima de todos, chamado AI-5. (...) O AI-5 espalhou-se pelo

---

[10] Ernesto Geisel, quarto general a ocupar a presidência no regime militar, acenou com a abertura política ao tomar posse, em 15 de março de 1974.

Brasil e hoje há um surto de aversão pela imprensa que começa com o policial menos graduado e acaba no preconceito do alto escalão.

A matéria sobre os estragos causados pela censura tinha o sentido de uma pequena cunha colocada no espaço que se abria na rígida estrutura do regime militar, que então ensaiava os primeiros passos para a abertura política que seria administrada a conta-gotas, sob rígido controle do governo e da força das armas que o sustentava.

Ronaldo Costa Couto, em seu livro *História indiscreta da ditadura — Brasil: 1964-1985*, observa, sobre o processo que avançaria apesar da manutenção dos instrumentos de arbítrio:

> A sociedade civil se mobiliza. Reivindica e pressiona crescentemente, resgatando e alargando paulatinamente alguns direitos da cidadania. Pouco a pouco, a liberalização deixa de ser meramente unilateral e concessiva para tornar-se processo interativo de "concessão-conquista-concessão-conquista" entre o governo e a sociedade, entre a sociedade e o governo. Mas os militares não abrem mão do controle do processo político, de dirigir a liberalização. Nem da permanência do regime.

Na verdade, a distensão "lenta, gradual e segura", iniciada pelo sucessor de Garrastazu Médici,[11] Ernesto Geisel, logo depois de assumir a presidência da República, fora o caminho encontrado pelos militares, que se viam numa encruzilhada e buscavam uma saída para o regime, que começava a dar sinais de que não poderia ir muito longe mantendo-se a ferro e fogo. A abertura não era, portanto, mera concessão. E foi graças a esse processo que os militares conseguiram permanecer no poder durante mais 11 longos anos.

Com o processo que Geisel conduzia "com a abertura em uma das mãos e o AI-5 na outra", na observação de Costa Couto, a censura foi, aos poucos, sendo relaxada, ao mesmo tempo que já não pesavam

---

[11] General Emílio Garrastazu Médici, o mais duro ocupante da presidência da República (1969-74) depois do golpe de 1964. Sucedeu a uma junta militar que assumiu o poder em substituição ao marechal Costa e Silva, afastado por doença em 31 de agosto de 1969.

tanto as vagas acusações de subversão contidas nas listas dos órgãos de informação.

Mesmo antes da promessa de abertura política, em 1973, a TV Cultura, que havia se comprometido a admitir Vlado logo que ele concluísse o curso na Inglaterra, convidou-o a integrar a equipe de jornalismo dirigida por Fernando Pacheco Jordão. Ele não se desligou, contudo, da revista *Visão*, na qual permaneceria até o primeiro semestre de 1975.

Jordão empenhava-se em fazer com que o jornalismo da TV Cultura desse um salto de qualidade, saindo da acomodação dos boletins recheados de releases [comunicados à imprensa] oficiais para novos formatos, com foco na notícia, na informação. Para isso contava com o empenho e a capacidade profissional de Herzog, que conhecera bem durante os anos de BBC. Eles não tinham ilusões, porém, de que a tarefa seria fácil. Sabiam que os olhos da censura, dos vigilantes do aparelho de repressão e dos áulicos palacianos estariam postos na TV na hora dos telejornais. A orientação era a de que os jornalistas fossem buscar a informação, que deveria ser transmitida sem adjetivação. Os fatos falariam por si. O problema é que, aos olhos do poder, nem todos os fatos deveriam ser levados ao conhecimento dos espectadores de TV.

O tempo era o de Médici, o terceiro general a ocupar o poder desde o golpe de 1964. O que se via na televisão não eram propriamente os fatos, os acontecidos, a realidade dura da maioria da população. A maioria, mesmo entre as faixas mais carentes, via a propaganda do governo e festejava o que se mostrava como um "milagre econômico". Além dos telejornais edulcorados, a bem-elaborada propaganda oficial, produzida por uma azeitada máquina de marketing, distribuía, como se fossem as pílulas da felicidade, os comerciais que proclamavam os êxitos do regime. Era o tempo dos infinitos gramados verdes sobre os quais desfilavam as famílias, como se vivessem um alegre e eterno piquenique. As doces imagens escorriam pela telinha, quase sempre em câmera lenta, o que acentuava a ideia vendida de tranquilidade que o país vivia.

Nos porões da repressão, a realidade que não era mostrada: as chamadas forças de segurança sentiam-se cada vez mais prestigiadas e agiam com violência redobrada contra os opositores do regime. Prendiam, sequestravam, torturavam, matavam. Mas as notícias "negativas" não tinham espaço — a censura cuidava de evitá-las e, se fosse o caso, de punir quem as divulgasse.

Foi durante esse jogo de claro-escuro do governo Médici, o mais repressivo e sanguinário do regime militar, que Jordão, Herzog e uma equipe integrada por alguns dos melhores jornalistas da época ousaram fazer um novo jornalismo na TV Cultura, um verdadeiro milagre naqueles anos de chumbo. O título de um dos programas postos no ar sintetizava a crença da equipe de que, apesar de tudo, era possível fazer jornalismo: *Hora da Notícia*. Vlado era o editor do programa.

A *Hora da Notícia* surgiu como uma alternativa ao jornalismo pasteurizado que se fazia na televisão. Numa televisão ligada ao governo do estado, como a Cultura, era um avanço. Havia a consciência de que o programa, tal como concebido, poderia jogar luz na escuridão da informação sonegada, mas ao mesmo tempo cuidava-se de manter o espaço, evitando-se o que pudesse ser interpretado como provocação. Buscava-se, inclusive, contrabalançar matérias sobre problemas que o governo gostaria de esconder com outras que, mesmo se distanciando do costumeiro tom áulico, mostravam ações governamentais, a própria imagem do governador de turno, na época Laudo Natel, genro de um banqueiro e ex-presidente de clube de futebol. A esse tipo de matéria, notícias puras, sem enfeites, deu-se o nome de "escovão", ou seja, algo capaz de "limpar", desviar do olhar das autoridades a verdade das ruas exposta em outras matérias.

Algumas dessas matérias, reportagens especiais feitas pelo cineasta João Batista de Andrade, traziam inovações importantes. Eram pequenos documentários, feitos no dia a dia, que mais tarde dariam início a um movimento que se chamou Cinema de Rua. A primeira matéria de João Batista para o *Hora da Notícia* foi na contramão do jornalismo de TV acomodado com a censura e que registrava os acontecimentos do ponto de vista do poder. A pauta era uma batida policial numa favela, uma operação chamada "Tira da Cama". Muitas vezes, essas operações não passavam de demonstrações de força justificadas pela necessidade de combate ao crime e de oferecer segurança à população. Os policiais, armas em punho, alguns a cavalo e acompanhados de cães, invadiam favelas no meio da noite e iam derrubando tudo que encontravam pela frente, abrindo portas a pontapés, arrancando os moradores da cama para que se identificassem. As câmeras da TV, ao lado da polícia, registravam tudo. Aquilo era, afinal de contas, um espetáculo e como tal seria exibido, além de levar aos espectadores o conforto de se sentirem protegidos contra os criminosos que usam as favelas como esconderijo.

No *Hora da Notícia*, a reportagem não terminou com as cenas da invasão e do espanto, do pavor das pessoas cujos barracos foram invadidos. Continuou no dia seguinte, de manhã. Atrás da câmera, Batista de Andrade deu voz aos favelados. A matéria passou, então, a ser narrada do ponto de vista deles. A história era contada de dentro para fora. Não só o pesadelo da noite, mas a realidade que viviam, por que foram parar na favela, morar em barracos cujas portas podiam ser facilmente arrombadas por um pontapé; o trabalho que tinham ou deixavam de ter, porque não encontravam.

O impacto dessas reportagens e a verdade que o noticiário do programa passava logo se refletiram nos índices de audiência, que se diferenciavam da programação geral da TV Cultura, que rondava o zero. Às 21 horas, quando entrava no ar, até o encerramento, às 21h30, o *Hora da Notícia* angariava entre 3% e 4% de audiência. Um sucesso.

Mas o sucesso foi, ao mesmo tempo, o caminho que terminou com a liquidação do programa. As pressões vinham de fora e da própria direção da Fundação Padre Anchieta, mantenedora da TV Cultura. As ameaças subiam dos porões da repressão, chegavam ao palácio do governo e dali aos diretores da emissora, que se queixavam não só do *Hora da Notícia*, mas de toda a linha de programação jornalística, que, segundo as denúncias, teria sido dominada por um bando de subversivos.

O presidente da fundação, José Bonifácio Coutinho Nogueira, que tinha sido presidente da UNE (União Nacional dos Estudantes) nos anos 1940 e na década seguinte secretário da Agricultura do governo paulista, tentou contemporizar, buscando convencer o diretor de jornalismo a mudar a orientação da programação. O diálogo foi ficando cada vez mais difícil, enquanto a pressão do governador Natel aumentava. Além das ameaças, o governador tratou de cortar verbas para a TV Cultura, inviabilizando não apenas o jornalismo, mas quase toda a programação da emissora, o que levou Coutinho Nogueira a demitir-se. Dias depois de assumir, o novo diretor, Antônio Guimarães Ferri, que vinha da USP, onde fora vice-reitor, encontrou Jordão no pátio da Fundação e, em meio a uma conversa sem muita consistência, anunciou, sem mais rodeios:

— O senhor está demitido.

Jordão quis saber o motivo. Antônio disse que recebera pressões do II Exército. Mas, por precaução, advertiu:

— Só que o senhor não pode dizer isso lá fora. Se falar, eu desminto.

Foi o começo do fim, não só do programa *Hora da Notícia*, mas da equipe, que aos poucos foi se desfazendo. O novo diretor de jornalismo, Walter Sampaio, oriundo da ECA-USP (Escola de Comunicações e Artes da Universidade de São Paulo), onde coordenara o Departamento de Jornalismo, chegou com poderes e disposição de interventor. As demissões se sucediam e, estranhamente, dois dos demitidos foram presos no mesmo dia da dispensa, o que levou os remanescentes da equipe, ao ser demitidos, a não voltarem para casa, mas irem para um refúgio qualquer.

Na TV Cultura, não era mais hora de notícia, a não ser daquelas que não desagradavam ao poder militar. E ali era posto o ovo da serpente.

A primeira passagem de Vlado pela TV Cultura terminou em dezembro de 1974. Menos de um ano depois, no início de setembro de 1975, convidado a dirigir o jornalismo da emissora, num momento em que se acreditava que o país estivesse às vésperas da abertura política anunciada pelo general Geisel, Vladimir Herzog pisou um chão pantanoso e cheio de armadilhas.

Os ataques vinham de todos os lados, de dentro e de fora da TV. Um jornal anunciava que "os comunistas estão de volta à TV Cultura".

Vlado não teve tempo de pôr em execução os planos que havia elaborado para o jornalismo que acreditava pudesse ser possível com a abertura prometida por Geisel. Menos de dois meses depois de assumir o cargo, morreu sob tortura numa dependência do II Exército.

* * *

AS DUAS GUERRAS DE VLADO HERZOG

Ainda em 1974, contrariamente ao que acontecia na TV Cultura, alguns sinais de abertura política operavam mudanças significativas no comportamento da grande mídia, que parecia despertar, mesmo que cautelosamente, do silêncio ao qual se recolhera, por imposição ou por acomodação, durante os já longos anos de ditadura.

Um desses sinais tinha vindo das ruas: nas eleições de novembro, as urnas revelaram uma enxurrada de votos nos candidatos da oposição. O MDB[12] saiu vitorioso, elegendo 16 dos 22 senadores que renovariam um terço do Senado e 165 deputados federais. O governo, senhor da força, assimilou a derrota. E parecia disposto a avançar mais no processo de abertura.

Um dos sinais que apontavam para uma distensão efetiva foi a suspensão da censura a *O Estado de S. Paulo*, no dia 4 de janeiro de 1975, data em que o jornal completava exatos 100 anos. A censura continuava em outros veículos de comunicação, mas a saída dos censores da redação do *Estadão* sugeria uma disposição efetiva do governo de alargar os caminhos da volta do país à democracia.

O clima de abertura propiciou mudanças que pareciam milagres: a TV Globo, que praticava um jornalismo "neutro" ou de clara adesão ao regime, passou a investir no que, aparentemente, poderia vir a ser jornalismo de verdade, talvez até o contrário daquele que levara o general Médici a considerar o Brasil um oásis de tranquilidade.

A Globo passou a contratar jornalistas de vasta experiência, alguns até marcados como subversivos. Dois deles — Fernando Pacheco Jordão e João Batista de Andrade — eram egressos da TV Cultura e do banido programa *Hora da Notícia*. Jordão, que dirigira o jornalismo da Cultura, passou a ocupar nada menos do que a função de editor do *Jornal Nacional* em São Paulo; Batista, a de repórter especial, na qual aplicava a sua experiência de cineasta, fazendo filmes curtos e documentários para o *Globo Repórter*.

---

[12] Movimento Democrático Brasileiro, criado em 1966, juntamente com a Arena, para desempenhar o incômodo papel de oposição consentida. A reação popular à ditadura levou o MDB a uma estrondosa vitória nas eleições parlamentares de 15 de novembro de 1974, fato que o levaria, desde então, a crescer como verdadeira força de oposição.

Vlado estava então envolvido com o cinema, uma de suas paixões. Começara a trabalhar no projeto de um documentário sobre Canudos, que pensava em retomar, mas não dispunha de recursos financeiros para tanto. Teria de deixar o emprego na *Visão*. Discutiu o problema com Clarice, que o encorajou:

— Vai fazer o teu filme, Vlado. Você bancou tudo em Londres, agora é a minha vez.

Vlado achou graça na proposta, mas Clarice, que estava trabalhando em pesquisas de mercado, já tinha feito as contas e concluíra que dava para bancar as despesas de casa. Vlado tinha algumas reservas para despesas de viagem e embarcou para o sertão da Bahia. Lá percorreu as veredas que foram encharcadas de sangue durante os combates entre forças do Exército e os seguidores de Antonio Conselheiro, no fim do século XIX. Entrevistou gente do povo e descendentes de vítimas da guerra, que então viviam às margens do açude que sepultara sob suas águas grande parte do cenário da tragédia. Entre os entrevistados, Vlado encontrou uma sobrevivente da guerra, Guilhermina, uma velhinha de 102 anos, que ainda guardava na lembrança as cenas de horror que presenciara. Voltou com o roteiro definido, mas ainda não tinha condições de fazer o filme. Aceitou um convite para lecionar na Escola de Comunicações e Artes da USP.

Em abril de 1975, Vladimir Herzog estava se preparando para deixar a revista *Visão*, por discordar dos rumos tomados pela publicação, que fora adquirida meses antes pelo empresário Henry Maksoud, do ramo da engenharia hidráulica. Decidira aceitar o convite de Fernando Gasparian para dirigir a sucursal paulista do jornal *Opinião*,[13] então sacudido por uma crise interna que resultara na saída da equipe chefiada por Raimundo Pereira.[14] A crise se refletia na nova equipe e, em função

---

[13] Um dos mais importantes veículos da imprensa alternativa. Fundado em 1972, destacou-se na resistência à censura durante a ditadura militar.

[14] Combativo jornalista, formou e dirigiu a primeira equipe do semanário *Opinião*, no Rio de Janeiro, de propriedade do industrial Fernando Gasparian. Em 1975, tendo divergido de Gasparian, lançou em São Paulo o *Movimento*, que seria um dos veículos mais censurados. *Movimento* não tinha patrão — pertencia aos jornalistas que nele trabalhavam. As decisões eram tomadas por um conselho editorial do qual faziam parte, entre outros, Fernando Henrique Cardoso, Orlando Villas-Boas, Chico Buarque e Audálio Dantas.

de um desentendimento com Argemiro Ferreira, que chefiava a redação no Rio de Janeiro, Vlado pediu demissão do cargo que mal assumira.

Na verdade, ele tinha outros planos. Um deles era retomar o projeto de Canudos, mas antes aceitou o convite de seu amigo João Batista de Andrade para fazer o roteiro de um longa-metragem, *Doramundo*, baseado no romance de Geraldo Ferraz. Vlado logo se entregou à tarefa. Passou a viajar com frequência para a vila de Paranapiacaba, na serra do Mar, a pouco mais de 40 quilômetros de São Paulo, onde fora ambientado o romance e o filme seria realizado.

O cenário de Paranapiacaba, antiga parada do trem da São Paulo Railway, que fazia a ligação com o porto de Santos, era inspirador. O conjunto de casas construídas pelos ingleses da ferrovia para seus funcionários parecia uma aldeia inglesa que, por capricho de alguém, tivesse sido transplantada para uma clareira aberta na floresta tropical. O cenário era, ao mesmo tempo, belo e sombrio, permanentemente coberto pela neblina que, nos fins de tarde, tornava-se espessa e aos poucos ia engolindo tudo. A neblina chegava devagar, vinda do alto da serra, e se instalava sobre o casario, cobrindo-o por inteiro. A escuridão leitosa só era quebrada, aqui e ali, pelas lâmpadas da rua, tênues pontos de luz, ou rasgada pelo farol dos trens noturnos.

O cenário era perfeito para a trama criada por Geraldo Ferraz, que se baseara em fatos que ali teriam ocorrido — sucessivos assassinatos cujo autor, protegido pela neblina que a tudo cobria, nunca foi descoberto. Dentro dele, Vlado ia construindo o roteiro. Ouvia e gravava as conversas de moradores sobre os crimes praticados nas sombras, lembranças que, apesar de muito tempo passado, ainda assustavam.

Não demoraria muito para Vlado ser despertado de seu sonho de fazer cinema. No início de agosto, um convite inesperado levou-o a interromper o roteiro que já começara a escrever. A TV Cultura, da qual fora expelido havia menos de um ano, o queria de volta, dessa vez para dirigir o Departamento de Jornalismo. O convite tinha o sabor de uma reparação e, talvez por isso, era irrecusável. Ao aceitá-lo, Herzog saiu do sonho de fazer cinema e, menos de dois meses depois, entrou num pesadelo.

O caminho que escolhera não tinha volta.

O convite tinha sido feito inicialmente a Fernando Jordão, então editor de um dos mais importantes programas jornalísticos do país, o *Globo Repórter*, da Rede Globo. Jordão recusou o convite, mas indicou o nome de Herzog, certo de que aquela seria a grande oportunidade para que ele demonstrasse inteiramente a sua capacidade.

O projeto de abertura política anunciado por Geisel desenvolvia-se, como previsto, lentamente, caracterizado por avanços e recuos. Apesar das demonstrações de força da linha dura, Paulo Egydio Martins, que ocupava o governo do estado por indicação direta de Geisel, movia-se com alguma desenvoltura no espaço aberto pelo projeto de distensão do presidente. Por isso pensava num projeto de comunicação mais liberal para seu governo, no qual incluíra a TV Cultura. Daí, o convite a Jordão e, depois, a Vlado.

Mas, no sentido inverso das expectativas do governador, o momento era de recuo. Os militares de ultradireita, alvoroçados, avançavam cada vez mais em movimentos de contestação à política de distensão do presidente da República, por eles considerado um mero delegado das Forças Armadas no poder.

Os porões do regime militar estavam agitados. A chamada comunidade de informações e os órgãos de repressão política, que cuidavam do serviço sujo da tortura e da eliminação de opositores do regime, agiam exatamente em sentido contrário àquele que Geisel pretendia seguir e pelo qual esperava chegar à abertura política, desatar o nó em que se encontrava o regime.

Os órgãos de informações, inquietos, perguntavam-se até onde chegaria a tal abertura. Nos quartéis, a inquietação descambava para a indisciplina, que, não poucas vezes, se mostrava em gestos e palavras de oficiais estrelados.

Essa situação vinha se agravando desde o início do ano, quando os órgãos de repressão deflagraram uma ofensiva contra o clandestino Partido Comunista Brasileiro (PCB), ao qual atribuíam a vitória da oposição legal, representada pelo MDB nas eleições legislativas de 1974.

O PCB, ao contrário das organizações de extrema esquerda, que haviam escolhido o caminho da luta armada, optara pela ação política, dentro dos estreitos limites de legalidade, como única forma de derrotar a ditadura. O velho Partidão via no projeto de Geisel a oportunidade de avançar na luta. O resultado das eleições, assimilado pelo governo Geisel, seria uma prova disso. Publicado em fins de 1974, um editorial da *Voz Operária*, órgão oficial do partido, fazia uma avaliação otimista sobre movimentos populares que vinham ocorrendo, entre os quais pequenas greves, o que demonstrava que "as massas estão sabendo interpretar corretamente o enfraquecimento político do regime fascista e se lançam com mais desenvoltura à ação de luta por seus interesses".

Foi contra o que considerava "enfraquecimento" do regime que a comunidade de informações, tendo à frente o Centro de Informações do Exército (CIE), tratou de agir. Já em meados de 1974, antes das eleições, portanto, estava em andamento uma operação que levou o nome de Radar. Já não havia, então, resquícios da luta armada que justificara, durante mais de quatro anos, uma feroz ação repressiva. Mas restava o PCB, "o perigo comunista", apontado como capaz de levar o MDB a ganhar terreno no espaço criado pela abertura política.

Mesmo antes da proclamação dos resultados das eleições, nas quais o MDB derrotou o partido do governo por larga margem de votos, já havia a decisão de se partir para o ataque ao Partidão.

No início de 1975, a Operação Radar estava em marcha acelerada.

A ofensiva contra o Partidão não fora armada, evidentemente, à revelia de Geisel, que também se preocupava com o "avanço da subversão comunista". Para ele, era preciso impedir esse avanço, combater a subversão e, ao mesmo tempo, avançar seu projeto de abertura. Nesse combate, porém, a repressão ia muito além do que o general-presidente considerava razoável. O que acontecia nos porões, sob o comando dos militares da extrema direita, escapava ao comando de Geisel, que assim se via desafiado em seu projeto de distensão, que pretendia levar adiante, mas sob seu estrito controle.

O problema é que havia, além do fantasma da subversão comunista, a justificar a montagem da Operação Radar, a subversão da hierarquia militar, que levava a um verdadeiro confronto com o governo. A obediência,

AUDÁLIO DANTAS

o respeito à disciplina já não eram possíveis, pois o monstro gerado nas entranhas da ditadura estava solto, arreganhando os dentes e dando sinais claros de que não toleraria que se fizesse uma abertura além dos limites considerados seguros. Não eram poucas as manifestações nesse sentido, abertas ou em panfletos anônimos que circulavam à vontade nos quartéis, deixando clara a insubordinação reinante entre os militares da linha dura.

Geisel oscilava entre a determinação de prosseguir com seu projeto de distensão e o que fazer para conter os "excessos" do aparelho de repressão. Em várias oportunidades, ao tomar conhecimento de violências que considerava além da conta no combate à subversão, tomava-se de santa indignação, esbravejava, tinha explosões de ira contra os órgãos de repressão montados com a finalidade de garantir a segurança do regime. Chegou a dizer, ao tomar conhecimento de mais um "excesso" do DOI-Codi de São Paulo, em março de 1975.

> Têm que acabar esses DOIS, CODIS. São organizações espúrias. (...) Se querem continuar, venham sentar aqui. O Exército usa farda para um monte de sujeira e é uma instituição de honra?! Vão à merda, Frota, generais, coronéis e o diabo. Um bando de covardes. (...) Me derrubem. Tão fácil.[15]

Na boca do general-presidente, a palavra "merda", dirigida a Frota,[16] a outros generais, a coronéis e até ao diabo, poderia sugerir que ele chegara ao seu limite e que estava disposto a dar um basta aos desmandos. Não foi o que aconteceu.

Pouco tempo depois, em abril, num discurso a políticos da Arena, Geisel proclamava sua fidelidade aos princípios da Revolução, do golpe militar. Para a banda militar da linha dura, isso significava aval aos métodos empregados no combate ao comunismo e aos opositores do regime em geral. O discurso indicava que os embates nos bastidores do regime levavam, mais uma vez, a um recuo do presidente no processo de abertura política.

---

[15] Elio Gaspari, *A ditadura encurralada*, p. 72. O autor cita trecho do diário de Heitor Ferreira, secretário particular de Geisel.
[16] General Sylvio Frota, ministro do Exército e líder dos militares que se opunham ao projeto de abertura política.

Em São Paulo, o comandante do II Exército, general Ednardo d'Ávila Mello, falava num tom que parecia soprado pelos seus comandados entrincheirados nos porões do DOI-Codi, então o mais temível aparelho de tortura do país. Era em São Paulo que se articulava a mais forte reação militar ao projeto de abertura política de Geisel. O general Ednardo chegou a considerar, publicamente, que não havia condições para se promover distensão alguma. O jornal *O Estado de S. Paulo* de 1º de abril de 1975 reproduziu um discurso em que ele falava de "ataques violentíssimos à Revolução" e concluiu:

> A tônica hoje em dia é dizer que o terrorismo já foi dominado, que não há mais subversão, que tudo está em calma, e que, em consequência, precisamos fazer uma distensão. Eu digo que isto é uma balela.

Esse discurso marcou o início de um embate entre o general e o governador do estado, Paulo Egydio Martins, que se incluía entre os que acreditavam na promessa de distensão política. Egydio havia assumido em março, com as bênçãos de Geisel e os votos cativos da Arena na Assembleia Legislativa. Pouco mais de uma semana depois da posse, ele comprou uma briga com Ednardo, ao interferir para evitar que um amigo, Eurico Prado Lopes, presidente do Instituto dos Arquitetos do Brasil (IAB), caísse nas garras do DOI-Codi.

O governador não via motivos para a prisão de Eurico, um homem de esquerda, mas sem qualquer participação em movimentos contrários ao regime. Além do mais, ele era casado com uma sobrinha do marechal Ademar de Queiroz, ex-ministro do Exército. Por isso, entendera haver excesso e decidiu levar o caso ao conhecimento do alto escalão do governo federal. Tarde da noite, logo após tomar conhecimento de que Eurico deveria se apresentar às 8 horas ao DOI-Codi, Paulo Egydio acordou muita gente importante em Brasília, a começar pelo chefe da Casa Civil, general Golbery do Couto e Silva. Um dos telefonemas foi para o marechal Ademar de Queiroz.

A ordem de prisão foi suspensa, mas uma guerra surda, de bastidores, começou entre o governador e o comandante do II Exército.

6 Os jornalistas se organizam

Em meados de 1974, quando a Operação Radar já estava em marcha, mas as promessas de abertura traziam algum alento à luta democrática, os movimentos sindical e estudantil começaram a dar algum sinal de vida. Esboçam-se os primeiros movimentos de oposição sindical, entre os quais, com força surpreendente, o dos jornalistas de São Paulo, uma categoria pequena, composta por profissionais de classe média, em sua maioria alheios ao sindicalismo. Surge, então, num canto de redação, o movimento que terminaria por desalojar o grupo que se encastelara no Sindicato dos Jornalistas havia mais de 10 anos.

O Sindicato dos Jornalistas Profissionais no Estado de São Paulo hibernava desde o golpe de 1964. À exceção de pedidos de liberação de jornalistas presos nos dois primeiros meses depois do golpe, quando era presidido por Manoel dos Reis Araújo, guardava uma espécie de silêncio obsequioso em relação à ditadura militar, que avançava a passos largos, desdobrando-se numa sucessão de atos institucionais até chegar ao de número 5, que consagraria o arbítrio.

Enquanto o Sindicato se fingia de morto, suprimiram-se as garantias constitucionais, cassaram-se mandatos e direitos políticos, fecharam-se jornais, jornalistas foram presos, outros foram mortos,[17] a

---

[17] Luiz Eduardo da Rocha Merlino, repórter da *Folha de S. Paulo* e do *Jornal da Tarde*, foi morto no DOI-Codi de São Paulo, em julho de 1971. A versão oficial de sua morte foi a de que, ao ser transferido para Porto Alegre, ele se jogara contra um caminhão em movimento, na rodovia BR-116.

AUDALIO DANTAS

censura tomou conta das redações, impondo o silêncio aos meios de comunicação.

Da omissão, o Sindicato dos Jornalistas passou à "cooperação". Um relatório da diretoria, publicado em março de 1965 em seu órgão oficial, a revista *Unidade Jornalística*, dá conta de que a entidade manteve "cordial entendimento com as autoridades policiais e a diretoria esteve presente em todas as solenidades, cívicas ou sociais, para demonstrar sua integração na coletividade".[18]

Desse jeito, o Sindicato integrava-se à nova ordem e cada vez mais se afastava dos jornalistas amordaçados pela censura. Em 1965, assumiu a presidência Adriano Campanhole, que permaneceria à frente da entidade por três mandatos consecutivos. Campanhole, um correto administrador, especialista em Direito do Trabalho, entendia o sindicalismo como instrumento de lutas que se resumiam à defesa de direitos trabalhistas — no caso, dentro dos estritos limites estabelecidos pela CLT, a Consolidação das Leis do Trabalho, tema de sucessivas edições de livros que ele lançava a cada vez que a legislação sofria alterações — conquistas salariais e prestação de serviços assistenciais. O resto, para ele, era política, assunto em que o sindicato não tinha de se meter. Mesmo quando o assunto era a censura.

Em 1966, quando o governo do general Castello Branco urdiu uma nova Lei de Imprensa, um pequeno grupo de jornalistas que insistia em fazer oposição no Sindicato chegou a propor numa assembleia uma greve de protesto. Se ali política era assunto proibido, uma proposta de greve era impensável. Mas o grupo insistiu e acabou descobrindo nos estatutos um artigo que previa a convocação de uma assembleia por um determinado número de associados, no caso de a diretoria não aceitar colocar em pauta uma questão relevante. A questão relevante, então, era levar o Sindicato a se posicionar contra o projeto da Lei de Imprensa.

Conseguido o número de assinaturas exigido, a diretoria não teve como impedir a realização da assembleia, que constituiu uma Comissão de Liberdade de Imprensa, à qual cabia promover debates e mobilizar a categoria dos jornalistas contra a proposta enviada pelo governo ao

---

[18] José Hamilton Ribeiro, *Jornalistas 1937 a 1997*, p. 107.

Congresso Nacional. Entre os nomes indicados para compor a comissão estava o de Campanhole, que evidentemente não teve como recusar. Os demais integrantes — Narciso Kalili, Fernando Brizolla, Rui Martins, Ivan de Barros Bella, Percival de Souza, David de Moraes, Antônio Carlos Godoy e eu — passaram a convocar os jornalistas para as reuniões de debate que se sucediam na sede do Sindicato, então no edifício da API (Associação Paulista de Imprensa), no bairro central da Liberdade. O presidente do Sindicato não comparecia, o que fez da comissão uma espécie de poder paralelo que avançou rapidamente. Organizaram-se visitas às redações dos principais jornais, rádios, televisões. Na redação do *Estadão*, a comissão foi recebida pelo dono do jornal, Júlio de Mesquita Neto, que se manifestou contrário à proposta da Lei de Imprensa e prometeu apoio ao movimento.

Não demorou, a mobilização chegou às ruas, com os membros da Comissão de Liberdade de Imprensa e colegas engajados distribuindo panfletos de convocação para um ato público no Teatro Paramount, marcado para 9 de janeiro de 1967. Toda essa movimentação terminaria se caracterizando não apenas como manifestação contra o projeto de Lei de Imprensa. Transformou-se num verdadeiro comício em que grupos de ativistas políticos estenderam faixas e cartazes e gritavam palavras de ordem contra a ditadura.

Além de jornalistas, participaram intelectuais, parlamentares, estudantes e artistas. Entre eles estava Geraldo Vandré, que cantou "Disparada", composição que fez furor no Festival de Música Popular Brasileira, que se realizaria meses depois. Ele já trabalhava, então, a música que viria a ser o hino dos movimentos de protesto contra a ditadura, "Pra não dizer que não falei de flores", que logo ganharia um novo título: "Caminhando".

Os rumos tomados pelo ato público levaram *O Estado de S. Paulo* a retirar o apoio prometido por Júlio de Mesquita. Um indignado editorial, no dia 11, tinha o título de "Pantomina".

A movimentação dos jornalistas nas ruas não conseguiu despertar o Sindicato. E o Congresso Nacional, em dócil obediência, terminou aprovando a Lei de Imprensa que o governo queria.

A reação nas redações foi de desânimo. O desinteresse em participar do Sindicato tinha uma justificativa: aquilo era um ajuntamento de pelegos, cúmplices da ditadura, portanto não havia o que fazer. Muitos dos antigos associados haviam se afastado e os mais jovens nem pensavam em se sindicalizar.

Não faltavam os que se mostravam céticos em relação à distensão apregoada por Geisel. Aquilo não passava, diziam, de uma estratégia para a permanência do regime. Além do mais, era o que se via: Geisel falava em abertura, mas os órgãos de segurança continuavam a prender, torturar, matar. As notícias sobre atrocidades que chegavam às redações não eram impressas nos jornais. Era como se os jornalistas estivessem amordaçados e de mãos atadas.

Em junho de 1974, a propalada abertura política se arrastava em terreno pantanoso. Numa reunião do Alto-Comando das Forças Armadas, Geisel entendeu que era tempo de recuar. Concordou em que deveriam ser implementadas medidas preventivas contra a subversão que, com a derrota dos grupos que haviam partido para a luta armada, estaria avançando sob o comando do PCB. Se preciso fosse, que se lançasse mão da repressão mais dura. A já mencionada Operação Radar estava em preparação e logo partiria para uma implacável caçada aos comunistas.

A repressão, na verdade, não dependia de autorização do presidente da República. Nunca havia cessado nos porões, onde, com maior ou menor fúria, os torturadores agiam por conta própria. Em 1974, o ano inaugural do projeto de distensão, as prisões e os sequestros de opositores do regime continuaram. Cinco deles eram jornalistas: David Capistrano da Costa, Ieda Santos Delgado, Luís Inácio Maranhão Filho, Edmur Péricles Camargo e Tomaz Antônio Meireles estavam no rol dos mortos e desaparecidos.

Capistrano, que havia dirigido o jornal *Folha do Povo*, em Recife, Maranhão, jornalista do PCB, e Ieda, que trabalhara na *Tribuna da Imprensa*, no Rio de Janeiro, foram presos em São Paulo. Mais quatro tinham sido presos, mortos ou eram considerados desaparecidos desde 1970: Joaquim Câmara Ferreira, Luiz Eduardo Merlino, Antônio Benetazzo e Ruy Oswaldo Pfitzreuter, todos em São Paulo, onde o maior sindicato de jornalistas do país permanecia encolhido.

O distanciamento dos jornalistas, que cada vez mais se afastavam do Sindicato, já era sentido inclusive entre os estudantes de jornalismo da ECA. Havia algum tempo, o Centro Acadêmico Lupe Cotrim vinha promovendo discussões sobre o exercício da profissão, a liberdade de imprensa e a importância de participação nas associações profissionais. Discutia-se o que era proibido no Sindicato.

Já em 1972, os estudantes haviam decidido participar do processo eleitoral para a renovação da diretoria do Sindicato. Era mais uma oportunidade de luta que se somava a outras, principalmente a da reconstrução da UNE, e pela extinção do decreto-lei nº 477, que permitia a expulsão de professores e alunos por participação em "movimentos subversivos".

O interesse dos estudantes da ECA pela eleição dos jornalistas tinha muito a ver com a presença de alguns colegas que traziam vasta experiência de lutas no movimento secundarista, entre eles Sérgio Gomes da Silva, Neusa Fiorda, Paulo Markun, Ricardo Moraes Monteiro, José Vidal Pola Galé e Vicente Dianesi, todos militantes do PCB. Eles tinham chegado a partir de 1970 e desde então tentavam reerguer o centro acadêmico, cujas atividades estavam praticamente paralisadas. A paralisia, que de resto era a mesma que atingira o movimento estudantil como um todo, tinha razão de ser. Além do AI-5, instrumento maior do arbítrio, baixado havia pouco mais de um ano, havia o decreto-lei nº 477.

Como se não bastasse a ameaça das leis de exceção, a repressão tratava de mostrar suas unhas como forma de intimidação. No início de 1969, já se tratava da organização da Operação Bandeirante (Oban) no II Exército. A Oban nasceu órfã de recursos financeiros, instalada num dos quartéis do comando do II Exército, na rua Manoel da Nóbrega, no Ibirapuera. Naqueles dias, as ações cada vez mais frequentes da luta armada urbana assustavam os empresários paulistas, muitos dos quais trataram de injetar dinheiro para garantir o funcionamento da repressão. Plantava-se a semente do DOI-Codi. A Oban nascia semiclandestina, sem nenhum vínculo legal, mas quando foi "inaugurada", em 1º de julho de

1969, contou com a presença do governador de São Paulo, Roberto de Abreu Sodré; do comandante do II Exército, general Canavarro Pereira; do secretário de Segurança, Hely Lopes Meirelles, e dos comandantes dos distritos Naval e Aéreo. Logo seus agentes entraram em ação. Entre eles, o famigerado delegado do Dops (Departamento de Ordem Política e Social) Sérgio Paranhos Fleury, que levava aos militares a sua experiência de torturador e matador do Esquadrão da Morte.[19]

No primeiro semestre de 1970, quando mal se começava a discutir a reorganização do centro acadêmico, a ECA foi palco de uma cena de terror: uma perua C-14, das que eram utilizadas pelos agentes da Oban graças às "doações" de empresários, estacionou em frente ao prédio da faculdade. Dois policiais arrancaram da parte traseira do carro um jovem que mal se sustentava de pé. O rapaz tinha as roupas manchadas de sangue, andava com grande dificuldade e, por isso, era praticamente arrastado pelos policiais, que, sem dizer uma palavra, entraram com ele no prédio, percorreram os corredores do primeiro e do segundo andar e saíram como haviam entrado: sem dizer nada. Aquilo era uma demonstração do que poderia acontecer a quem ousasse contrariar as leis da ditadura. Foi como se dissessem: "Vejam o que pode acontecer com vocês."

Demonstração de tamanha e boçal violência não foi suficiente para impedir que os estudantes da ECA continuassem em seu trabalho de reorganização do centro acadêmico e, por extensão, na luta política de resistência à ditadura militar.

Em 1972, quando a garotada resolveu participar da campanha de oposição dos jornalistas, o centro acadêmico já organizara vários encontros e debates com jornalistas de destaque, como Fernando Morais, Milton Coelho da Graça e Rodolfo Konder, e se preparava para um voo mais alto: um encontro nacional de estudantes de comunicação. Era uma proposta ousada. Num vasto temário que incluía a reformulação do currículo, a representação estudantil nos órgãos de direção da universidade, o fim da censura e a ampliação do mercado de traba-

---

[19] Grupos de policiais ligados ao tráfico de drogas. A pretexto de combate à criminalidade, matavam marginais e pessoas inocentes na periferia das grandes cidades.

lho dos jornalistas, estava embutida a discussão sobre a reconstrução da UNE, proscrita pela ditadura.

A realização do 1º Encontro Nacional de Estudantes de Comunicação, em novembro de 1972, em Goiânia, foi um sucesso, com o comparecimento de representantes de 22 faculdades de 16 estados. O pessoal da ECA, onde o Partidão tinha maioria e fora responsável por grande parte da organização, comemorava o êxito do encontro, que se refletiria nas disputas internas no campus da USP. Naquele mesmo ano, os estudantes ligados ao PCB conseguiram eleger a maioria dos representantes dos alunos no Conselho Universitário. Ao mesmo tempo, porém, aprofundavam-se as divergências entre os do Partidão e as diversas tendências de esquerda, entre as quais a Ação Libertadora Nacional (ALN), dissidência comandada por Carlos Marighella desde 1967, e, principalmente, os grupos trotskistas.

Ao contrário dos versos da canção "Disparada", de Geraldo Vandré, que falavam em visões se clareando, o pessoal do Partidão considerava que a visão dos diversos grupos esquerdistas se nublava. Com o insucesso da luta armada, eles caminhavam em diferentes rumos, no sentido oposto ao do PCB, que insistia em sua proposta de resistência por meio de um amplo movimento, com o apoio dos diversos setores da sociedade que lutavam por mudanças, mas sem partir para confrontações que, como as tentativas de derrubar a ditadura militar pelas armas, haviam contribuído para o avanço da repressão política.

O pessoal do Partidão na ECA insistia nessa linha, contrariando o que considerava inconsequência da "esquerdinha". Sérgio Gomes da Silva, o Serjão, representava a ECA no Conselho dos Centros Acadêmicos da USP, onde gastou o mandato inteiro a defender, sem sucesso, uma política ampla de construção de uma frente única para derrotar a ditadura. Quando propôs uma aproximação com dom Paulo Evaristo Arns, a resposta foi um sonoro "não". Aliança com a Igreja, tudo bem, mas nela não havia lugar para o cardeal de São Paulo, que não passava de um "burguês centrista". A proposta para a criação de uma publicação para divulgação do movimento estudantil também não passou. Qualquer publicação legal, diziam, teria de ter aval da ditadura; só a imprensa clandestina poderia ser considerada livre. Quanto à participação no processo eleitoral no Sindicato dos Jornalistas, nem pensar. Os sindicatos estavam nas mãos de pelegos que viviam de braços dados com a ditadura. Além do mais, os movimentos da extrema esquerda estavam empenhados na campanha do voto nulo.

Serjão não desistia. Agarrava-se a uma lição que recebera nos tempos do movimento secundarista no Colégio Alberto Conte: não se faz revolução sem povo. A lição fora dada com muita simplicidade e clareza por Virgínia Artigas, mulher do arquiteto Villa Nova Artigas, em cuja casa, no bairro do Campo Belo, um grupo de estudantes costumava se reunir para discutir política. Virgínia, de parca educação formal, acumulara, contudo, muito conhecimento e sabedoria.

Antes do AI-5, os meninos do Alberto Conte, entre os quais Serjão e Marcelo Bairão, participavam do jornal do grêmio, o *Oboré*, organizavam greves e passeatas, mas não iam muito além disso. Indagavam-se sobre o que mais fazer, começavam a pensar em novos caminhos. Pensavam até em aderir à luta armada. A turma andava dispersa, cada um para um lado. Alguns procuraram os grupos organizados da extrema esquerda, chegaram à VAR-Palmares[20] e ao PCdoB[21]. Ouviram que a VAR-Palmares estava recrutando gente para treinar guerrilha em Mato Grosso. Só que, além da disposição, os candidatos tinham de dispor de boa quantia em dinheiro para as despesas de transporte, alimentação e outras, como o próprio treinamento, que era dado por "especialista em luta armada". Os meninos não tinham dinheiro para tanto, mas mesmo assim estavam dispostos a partir para a briga. Terminaram conseguindo alguns recursos, tomaram as providências necessárias para a viagem e foram dar a notícia a Virgínia Artigas.

— Dona Virgínia, a gente veio se despedir. Estamos indo pra luta armada.

— Luta armada? O que levou vocês a essa decisão?

— É preciso derrubar a ditadura.

---

[20] Vanguarda Armada Revolucionária-Palmares, fundada em 1969. A presidente da República, Dilma Rousseff, foi militante dessa organização.

[21] Partido Comunista do Brasil, primeira dissidência do PCB, em 1962.

— Só isso? E depois, a conquista da democracia?

— Mais do que isso. Democracia, socialismo, justiça social.

— Socialismo, é? E vocês acham que é possível chegar ao socialismo sem o povo?

— Não, mas é que a gente não aguenta mais...

— Esperem aí. Vocês consultaram o povo? Se o povo for junto, vai ser uma beleza. Serão milhões na luta para derrubar a ditadura.

— Mas que milhões... Esses milhões não chegam nunca!

— Então vocês acham que resolvem a parada sozinhos, sem o povo?

A conversa foi por aí até que os meninos pararam um pouco para pensar. Os que estavam dispostos a partir para a luta armada cabiam no jipe que Serjão tinha ganhado do pai, modesto hoteleiro na região das estações ferroviárias, como prêmio por haver passado nas provas do vestibular. Resolveram dar uma volta, para esfriar a cabeça. Já era tarde da noite quando foram para o Alto do Morumbi, de onde podiam avistar boa parte da cidade. Dava para distinguir, sobre o rio Pinheiros, as instalações da companhia distribuidora de energia elétrica. Apesar da lição recebida de Virgínia Artigas, os ânimos revolucionários não tinham arrefecido de todo. Os meninos ainda bolavam planos que imaginavam capazes de, se não derrubar, abalar a ditadura. Um deles — brincou Serjão — seria jogar uma bomba na distribuidora de energia. "Isso é coisa de anarquista", respondeu Bairão. E como realizar um plano daquele tamanho? Era coisa impossível, tanto quanto a tentativa frustrada de embarcar para a luta armada no Mato Grosso. Serjão concordou:

— É, não vai dar não. Mas ia ser um puta blecaute!

Tempos depois, em 1972, os meninos estavam empenhados num movimento que se decidiria pelo voto. Haveria logo adiante uma eleição no Sindicato dos Jornalistas. Eles não podiam votar, mas decidiram participar da campanha. As duas chapas que concorriam — a Azul, da situação, encabeçada por Romeu Anelli, candidato de Campanhole, e a Verde, de oposição, por Hélio Damante — foram convidadas para um debate na ECA. Como os representantes da Chapa Azul não apareceram, o debate virou um comício da chapa de oposição. Quando chegou o dia da eleição, a estudantada estava na porta do sindicato, numa animada boca de urna. Pelo movimento, a vitória da oposição era dada como favas contadas. Mas deu Chapa Azul, por larga margem de votos. Ao contrário dos estudantes, que haviam praticamente ocupado a rampa de acesso à sede do Sindicato, a maioria dos jornalistas ignorou as eleições. Mesmo entre os que participaram da boca de urna, ao lado dos estudantes, havia muitos que não puderam votar, por não serem sócios ou por estarem afastados. Mantinham distância do Sindicato, entendendo que essa era a forma correta de se opor aos pelegos, que, assim, decidiam tudo em assembleias esvaziadas.

O alheamento da maioria dos jornalistas explicava as sucessivas derrotas da oposição desde 1963. Em 1965, Adriano Campanhole ganhou a eleição por apenas um voto e, desde então, o Sindicato, que historicamente se destacara nas lutas democráticas, entrou em recessão. Os dois votos que faltaram na eleição de 1965 ficaram atravessados na garganta dos jornalistas de oposição, que, a cada eleição, tentavam retomar o Sindicato, não apenas para que defendesse as reivindicações específicas da categoria, mas para trazê-lo para a luta de resistência à ditadura militar.

Entre os jornalistas que insistiam na luta havia profissionais conhecidos e respeitados, todos engajados na oposição à ditadura. Entre eles, Elias Raide, que perdera a eleição de 1965 para Adriano Campanhole por um voto; Freitas Nobre, que já presidira o Sindicato por duas vezes e era deputado federal pelo MDB; Marcelo Tulmann Neto, também ex-presidente; José Hamilton Ribeiro e Hélio Damante, que haviam encabeçado chapas de oposição.

Em meados de 1974, a pouco menos de um ano da realização das eleições para a diretoria do Sindicato, as coisas começaram a mudar. Esboçava-se nas redações um movimento que, em vez de maldizer pelegos, pregava a necessidade de participação no Sindicato. De nada adiantava ficar resmungando contra a acomodação e o silêncio diante dos crimes da ditadura. Era preciso brigar lá dentro contra a omissão dos diretores acumpliciados com o poder. Alguns lembravam como exemplo a assembleia que levara às ruas a luta contra o projeto de Lei de Imprensa do governo Castello Branco. O caminho, portanto, era o da aproximação, e não o do afastamento. Para ganhar as eleições que se realizariam no início do ano seguinte, era preciso que se promovesse um movimento capaz de arrebanhar o maior número possível de novos associados para o Sindicato.

Um pequeno grupo, não mais de cinco jornalistas — Gastão Thomaz de Almeida, José Aparecido, Antônio Carlos Félix Nunes, Luís Carlos Ventura e Vasco Oscar Nunes — começou a dar forma ao movimento. Ele reunia-se no início da madrugada num canto da redação da *Folha de S.Paulo*, depois de finalizada a edição do dia. Logo a discussão foi alcançando outras redações e as casas de alguns colegas. Novos adeptos eram arregimentados nos bares próximos às redações: o 308, na alameda Barão de Campinas, uma das entradas da *Folha*; o Miranda, na Barão de Limeira, ao lado da entrada principal do jornal; o Mutamba, na Major Quedinho, onde ficavam as redações do *Estadão* e da *Gazeta Mercantil*: e, num ponto equidistante dos principais jornais e concentrando o pessoal dos Diários Associados — *Diário de S. Paulo* e *Diário da Noite* — o bar Redondo, numa esquina da avenida Ipiranga, em frente ao Teatro de Arena.

Um dos integrantes do grupo, Antônio Carlos Félix Nunes, tinha longa prática de lutas sindicais. Ele fazia a coluna sindical de um dos jornais do Grupo Folha, o *Notícias Populares*, e estava por dentro do movimento operário que, mesmo arrolhado, tentava resistir. Além da coluna, Nunes fazia jornais sindicais, um dos quais era a *Tribuna Metalúrgica*, do Sindicato dos Metalúrgicos de São Bernardo do Campo, então presidido por Paulo Vidal, onde Luiz Inácio da Silva, o Lula, iniciaria logo depois a sua carreira no sindicalismo.[22] Foi na *Tribuna Metalúrgica* que surgiu, no início dos anos 1970, a figura de João Ferrador, boneco criado pelo chargista Otávio, representando o operário metalúrgico disposto à luta, sempre a reclamar os seus direitos. O João Ferrador dava seus recados. Quando, em suas falas, dizia, "Hoje eu não estou bom", já se sabia que a briga sindical esquentaria.

Coube a Nunes conseguir, na gráfica dos metalúrgicos de São Bernardo, a impressão de um boletim do movimento de oposição dos jornalistas. No cabeçalho aparecia a sigla MFS (Movimento de Fortalecimento do

---

[22] Lula foi eleito presidente do Sindicato dos Metalúrgicos de São Bernardo do Campo em maio de 1975. No mesmo mês tomava posse a nova diretoria do Sindicato dos Jornalistas de São Paulo, eleita por um dos primeiros movimentos de oposição sindical desde a decretação do AI-5.

Sindicato). Nunes explicaria, mais tarde: "Quando foi para imprimir o boletim tinha que aparecer o nome de uma entidade, então eu pus MFS, que terminou pegando."[23]

A preocupação de manter o movimento aberto à participação de todas as tendências possibilitou o seu rápido crescimento. Nomes expressivos de todas as redações aderiam a cada dia. Entre outros, Milton Coelho da Graça, da revista *Realidade*; Wilson Gomes, chefe de reportagem do *Diário de S. Paulo*; Marcelo Tulmann Neto, também do *Diário*, ex-presidente do sindicato; Hélio Damante, editor de religião do *Estadão*. Jovens jornalistas de todas as redações iam chegando: Arlindo Mungioli, Ricardo Kotscho, Hamilton Octavio de Souza, Lia Ribeiro Dias, Laurindo Leal Filho e Elizabeth Lorenzotti, que secretariava as reuniões.

Não se indagava sobre a filiação partidária de ninguém. Assim, cabia de tudo no MFS, que se caracterizava cada vez mais como uma frente de esquerda. Para os órgãos de segurança, que obviamente vigiavam os passos de seus organizadores, tudo não passava de mais uma tentativa de subversão comunista, liderada pelo PCB, que por sua vez estava em conluio com o MDB.

O Partidão estava presente, naturalmente, e exercia forte influência no movimento dos jornalistas, mas não buscava a hegemonia. Tanto que, na formação da chapa que disputaria e eleição sindical, meses depois, figuraria apenas um de seus militantes, Luís Weis, como suplente da primeira secretaria. Mas vários outros militantes participaram da organização do MFS, entre eles Anthony de Christo, Paulo Markun, Marco Antônio Rocha, Frederico Pessoa da Silva, Milton Coelho da Graça, Rodolfo Konder, Ricardo Moraes Monteiro e George Duque Estrada. Todos, à exceção de Milton Coelho da Graça, que fora preso anteriormente, por mais de uma vez, seriam alcançados pela repressão na escalada de outubro de 1975, quando uma série de prisões de jornalistas culminaria com o assassinato de Vladimir Herzog no DOI-Codi do II Exército.

---

[23] A denominação do movimento de oposição dos jornalistas — Movimento de Fortalecimento do Sindicato (MFS) — surgiu em 1974. Paulo Markun, em seu livro *Meu querido Vlado*, p. 73, afirma ser o autor da sigla, também reivindicada por Antônio Carlos Félix Nunes.

7 Resistência na TV Cultura

Três dos jornalistas do MFS — Luís Weis, Marco Antônio Rocha e Anthony de Christo — integravam a equipe de Fernando Jordão e Vladimir Herzog na TV Cultura, onde o programa *Hora da Notícia*, na mesma medida em que angariava mais audiência, provocava a ira dos órgãos de segurança, que reclamavam a intervenção do governo do estado para acabar com a "subversão" na emissora. Isso significava a demissão da equipe, o que acabaria acontecendo meses depois, em fins de 1974.

Jordão e Vlado faziam o possível para evitar a intervenção palaciana. Tratavam de atender às exigências de maior cobertura dos atos do governo, que apareciam no noticiário quando tinham alguma relevância, mas não deixavam de lado as matérias de real interesse público. Algumas vezes ousavam, como ocorreu durante uma epidemia de meningite que já causara dezenas de mortes.

Um dos editores, Georges Bourdokan, recebeu ordens diretas do chefe da Casa Civil do governador Laudo Natel, Henry Aidar, para que nada fosse noticiado, "para não alarmar a população". O assunto meningite estava proibido. O editor contra-argumentou, afirmando justamente o contrário, ou seja, que noticiando o fato a emissora estaria contribuindo para alertar o público, que, informado, buscaria o necessário atendimento nos serviços de saúde. Terminou dizendo que era dever do jornalista noticiar assunto tão grave, pois com a população desinformada a epidemia podia se alastrar, causando a perda de muitas vidas. Aparentemente, essa argumentação convencera o secretário.

A proibição, contudo, era para valer. Tanto que, instantes depois, o próprio governador Laudo Natel telefonou para a TV Cultura, reforçando a ordem. A censura, evidentemente, vinha mais de cima, ou mesmo de baixo, dos porões do regime. O governador, por sua vez, estava cumprindo ordens. Mas a matéria já estava pronta para ir ao ar. E foi.

As consequências não tardariam. Mal o programa *Hora da Notícia* saiu do ar, agentes do DOI-Codi já estavam na redação, com ordens para levar Bourdokan, que já saiu encapuzado. Não ficou preso, mas deixou o DOI-Codi com a sensação de que por pouco não tinha sido eliminado. Sob o capuz, percebeu que um cano de revólver tinha sido encostado em sua cabeça. Encolheu-se, apavorado, ao ouvir que o gatilho fora armado. Mas não havia bala, fora apenas um susto. Uma advertência.

O cerco sobre o jornalismo da TV Cultura estava se estreitando. O entendimento de que era possível fazer um jornalismo com o mínimo de compromisso com a verdade, no limite das possibilidades, num momento de obscurantismo como o que o país atravessava, ia aos poucos se revelando uma missão impossível. No segundo semestre de 1974, com a demissão de Fernando Jordão da direção do Departamento de Jornalismo, veio a certeza de que não havia espaço para a notícia na TV Cultura. João Batista de Andrade registraria, depois:

> O *Hora da Notícia*, apesar da boa aceitação e reconhecida importância, acumulava problemas em nível quase insuportável. A cada dia novas acusações e cerceamentos, pressões exercidas pela própria direção da TV, eventualmente atendendo a reclamos seguidos de escalões superiores sobre a linha da programação, tanto com relação ao noticiário internacional quanto pela exposição crítica da questão social brasileira nas diversas reportagens, incluindo aqui, evidentemente, as especiais. Nossas táticas de sobrevivência funcionavam a cada dia menos e parecia impossível inventar novas táticas.[24]

---

[24] João Batista de Andrade, op. cit., p. 90.

Apesar de tudo, Vlado Herzog, que, atendendo a apelos da equipe, permanecera à frente do programa após a demissão de Fernando Jordão, tentava resistir. Seu campo de resistência era o jornalismo. Resistia em duas frentes: a TV Cultura e a revista *Visão*, onde a censura, como acontecia em outros veículos da mídia impressa, era mais branda. A ampla matéria sobre a questão cultural que publicara em março na revista era um exemplo de que, através do jornalismo, era possível resistir ao obscurantismo.

Na revista *Visão* funcionava uma base do PCB, que tentava avançar na esteira da prometida abertura política. A avaliação era a de que a ditadura militar dava claros sinais de exaustão e buscava, com o projeto de distensão, se reciclar para garantir a continuidade do regime. Para o Partidão, o momento era propício para uma ação mais efetiva no combate à ditadura, participando da organização dos movimentos da sociedade, que começava a reagir contra a opressão.

De um desses movimentos, o da oposição no Sindicato dos Jornalistas, participavam os militantes que integravam a base do PCB na revista *Visão*. Vlado, que, apesar de não ser militante do partido, acompanhava com interesse as reuniões do grupo, terminou tomando uma decisão que, como era de seu feitio, fora objeto de longa e profunda análise: filiou-se ao PCB. A decisão, tomada depois de anos de atuação na luta de resistência contra a ditadura, foi recebida com certo espanto, pois eram conhecidas as restrições de Vlado aos dogmas do socialismo do tipo soviético. Ele estivera sempre próximo, mas mantendo a sua posição crítica, que algumas vezes expressava com boa dose de humor. Marco Antônio Rocha, um dos mais ativos participantes da base da revista *Visão*, lembra que, de vez em quando, ele brincava:

— Como é que é, esse partido de merda não funciona? Isso não passa de um bando de incompetentes.

A brincadeira não impedia que, mesmo mantendo as suas posições críticas, Vlado acompanhasse as reuniões do grupo. Com o tempo, chegou a oferecer sua casa para os encontros.

Luís Weis analisaria, tempos depois, as razões que levaram Vlado a aproximar-se do PCB:

Para Vlado, a ligação com o PCB tinha menos a ver com uma suposta adesão aos princípios do marxismo-leninismo do que com a oportunidade de tornar mais eficaz seu desempenho como jornalista e cidadão no combate pela restauração da democracia.

Weis acrescentava que essa ligação resultara do fato de que ele

imaginava encontrar no PCB a alternativa política mais adequada para o momento, e o momento, entendia Vlado, exigia manter vivas as organizações da sociedade e integrá-las, superando diferenças filosóficas ou de classe, ao esforço pela reconquista da liberdade.

A explicação de Vlado era mais simples e direta e tinha um toque de humor: na circunstância em que o país vivia, só duas organizações dispunham de estrutura e condições para uma luta eficaz contra a ditadura: a Igreja Católica e o PCB. Mas ele, como judeu, não podia entrar para a Igreja.

Clarice achou graça na "justificativa", mas não viu novidade na decisão do marido. Era como se um namoro antigo chegasse, finalmente, ao compromisso de noivado. Vlado transitava pela esquerda havia tempo, só estava faltando se decidir por uma das organizações. As razões da escolha já eram conhecidas e muitas vezes discutidas pelo casal. A principal delas era a de que a derrota da ditadura não passava pelo caminho da luta armada.

Os caminhos, no entanto, se cruzavam no combate à ditadura. Anos antes, no fim de 1968, quando Vlado nem cogitava assinar ficha no Partidão, um dos expoentes da luta armada, Carlos Marighella, foi um furtivo hóspede de sua casa, que várias vezes serviu de "ponto" para encontros do líder da ALN com sua companheira, Clara Charf.

Marighella fizera, em 1967, o caminho inverso do que Vlado tomaria em 1974, quando se filiou ao PCB: expulso do Partidão, depois de um duro embate interno em que defendia a luta armada, com a formação de um exército popular de libertação nacional, fundou a ALN, que logo passou à prática de ações de extrema ousadia, como a "expropriação" de um trem pagador, em São Paulo, e de um carro pagador blindado, no Rio de Janeiro.

Em 1968, depois de participar, com a Vanguarda Popular Revolucionária (VPR), da emboscada que resultou na morte do major norte-americano Charles Chandler, acusado de ser espião da CIA,[25] a ALN se preparava para executar uma de suas ações mais espetaculares, que se realizaria no ano seguinte: a tomada, por um grupo de 12 guerrilheiros, dos transmissores da Rádio Nacional, emissora vinculada à Rede Globo em São Paulo. A estação transmissora, localizada no bairro de Piraporinha, em Diadema, no ABC, permaneceu por cerca de meia hora em poder dos guerrilheiros, que suspenderam a ligação com os estúdios e transmitiram, ao som dos hinos Nacional Brasileiro e da Internacional Comunista, um manifesto contra a ditadura gravado por Marighella.

É bem provável que detalhes dessa operação tenham sido discutidos com Clara Charf na casa de Vlado, durante uma das "visitas" de Marighella. Vlado ainda estava em Londres, concluindo o curso na BBC. Clarice, que voltara em setembro com os dois filhos para organizar a nova casa, acabara de arranjar um emprego numa pequena empresa de pesquisa de mercado, dirigida por um professor da USP, Rodolfo Azzi, um desses amigos a quem não se pode negar um pedido.

Um dia, Rodolfo, depois de algum rodeio, pediu a Clarice que cedesse sua casa para que "um companheiro que estava na clandestinidade" pudesse se encontrar com a mulher. Clarice considerou rapidamente o tamanho do risco que corria, mas não havia como negar. Ainda mais porque a mulher que deveria se encontrar com o clandestino era sua conhecida, Clara Charf. Só não queria saber quem era o companheiro clandestino. Era como se isso pudesse livrá-la de complicações com a repressão.

O ano de 1968 caminhava para o fim, marcado por manifestações cada vez mais frequentes contra a ditadura, quando o casal passou a se encontrar na casa que Clarice preparava para a volta de Vlado. Enquanto

---

[25] Daniel Aarão Reis Filho e Jair Ferreira de Sá (Orgs.), *Imagens da Revolução: Documentos políticos das organizações clandestinas de esquerda dos anos 1961-1971*, p. 264.

as organizações da esquerda revolucionária agiam na clandestinidade, cresciam à luz do dia as grandes manifestações populares, as passeatas estudantis, os movimentos operários.

No início de outubro, São Paulo fervia. O confronto entre os estudantes da Universidade Mackenzie, onde pontificavam figuras de destaque do Comando de Caça aos Comunistas (CCC),[26] e da Faculdade de Filosofia da USP, entre os quais havia líderes de esquerda, como José Dirceu, terminara com um grande incêndio e a morte de um estudante secundarista, cuja camisa ensanguentada serviu de estandarte para uma grande passeata de protesto pelas ruas centrais da cidade.

Os encontros do casal continuavam. Clarice mantinha-se firme em sua decisão de não saber quem era aquele homem alto e moreno, de gestos suaves, que falava em voz baixa com a companheira. A dona da casa que de uma hora para outra virara uma espécie de "aparelho" mantinha-se a distância, numa atitude que era, ao mesmo tempo, de discrição e de temor.

Quando Vlado voltou de Londres, com o país já sob o peso do AI-5, arrepiou-se ao ouvir a história dos encontros clandestinos em sua casa. Mais arrepiado ficaria se soubesse que o visitante era Marighella. As consequências teriam sido graves, caso a repressão tivesse descoberto o ponto de encontro do casal. Mas o espanto maior veio quando Clarice lhe contou que guardava uma fita cassete que o visitante esquecera na última vez que estivera em sua casa. Vlado reagiu, quase gritando:

— Você ficou maluca? Está com uma bomba em casa. Sabe lá o que foi gravado nessa fita?

— Eu guardei bem — respondeu Clarice. — Escondi num lugar em que eles nunca iriam procurar.

---

[26] O Comando de Caça aos Comunistas agia como linha auxiliar, ou força paralela, dos órgãos de repressão. Sua ação era mais intensa nas universidades. Em algumas, como a Mackenzie, seus integrantes andavam armados pelos corredores, em atitude de intimidação aos "comunistas". Também promoviam expedições punitivas contra teatros que encenavam peças consideradas de esquerda, como foi o caso de *Roda-viva*, de Chico Buarque de Hollanda, no Teatro Ruth Escobar, em São Paulo, também em 1968. Armado de cassetetes, um grupo invadiu o teatro durante o espetáculo, destruiu o cenário e agrediu artistas e produtores.

— Onde? — perguntou Vlado, mais nervoso.

— Numa caixa de Modess.

A fita escondida na caixa de Modess poderia conter a gravação do manifesto que Marighella fizera transmitir pelas ondas curtas da Rádio Nacional de São Paulo, com fundo musical dos hinos Nacional e da Internacional Comunista. Mas nem Vlado nem Clarice ousaram ouvi-la. Foi destruída ali, na mesma hora. Como o conteúdo da fita, os dois continuaram ignorando quem era o visitante.

Só muitos anos mais tarde, em 1985, Clarice ficou sabendo qual era o conteúdo da fita e quem era o homem que várias vezes estivera em sua casa. Na abertura de uma exposição sobre direitos humanos, que ela ajudara a organizar no Clube dos Artistas, reencontrou Clara Charf. Foi uma agradável surpresa, pois dela nunca mais tivera notícia. Podia até ter desaparecido, como muitos outros ativistas da luta contra a ditadura. E o companheiro, por onde andava?

Não andava. Carlos Marighella fora morto numa emboscada armada pelo delegado Sérgio Fleury em 4 de novembro de 1969, poucos meses depois da tomada dos transmissores da Rádio Nacional, quando o manifesto contra a ditadura fora transmitido em ondas curtas para todo o país.

Vlado tinha razão. Por muito tempo tivera uma bomba guardada em sua casa.

Os resultados das eleições de novembro continuavam a repercutir. Mostraram que havia um movimento de oposição à ditadura muito maior do que se podia esperar. A avalanche de votos nos candidatos da oposição deixava claro que o regime militar, durante dez anos sustentado pela violência, era repudiado pela maioria. O regime que se mantinha pela força, mas insistia em usar um simulacro de democracia, com a impostura de eleições de cartas marcadas, acabava de ser julgado pelo povo, que começava a se libertar do medo.

Os votos descarregados no MDB causaram espanto, principalmente nas alturas do poder imposto, mas também entre a própria oposição, que não esperava tanto. De qualquer forma, ficava a lição: era possível, sim, derrotar a ditadura por meio da ação política convencional. Para usar o lugar-comum, a revolução podia ser feita pelo voto, o que contrariava os grupos de esquerda que apontavam como único caminho possível o confronto armado. A pregação do voto nulo não encontrara fiéis no meio do povo.

Para o PCB, que via no MDB o veículo para uma ação política capaz de derrotar a ditadura, com a participação cada vez mais ampla da sociedade, o resultado das urnas indicava um caminho aberto para maiores avanços. No MDB, que fora concebido pelo regime militar para se manter nos limites de uma oposição consentida, sem possibilidade de transpor as barreiras erguidas para impedi-lo de chegar ao poder, havia mais motivos para festejar. Afinal, acabava de ser demonstrado que a luta paciente do partido, durante longos anos em que fora apontado inclusive como "linha auxiliar" do regime militar, chegara à vitória graças à arma que o povo tinha nas mãos: o voto.

Nos porões do regime a comemoração era outra. Os militares da linha dura atribuíam a vitória da oposição nas eleições de novembro exclusivamente à "infiltração comunista" no MDB, o que justificava a necessidade de combate mais duro à subversão. Ministro do Exército e líder da extrema direita militar, o general Sylvio Frota juntava às suas preocupações com o suposto avanço do PCB, que levara à derrota do governo nas eleições parlamentares, a participação do movimento comunista internacional em acontecimentos importantes, ao longo do ano, entre os quais destacava a revolução portuguesa de 25 de abril. Como escreveria depois, a revolução que derrubou a ditadura salazarista fora "desencadeada por nítida inspiração comunista", levando Portugal a transformar-se "num polo de atração para todos os exilados e contestadores do Movimento de março de 1964".[27] Enquanto isso, aqui na fronteira, a Argentina, depois que o general Pinochet, à frente do que Frota chamou de "revolução democrática chilena", derrotara "a principal base de irradiações marxistas (o Chile) na América Latina", transformara-se em "zona de concentração de importantes elementos

---

[27] Sylvio Frota, *Ideais traídos*, p. 117.

comunistas — chilenos, uruguaios e brasileiros — banidos ou foragidos da justiça de suas pátrias". Ali, ainda segundo Frota, os comunistas tratavam de organizar uma "Frente Internacional Subversiva que aglutinaria as organizações radicais de esquerda".[28]

As ameaças externas que o ministro apontava e a vitória eleitoral que poderia significar, mais à frente, a chegada do MDB infiltrado pelos comunistas ao poder eriçaram o sistema de repressão. Era preciso deter o que, na cúpula da comunidade de segurança, se considerava um caminho aberto para o avanço do PCB. A Operação Radar, organizada em junho, deveria partir para ações de maior alcance contra a subversão comunista. Preparava-se uma grande ofensiva que alcançaria, a partir de janeiro de 1975, importantes dirigentes e militantes do PCB, alguns dos quais seriam mortos nos cárceres do DOI-Codi.

Uma ofensiva de menor alcance, mas igualmente preparada em nome do combate à ameaça comunista, estava em marcha no fim de dezembro no Departamento de Jornalismo da TV Cultura, onde Vlado e o que restara de sua equipe depois da demissão de Fernando Jordão tentavam levar adiante o seu projeto. O programa *Hora da Notícia* definhava sob o peso da censura, que tanto chegava à redação através de frequentes telefonemas da Polícia Federal como era praticada internamente, por diretores e prepostos.

O jornalista Fernando Morais, um dos editores, muitas vezes nem precisava perguntar quem estava no outro lado da linha. Se a voz era feminina, ele já sabia: era a Sra. Solange, que tinha na ponta da língua a lista de proibições. Tantos eram os "recados" de dona Solange que foi preciso providenciar um mural no qual eram coladas laudas[29] com a lista dos assuntos proibidos. Era o "mural das proibições", muitas das quais revelavam, além do zelo autoritário, a burrice dos censores. Mas uma burrice que provocava, além da desorganização da pauta, a relação de assuntos a serem tratados, muitas frustrações entre os jornalistas.

---

[28] Ibidem, p. 116.
[29] Folhas timbradas nas quais eram escritas as reportagens antes do advento da redação informatizada.

Não raro, repórteres que chegavam da rua vibrando com as matérias que acabavam de fazer eram avisados de que o assunto estava proibido. Havia proibições que ultrapassavam o ridículo. Certa vez, um censor avisou, cheio de preocupação, que estava totalmente vetada qualquer menção ao discurso que o comandante do II Exército fizera numa cerimônia de formatura de oficiais da reserva. E reforçava, acentuando as palavras: "Foi o próprio comandante que ordenou!" Parecia absurdo, mas o general aplicara a censura a ele mesmo.

Os meses de intervenção, desde a demissão de Fernando Jordão, foram pesados, com sucessivas baixas na equipe. Além das demissões, havia uma grande preocupação com a sorte dos demitidos, não só pelo desemprego, mas pelo que pudesse acontecer com eles em seguida. Não havia papel escrito, mas as dispensas tinham o sentido de uma operação de limpeza desencadeada para "livrar" a emissora dos comunistas.

O ano terminou sem Vlado e sua equipe na TV Cultura. Acabava-se o ano e, com ele, o sonho de se fazer jornalismo na emissora, ocupada totalmente pelos áulicos palacianos.

8 O jornal resiste, a censura vai embora

O ano de 1975, que seria marcado pelo recrudescimento da repressão, começou paradoxalmente com uma boa notícia: a suspensão da censura prévia ao jornal *O Estado de S. Paulo*, no dia 4 de janeiro. A notícia podia ser interpretada como um presente de Geisel, pois coincidia com a celebração dos 100 anos do jornal, um dos mais importantes do país e que, como os demais da grande imprensa, havia apoiado o movimento que culminou com o golpe militar de 1964.

Mais do que apoiar, o *Estadão* tinha participado ativamente da conspiração que derrubou o governo de João Goulart. Júlio de Mesquita Neto, chefe do clã que comandava o jornal, estivera entre os que, com orgulho, proclamavam-se "revolucionários da primeira hora". Não esperavam, porém, que os militares marchassem tão aceleradamente no caminho do arbítrio.

Já no dia 9 de abril de 1964, pouco mais de uma semana depois da vitória do golpe, os ministros militares formaram o que eles próprios denominaram Comando Supremo da Revolução. Travestidos de legisladores, protagonizaram o ato inaugural da ditadura. Era o Ato Institucional — que se pretendia único, tal sua amplitude, mas seguiu-se uma leva numerada a partir do segundo — nº 1 (AI-1), que dava ao governo — então exclusivamente nas mãos dos militares — poderes excepcionais, acima do Congresso Nacional e do Judiciário. O AI-1 podia tudo: alterar a Constituição, cassar mandatos parlamentares, decretar o estado de sítio, suspender direitos políticos.

Começam aí as dificuldades do *Estadão* e da imprensa em geral, que se agravariam no ano seguinte, com a edição do AI-2, no dia 27 de outubro. O segundo ato da ditadura ampliava o alcance do primeiro. Entre outras medidas, liquidava os partidos políticos e cancelava as eleições presidenciais previstas para o ano seguinte, ao mesmo tempo que estabelecia as eleições indiretas para presidente da República.

Para as concepções liberais que norteavam a linha editorial do *Estadão* desde a sua fundação, em 1875, era uma dose muito forte de autoritarismo. O receituário do AI-2 acabava de liquidar a ilusão de que os militares pretendiam, com a derrubada do governo constitucional, livrar o país do perigo comunista que enxergavam nas anunciadas reformas de base propostas por João Goulart. Em vez da prometida "restauração" democrática, estava estabelecida a ditadura militar.

O peso do autoritarismo desabou sobre a imprensa e *O Estado de S. Paulo*, que se posicionava contrariamente ao arbítrio, não foi poupado. Com a edição de um novo Ato, o de número 5, no dia 13 de dezembro de 1968, a situação se agravou. Júlio de Mesquita Neto, que rompera com o regime quando da imposição do AI-2, escreveu na véspera o editorial que custou a apreensão do jornal e a instalação de censores em sua redação. O título — "Instituições em frangalhos" — já dava a medida de seu conteúdo, que tratava do episódio em que a Câmara dos Deputados negara a licença que o governo exigia para processar o deputado Márcio Moreira Alves, do MDB, acusado de ofender as Forças Armadas em discurso pronunciado em plenário. O texto do editorial batia duro no presidente de turno, o marechal Costa e Silva. A decisão da Câmara contara com o apoio de setenta deputados da Arena, o partido do governo, fato que levou Mesquita a fustigar o marechal:

No decorrer das primeiras etapas do seu governo tudo parecia sorrir-lhe, pois que, além de saber contar discricionariamente com a força dos regimentos, das brigadas e das divisões, dava ainda por certa a passividade da Câmara e do Senado, ambos constituídos pelos dois conglomerados que ele, como seu antecessor, acreditavam representarem a submissão popular. (...) Pouco durou, porém, a euforia presidencial. Umas após as outras, começaram a manifestar-se as contradições do artificialismo institucional que pela pressão das armas foi o país obrigado a aceitar.

A direção do jornal decidira reagir contra a ordem de apreensão. Enquanto a polícia impedia a saída dos veículos da frota normal de distribuição por uma das entradas do prédio do jornal, caminhões-caçamba saíam do pátio das oficinas carregados. Assim foram distribuídos 60 mil exemplares do *Estadão* e mais de 80 mil do *Jornal da Tarde*, o vespertino do grupo, o que levou o chefe da Polícia Federal em São Paulo, general Sílvio Correia de Andrade, a marchar contra bancas de jornais para recolher exemplares, que sacudia, furioso, enquanto gritava:

— Este jornal traiu a Revolução!

Os Mesquita se recusavam a fazer autocensura e comunicaram a decisão ao governo: se quisessem proibir notícias, que encarregassem censores de fazer esse serviço. Poucas horas depois, ainda na noite de 13 de dezembro, os censores já estavam instalados nas redações dos dois jornais, onde permaneceram até o dia 6 de janeiro de 1969.

A saída dos censores, porém, não significou o fim da censura Como acontecia em todos os veículos de comunicação, as proibições de notícias chegavam ao *Estadão* por telex ou telefonemas disparados da Polícia Federal. A ordem dos Mesquita, porém, era para que a cobertura fosse feita como se não houvesse proibição. Nada de autocensura. Como não se permitia que o espaço de matérias vetadas ficasse em branco, recorria-se a textos frios, cartas produzidas na própria redação, como se fossem de leitores, ou ilustrações que nada tinham a ver com o noticiário.

Esse jogo de resistência durou até que, em 24 de agosto de 1972, os censores voltaram. Vinham em missão preventiva, pois o governo recebera como informação verdadeira o boato de que o *Estadão* publicaria, no dia seguinte, um manifesto de militares lançando a candidatura do general Ernesto Geisel à sucessão do general Garrastazu Médici. Por causa desse boato, os censores permaneceram na redação ao longo de mais de dois anos, durante os quais centenas de notícias foram vetadas. Foi o mais longo período de censura prévia sofrido pela redação de um grande jornal durante todo o ciclo militar. A resistência do jornal passou a recorrer a poemas de Camões e a receitas de bolo para preencher os espaços de notícias censuradas.

O gesto de Geisel suspendendo a censura do *Estadão* e do *Jornal da Tarde*, em janeiro de 1975, ia além de um afago aos Mesquita. Fazia parte do jogo de claro-escuro de seu projeto de distensão. A decisão era cogitada havia um bom tempo, por sugestão do general Golbery, que não via perigo em liberar o jornal, pois o considerava mais conservador do que ele. A saída dos censores só não ocorreu antes dos festejos do centenário porque a epidemia de meningite, que terminou causando centenas de vítimas, atrapalhou. O governo temia que a divulgação de informações sobre a doença alarmasse a população.

Enquanto a retirada dos censores era festejada como mais um passo no caminho da abertura política, no escuro do porão aumentava o ranger de dentes. A Operação Radar ganhava força e estava em pleno andamento a nova temporada de caça aos comunistas. O alvo era o PCB, que se animara com a vitória eleitoral de novembro e comemorava o acerto de sua linha de combate à ditadura: em vez do confronto, inútil diante do poder de fogo do inimigo, o combate pacífico ao regime militar, ao lado dos movimentos populares que começavam a manifestar o seu repúdio ao arbítrio.

De certa forma, o Partidão menosprezava a capacidade de reação da comunidade de segurança, que acumulara força de poder paralelo no combate à guerrilha e comandava com mão de ferro o aparelho repressivo. Documento secreto do CIE, citado por Ronaldo Costa Couto em seu livro *História indiscreta da ditadura e da abertura*, dá conta de que, em 1975, 708 homens do Exército serviam nos 12 DOIs que funcionavam no país, "apoiados pelos demais Órgãos de Segurança".

Essa poderosa máquina de repressão estava empenhada em demonstrar que o PCB, aliado à oposição legal, desempenhara papel relevante nas eleições de novembro, apoiando candidatos do MDB, entre os quais o próprio presidente do partido, Ulysses Guimarães, além de Franco Montoro e Orestes Quércia. Quércia, ex-prefeito de Campinas, quase um desconhecido, recebera uma enxurrada de votos para senador, derrotando Carvalho Pinto, ex-governador de São Paulo. Dois outros senadores eleitos — Roberto Saturnino, no Rio de Janeiro, e Paulo Brossard, no Rio Grande do Sul — também estavam na lista dos beneficiários do apoio dos comunistas.

No início de janeiro, os agentes da repressão entraram em campo com fúria redobrada, abrindo uma nova temporada de caça aos comunistas. No dia 13, agentes do CIE invadiram uma gráfica clandestina do PCB, no Rio de Janeiro, onde era impresso o jornal *Voz Operária*, órgão oficial do partido. No dia seguinte à operação, um dos responsáveis pela gráfica, Élson Costa, desapareceu. Levado para São Paulo, foi morto na Colina, um aparelho clandestino mantido pelo CIE em Itapevi, nos arredores da capital.[30] Outro, Alberto Aleixo, irmão de Pedro Aleixo, vice-presidente da República no governo Costa e Silva,[31] permaneceu preso no Rio de Janeiro. Deixou a prisão em estado crítico dois meses depois, quando os agentes o internaram no Hospital Souza Aguiar.[32] Morreria meses depois, em agosto.

A operação na gráfica levou à queda de um dos principais dirigentes do PCB, o ex-deputado Marco Antônio Coelho. Sob o codinome Jacques, ele acumulava as secretarias de Finanças e de Agitação e Propaganda. Jacques foi preso ao estacionar o carro numa rua do subúrbio carioca de Engenho de Dentro, onde tinha encontro marcado para a entrega do editorial da edição de janeiro da *Voz Operária*. A prisão se deu como numa operação de guerra: nada menos do que 16 homens, policiais e militares fardados, participaram da ação, que chamou a atenção de alguns transeuntes. E mais atenção chamou quando Jacques

---

[30] Revista *Veja*, 18/11/1992.

[31] O vice-presidente Pedro Aleixo foi a única voz a se manifestar contra a edição do AI-5, na reunião do Conselho de Segurança Nacional, em 13/12/1968, presidida por Costa e Silva. A pressão dos militares era fortíssima e todo o ministério concordou com a medida extrema, menos Aleixo, cujo mandato seria interrompido em agosto do ano seguinte pela junta militar que substituiu Costa e Silva.

[32] Carlos Tibúrcio e Nilmário Miranda, *Dos filhos deste solo: mortos e desaparecidos durante a ditadura militar — A responsabilidade do Estado.*

começou a gritar: "Estão prendendo o deputado Marco Antônio Coelho!" Fazia tempo que ele não era deputado: eleito pelo Rio de Janeiro, em 1962, teve o mandato cassado logo depois do golpe de 1964. Mas ao anunciar, aos gritos, que um deputado estava sendo preso, chamou a atenção de mais gente.

A cena espetacular da prisão não livrou Marco Antônio Coelho de ser levado a um dos mais temíveis aparelhos de tortura do país: o DOI do I Exército, na rua Barão de Mesquita, Tijuca, Zona Norte do Rio de Janeiro.

Os agentes da repressão, empenhados em estabelecer ligações entre os comunistas e o MDB, tinham nas mãos um homem-chave, coordenador dos contatos políticos do PCB, um dos quais, marcado para dois dias depois num aparelho do bairro do Méier, reuniria, entre outras figuras do comando do Partidão, o secretário-geral Giocondo Dias. A condição de "peixe grande" de Jacques levou os torturadores de plantão a dispensar-lhe "atenções" especiais. Iniciava-se ali uma série de sessões de tortura que só terminaria 37 dias depois. Nu e encapuzado, Jacques pôde avaliar o que o aguardava. O chefe da equipe de torturadores anunciou o início da pancadaria:

— Seu filho da puta, conhece a lei dos direitos humanos?

Jacques mal conseguiu responder e o torturador gritou:

— Então, esqueça dela!

Foram dois dias seguidos de tortura. Os torturadores haviam apanhado papéis com anotações feitas por Marco Antônio, entre elas a do encontro da cúpula do partido, no dia 20, uma segunda-feira. Estavam em código que eles não conseguiam decifrar e, por isso, carregavam cada vez mais na tortura.

Na manhã do dia 20, a ausência de Jacques no local previsto para a reunião da cúpula do Partidão foi o sinal de alerta para que ela fosse imediatamente cancelada por Giocondo Dias. Nesse mesmo dia, Marco Antônio era levado, algemado e amordaçado, para o DOI-Codi de São Paulo. A viagem duraria oito horas, em condições que dispensavam a ação direta dos torturadores.

Meses depois, numa das cartas que escreveu a sua mulher, Teresa, quando já se encontrava fora do DOI-Codi, no presídio do Hipódromo, na bairro da Mooca, em São Paulo, ele registraria o que chamou de "O calvário pela Via Dutra":

> Colocaram-me dois pares de algemas, que foram presas no piso de um Fusca. Assim, tinha que ficar deitado no chão do Volks, numa posição horrivelmente incômoda, porque o eixo de transmissão determina aquele calombo no piso. Por isso, de meia em meia hora era obrigado a uma mudança de posição. Porém, como não conhecia algemas, não sabia que basta encostar nelas para que apertem ainda mais. Em consequência disso, cada vez mais elas se aprofundavam em meus punhos, ferindo-os profundamente. Ademais, colocaram panos em cima de mim para que ninguém visse que transportavam uma pessoa presa ao passarmos nos postos de pedágio. Também tamparam minha boca com um forte pano.

Teresa Coelho ainda não conhecia em detalhes as torturas a que seu marido era submetido no DOI-Codi de São Paulo quando conseguiu, depois de uma incansável peregrinação, autorização para visitá-lo. No dia 20 de fevereiro, exatamente um mês depois da entrada do marido no DOI-Codi, ela o encontrou "em frangalhos e às portas da loucura e do desespero".[33] Na véspera, ele fora submetido a torturas que culminaram com três máquinas de choques elétricos ligadas a seus tímpanos e tinha a sensação de que uma granada explodira dentro de seu crânio.

Teresa foi ao DOI acompanhada pela mãe de Marco Antônio, Muncíola. Ele surgiu acompanhado por três oficiais do Exército e, apesar da advertência que recebera de não revelar as torturas, ela relatou o que pôde ver durante os parcos dez minutos de duração da visita. As palavras, aliás, podiam ter sido dispensadas, tal era o seu estado de prostração. Durante os trinta dias que passara à disposição dos torturadores, Marco Antônio foi arrebentado. Perdera 30 quilos. As duas mulheres deixaram o prédio da rua Tutoia em lágrimas e sob ameaça de represálias caso revelassem o que haviam presenciado.

---

[33] Marco Antônio Tavares Coelho, *Herança de um sonho: as memórias de um comunista*, p. 400.

Numa carta endereçada ao presidente da República, Teresa relatou o estado em que encontrara o marido. Trechos:

> (...) o que pude ver foi o bagaço de um homem descarnado pela tortura e os maus-tratos. (...) Seus braços — que os algozes nem procuraram esconder, como se houvesse o propósito de aniquilar-me com uma exibição de força esmagadora e feroz, indubitável e impune — apresentam-se roxos e inchados (...) estão desarticulados e as mãos insensibilizadas pelos choques elétricos que lhes aplicam.

Apesar das ameaças ao deixar o DOI, Teresa estava mais do que nunca decidida a continuar a sua luta. Com a ajuda de um amigo, o jornalista Marco Antônio Rocha, obteve um encontro com o diretor do *Jornal da Tarde*, Ruy Mesquita, a quem narrou o que vira e ouvira no DOI e entregou uma cópia da carta que enviara ao presidente da República. Ruy Mesquita não conteve a indignação. Ligou imediatamente para o ministro da Justiça, Armando Falcão.

Quatro dias depois, o assunto estava na mesa de Geisel, levado por Golbery. Certamente não era a primeira vez que lhe levavam notícias sobre tortura nas repartições montadas pelo Exército para o combate aos opositores do regime. Mas Geisel assumiu, num ataque de fúria, a sua porção democrática e explodiu num desabafo recheado de exclamações: "E eu sou abrigado a acobertar o cretino que fez isso! Sadismo! (...) Que coisa! Como está esse Exército! Nossas providências são inócuas. Fico falando aqui e não adianta! Qualquer dia eu largo isto e vou embora!"[34]

No dia seguinte, 25 de fevereiro, o ministro Sylvio Frota estava no gabinete presidencial, para uma audiência de rotina, na qual terminou conseguindo que Geisel recuasse de sua fúria contra os torturadores. Frota foi armado de um laudo no qual se atestava que Marco Antônio Coelho encontrava-se no melhor dos mundos no DOI. O médico que o examinara garantia que ele estava "em plena integridade física".[35] O

---

[34] Elio Gaspari, op. cit., p. 41.
[35] Ibidem, p. 42.

laudo era assinado pelo médico Harry Shibata, prestador de serviço no DOI-Codi de São Paulo, o mesmo que atestaria como suicídio a morte de Vladimir Herzog meses depois.

O presidente aceitou como bom o documento levado pelo ministro do Exército, que além do laudo médico levara o texto de uma nota oficial, que deveria ser distribuída pelo Ministério da Justiça. A nota atribuía as informações sobre tortura a mais uma armação dos comunistas para desmoralizar o governo.

Distribuída no dia 27, a nota oficial foi publicada em todos os jornais no dia seguinte. Em O Estado de S. Paulo havia um acréscimo: o texto integral da carta de Teresa narrando o estado em que encontrara o marido no DOI.

A publicação causou furor no porão do regime. Tratou-se de demonstrar o contrário do que havia sido noticiado, o que não deixava de ser um avanço, pois prevalecia entre os torturadores a convicção de que não deviam dar satisfação a ninguém. Mesmo antes da publicação da carta, enquanto Teresa batia às portas dos gabinetes de Brasília, clamando pela vida do marido, algumas providências foram tomadas. No DOI, começaram a ser suspensas as restrições de alimentação do preso, até então submetido praticamente a um regime de pão e água. Isso quando a água não era suspensa, por longos períodos, um suplício adicional ao pau de arara e aos choques elétricos. Marco Antônio Coelho registraria depois, em uma de suas cartas à esposa: "Com seus apelos a todo mundo, você paralisou o braço dos torturadores." Em vez das torturas, trataram de apagar os seus vestígios. Marco Antônio refere-se ao tratamento que passou a receber como "um período de lanternagem":[36]

> Permitiram que comesse sem restrições a boia. Deram-me vitaminas, pomadas etc. Um dia apareceram até com um, veja que cinismo, bronzeador de pele, para tentarem camuflar as cicatrizes. Estranhamente, me levaram a tomar banho de sol. (...) Depois entendi por que houve esse cuidado.

---

[36] Marco Antônio Tavares Coelho, op. cit., p. 402. A expressão "lanternagem", usada no Rio de Janeiro para serviços de reparo da lataria de automóveis, em São Paulo é conhecida como "funilaria".

Três enfermeiros se revezavam no serviço de "funilaria". Em conversa entre eles, ouvida por Marco Antônio, um disse: "Se a pele não receber sol, a cicatrização será muito lenta." Havia pressa, pois o Exército encomendara uma reportagem especial à TV Globo, para mostrar que Marco Antônio estava bem. O cenário escolhido foi um pátio ajardinado do QG do II Exército, para onde o preso foi conduzido e encapuzado sem qualquer explicação. Livre do capuz, ele viu, de repente, que estava sendo filmado, de longe.

Registrada a cena, levaram-no de volta, novamente encapuzado, ao DOI, localizado a pequena distância do QG. Marco Antônio registrou:

> No dia seguinte soube que aquela cena havia sido exibida na TV. Entre o pessoal do DOI deve ter havido divergências sobre tal iniciativa. Deduzo pelo que comentou comigo um dos piores torturadores: "Eu fui contra. Não se deve dar nenhuma explicação sobre o que fazemos ou deixamos de fazer."

Ao mesmo tempo que se tentava mostrar que as denúncias de tortura não passavam de invencionice dos comunistas, com o objetivo de desmoralizar o governo, a Operação Radar se aprofundava. A repressão ia além dos aparelhos semiclandestinos do DOI-Codi, instalava-se em locais secretos onde vários prisioneiros foram mortos. O livro *Brasil: nunca mais* relaciona algumas dessa prisões clandestinas nos arredores de Fortaleza, Belo Horizonte, Rio de Janeiro e São Paulo. Marco Antônio Coelho refere-se em uma de suas cartas a "um local perto de São Paulo a que denominam de Colina", para onde teriam sido levados quatro de seus companheiros, dirigentes do PCB — Élson Costa, Hiran de Lima Pereira, Jayme Amorim de Miranda e Itair José Veloso. A passagem desses prisioneiros pela Colina, no município de Itapevi, na Grande São Paulo, onde foram executados, está registrada no livro *Direito à memória e à verdade*, de Nilmário Miranda e Carlos Tibúrcio (Secretaria Especial dos Direitos Humanos — Comissão Especial sobre Mortos e Desaparecidos Políticos).

* * *

O cerco aos militantes do PCB fechava-se cada vez mais. Na volta de Canudos, onde fizera a pesquisa para o documentário, Vlado foi inteirado da situação pelos companheiros da base da revista *Visão*. Pretendia voltar logo ao sertão da Bahia, para rodar o documentário, mas, solidário, decidiu permanecer em São Paulo. Conversou com João Batista de Andrade, que o convidou para fazer a pesquisa para outro filme, *Doramundo*. Vlado leu o romance e se apaixonou por ele, que logo relacionou com a realidade social e política que o país atravessava: a densa trama concebida por Geraldo Ferraz, o ambiente sombrio em que a morte rondava, a violência e a opressão que tornavam suspeitos todos os moradores de Paranapiacaba, onde o filme seria rodado. E, sendo suspeitos, todos poderiam ser presos e torturados. Tudo isso, na concepção de Vlado, era uma síntese do Brasil daquele tempo.

Dias depois, ele e João Batista viajaram de carro a Paranapiacaba. No caminho, o diretor ia falando, com entusiasmo, sobre o trabalho que teriam pela frente. Introspectivo, de poucas palavras, Vlado iniciou uma conversa cheia de rodeios. Sondava o amigo sobre as ideias que tinha para o filme. Sondou-o também sobre militância política. Ia pelas beiradas, temia que sua visão do livro pudesse contrariá-lo ou, mesmo, criar-lhe problemas. João Batista interrompeu a longa série de reticências e foi ao ponto:

— Vlado, eu nunca deixei de ser militante do Partido Comunista. Só que ando desligado, não há estrutura em que me encaixe.

Aliviado, Vlado falou, quase como se estivesse fazendo uma confissão:

— Eu estou ligado à base da revista *Visão*. Me filiei ao Partido.

Vlado passou a trabalhar na preparação do roteiro de *Doramundo*. Só interromperia esse trabalho meses depois, quando recebeu o convite para voltar à TV Cultura.

9 A luta pelo Sindicato

O início de 1975 marca também a consolidação do Movimento de Fortalecimento do Sindicato (MFS), que começa o processo de montagem da chapa que participaria das eleições para a renovação da diretoria do Sindicato dos Jornalistas, marcadas para março.

Àquela altura, os órgãos de segurança já acumulavam informes sobre o movimento de oposição dos jornalistas, apontado como uma bem urdida articulação comunista. Num desses informes, a sigla MFS foi vinculada ao Movimento das Forças Armadas (MFA), que em abril do ano anterior derrubara a ditadura salazarista em Portugal.

Os informes, além de mal redigidos, revelavam a ligeireza com que os agentes se livravam do trabalho de investigação. Havia militantes e simpatizantes do PCB no movimento que, por sua amplitude, não oferecia oportunidade para tentativas de hegemonia de nenhuma organização política. O PCB participava do MFS, mas sem pretender dar as cartas. Marco Antônio Rocha, um dos comunistas "de carteirinha" do movimento, diria, anos depois: "Nas reuniões do Partidão a orientação era não tomar conta da chapa." Weis, o único a entrar na chapa, completa: "A ideia não era transformar o sindicato num braço do partido, mas trazê-lo para a trincheira da democratização."

Na formação da chapa havia, naturalmente, influência de várias tendências de esquerda. Não só influência, mas tentativas de imposição de nomes. Na maioria dos casos, contudo, as escolhas resultaram de decisões coletivas das redações. Os nomes escolhidos nessas "prévias eleitorais" eram indicados à coordenação do MFS, que se mantinha firme no propósito de ser um movimento de frente, aberto a todas as tendências que se opunham à ditadura. Buscava-se, principalmente, a montagem de uma chapa que tivesse respaldo em todas as redações e que, vitoriosa, tivesse condições de fortalecer o Sindicato, tirando-o do silêncio e da submissão aos donos do poder. Mesmo assim surgiram críticas à forma como se faziam as escolhas nas redações. Não faltava quem criticasse esse processo, considerando-o democratismo exagerado. Chegara-se à realização de uma convenção para sacramentar os nomes indicados pelas redações.

Desse processo surgiram, ao lado de alguns nomes estrelados, outros de jovens recém-egressos das escolas de jornalismo, militantes ou não de organizações de esquerda. Frederico Pessoa da Silva, o Fred, militante do PCB com passagem por Moscou, brincava dizendo que o MFS juntava de tudo, "de desempregados a esquerdistas radicaloides, conservadores moderados e achegados da esquerda litero-recreativa".

Entre as estrelas convidadas a participar da chapa havia até quem fosse considerado "alienado", caso de Osmar Santos, que brilhava como locutor esportivo da rádio Jovem Pan. Inventor de um jeito novo de narrar partidas de futebol, ele havia cunhado expressões que faziam sucesso, como "pimba na gorduchinha", para descrever um bom chute, ou "caroço do abacate", para se referir ao centro do campo.

Osmar até levou um susto quando Luiz Carlos Ramos, então editor de esportes do *Estadão* e um dos escolhidos pela redação para compor a chapa, perguntou-lhe se aceitaria participar das eleições sindicais.

— Eu, candidato nas eleições do Sindicato... Vai haver eleição, é?

Luiz Carlos, que também se surpreendera com a escolha de seu nome, pois supunha que no MFS só havia lugar para cobras criadas da esquerda, fez um pequeno discurso sobre a importância de se levar o Sindicato para a frente de resistência à ditadura. Osmar ouviu tudo, entre interessado e divertido:

— Cara, e não é que pode ser uma boa! Acho que lá eu vou ampliar os meus horizontes. Tô no time, pode me escalar.

* * *

A casa de Milton Coelho da Graça, no bairro do Brooklin, tinha sido umas das escolhidas para as reuniões do MFS. O bairro era uma espécie de colônia de jornalistas, a maioria ligada ao Partidão. Lá moravam e participavam das reuniões, entre outros, Sérgio Cabral, que viera do Rio de Janeiro para trabalhar na revista *Realidade*, Jairo Régis, Sérgio Gomes da Silva. A casa tornara-se pequena para as reuniões, que, além da composição da chapa, já se estendiam em discussões sobre a plataforma eleitoral e a arrecadação de recursos para a campanha. Discutia-se a necessidade de se encontrar outro local, não só maior, mas também mais central. Além disso, por excesso de zelo, alguns participantes do MFS acrescentavam o argumento de que sendo o dono da casa ligado ao PCB, haveria quem considerasse que se tratava de "aparelhar" a chapa. Não era bem isso. Milton tinha uma longa história de militância e trazia no corpo marcas de torturas sofridas em várias prisões, numa das quais, em Recife, logo depois do golpe de 1964, tinham-lhe quebrado todos os dentes. Nem ele nem o Partidão tinham intenção de formar uma chapa "purosangue", mas o fato é que o PCB se mexia para influir na reorganização de entidades que tinham sido imobilizadas pela ditadura, principalmente as que reuniam profissionais intelectualizados da classe média. Uma delas era o Sindicato dos Jornalistas. O Partidão também trabalhava para que outras entidades fossem criadas, entre elas a Associação dos Sociólogos. No centro dessas articulações estava um dos mais ativos e bem-preparados capas-pretas do PCB, João Guilherme Vargas Netto, que funcionava como assistente das bases dos estudantes e dos jornalistas.

Foi numa das reuniões na casa de Milton Coelho que o meu nome foi cogitado para integrar a chapa do MFS como presidente. Recebi a notícia na redação da *Realidade*. O próprio Milton anunciou:

— Cara, você foi escalado.

— Escalado pra quê? — perguntei, imaginando que deveria partir para mais uma reportagem.

— O pessoal escolheu você para ser o candidato a presidente do Sindicato.

— Não vem com essa, não. Baixaram o centralismo democrático, foi?

— Tem disso não, cara. Foi uma escolha quase unânime do pessoal.

Alinhei algumas razões para recusar o convite. A principal era a de que, apesar de ter participado, nos últimos dez anos, de todos os movimentos de oposição no Sindicato, não pretendia ocupar cargos, principalmente o de presidente, por considerar que isso envolvia compromissos que terminariam por me afastar do trabalho de repórter. Em suma, não tinha intenção de fazer carreira no sindicalismo. Queria continuar na reportagem, apesar de a revista *Realidade*, que marcara época pela ousadia dos temas que abordava, em plena ditadura, e pela qualidade dos textos que publicava, estar em decadência.

Milton voltou com um discurso: a ideia era a de que o nome escolhido para encabeçar a chapa não estivesse filiado a nenhuma organização política, mas que fosse comprometido com a luta de resistência à ditadura e, ao mesmo tempo, fosse um profissional conhecido, respeitado e com trânsito livre em todas as redações. Insistiu:

— Tem de ser um cara como você, famoso, mas não metido a besta.

Voltei com outro argumento: sempre havia brigado pelo Sindicato, considerava que o MFS, organizado como estava, tinha grande possibilidade de vitória, mas não pretendia deixar a reportagem para assumir cargo de direção sindical. Brinquei:

— Não tenho vocação pra pelego.

Terminei aceitando o convite para participar de uma das reuniões na casa de Milton Coelho. Meu nome rolava nas discussões. Era aceito pela maioria, mas os que discordavam — não do nome, mas da ideia de que se devia escolher um figurão — brandiam o argumento de que a chapa deveria ser composta por profissionais com uma visão classista, voltados para a luta sindical, e não por jornalistas renomados, distantes dos problemas do dia a dia da categoria. Um dos discordantes, Antônio Carlos Félix Nunes, invocava o fato de ter sido um dos integrantes da primeira reunião do MFS. Mais do que isso, declarava-se seu idealizador.

Assíduo participante das reuniões, Sérgio Cabral era mais "maneiro" e tinha um argumento musical para justificar a busca por outro espaço para as reuniões do MFS:

— Esse movimento está com jeito de dar samba; está na hora de a gente arranjar um terreiro maior.

O "terreiro" encontrado foi a sede do Instituto dos Arquitetos do Brasil (IAB), no centro da cidade. Aumentou o espaço e, logo, o número de participantes e o calor das discussões. Paulo Markun, indicado pelo Partidão para participar do processo eleitoral dos jornalistas, conseguira o espaço graças às ligações que mantinha com os arquitetos e com o próprio presidente do IAB, Eurico Prado Lopes, que dois meses depois seria intimado a se apresentar ao DOI-Codi. Eurico, assim como a entidade que dirigia, estava havia tempo na mira dos órgãos de segurança.

A intimação fora precedida, dias antes, por "avisos" assustadores: o escritório particular de Eurico e a sede do IAB haviam sido invadidos por policiais que reviraram arquivos, quebraram móveis, espalharam papéis por toda parte.

Não se ficou sabendo se a invasão da sede do IAB e a intimação do DOI-Codi ao seu presidente tiveram alguma relação com a cessão do espaço para as reuniões do MFS, pois, graças à já mencionada operação que envolveu o governador de São Paulo, um general, um marechal e até o presidente da República, Eurico não chegou a ser preso e interrogado. De qualquer modo, o MFS estava se reunindo numa espécie de "casa suspeita" aos olhos dos militares.

O edifício-sede do IAB, na Vila Buarque, onde o MFS passou a se reunir, a partir do fim de janeiro, é considerado um dos mais importantes da arquitetura moderna em São Paulo. Projetado nos anos 1940 por um grupo de arquitetos capitaneados por Rino Levi, seria mais tarde tombado pelo Patrimônio Histórico. Mas não foi por sua importância arquitetônica que o prédio terminou chamando a atenção dos agentes da repressão. As reuniões de jornalistas de um movimento de oposição que ali se realizavam poderiam ter despertado maior interesse. E mais: ali funcionava, havia muitos anos, o Clube dos Artistas e Amigos da Arte, o chamado Clubinho, que juntava artistas de muitas modalidades — pintores, escritores, atores, cineastas — gente considerada perigosa pela repressão. Além de espaço para exposições, o Clubinho, que ficava no subsolo do edifício, mantinha um restaurante e, principal atração, um alegre e bem fornido bar.

O espaço cedido para as reuniões do MFS ficava logo acima, no mezanino, situação que, inicialmente, causou alguma preocupação entre os mais compenetrados: o pessoal poderia ser "desviado" logo que entrasse no prédio. Era só descer a escada para a cave do Clubinho, em vez de subir a que dava acesso ao mezanino...

O entorno do prédio do IAB, na rua Bento Freitas, oferecia outras oportunidades de "desvio". O bairro de Vila Buarque fervia em dezenas de botecos e alguns dos mais movimentados inferninhos da cidade, com disputados shows de *strip tease* anunciados em espalhafatosos letreiros luminosos. Nas ruas, o chamado *trotoir*, que já incluía os travestis, espalhava-se por alguns quarteirões, num dos quais, quase no limite com o aristocrático bairro de Higienópolis, funcionava, com a possível discrição, o La Licorne, então o mais luxuoso puteiro de São Paulo. Aquele pedaço da Vila Buarque era chamado de "Boca do Luxo"; era o lado considerado fino da boemia, em contraposição à "Boca do Lixo", não muito longe dali, numa área deteriorada da cidade, entre as avenidas São João e Rio Branco.

Em meio a tudo isso, o pessoal do MFS conseguiu resistir até vencer as eleições no Sindicato dos Jornalistas.

Para mim não foi uma decisão fácil aceitar a indicação para encabeçar a chapa. Apesar da oposição ferrenha de Félix Nunes, que lembrava a figura zangada do João Ferrador, personagem criado para representar os metalúrgicos do ABC, prevaleceu a proposta de se compor uma chapa com a presença de nomes mais conhecidos e que representassem as várias editorias dos jornais e de emissoras de rádio e TV. Além do já citado Osmar Santos, havia, entre outras "estrelas", nomes como Fernando Jordão, diretor da Globo em São Paulo; Wilson Gomes, chefe de reportagem dos Diários Associados, e Hélio Damante, editor de religião do *Estadão*, que já havia disputado a presidência do Sindicato.

Logo a campanha estava em todas as redações. Ficava claro, nos contatos, que a maioria não estava ligada às questões sindicais, mas era

AS DUAS GUERRAS DE VLADO HERZOG

forte a vontade de participar de qualquer coisa que significasse oposição. Pesavam os longos anos de silêncio imposto pela ditadura, a informação barrada pela censura, em muitos casos sobre as prisões, o desaparecimento e a morte de colegas.

Uma vítima entre os jornalistas era recente: Jayme Amorim de Miranda,[37] que dedicava parte do tempo a fazer bicos como tradutor de textos para jornais do Rio e de São Paulo e dirigira o jornal *A Voz do Povo*, em Maceió. Ele foi preso no Rio de Janeiro, no dia 4 de fevereiro de 1975, ao sair de sua casa, no bairro do Catumbi. Foi alcançado pela Operação Radar, na sequência da grande caçada iniciada com o estouro da gráfica do PCB e da prisão de Marco Antônio Coelho, no dia 18 de janeiro, e de outros dirigentes do PCB. Não era a primeira prisão de Jayme. Durante os longos anos de militância no Partidão, ele passara por várias cadeias, duas delas em Alagoas, seu estado natal — uma durante o governo de Arnon de Mello, pai de Fernando Collor, e outra logo após o golpe militar de 1964. Da última prisão ele não sairia com vida.

Seu destino foi a sinistra Colina onde foi executado.[38] Seu corpo nunca foi encontrado.

Jayme Amorim de Miranda não era o primeiro jornalista a desaparecer depois de cair nas mãos dos agentes da repressão.[39] Algumas vezes, como em outros casos, as notícias chegavam às redações por meio de pessoas da família ou ligadas a organizações políticas clandestinas. Podiam chegar, também, em lacônicos comunicados das autoridades militares, nos quais as vítimas eram dadas como mortas em tiroteios com as forças da repressão, em atropelamentos ou por suicídio na prisão. Em muitos casos, os comunicados precediam a entrega dos corpos às famílias em caixões lacrados, com ordem de que não fossem abertos.

---

[37] *Direito à memória e à verdade,* p. 396.

[38] Ibidem, p. 397.

[39] José Hamilton Ribeiro, op. cit., p. 139-142. Com base no livro *Dossiê dos mortos e desaparecidos políticos a partir de 1964,* editado pela Comissão de Mortos e Desaparecidos, do Instituto de Estudos da Violência do Estado e do Grupo Tortura Nunca Mais, o autor relaciona 22 jornalistas mortos, entre os quais Vladimir Herzog. Várias fotos mostram as imagens desfiguradas das vítimas, em consequência de torturas.

Aos mortos era negada a piedade dos velórios. Não raro o sepultamento era acompanhado por agentes militares. As notícias, quando chegavam aos jornais, não iam além da versão oficial. O resto era silêncio.

O silêncio imposto às redações era mais profundo na sede do Sindicato dos Jornalistas, que ocupava um andar inteiro no número 530 da rua Rego Freitas, a duas quadras do prédio do IAB, onde a oposição, cada vez mais forte, se preparava para disputar as eleições. Um número cada vez maior de jornalistas questionava o silêncio do Sindicato. Visto por muitos apenas como uma repartição burocrática comandada por pelegos desprezíveis, o Sindicato era ignorado principalmente pelos profissionais mais jovens, muitos dos quais nunca tinham lá posto os pés.

Alguns jornalistas mais velhos, porém, lembravam outros tempos em que a entidade tivera papel importante na organização e nas lutas da categoria. O Sindicato tinha uma história de lutas que merecia ser resgatada. A eleição que estava para se realizar seria, então, a oportunidade para esse resgate.

10 O sindicato na história

O Sindicato dos Jornalistas de São Paulo, que naquele mesmo ano de 1975 estaria no centro da luta de resistência contra a ditadura militar, fora fundado 38 anos antes, em 15 de abril de 1937, quando outra ditadura, a de Getúlio Vargas, estava às vésperas de ser instalada.

Mas antes mesmo do ato formal que estabeleceu a ditadura do Estado Novo, em novembro, a repressão política já era violenta. O governo de Vargas mandava prender tanto militantes da direita (os integralistas de Plínio Salgado) como da esquerda (os comunistas de Luiz Carlos Prestes). Esses formavam o maior contingente de presos políticos em todo o país, ainda por conta da chamada Intentona, um levante militar que terminaria derrotado, em 1935. Só em São Paulo, em abril, havia 500 presos políticos, entre os quais alguns jornalistas.

O tratamento dado aos presos era de tal ordem desumano que se chegou a pedir a aplicação da Lei de Proteção aos Animais em defesa de presos políticos. José Hamilton Ribeiro registra, em seu livro *Jornalistas: 1937 a 1997*:

> Foi nessa época que Sobral Pinto, o legendário advogado carioca, invocou a Lei de Proteção aos Animais para aliviar as condições do comunista Harry Berger, companheiro de Prestes. Berger estava há meses preso e torturado, sem banho de sol, sem ar fresco, sem cama, sem instalações sanitárias. Sobral Pinto, em petição ao juiz Raul Machado, lembrou que

a LPA proibia, no mundo todo, que "animais fossem mantidos em lugares anti-higiênicos que lhes impeçam a respiração, os movimentos e o descanso". E isso estava sendo feito no Rio com seres humanos! Harry Berger enlouqueceu na prisão.

José Hamilton Ribeiro refere-se à reunião de fundação do Sindicato dos Jornalistas, na noite de 15 de abril, na sede do Centro do Professorado Paulista, na rua da Liberdade, com a presença de 52 jornalistas, lembrando que seis companheiros "que certamente participariam daquela reunião estavam presos, clandestinos ou escondidos: Victor Azevedo, Hilário Correia, Eugênio Gertel, Hermínio Sacchetta, Aristides Lobo. E uma mulher, Patrícia Rehder Galvão, a Pagu".

Se Pagu, envolvida em lutas políticas e agitações culturais, não pôde comparecer à reunião, outra mulher, Margarida Izar, estava entre os signatários da ata de fundação do Sindicato. Margarida era da luta do dia a dia na caça de notícias. Na redação dos Diários Associados, onde trabalhava, despertava admiração pela garra de repórter. Foi a primeira mulher repórter do Brasil. Na redação ou na rua, ela era um espanto. Era raro ver mulher trabalhando fora de casa e uma daquele jeito, correndo atrás de notícias, era coisa de não se acreditar. Mesmo entre os colegas não eram poucos os que se incomodavam com sua presença. Era uma estranha no ninho de machos da redação. Mas ela ia em frente e, com a mesma garra de caçadora de notícias, lutava pela organização da categoria, então um ajuntamento inchado no qual cabia de tudo.

Ao lado de profissionais conscientes da importância de seu trabalho de informação para a sociedade, pululavam na imprensa da época aproveitadores de toda espécie. Muitos usavam a carteirinha de jornalista como verruma para achaques, outros para obtenção de vantagens, como desconto em passagens de trem e avião, isenção de imposto de renda ou pequenas benesses, como entrada grátis em cinemas e clubes. Pior ainda, havia os que dispensavam salários. Outros misturavam as funções de repórter e de corretor de anúncios. Além de tudo, havia os beletristas, que também não faziam questão de pagamento, realizavam-se com o nome impresso ao pé de seus escritos.

Tudo isso resultava, além da descaracterização da profissão, em salários aviltantes. Muitos empresários chegavam a apontar as vantagens extrarredação como argumento para não pagar salários decentes. Alguns não pagavam nada e chegavam e recomendar o uso da carteirinha como instrumento para faturamento.

Verdade ou piada, conta-se de Assis Chateaubriand, todo-poderoso chefão dos Diários Associados, um episódio em que, irado, respondeu a um jornalista que pedia aumento de salário:

— Você não tem aí uma carteirinha? E por que não usa?

O mesmo Chateaubriand, citado por Hamilton Ribeiro, implicava com Marcelo Tulmann Neto, que, além de reclamar dos baixos salários, cuidava da célula do Partido Comunista na redação:

— É o único judeu pobre, burro e comunista que eu conheço.

Indiferente à opinião do patrão, Tulmann Neto continuou pobre e comunista. Só não era burro. Empenhado na luta pela organização dos jornalistas, ele ocuparia por duas vezes a presidência do Sindicato que ajudara a fundar.

A criação do Sindicato foi, aos poucos, alterando o perfil da profissão de jornalista. Para começar, o estatuto, elaborado logo depois da fundação, tinha como uma de suas finalidades "reunir os que exercem a profissão de jornalista como empregados". Isso significava o não reconhecimento dos "penetras", dos que buscavam a carteirinha para a obtenção de facilidades ou achegos ao salário. Assim, passaria a não prevalecer a "teoria" de Chateaubriand de que a posse da carteira fornecida pelo jornal propiciava ganhos além do salário. Ou podia até dispensar salário.

Entre os 52 participantes da reunião de fundação estavam vários jornalistas de prestígio nas redações, além do "judeu pobre e comunista" Tulmann Neto. Muitos deles se destacavam também como intelectuais, caso de Geraldo Ferraz, escritor, então casado com Pagu. Outros viriam a engrossar a lista, pois uma decisão da diretoria considerou sócios-fundadores todos os filiados de 15 de abril de 1937 a 15 de abril de 1938. Entre eles, estava Oswald de Andrade, expoente do movimento literário e artístico modernista.

Em depoimento a Hamilton Ribeiro, José Albuquerque de Carvalho, o Carvalhinho, um dos integrantes do grupo pioneiro, fala da chegada de Oswald como sinal de que houve "uma difusa influência" do pessoal da Arte Moderna na formação do Sindicato. Não só Oswald, como duas de suas ex-mulheres, Tarsila do Amaral e Pagu, participavam das atividades sindicais. Carvalhinho considerava: "O sindicato, para eles, era um acúmulo de gente contra o governo."

Oswald de Andrade queria juntar mais gente além do pessoal do dia a dia das redações. Chegou a liderar um grupo de jornalistas mais chegados ao movimento de Arte Moderna que defendiam a proposta de um "sindicato liberal", ao qual podiam se filiar colaboradores de jornais e revistas. A ideia não vingou, pois, se podia agregar ao Sindicato alguns nomes ilustres, significava deixar uma porta aberta para diletantes e picaretas.

Oswald de Andrade, que deixara marcas profundas de sua inteligência criadora e provocadora na *Revista de Antropofagia*, lançada em 1928, continuara nos anos 1930 a mexer com jornal. Em 1931, com sua mulher Patrícia Galvão, a Pagu, protagonizou uma breve e fascinante experiência jornalística.

O casal deu à luz um instigante e provocador pasquim político, *O Homem do Povo*,[40] que não viveu mais de 18 dias, durante os quais foram editados oito números. Nesse breve período (27 de março a 13 de abril), os dois, recém-filiados ao Partido Comunista, esbanjaram criatividade nas páginas do jornal, que sofreu duas tentativas de empastelamento por irados estudantes da Faculdade de Direito e terminou fechado pela polícia.

O Homem do Povo refletia a adesão de Oswald e Pagu à linha ortodoxa do PCB, mas era temperado por uma irreverência que muitas vezes se aproximava da anarquia, que, depois, os levaria a aderir à dissidência trotskista que provocaria uma profunda cisão no partido.

---

[40] As oito edições de O Homem do Povo foram publicadas em fac-símile pela Imprensa Oficial de São Paulo, em 1984, quando eu exercia o cargo de diretor-superintendente da empresa.

AS DUAS GUERRAS DE VLADO HERZOG

Desabridamente panfletário, o jornal publicava textos que provocavam furor. Promoveu até um concurso para a escolha do "maior bandido vivo do Brasil". Na lista de uma suposta votação apareciam, ao lado de Lampião e Meneghetti, dois notórios bandidos da época, os nomes do cardeal dom Duarte Leopoldo, do ex-presidente da República Arthur Bernardes e do general Miguel Costa, chefe de polícia. E, mesmo entre os menos votados, o nome do próprio Oswald de Andrade.

Pagu aparecia no expediente como secretária e assinava, na página 2, a coluna "A mulher do povo", na qual desancava as damas da alta sociedade e as "feministas de elite". A ela se atribui, também, a autoria dos textos de outras seções, sob pseudônimos. Entre outros, Irmã Paula, Cobra e K. B. Luda. Uma tal de Chiquinha Dell'Oso assinava uma seção dedicada a corte e costura intitulada "A tezoura popular". Na edição número 2, um parágrafo, quase um manifesto (foi mantida a grafia da época):

> Precisamos comprehender que não é bello para nós brasileiras sermos escravas de Paris, Londres, Milão, etc. Porque hoje nós somos filhas de um grande paiz e devemos tambem ser creadoras da nossa moda.

Graficamente, *O Homem do Povo* era a cara de Pagu. A começar pelo logotipo, são dela todos os títulos de seções, desenhados em estilo art déco. As ilustrações também corriam por sua conta. Para as charges, ferinas, ela adotou o significativo pseudônimo de Peste, o mesmo com o qual assinava uma história em quadrinhos de sua criação — *Malakabeça, Fanika e Kabelluda*. A primeira tira, publicada na edição n° 1, era profética: falava de um jornal que fizera grande sucesso e logo fechou, enquanto sua idealizadora (Kabelluda) era despachada presa para a ilha de Fernando de Noronha.

Enquanto isso, Oswald escrevia editoriais demolidores. Dois deles abalaram os alicerces da tradicional Faculdade de Direito do Largo de São Francisco. No primeiro, na edição de 9 de abril, Oswaldo referiu-se à Faculdade como um dos "cancros de São Paulo". A reação dos estudantes foi violenta. Além de tentar depredar a redação, na praça da Sé, partiram para a agressão física ao diretor. Os jornais do dia noticiaram o fato com grande destaque, tomando o partido dos estudantes. *A Folha da Noite* deu em manchete, no alto da primeira página: "Um justo revide dos estudantes de direito aos insultos de um antropófago". E acrescentava, no subtítulo, que Oswald "foi agredido e quase linchado em plena praça da Sé".

No segundo editorial, no dia 13, Oswald foi mais fundo no revide à agressão dos estudantes: "A grande manifestação de pensamento que produziu até hoje a Faculdade de Direito foi o trote." E seguiu, referindo-se à expedição punitiva à redação de *O Homem do Povo* como um episódio da luta de classes:

> Porque os estudantes agressores infelizmente representam os condes do dinheiro, os sacripantas da indústria e da finança, os exploradores de toda ordem, os padres de qualquer seita parasitária, os patrões, os usurários e os fazendeiros feudaes. São os seus filhos.

Foi a gota d'água. Os ânimos se esquentaram no largo de São Francisco, de onde partiu um reforçado pelotão de estudantes rumo à praça da Sé. O objetivo era o Palacete Rolim, no número 9 da praça. Mais precisamente, o nono andar do prédio, onde funcionava a redação do jornal. A disposição era a de quebrar tudo. Antes que os mais furiosos conseguissem subir, Oswald e Pagu desceram. Apesar da presença de policiais, armou-se grande confusão. Segundo o noticiário dos jornais, francamente hostis ao casal, Pagu estava armada de revólver e chegou a fazer dois disparos "em direcção dos estudantes".[41] A versão dos tiros foi negada por Pagu, que, no entanto, não deixou de se defender da fúria estudantil: usou as unhas como armas. Mas, segundo o *Diário Nacional*, que no dia seguinte noticiou o acontecimento, "os que estavam mais próximos afirmam que Pagu foi a autora dos disparos". O revólver não apareceu. E o jornal conclui descrevendo a "prisão dos dois provocadores" e o fim de *O Homem do Povo*: "Atendendo a motivos de tranquili-

---

[41] *Folha da Noite*, 13/4/1931.

dade publica, o 1º delegado auxiliar determinou seja suspensa definitivamente a publicação do insolente papelucho."

Em abril de 1931, não havia em São Paulo um sindicato de jornalistas para protestar contra o fechamento de *O Homem do Povo*. Seis anos
mais tarde, Oswald e Pagu estavam entre os fundadores da entidade que
iniciaria o processo de organização da categoria.

Os primeiros dias de atividade do novo sindicato já indicavam que haveria pela frente muitas lutas. O país vivia a inquietação política que
precedia a quebra do fio de liberdade que ainda restava antes da imposição do Estado Novo. A polícia fazia arrastões, enchendo as prisões de
subversivos, entre os quais muitos jornalistas. Foi um tempo de peregrinação de diretores do Sindicato, que batiam à porta dos cárceres, tentando, pelo menos, evitar maiores violências contra seus associados.

Não tardou, as lutas que se travavam no campo da esquerda chegaram ao Sindicato, que reunia gente de várias facções políticas. Um "ra-
cha" que vinha se aprofundando no PCB envolveu alguns dos profissionais
mais respeitados do jornalismo de São Paulo, dois dos quais se haviam
destacado no movimento pela criação do Sindicato: Noé Gertel e Hermínio Sacchetta.

Sacchetta era nada menos que o chefe do comitê regional do PCB
em São Paulo. Rebelde, declarou guerra ao grupo majoritário, unido
em torno de Luiz Carlos Prestes, que tinha a seu lado, além de Noé,
outros nomes de prestígio, como Joaquim Câmara Ferreira e Pedro
Pomar. Sacchetta sentia-se à vontade, brigando contra "a falta de democracia interna" e contra o que classificava como burocracia dos
acomodados, controlada por teleguiados. O Comitê Central decidiu
descarregar todo o seu peso contra a rebeldia de Sacchetta, que tinha
entre seus seguidores outros jornalistas de prestígio, entre os quais
Aristides Lobo e José Stachini.

O poder de fogo do Comitê Central era muito mais forte, naturalmente, e logo desabaria sobre o rebelde Sacchetta e os demais insur-
gentes. Todos foram expulsos, sob a acusação de "fracionistas
trotskistas". Sacchetta ainda não era trotskista, mas logo se tornaria,

de fato, um ardoroso seguidor das ideias de Leon Trotsky, figurando entre os fundadores do Partido Socialista Revolucionário (PSR), ligado à Quarta Internacional.[42]

O episódio terminou nas páginas de um caudaloso romance de Jorge Amado, *Os subterrâneos da liberdade*, classificado por Gorender como "a culminância da escola do realismo socialista na literatura brasileira".

Na ficção de Jorge, na época um fiel seguidor das palavras de ordem do Comitê Central, os personagens reais, com nomes trocados, são tratados como mocinhos e bandidos. Sacchetta ganhou um nome muito próximo do seu: Sacchila. E, assim como os demais divergentes, foi considerado lacaio da burguesia, bandido, traidor, canalha.

Um dos personagens que figuram no livro com o próprio nome, Carlos (Carlos Marighella), fora enviado a São Paulo pelo Comitê Central para reforçar a luta contra os "traidores trotskistas".

Mais de 30 anos depois, em 1969, quando Marighella, dissidente do PCB, liderava a ALN, Sacchetta teria participação importante, como jornalista, no episódio em que guerrilheiros da ALN tomaram a estação transmissora da Rádio Nacional de São Paulo, da Rede Globo, em Piraporinha, na região do ABC.

Acima de convicções partidárias, Sacchetta militava na luta comum contra a ditadura militar. E logo tratou de repercutir o manifesto do exdesafeto nas lutas internas do PCB. Diretor dos Diários Associados de São Paulo, ele teve, segundo Jacob Gorender, conhecimento prévio do texto do manifesto de Marighella, que lhe fora entregue por Joaquim Câmara Ferreira, e da ação que culminaria com a tomada dos transmissores da rádio. Correndo todos os riscos, tomou uma decisão ousada: mandou publicar o manifesto, na íntegra, na segunda edição do *Diário da Noite*. A ousadia custaria a Sacchetta mais uma de suas inúmeras prisões. Mas, de uma só vez, ele desafiara a ditadura e dera um grande furo de reportagem.

Tanto quanto a política, o jornalismo foi uma paixão que Hermínio Sacchetta cultivou durante toda a vida. Na maior parte do tempo, ele

---

[42] Jacob Gorender, *Combate nas trevas*.

juntou as duas paixões, como aconteceu em 1945, quando exercia o importante cargo de secretário-geral das *Folhas* (*da Manhã*, atual *de S.Paulo*, e *da Tarde*, jornais pertencentes à empresa Folha da Manhã). A empresa acabava de ser vendida ao conde Francisco Matarazzo, que comandava o maior conglomerado industrial do país. Sacchetta deixou o cargo de direção para liderar uma revolução interna na redação. Inflamado, pregava contra a venda do jornal, que seria entregue de "porteiras fechadas", com prédio, máquinas e gente, aos interesses do poderoso grupo econômico, ao qual estava aliado Fernando Costa, ex-interventor em São Paulo.

Se não houvesse espaço nos jornais legais, Sacchetta fazia jornais clandestinos, com o mínimo de condições materiais, mas com o mesmo empenho. Entre 1967 e 1969, publicou o *Bandeira Vermelha*, órgão do Movimento Comunista Internacional (MCI), do qual foi um dos fundadores. Apesar de distanciado do trotskismo, o MCI adotava alguns de seus princípios doutrinários. O jornalzinho, impresso em mimeógrafo, teve apenas 12 edições, que circulavam de mão em mão.

Nos jornais que circulavam à luz do dia, Sacchetta sempre ocupou cargos de chefia, mas nunca assumiu a condição de patrão. Quando precisava, deixava cargos de direção e se bandeava para o lado dos empregados. Foi assim em 1961, quando o Sindicato dos Jornalistas viveu um dos momentos mais importantes de sua história de lutas, deflagrando uma greve por melhores salários. Sacchetta estava entre os grevistas.

A maioria dos jornalistas recebia salários que mal passavam do mínimo da época. O Sindicato, então presidido por Evaldo Dantas Ferreira, partiu para uma campanha pelo estabelecimento de um piso salarial equivalente a dois mínimos. Os patrões não se mexeram, o resultado foi a deflagração da greve, a única da história da categoria que conseguiu impedir a circulação de todos os jornais de São Paulo. Durante cinco dias, enquanto as redações se esvaziavam, centenas de jornalistas ganharam as ruas, organizados em piquetes, que, enfrentando bombas de gás lacrimogêneo e jatos d'água disparados pela polícia, conseguiram impedir a saída dos caminhões de distribuição. Os disparos de jatos d'água atingiam em cheio os piqueteiros, que, mesmo ensopados, não arredavam pé. Para evitar o impacto dos jatos nos olhos, a maioria ficava de costas para os carros-tanques. Colocados contra a parede, os jornalistas que ocupavam a calçada do prédio dos Diários Associados, na rua Sete de Abril, logo arrumaram um nome para o grupo: "Piquete da bunda molhada."

Em outras redações, outros piquetes resistiram até a vitória do movimento.

Quatorze anos depois da histórica greve, na manhã de 1º de abril de 1975, um piquete diferente tomava conta da rampa de acesso ao prédio do Sindicato dos Jornalistas, na rua Rego Freitas. Era formado por dezenas de jornalistas que faziam boca de urna para a chapa da oposição. Alguns, mais velhos, lembravam os piquetes da greve de 1961, um grande momento da história do Sindicato. Um deles era Hermínio Sacchetta. Um velho e fiel militante do Partidão comentou, ao ver Sacchetta se aproximando:

— Está chegando o representante dos trotskistas.

Naquela rampa cabia de tudo: havia gente de todas as tendências, desde compenetrados senhores de terno e gravata, que distribuíam folhetos bemarrumados da chapa da situação e se diziam apolíticos, até jovens estudantes de jornalismo, que entregavam filipetas impressas em mimeógrafo e gritavam slogans contra a ditadura. No meio do tumulto, uma advertência:

— Mais devagar, meu, estão pensando que vão derrubar a ditadura aqui! Se a gente ganhar a eleição no Sindicato já está muito bom.

Como logo se veria, nem ganhar a eleição no Sindicato era fácil. Depois de três dias de votação, a Chapa Verde alcançou uma vitória apertada, com apenas 27 votos de vantagem sobre a Chapa Azul, da situação. A votação foi para um segundo turno, pois a legislação sindical, aplicada com rigor pelo governo, exigia maioria absoluta no primeiro escrutínio.

A rampa de acesso ao prédio do Sindicato dos Jornalistas esteve ocupada durante os três dias de votação do segundo turno, 8, 9 e 10 de abril. Um dos ocupantes era o velho Hermínio Sacchetta. O pessoal do Partidão brincava:

— Pronto. Os trotskistas já vieram tomar conta do Sindicato!

O clima era de otimismo entre os apoiadores da Chapa Verde, depois de uma semana de mobilização em todas as redações. Mas havia também alguma tensão no ar, alguns boatos, como o de que o Dops faria ali prisões de subversivos ou o de que, em caso de vitória da oposição, haveria intervenção da Delegacia do Trabalho no Sindicato. Num instante, sem saber de onde partira a "informação", começou a circular uma ameaça: "Estão dizendo que o pessoal do CCC está vindo para cá!"

Acrescentavam-se detalhes, como o de que uma expedição punitiva estaria sendo armada no Mackenzie, onde fora organizada, em 1968, a operação que terminara com o incêndio do prédio da Faculdade de Filosofia, na rua Maria Antônia. Havia exagero, mas — argumentavam os mais experientes — não se podia desprezar a hipótese de provocações de interessados em tumultuar o processo eleitoral, pois o movimento de oposição era tido pelos órgãos de segurança como um ninho de comunistas cujo objetivo era tomar o sindicato e transformá-lo em aparelho da subversão.

Não se descartava a possibilidade de algum agente da repressão infiltrado entre os jornalistas e estudantes que faziam a boca de urna. Além disso, o DOI-Codi, principal aparelho da repressão militar, prosseguia na operação de caça aos militantes do PCB desfechada no início do ano.

Vitoriosa, com 97 votos de vantagem, a oposição assumiu o Sindicato no dia 5 de maio. Já na primeira reunião da diretoria dava para se avaliar as mudanças que levariam a entidade a assumir um papel de destaque no movimento sindical, que começava, em algumas poucas categorias, a dar sinais de reação ao rígido controle mantido pela ditadura militar, por intermédio do Ministério do Trabalho. Uma das primeiras decisões foi abrir as reuniões da comissão executiva à participação de todos os integrantes da diretoria. E mais ainda, a todos os associados interessados em contribuir para o debate de questões de interesse da categoria. Eram praticamente assembleias, nas quais estavam representadas as diversas tendências políticas que haviam se juntado no MFS.

Choveram propostas, a maioria consensuais, como a luta contra a censura, que continuava presente, não só em veículos da grande imprensa, como a revista *Veja*, mas principalmente nos da imprensa alternativa, que insistiam no combate à ditadura. Entre outros, *Movimento*, *Opinião* e *EX*, além de jornais que não podiam ser enquadrados na categoria de alternativos, caso de *O São Paulo*, órgão de Arquidiocese de São Paulo. Daí surgiu a Comissão de Liberdade de Imprensa, aberta à participação dos associados.

O Sindicato avançava. Algumas reuniões, no auditório que até pouco tempo antes vivia às moscas, pareciam comícios. Não faltavam propostas de "ação mais efetiva" de combate à ditadura. Mas logo se viu que a ditadura era mais em cima. Uma proposta aprovada pela diretoria — uma ação conjunta com sindicatos de outras categorias para debater a política salarial do governo — levou ao início de um movimento que os órgãos de segurança logo identificaram como tentativa de formação de uma intersindical.

Indicados pela diretoria, três diretores — Antônio Carlos Félix Nunes, Hamilton Octavio de Souza e Vasco Oscar Nunes — ficaram encarregados das articulações com os sindicatos, para a organização dos debates. Conseguiram juntar meia dúzia de entidades, para uma reunião preliminar no Sindicato dos Jornalistas. Félix Nunes garantia que, além dos sindicalistas que apareceram para a reunião, sobre a qual a diretoria não fora informada, havia a adesão de mais de quarenta sindicatos. Mas a movimentação parou por aí, barrada pelo Dops.

Não era apenas uma proibição, mas uma operação de intimidação. Diretores dos sindicatos que haviam aderido à proposta foram chamados para dar explicações e advertidos de que esquecessem a ideia da intersindical "comandada" pelo Sindicato dos Jornalistas. Félix Nunes, a quem atribuíam a agitação, foi detido na redação do *Notícias Populares*, jornal em que publicava sua coluna sindical, e levado diretamente à presença do delegado Sérgio Fleury.

Fleury, temido pela violência contra opositores do regime, era apenas uma peça no tabuleiro de xadrez da repressão. Gente mais feroz e muito acima dele estava de olho nos movimentos do Sindicato dos Jornalistas.

11   Os jornalistas no olho do furacão

Desde a posse da nova diretoria, as atividades do Sindicato dos Jornalistas vinham sendo vigiadas mais de perto pelos órgãos de segurança. A vigilância, porém, vinha de longe, acompanhando os passos da oposição desde os primeiros movimentos que tentavam desalojar os grupos que passaram a dominar a entidade a partir do golpe militar de 1964. Informação reservada do Dops, datada de 14 de abril de 1967, dava conta de que a Chapa Azul, liderada por Adriano Campanhole, vencera as eleições por "larga margem de votos". Quanto à Chapa Verde, de oposição, o documento informava:

> A Chapa Verde, que foi derrotada, representava a linha da esquerda chinesa e contava com o apoio dos elementos que promoveram o ato público no Teatro Paramount, pela liberdade de imprensa.[43] Além disso, foi apoiada por elementos da AÇÃO POPULAR, que se fez representar, na porta do Sindicato, durante os dias de votação, por rapazes e moças pertencentes aos seus quadros.

O acompanhamento das atividades da oposição sindical dos jornalistas ficou durante anos a cargo dos arapongas do Dops. Em 1974, com o surgimento do MFS, a vigilância foi reforçada, com a atuação de infor-

---

[43] Ato público organizado por jornalistas de oposição do Sindicato dos Jornalistas de São Paulo, no Teatro Paramount, em 1966, contra a proposta da Lei de Imprensa do governo Castello Branco.

mantes infiltrados até nas reuniões do grupo em bares e restaurantes. Em 1975, com a vitória da Chapa Verde, o próprio gabinete do secretário de Segurança entrava em cena. Na Súmula de Informações nº 016/75 constava que a chapa vencedora "é composta de elementos tradicionalmente oposicionistas", destacando-se que alguns deles eram "altamente comprometidos com a esquerda". Logo os órgãos de informação do Exército entrariam em cena. Um documento confidencial[44] produzido pela 2ª Seção do II Exército refere-se à vitória da Chapa Verde, cujas bandeiras de luta — liberdade de imprensa, autonomia sindical e comissões de empresa — serviam para acobertar um perigoso plano de ação subversiva. Além disso, atribui ao MFS a categoria de partido político identificado com o MFA.[45] Sobre o plano da Chapa Verde, diz o documento:

> Objetivo camuflado: açambarcar as demais entidades de representação de jornalistas e outros profissionais ligados à imprensa. Seu lançamento foi precedido da formação de um "partido" denominado Movimento de Fortalecimento Sindical — MFS[46] cópia do MFA, o qual teve o condão aparente de agrupar a esquerda numa facção organizada antes da formação da chapa definitiva, ou pelo menos antes da divulgação pública da mesma. Segundo se sabe, as reuniões que os integrantes da chapa do MFS e seus correligionários têm mantido nos bares e restaurantes próximos à redação das "Folhas" são norteadas por temas subversivos, sendo uma constante a crítica conjunta ao "governo militar", à Lei de Imprensa e às prisões recentes de membros do PCB.

A tais considerações seguem-se as fichas de alguns dos eleitos para a diretoria do sindicato, a partir de mim, apresentado como "elemento sem destaque tanto nas esquerdas quanto no próprio meio sindical", mas um nome que poderia servir de "cobertura para os demais".[47] Entre os de-

---

[44] Informação nº 767, da 2ª Seção do II Exército, datada de 25/4/1975.

[45] MFA — Movimento das Forças Armadas de Portugal, que derrubou a ditadura de Salazar em 25 de abril de 1974.

[46] A denominação correta é Movimento de Fortalecimento do Sindicato.

[47] A se levar em conta outras informações produzidas pelo SNI e outros órgãos, o julgamento é mais do que equivocado: em vários documentos, o presidente do Sindicato dos Jornalistas aparece como militante das mais diversas organizações de esquerda.

mais, José Aparecido, eleito vice-presidente, é considerado "elemento altamente comprometido com a esquerda", com atuação em movimentos subversivos em Santos, e que "será com certeza o verdadeiro dirigente, ocultando-se atrás da figura neutra de Audálio Dantas". Outros dirigentes eleitos, do segundo tesoureiro Fernando Pacheco Jordão (o documento lhe atribui o cargo de primeiro tesoureiro) ao suplente da Comissão de Sindicância Valter Silva, o Picapau, "participante de diversas atividades subversivas no meio telerradiofônico", aparecem com maior ou menor destaque, mas todos de algum modo comprometidos com a esquerda. José Hamilton Ribeiro, membro do Conselho Fiscal, mantinha "relações com uma terrorista"; Antônio Carlos Félix Nunes, membro da Comissão de Sindicância, é apresentado como "esquerdista de grande influência e experiência no meio sindical"; Laís Fagundes Oreb, suplente da mesma comissão, "teve estreitas relações com membros da Ala Vermelha do PCdoB"; Vasco Oscar Nunes, delegado à Federação Nacional dos Jornalistas, foi membro da célula do PCB em Cubatão (SP), "implicado em diversas atividades subversivas, como sabotagens, greves, panfletagens". Já outro membro do Conselho Fiscal, Hélio Damante, aparece como "ardoroso membro da esquerda católica", condição em que "colaborou ativamente com os dominicanos por ocasião das agitações de 1970", e é apontado como "provável mentor ideológico, cérebro e líder do MFS".

O ninho comunista estava pronto, segundo o documento do II Exército, que assegura: "De um modo geral, todos os integrantes do MFS são contestadores do regime." Em linguagem arrevesada, o texto aponta:

> Como se pode notar, a Chapa Verde é um exemplo típico de esquema comunista sindical "para o momento". Houve preparação prévia dos votantes através da formação de um "partido", o MFS, o qual a despeito do resultado do pleito poderia operar como "hierarquia paralela" em caso de derrota. A chapa concorrente, já valorizada como sendo a que foi formada pelo MFS, pelo menos oficialmente, foi cuidadosamente montada de forma a colocar ativistas da esquerda em posições estratégicas junto aos postos chaves [*sic*], sem ocupá-los ostensivamente.

O documento conclui:

> Uma vez empossada na Diretoria, a Chapa Verde poderá influir de maneira decisiva no projeto de lançar todos os órgãos de comunicação contra o governo revolucionário, através de manobras de pressão por parte da classe jornalística junto às empresas idem, que ainda colaboram com os poderes constituídos. Grande perigo ainda se pode antever no projeto do MFS de "centralizar todos os profissionais de imprensa numa única entidade", o que equivaleria a uma "CGT" em uma das áreas mais sensíveis e estratégicas em termos de guerra revolucionária.

Tais conclusões reforçavam o argumento muitas vezes repetido de que os comunistas estavam infiltrados nas redações. Buscava-se demonstrar que, com a vitória da oposição, o Sindicato dos Jornalistas passaria a ser peça fundamental para o avanço do plano de infiltração na imprensa.

A chamada comunidade de informações costumava pintar o diabo, no caso o comunismo, como mais feio do que ela mesma supunha. Na verdade, carregava mais nas tintas ou, simplesmente, inventava. É o caso dos dossiês que produziu sobre mim que, de "figura neutra" e "facilmente manipulável", passei de uma hora para outra a ser considerado militante das mais diversas organizações de esquerda, incluindo algumas da luta armada.

O Arquivo Nacional — Coordenação do DF, que guarda o acervo do SNI, estoca cerca de 400 dossiês em que o meu nome é citado. Eu apareço como militante de pelo menos cinco organizações: PCB, PCdoB, AP, Convergência Socialista e MEP (Movimento pela Emancipação do Proletariado). Em dois casos, apareço como integrante de alas dessas organizações: a Ala Giocondo, do PCB (informação nº 1.389 do CIE, datada de 20/7/83, confidencial), e Ala Pomar, do PCdoB (informe nº 084/16/ARJ/83 do SNI, de 8/4/83, confidencial). Imagine-se o que aconteceria se "o nominado", que jamais pertenceu a qualquer das organizações citadas, caísse nas mãos de um torturador que dele exigisse informações sobre sua militância.

O nível dos informantes revela, ao mesmo tempo, ligeireza e irresponsabilidade. Em alguns casos, profunda ignorância. O Pedido de Busca nº 1.399, do SNI, datado de 9/6/1975, confidencial, inclui entre os membros da Chapa Verde, que acabava de assumir a diretoria do Sindicato dos Jornalistas, os nomes de Audálio Alves, conhecido poeta pernambucano, e de José Aparecido de Oliveira, que entre outros cargos importantes exercera o de secretário particular do ex-presidente Jânio Quadros. Os dois eram confundidos, naturalmente, com o presidente (eu, Audálio Dantas) e o vice-presidente do Sindicato (José Aparecido).

A irresponsabilidade, ou o deliberado propósito de marcar suspeitos de subversão como elementos perigosos, podia, inclusive, levar a situações embaraçosas as autoridades empenhadas na guerra contra os comunistas. Por exemplo, no primeiro encontro de diretores do Sindicato dos Jornalistas com o general Ednardo d'Ávila Mello, no QG do II Exército, o comandante, em tom entre sério e brincalhão, dirigiu-se a mim:

— O senhor tem batido muito na gente em seus artigos.

— Artigos, que artigos? Não estou entendendo, general.

— Os artigos que o senhor escreve na *Folha*.

— Não escrevo para a *Folha*, general.

— Então o senhor não é o A. D.?

O general me atribuía a autoria dos artigos de Alberto Dines, na página 2 da *Folha*, assinados com as iniciais A. D.

Menos de dois meses depois da posse da nova diretoria, o Sindicato dos Jornalistas estava bem próximo do olho do furacão. A ofensiva contra o PCB, iniciada em janeiro, intensificava-se em São Paulo, com uma nova onda de prisões que levaram, em junho, 38 pessoas aos cárceres do DOI-Codi. Os sinais de que os jornalistas estariam entre os próximos alvos da repressão eram cada vez mais evidentes. Os duros comandados pelo general Ednardo d'Ávila Mello apertavam o cerco contra dirigentes e militantes do PCB e o discurso da infiltração comunista na imprensa era repetido com frequência.

No dia 18 de julho, estaria na boca de um jornalista, Fausto Rocha, locutor oficial do Palácio do Governo. Durante a cerimônia de encerramento de um ciclo de estudos da Associação dos Diplomados da Escola Superior de Guerra (Adesg), no Palácio dos Bandeirantes, sede do governo paulista, o general Ednardo d'Ávila Mello fez um discurso que soou como um manifesto da linha dura que representava: defendeu como indispensável o estudo da guerra para conhecer o inimigo da democracia e como ele atua, para que, assim, "possamos nos imunizar contra suas investidas sutis e combatê-lo com eficiência". O problema — destacou — estava no desconhecimento das táticas do inimigo pelos democratas:

> Infelizmente, o mundo democrático é despreparado para tal tipo de luta. De um lado, temos um pequeno grupo fanatizado por uma ideologia que transforma seus integrantes em robôs, que gritam se mandam gritar, que mentem se mandam mentir, que matam se mandam matar e que só têm um pensamento: destruir a democracia, mesmo que isso signifique destruir o próprio pai; de outro lado vemos uma grande massa que, à mercê da liberdade de que goza e da natureza da própria democracia, não dá à sua defesa a importância que merece e, assim, na verdade, omite-se no que diz respeito aos deveres como cidadão.

O general avançava, afirmando que, omissos, os cidadãos não atentam para os perigos das armadilhas preparadas contra a democracia pelos "fascistas vermelhos", que

> estão redobrando suas atividades, quer no Exterior, procurando criar uma imagem pior possível do Brasil de hoje, quer dentro do país, tentando se infiltrar em todas as organizações, recorrendo aos processos mais sutis e se apresentando, é o cúmulo, como arautos da liberdade e da justiça.

As palavras do general soaram como uma deixa para o locutor oficial do palácio do governo. Naquele instante, perante uma surpresa plateia de mais de mil pessoas, um jornalista assumia o discurso da infiltração comunista na imprensa.

Fausto Rocha era um jornalista conhecido. O emprego de locutor oficial complementava o salário que recebia como apresentador do telejornal da TV Tupi, que lhe conferia prestígio profissional. Por isso, seu discurso foi recebido com surpresa e, ao mesmo tempo, com a aprovação da seleta plateia. Além do general Ednardo, estavam presentes o governador Paulo Egydio e todo o alto escalão do governo, militares das três armas e parlamentares governistas.

O locutor saiu do script de apresentação da cerimônia e, cuidadoso, pediu permissão ao general para fazer o que classificou de "um apelo pessoal". Apelo que logo assumiria um tom de indignação: "Ouvi fatos aqui que nunca chegaram a ser transmitidos ao público, números, fatos do Brasil de hoje. Por que esses fatos não chegam ao conhecimento da população em geral?"

A resposta à própria pergunta continha a essência do discurso, a infiltração comunista na imprensa:

> Porque no Brasil nós temos uma democracia, porque no Brasil os governantes aceitam que os jornalistas os vilipendiem, distorçam às vezes a realidade, achem ruim e reclamem sempre, esquecendo-se muitas vezes de mostrar as suas qualidades, as qualidades dos governantes.

O discurso apontava, a seguir, um panorama da contestação que, por estar a serviço da subversão, os jornalistas omitiam: "Eu tenho professores na universidade falando contra o governo, apresentando fatos distorcidos contra os atos governamentais. Isso repudia a minha inteligência, eu não acredito que essa gente ame o Brasil."

Por fim, Fausto apontou o dedo para os culpados pela omissão dos feitos do governo no noticiário: "Aqui no Brasil, comunistas confessos e declarados estão nas redações cortando notícias, decidindo o que é noticiável."

Essas palavras, ditas por um jornalista, soaram como uma deixa para o avanço do plano de caça aos comunistas "infiltrados" na imprensa. Meses depois, em outubro, 12 deles foram apanhados pela repressão.

Os jornalistas foram alcançados por uma onda de prisões de ativistas do PCB, iniciada em junho. Ela não atingia apenas militantes. Simples suspeitos de atividades subversivas eram caçados. No início de julho, os órgãos de segurança prenderam um oficial reformado da Polícia Militar e, no mês seguinte, mais de 60 membros da corporação estavam no DOI-Codi, acusados de participação na base do Partido Comunista na PM paulista.

As prisões, quase sempre caracterizadas como sequestros, ocorriam na maioria das vezes à noite e nos fins de semana. O clima de terror crescia a cada dia. Fernando Jordão observa, em seu livro *Dossiê Herzog:*

> Pesquisando-se os jornais da época, verifica-se que não havia acontecimentos que justificassem a agitação dos chamados órgãos de segurança. Ninguém nega que houve realmente a prisão de um grande número de dirigentes e militantes do Partido Comunista, a partir das informações arrancadas meses antes, sob as mais violentas torturas, de um membro da alta direção do PC. Mas isso não justifica o clima de terror e intranquilidade criado pela repressão, os sequestros executados à noite ou de madrugada, pois todos os presos não eram pessoas na clandestinidade, e sim trabalhadores e estudantes com atividades definidas e endereços conhecidos. Portanto, na verdade, eram os órgãos de segurança os instrumentos de agitação, criando deliberadamente, para a opinião pública e para os setores militares menos radicais, a impressão de que a tomada do poder pelos comunistas era iminente. Aplicava-se a mesma técnica de 1968, para justificar um endurecimento ainda maior do regime militar.

No dia seguinte ao discurso de Fausto Rocha, a diretoria do Sindicato dos Jornalistas distribuiu um comunicado em que contestava as afirmações que ele fizera. A acusação de que as redações estavam tomadas pelos comunistas atingia não apenas aqueles "confessos e declarados", como ele dissera, mas toda a categoria profissional. A generalização do discurso — dizia a nota — trazia inquietação a todos os jornalistas.

No clima em que se vivia, com a operação de caça às bruxas em marcha acelerada, a nota do Sindicato era uma ousadia. Ainda mais quando já era do conhecimento da diretoria que suas atividades vinham sendo monitoradas pelos órgãos de segurança. A tentativa de promover o encontro de sindicatos para um debate sobre a política salarial do governo, em junho, deixara isso bem claro. Essa tentativa de ação intersindical servira para reforçar a convicção dos militares de que o Sindicato dos Jornalistas, além de ter como objetivo "lançar todos os meios de comunicação contra o governo revolucionário", pretendia influir em outras categorias profissionais.

Na verdade, a nota de contestação ao discurso de Fausto Rocha alvoroçou não apenas os agentes da repressão que agiam no porão. Mexeu com o próprio comando do II Exército, de onde partiu, no dia seguinte à sua publicação, uma convocação à diretoria do Sindicato. A convocação, com hora marcada, foi feita por telefone, em nome do comandante, general Ednardo.

Na hora marcada, quatro diretores do Sindicato — o presidente, eu; o vice-presidente, José Aparecido; o secretário, Gastão Thomaz de Almeida; e o tesoureiro, Wilson Gomes — estavam na antessala do general Ednardo, no QG do II Exército. A tensão da espera era grande e aumentava à medida que os minutos passavam. Até que a porta se abriu e um oficial conduziu o grupo até a sala do general, que logo surgiria, sorridente. Mas logo o sorriso daria lugar a uma expressão dura e a palavras firmes:

— Mandei chamar os senhores a propósito da nota que o Sindicato distribuiu à imprensa.

Antes que se respondesse qualquer coisa, o general já fazia uma longa preleção sobre as atividades dos comunistas, os "fascistas vermelhos", como costumava dizer, e o dever que ele tinha de combatê-los. Eles, os inimigos da democracia, estavam se reorganizando. E, como se grifasse as palavras, completou:

— Estão se reorganizando e estão, sim, infiltrados na imprensa. O que o rapaz disse é a pura verdade.

O rapaz a que o general se referia era Fausto Rocha, o autor do discurso no Palácio dos Bandeirantes. A nota distribuída pelo Sindicato — afirmava o comandante — não tinha, portanto, razão de ser, tratava-se de um equívoco, a entidade deveria atentar para a verdade por ele revelada.

O comandante não abria espaço em seu discurso para qualquer tentativa de resposta. Repetia, em tom cada vez mais firme:

— As redações estão infestadas de comunistas.

Por um momento, surpreendentemente, baixou o tom, suas palavras soaram quase paternais, enquanto, mais uma vez, referia-se ao seu dever de defender a democracia contra os "fascistas vermelhos". Mas essa brandura logo desapareceu, dando lugar à aspereza do discurso anterior.

As palavras do general pareciam arrancadas do texto duro de uma ordem do dia. Palavras para serem ouvidas e aceitas sem discussão.

Apesar disso, ensaiei uma explicação para a nota de resposta às afirmações do locutor do Palácio do Governo. Tratava-se de afirmações que atingiam todos os associados da entidade e, ao distribuir o documento à imprensa, o Sindicato estava apenas cumprindo o seu dever como entidade representativa dos jornalistas.

Mais uma vez, o general falou sobre o papel que, como um dos chefes das Forças Armadas, tinha de desempenhar em defesa das "instituições ameaçadas pelos comunistas".

E encerrou o encontro com expressão dura e a frase muitas vezes repetida:

— Estamos numa guerra!

Essas palavras tinham, além das convicções do general, o sentido de um aviso. Ele falava como se anunciasse os dias de terror que estavam por vir.

Menos de três meses depois, o Sindicato dos Jornalistas de São Paulo estaria no olho do furacão, no meio da guerra anunciada pelo general.

Nos primeiros dias de outubro, mais de uma dezena de jornalistas caíram nas mãos dos torturadores do DOI-Codi, aparelho semiclandestino que funcionava a cerca de um quilômetro da sala de comando do QG do II Exército. Um dos jornalistas presos era Vladimir Herzog.

Ao sair do *script* de apresentador da solenidade da Adesg, Fausto Rocha estava apenas anunciando a tempestade que se armava. Dias depois, no início de agosto, entrava em cena outro jornalista, Cláudio Martins Marques, que dispunha de poder de fogo muito maior: era diretor do *Diário Comércio Indústria* (DCI) e ocupava uma página inteira, encimada pelo titulo "Coluna Um", nos jornais dominicais da mesma empresa, *Shopping News* e *City News*.

AS DUAS GUERRAS DE VLADO HERZOG

Além disso, mantinha um programa na TV Bandeirantes, patrocinado pela Construtora Adolpho Lindenberg, cujo titular dirigia a organização de extrema direita Tradição, Família e Propriedade (TFP). Cláudio transitava com desenvoltura nas diversas instâncias de poder, principalmente entre os militares que, naquele momento, tudo faziam para se impor ao poder civil. Prestava serviços aos poderosos e por esses era prestigiado. Em pouco tempo estava muito bem situado na vida. Dono de um palacete no Morumbi, bairro da elite paulistana, ali dava festas que atraíam o que os cronistas sociais chamavam de "top da sociedade paulista": autoridades civis e, naturalmente, personalidades militares estreladas. A coluna social da *Folha de S.Paulo* de 21 de setembro noticiou com destaque a festa com que ele comemorou os dez anos de seu casamento:

> Os dez anos do casamento de Aninha e Cláudio Marques comemorados com jantar no palacete dos Marques no Morumbi e a presença do governador Paulo Egydio, de dois ex-governadores, Abreu Sodré e Laudo Natel, do vice-governador Manoel Gonçalves Ferreira Filho...

Além dessas autoridades, a nota citava gente dos três poderes.

Na área militar, Cláudio Marques era o que se podia definir como "gente de casa". Nessa condição, recebia informações privilegiadas que, sendo do interesse dos órgãos de segurança, logo seriam publicadas com destaque em sua "Coluna Um". Na edição de 3 de agosto, Cláudio dava um recado que parecia ditado pelo general Ednardo:

> Dos meus arquivos implacáveis: General Ednardo d'Ávila Mello deixando escapar comentário: "Afinal, se o pessoal de comunicação defende a liberdade de opinião e expressão, há evidente paradoxo na condenação do jornalista que usou desta mesma liberdade dias atrás."

O recado era claro e tinha endereço certo: o Sindicato dos Jornalistas, cuja nota de contestação do discurso de Fausto Rocha continuava atravessada na garganta do general Ednardo. Cláudio Marques enfeitou o recado do general: "Detalhe entre nós: falar em 'infiltração' e manobras da esquerda 'melancia' na imprensa é eufemismo."

12 Uma campanha sórdida

Em agosto, quando Vlado foi convidado para dirigir o Departamento de Jornalismo da TV Cultura, a guerra entre Ednardo e Paulo Egydio estava mais acirrada. O general avançava, enquanto o governador continuava a botar fé na distensão e no respaldo dos homens de Geisel.

No mês anterior, a tropa de Ednardo tinha promovido um arrastão em quartéis da Polícia Militar de São Paulo, prendendo dezenas de PMs acusados de participar de uma célula comunista na corporação. Foram presos 63 policiais, entre os quais nove oficiais da ativa, um deles tenente-coronel. Dois oficiais da reserva — o coronel José Maximiniano de Andrade Neto e o tenente José Ferreira de Almeida — não sairiam com vida da operação. Depois de passar pelo DOI-Codi, o coronel, que dava sinais de não resistir à tortura, foi levado às pressas para Campinas e jogado na calçada de sua casa. A família internou-o imediatamente numa clínica particular, onde, segundo o inquérito, morreu em consequência de um enfarto do miocárdio; o tenente, Ferreira de Almeida, conhecido como Piracaia, morreu no DOI-Codi mesmo. Seu corpo apareceu dependurado na grade de uma cela, no dia 8 de agosto. A altura da grade era menor do que a dele e, por isso, suas pernas estavam dobradas e os pés, no chão. A versão oficial foi a de que ele se suicidara, enforcando-se com o cinto do macacão verde-oliva comum a todos os prisioneiros dos

DOI-Codi espalhados pelo país. Piracaia não foi o primeiro nem seria o último a ser encontrado nas mesmas condições.[48]

As prisões e os interrogatórios de PMs no DOI-Codi do II Exército e a morte de dois deles levaram o governador Paulo Egydio a se encher de brios:

> Quando eu tomei conhecimento disso, tive uma explosão. Dizem que tenho gênio violento, mas me controlo muito. (...) Nesse dia, tive uma explosão violentíssima. Mandei comunicar que de forma alguma ia permitir que nenhum outro integrante da PM fosse prestar depoimento no DOI-Codi e dei ordens ao secretário de Segurança e ao comandante da PM nesse sentido.[49]

Em seu livro de memórias, Paulo Egydio narra a reunião que manteve com o secretário de Segurança, Erasmo Dias, com a presença de alguns auxiliares e do coronel Oscar Paiva, chefe do SNI em São Paulo. Erasmo trazia um recado do general Ednardo sobre prisões de PMs acusados de subversão e o governador reagiu furiosamente:[50]

> O sangue me subiu à cabeça e bati na mesa com as duas mãos abertas com muita violência, a ponto de ficar um ou dois dias com as mãos pegando fogo. (...) Não ficou nada onde estava, voou tudo pelo ar. Respondi ao Erasmo aos berros: "Diga ao general que eu não admito absolutamente que isso ocorra. Em hipótese alguma isso vai ocorrer!" Erasmo se assustou: "Meu general, se acalme! Meu general, fique calmo!" Eu disse: "Não sou general, sou governador! Volte lá e comunique isso ao general Ednardo. Não vou permitir, não vou admitir que isso aconteça!" Eu estava apoplético, babando de raiva.

Erasmo levou o recado a Ednardo e ligou de volta:

---

[48] O tenente estava na mesma posição e na mesma cela em que seria encontrado o corpo de Vlado dois meses depois.

[49] Paulo Markun (org.), op. cit., p. 196.

[50] Verena Alberti; Ignez Cordeiro de Farias; Dora Rocha (Orgs.), *Paulo Egydio conta: depoimento ao CPDOC da Fundação Getúlio Vargas*, p. 460.

Governador, estou aqui ao lado do general Ednardo e transmiti a sua decisão. Ele diz que lamenta muito o senhor impedir que ele cumpra as suas funções constitucionais relativas à segurança do estado. Não deseja provocar um atrito maior neste instante, mas lamenta que o senhor o impeça de investigar essa célula comunista.

A decisão do governador caiu como uma bomba no território do general Ednardo. Consolidou-se a suspeita de que, além de alinhado ao grupo que defendia a distensão preconizada por Geisel, Egydio trabalhava para impedir a ação dos órgãos de segurança contra os comunistas. No extremo, o próprio governador seria um perigoso agente comunista, aliado a outro no Planalto, mais perigoso, o general Golbery. E mais: seu governo estava minado pela subversão.

O CIE concluiria, num relatório feito em novembro de 1975, que entre 29 nomes apontados como subversivos, dois secretários de estado — Jorge Wilheim, do Planejamento, e Luís Arrobas Martins, chefe do Gabinete Civil — tinham militado em organizações comunistas, o primeiro no PCB e o segundo na Ação Popular Marxista-Leninista (APML). Estariam, portanto, a serviço dessas organizações no governo de São Paulo.

Ednardo mandava recados claros a Egydio: ao não permitir que os policiais militares envolvidos em atividades subversivas fossem interrogados no DOI-Codi, ele estava impedindo as investigações sobre a base comunista na PM. O governador defendia-se como podia, respondendo que não era contrário às investigações, que podiam ser feitas pelo II Exército dentro da corporação.

A guerra prosseguia nos bastidores. As explosões, apesar de violentas, não eram ouvidas além do campo em que ocorriam os enfrentamentos. A censura, maior aliada dos agentes da repressão, garantia o silêncio. Tanto que uma operação do tamanho da que resultara na prisão dos PMs passou em brancas nuvens pelo noticiário da imprensa. Só no dia 4 de outubro, passado quase um mês da morte do tenente José Pereira de Almeida no DOI-Codi, os jornais registraram o caso. O inquérito tinha sido concluído em silêncio e, de uma hora para outra, uma decisão da

2ª Auditoria Militar, decretando a prisão preventiva de dez policiais militares, dava conta da operação que levara à prisão 63 deles, além de dez civis acusados de envolvimento com o Partido Comunista.

Na peça, uma informação aparece quase de raspão:

> Esclarece o relatório que no transcorrer do inquérito verificaram-se dois óbitos: o de José Maximiniano de Andrade Neto, coronel reformado da PM, ocorrido na Clínica Clini-Cor, em consequência de um enfarto do miocárdio; e o do segundo-tenente reformado José Ferreira de Almeida, que se suicidou na prisão.

Apesar da ebulição no porão, as coisas pareciam correr dentro da normalidade possível nas esferas visíveis do poder. Paulo Egydio tinha os olhos voltados para o Planalto, de onde imaginava que pudesse partir um fogo vingador, disparado pelo general Ernesto Geisel, pondo fim ao poder subterrâneo dos inimigos da abertura política.

À exceção de *O Estado de S. Paulo*, a censura prevalecia nos meios de comunicação, mas mesmo assim Paulo Egydio decidiu promover mudanças na comunicação social de seu governo. Um grupo de trabalho foi encarregado de fazer um diagnóstico e apresentar propostas. O foco principal era a programação da TV Cultura, apontada como de péssima qualidade e de um servilismo ao poder que afastava os espectadores, levando os índices de audiência a beirar o zero.

Numa entrevista que daria ao semanário *Aqui*, no início de novembro, o secretário da Educação, José Bonifácio Coutinho Nogueira, que já presidira a Fundação Padre Anchieta, declarou, referindo-se ao tipo de jornalismo que vinha sendo feito na TV Cultura e que levara às mudanças pretendidas pelo governo do estado: "Perdeu [a TV Cultura] a capacidade de noticiar sem se envolver e, o que é pior, esqueceu totalmente o telespectador. Na parte de telejornalismo, passaram a badalar vergonhosamente o governo, sem mostrar os prós e os contras."

Em outras palavras, foram essas as conclusões do grupo de trabalho montado por Paulo Egydio. Herzog assumiria a direção do Departamento de Jornalismo em meio ao fogo cruzado entre o general Ednardo e o governador.

Rui Nogueira Martins, nomeado presidente da Fundação Padre Anchieta, resumiu a linha de programação que pretendia pôr em prática: ir além da divulgação dos atos governamentais e, mais do que isso, discuti-los. Partindo desse princípio, a programação jornalística deveria abrir espaço para a manifestação da opinião pública, tornar-se um canal de participação que permitisse à população expor os seus problemas e apresentar sugestões.

Essa linha editorial, exatamente a mesma que Jordão e Vlado haviam posto em prática no ano anterior, só poderia contribuir para uma melhor administração, segundo entendia o governador. Só faltava combinar com o porão, que se movia exatamente em sentido contrário. O general Ednardo repetia, em discursos e entrevistas, que a imprensa estava infestada de comunistas.

Certamente, a proposta que Vlado preparara antes de assumir a direção do Jornalismo da Cultura não cabia no catecismo de Ednardo, para quem aquilo era pura heresia. Mais do que isso, provocação comunista.

A proposta previa a mudança de toda a linha de programação da emissora, levando-a se transformar em algo próximo a uma TV pública, nos moldes do que Vlado conhecera na Europa. O projeto resumia-se a cinco pontos básicos:

1) Jornalismo em rádio e TV deve ser encarado como instrumento de diálogo, e não como um monólogo paternalista. Para isso, é preciso que espelhe os problemas, tristezas e angústias das pessoas às quais se dirige.

2) Um telejornal de emissora do governo também pode ser um bom jornal e, para isso, não é preciso "esquecer" que se trata de emissora de governo. Basta não adotar uma atitude servil.

3) Vale a pena partir para uma "jornalistização" da programação da TV-2: mais documentários semanais ou mensais, debates misturados com reportagens, programas-pesquisa.

4) É preciso dotar o setor de Jornalismo de recursos técnicos, financeiros e profissionais, para que alimente não só um telejornal diário, mas toda uma gama de programas, direta ou indiretamente necessitados de trabalhos jornalísticos.

5) Política de programação que vise objetivos prioritários, relacionados com a realidade em que vive a porção de público que se pretende atingir em determinado horário e determinado programa.

Ao relacionar os pontos centrais da proposta de Vlado, Fernando Jordão resume, em seu livro *Dossiê Herzog:*

> Esses pontos são a essência do que Vlado pensava: fazer jornalismo, para ele, era informar e discutir a sua época e nisso empenhava toda a sua integridade e honestidade profissional. Colocava, acima de qualquer interesse paralelo, a responsabilidade social de sua profissão e por isso era rigoroso ao extremo no trabalho, consigo mesmo e com os colegas.

Informar e discutir era o que menos combinava com o momento que o país vivia, particularmente em São Paulo, onde Ednardo pontificava. As propostas de Vlado para a TV Cultura só iriam reforçar os argumentos do general de que havia um plano comunista em marcha para dominar as redações. Além disso, Geisel acabava de dar marcha a ré em seu projeto de distensão política. No dia 1º de agosto, fez um discurso que foi considerado uma "pá de cal" sobre o que restava de esperança entre os que acreditavam no avanço do processo de abertura. Recuou do lento e gradual para uma posição que era praticamente a mesma dos generais da linha dura. Só faltou repetir Ednardo, que meses antes afirmara ser a distensão uma balela. Sua proposta de distensão, disse, não se resumia à política, como muitos imaginavam, mas abrangia questões mais amplas, como o desenvolvimento econômico e social.

O discurso presidencial, transmitido em rede nacional de televisão, louvava o trabalho dos órgãos de segurança no combate à subversão e à infiltração comunista na imprensa:

> Os órgãos de segurança prosseguiram nas medidas preventivas contra as articulações, inclusive preparatórias, que possam concorrer para a subversão interna. Em diversas regiões, indivíduos integrantes de organizações ilegais têm sido presos e submetidos a inquéritos policiais e a poste-

rior ação judicial, como incursos na Lei de Segurança. Os serviços de segurança acompanham atentamente a infiltração comunista em órgãos de comunicação, órgãos de classe, na administração pública, particularmente na área de ensino e também nos partidos políticos.

No fim de seu discurso, Geisel falou de uma distensão que não era propriamente a que se esperava como capaz de levar à redemocratização: "Reitero, mais uma vez, os propósitos de perseguir o desenvolvimento político, sem compromissos de espécie alguma com fórmulas ultrapassadas e comprovadamente inadequadas à realidade brasileira." Concluía com uma advertência, ou uma ameaça:

> O constante e progressivo aperfeiçoamento do regime é o ideal que obstinadamente buscamos, sem açodamentos contraproducentes. Por isso, o governo não abrirá mão dos poderes excepcionais de que dispõe.

Geisel tocou a música que o pessoal da linha dura queria ouvir. Para eles, o general-presidente havia, finalmente, se rendido à evidência de que era preciso dar combate sem trégua aos comunistas. Não era outra coisa que a ultradireita reclamava e, nesse sentido, seus líderes, tendo à frente o ministro do Exército, Sylvio Frota, interpretaram a fala como um tardio entendimento da realidade. Em outras palavras, o reconhecimento de que a contestação ao projeto de liberalização do regime, entre os militares, tinha razão de ser. Mas havia, também, a interpretação de que tudo não passara de um recuo estratégico. Geisel, que não passaria de um dissimulado esquerdista,[51] cedera aparentemente às pressões, mas retomaria seu projeto quando se sentisse seguro.

Na superfície, porém, a fala presidencial foi recebida com espanto e indignação. Ulysses Guimarães, líder da oposição consentida, deu-lhe a resposta dias depois, em nota distribuída à imprensa, um texto duro e, em certo ponto, provocativo. Ulysses atingiu o alvo ao se referir ao que Geisel considerava "fórmulas ultrapassadas":

---

[51] Sylvio Frota, op. cit., p. 148.

O MDB tem diagnósticos e até formulações precisas, em seu programa, na campanha que tem desenvolvido, com o endosso da maioria do povo brasileiro. (...) O conceito de ultrapassado não pode atingir países que lideram no mundo a economia, a justiça social, a cultura e a inteligência, coincidentemente, nações democráticas.

Sendo assim, concluía Ulysses, com uma frase que causaria furor, tanto no palácio do Planalto como no núcleo duro dos militares:

> É óbvio que a oposição não iria importar o modelo adotado por Idi Amin Dada, pois nada mais ultrapassado do que o governo baseado na força.

A referência a Amin Dada, caricato e brutal ditador de Uganda, desencadeou mais um movimento subterrâneo que quase levou a um terremoto. Pedia-se a cabeça de Ulysses, o que desencadearia uma nova onda de cassações. Afinal, Geisel assegurara em seu discurso que não abriria mão dos poderes excepcionais de que dispunha. Mas Geisel se conteve, remoendo a frase de Ulysses.

Na expectativa de assumir o Jornalismo da TV Cultura, Vlado acompanhava, preocupado, os acontecimentos que apontavam na direção oposta à distensão política. Mas continuava firme em sua crença de que o caminho a seguir não era o da clandestinidade, mas o da luta possível, mesmo nos estreitos limites da legalidade vigente. O jornalismo e, num sentido mais amplo, a cultura eram o seu campo de luta. Nesse sentido, ele poderia reafirmar o que escrevera havia pouco mais de um ano na matéria publicada na revista *Visão* sobre o impacto das restrições impostas pela ditadura ao movimento cultural. Referia-se aos que se acomodavam e aos que, diante das dificuldades, perdiam-se em lamentações:

> O mergulho nas trevas do lamento e da impotência foi tão profundo que alguns se perderam pelos subterrâneos, ficaram na margem ou escolheram as viagens permanentes.

No entanto constatava, ao mesmo tempo, que nem tudo estava perdido:

Mas muitos cansaram-se de se lamentar, talvez com medo de se tornarem tristes heróis de uma "guerra acabada". Estão voltando a querer, isto é, estão recuperando a vontade para voltar a fazer — apesar de tudo.

Apesar de tudo, Vlado decidira enfrentar o desafio de dirigir o jornalismo de uma emissora de televisão vinculada ao governo do estado, num momento em que os conflitos no interior do regime davam sinais de avanço da ultradireita. E, mais do que isso, fazer um jornalismo sem a pasteurização que dominava os noticiosos da televisão. Se o cargo era importante, o desafio era maior.

Desde que fora indicado para o cargo, o nome de Vladimir Herzog corria pelos bastidores do poder. Numa entrevista que daria a *O Estado de S. Paulo*, publicada no dia 7 de novembro, o governador Paulo Egydio falou sobre o episódio da morte do jornalista e o processo de verificação das fichas de todas as pessoas indicadas para cargos de confiança no governo. Isentava-se. E mostrava, ao mesmo tempo, o grau de submissão a que o regime obrigava um governador de estado:

> O nome de Vladimir Herzog fora submetido às autoridades do Serviço Nacional de Informações (SNI) e as autoridades aprovaram a ficha. Faltaram alguns dados que depois foram remetidos novamente ao SNI e não houve restrições. (...) A mim me cabe fornecer os nomes ao SNI e a mim me cabe aprovar ou não, de acordo com o SNI. Essas foram as instruções que recebi: a começar de mim mesmo, encaminhar as fichas dos funcionários, até os escalões inferiores.

As palavras de Paulo Egydio punham a nu uma situação absurda. Quem mandava em São Paulo, o governador ou o coronel Paiva, que comandava o SNI no estado? A outro coronel, José de Barros Paes, chefe da 2ª Seção, que reinava nos porões do II Exército, atribuía-se um poder ainda mais alto. Sobre ele, o general Gustavo Moraes Rego, respondendo a uma pergunta sobre se havia alguma ligação entre as mortes de Herzog e Fiel Filho e o caso Riocentro,[52] diria anos depois:

---

[52] Gláucio Ary Dillon Soares, Maria Celina D'Araujo e Celso Castro, *A volta aos quartéis: a memória militar sobre a abertura*, pp. 86-87.

Poucos sabem, mas há nesses casos uma coincidência intrigante. Na ocasião das mortes do Herzog e do Fiel Filho, quem chefiava a 2ª Seção do II Exército era o coronel José de Barros Paes. Quando o Ednardo saiu de São Paulo, o presidente Geisel recomendou também que esse coronel fosse transferido para outra área e saísse do II Exército. O general Gentil Marcondes, que havia sido chefe do estado-maior do Ednardo, fora promovido a general de divisão e fora comandar a 9ª Região, em Mato Grosso. Com anuência de Frota, levou para lá o coronel. Gentil foi promovido a general de exército, veio para o Rio comandar o I Exército e o trouxe consigo. Quando houve o episódio do Riocentro, o Paes servia na 2ª Seção do I Exército. Quer dizer, por ocasião daqueles episódios que ocorreram em São Paulo, em fins de 1975 e início de 1976, e quando do Riocentro, no Rio, era a mesma pessoa que chefiava a 2ª Seção. Simples coincidência? Não sei.

As propostas de Paulo Egydio para a TV Cultura suscitavam dúvidas: por que o mesmo governador que fala com tanta naturalidade e conformismo sobre as limitações que um órgão de informação lhe impunha decidiu implantar uma programação jornalística liberalizante na TV controlada pelo estado, justamente quando o comandante do II Exército, que o tinha como protetor de subversivos, e o próprio presidente da República falavam com tanta ênfase em deter a "infiltração comunista" na imprensa?

As respostas viriam logo no primeiro dia de trabalho — 3 de setembro de 1975 — de Vlado na TV Cultura, quando se iniciou contra ele uma guerra da qual não sairia com vida.

No início de agosto, o porão estava agitado. O discurso de Geisel, no dia 1º, fora recebido com entusiasmo. Além de praticamente negar a "distensão", o presidente louvava as ações dos órgãos de segurança contra a subversão, destacando que eles acompanhavam "atentamente a infiltração comunista em órgãos de comunicação".

Era como se as palavras do presidente tivessem acendido uma luz verde para a ação sem limites dos torturadores, que tinham em suas mãos dezenas de PMs presos no arrastão do mês anterior, entre eles o tenente Ferreira de Almeida, o Piracaia, que não resistiu à tortura e morreu no dia 8. Mas a escalada prosseguia e, menos de dois meses depois, atingiria os jornalistas.

A fúria renovada dos torturadores aprofundava as divergências entre o general Ednardo e Paulo Egydio, agravadas pela surpreendente reação do governador, decidindo não mais permitir que integrantes da PM fossem interrogados no DOI-Codi. A decisão foi recebida como um desafio pelo general. Pior, como uma ação deliberada para impedir o combate aos comunistas. No depoimento extrajudicial[53] que prestou no ano seguinte, o jornalista Rodolfo Konder referiu-se a um dos chefes do DOI-Codi que apontava Vladimir Herzog como agente do KGB[54] e "braço direito do governador Paulo Egydio".

Vlado aguardava o momento de assinar o contrato com a TV Cultura. Enquanto isso, seu nome circulava pelos corredores do SNI e de outros órgãos de informação, que lhe examinavam as fichas, a pedido do governador Paulo Egydio, e, surpreendentemente, terminaram concluindo que não havia impedimento para que ele assumisse a cargo. Isso não impediu, contudo, que os grupos da linha dura comandados pelo general Ednardo abandonassem a convicção de que o projeto de tomada das redações pelos comunistas avançara e que Vlado seria uma ponta de lança desse projeto na TV Cultura. A guerra contra Paulo Egydio alcançava o jornalista, que seria o seu "braço direito" e, como tal, utilizaria a emissora para propagar os ideais comunistas.

O porão fervia e a pressão da fervura chegava ao governador. Um dia, o major Ismael Armond, da Casa Militar do governo do estado, aconselhou Paulo Egydio a tomar cuidado, pois a nomeação de Herzog poderia provocar problemas sérios. "O cara é comuna", disse Armond. Daí a decisão do governador de solicitar a ficha de Vlado aos órgãos de segurança. Cercou-se de outras garantias: em conversa com José Mindlin, secretário

---

[53] O depoimento foi prestado perante o jornalista Prudente de Moraes, neto, presidente da ABI, os juristas Goffredo da Silva Telles Jr. e Hélio Bicudo e o padre Olívio Caetano Zulin, da Arquidiocese de São Paulo, em 7/11/1975.
[54] Komitet Gosudarstvennoi Bezopasnosti (Comitê de Segurança do Estado), a polícia política da ex-União Soviética.

de Cultura, Ciência e Tecnologia, certificou-se de que não havia problema. Mindlin fora o responsável pela nomeação de Vlado, sobre quem disse tratar-se de profissional competente e sério.

Quando Vlado assumiu o cargo, no dia 3 de setembro, pisou em terreno minado.

Em longo relatório[55] que trata da prisão e do "suicídio" de Vlado, o CIE pinta um quadro completamente diferente daquele que o pessoal do SNI havia exposto ao governo de São Paulo, informando que ele tinha "ficha limpa". Vlado, diz o relatório, deu cabo à vida "ao enfrentar um drama de consciência ao se ver desmascarado e ter admitido suas atividades criminosas". Vlado era figura importante no processo de infiltração comunista na imprensa. Essa infiltração assumia aspectos mais graves na TV Cultura, cujo Departamento de Jornalismo Herzog assumira no início de setembro. Tratava-se de continuidade do processo de infiltração comunista na emissora, que vinha de longe. Sua contratação, diz o documento, "caracterizou a reabertura de um processo de infiltração comunista naquele veículo de comunicação subsidiado pelo governo do estado de São Paulo". Ali, Vlado era "uma ponta de lança para formação de um novo núcleo de comunicadores de formação esquerdista".

A "tomada da TV Cultura" pelos comunistas logo seria tema dos comentários na coluna de Cláudio Marques e de outros jornalistas que o CIE classificava como "democráticos".[56]

No mesmo dia em que Vlado assumiu o jornalismo da TV Cultura, e antes que tivesse tempo de interferir diretamente na programação, estava no ar, no jornal da hora do almoço, um documentário sobre Ho Chi Minh, líder do Vietnã do Norte, produzido pela agência inglesa Visnews.

Em meio ao noticiário do dia, o documentário soava estranho, tinha todo o jeito de uma peça de contrabando. Convicto disso, Vlado tomou

---

[55] Informação nº 2.122 do CIE, de 6/11/1975, carimbada "confidencial" (Acervo do Arquivo Nacional, Brasília).

[56] A mesma informação nº 2.122 do CIE cita, além de Cláudio Marques, Gilberto de Pierro, diretor da *Ultima Hora*. Diz o documento: "A montagem de uma verdadeira célula comunista na TV Cultura revoltou alguns jornalistas democráticos que iniciaram, logo após a posse de WLADIMIR HERZOG, uma série de denúncias sobre o fato."

uma decisão rápida, cirúrgica: mandou retirar o documentário da edição da noite. O passo seguinte, depois de ter certeza de que se tratara de uma armadilha preparada por um dos integrantes remanescentes da equipe do ex-diretor Walter Sampaio, foi demitir o editor responsável pela inclusão da reportagem sobre o Vietnã no telejornal. Havia motivos suficientes para que Vlado chegasse à conclusão de que houvera sabotagem: Walter Sampaio, que assumira a direção de Jornalismo no ano anterior, em substituição a Fernando Jordão, e acabava de ser substituído por Herzog, marcara pontos em sua gestão como "colaborador" dos serviços de segurança. Os mesmos serviços, segundo o CIE, eram prestados por Sampaio na ECA-USP, onde era professor.

Nenhuma das providências tomadas por Vlado foi suficiente para impedir a deflagração de uma campanha que, armada no porão, logo repercutiria na imprensa. A "Coluna Um" de Cláudio Marques entrou em ação: nas edições do dia 7 do *Shopping News* e do *City News,* uma pequena nota deu o tom da tempestade que se armava para demonstrar que os comunistas, infiltrados na imprensa em geral, haviam, finalmente, dominado a TV estatal:

> TV Educativa [*sic*] continua uma nau sem rumo. Repercutindo — pessimamente — o documentário exibido pelo Canal 2, fazendo a apologia do Vietcong. Eu acho que o pessoal do PC da TV Cultura pensa que isto aqui virou o fio.

A mesma nota foi reproduzida no dia seguinte no *Diário Comércio Indústria.* E logo repercutiria em outros jornais. A *Ultima Hora* publicou, sem assinatura, nota sobre o documentário exibido pela Cultura, destacando:

> Inúmeros minutos da programação da emissora educativa foram dedicados à história do Vietnã e às lutas que ali ocorreram nos últimos anos, dando-se especial destaque a pensamentos e à figura de Ho Chi Minh, o líder comunista do Vietnã do Norte.
>
> Pode ser que exista alguma razão muito forte para tal tipo de preocupação da TV Cultura, mas não há dúvida que, no Brasil, existem temas muito mais educativos e salutares do que a história dos conflitos na Indochina ou os conceitos vietcongs.

Não demoraria muito para a TV Cultura aparecer nos comentários de Cláudio Marques como a *TV Viet-Cultura*. E outras vozes, algumas com vasto prestígio na direita tida como "intelectualizada", aderiram à campanha, como foi o caso de Lenildo Tabosa Pessoa, no artigo "Uma questão de horário", no *Jornal da Tarde* de 23 de setembro. Trecho:

> Aliás, deve-se observar que, sob certos aspectos, as doutrinações desse tipo gozam de privilégio em relação às ofensas à moral e aos bons costumes, pois a censura permite que sejam feitas a qualquer hora. Isso dá ao telespectador a vantagem de se beneficiar de uma espécie de pluralismo, especialmente nos Estados que contam com o privilégio de ter uma TV educativa inaugurada depois da Revolução de Março e pertencentes a governos sintonizados com os ideais revolucionários, como é o caso de São Paulo. Assim, os telespectadores — ou teventes, segundo o Novo Dicionário Aurélio — que não desejarem ser marxistizados via novelas, podem obter os mesmos resultados sintonizando o Canal 2, que fala da opressão capitalista até em programas sobre arte medieval e exalta os vietcongs, como denunciou, há poucos dias, Cláudio Marques.

A "Coluna Um" de Cláudio Marques avançou e, no dia 28, já não falava em infiltração, mas em "domínio total" da esquerda na emissora do governo:

> A infiltração (a essa altura não é infiltração, é domínio total, ou quase) (...) da esquerda contestatória no sistema e na democracia em vários escalões, só não vê quem é conivente ou burro. O caso da TV Cultura extrapolou. (...) O que me parece cretino é comunista sendo subvencionado pelo dinheiro do Estado. Emprego existe no paraíso soviético. Ou então em Portugal, lá na "República", na Rádio e TV Portuguesa, onde NÃO são admitidos profissionais que não sejam inscritos e militantes do PC. Eu não exijo atestado ideológico de jornalistas, nem quero fazer o jogo de fascistas. Mas é cretino se admitir o domínio total do PC nos jornais, revistas e TVs.

13 Memória dos dias de terror

No fim de setembro, o serviço de liquidação do PCB em São Paulo podia ser dado por concluído. No dia 30, os agentes do DOI-Codi levaram Edwaldo Alves da Silva, um dos dirigentes mais importantes do Comitê Estadual. Na véspera, tinham capturado José Montenegro de Lima, membro do Comitê Central. Ele estava em São Paulo em cumprimento de uma importante missão: reorganizar os serviços gráficos do PCB, que não contava com recursos de impressão desde o desmantelamento da gráfica que imprimia a *Voz Operária* no Rio de Janeiro, no início do ano. Para tanto, recebera do partido 60 mil dólares, que guardava no pequeno apartamento em que estava hospedado, pertencente a um amigo, Orlando Marretti Sobrinho, no bairro da Bela Vista.[57]

Edwaldo fora sequestrado e levado diretamente para um dos centros clandestinos nos arredores de São Paulo, onde foi torturado quase um dia inteiro e depois mandado para o DOI-Codi. Montenegro, conhecido como Magrão por ser franzino e ter quase dois metros de altura, foi para outro aparelho, a Colina. De lá só sairia morto. Na entrevista que concedeu ao jornalista Expedito Filho, publicada pela revista *Veja* (18/11/1992), o sargento Marival Chaves Dias do Canto afirma que Magrão, depois de sofrer horas de tortura, foi assassinado com uma injeção de matar cavalo. Na mesma entrevista, Marival refere-se à corrupção nos órgãos de segu-

---

[57] *Direito à memória e à verdade*, op. cit., p. 406.

rança, que não só torturavam e matavam, mas também roubavam. No caso de José Montenegro de Lima, seus assassinos levaram do apartamento em que ele estava morando os 60 mil dólares que recebera do PCB para a remontagem da gráfica do partido. O dinheiro, acrescenta, foi rateado entre o pessoal da cúpula do DOI-Codi.

Antes dele, mais sete dirigentes comunistas passaram pela Colina desde janeiro, quando teve início no Rio de Janeiro a operação de caça ao PCB. Em seu livro *Um tempo para não esquecer: 1964-1985*, Rubim Santos Leão de Aquino relaciona e dá a localização de pelo menos dez centros clandestinos de tortura e eliminação de presos políticos em São Paulo e em outras cidades. Além de Magrão, passaram pela Colina, um dos mais sinistros desses aparelhos, Hiran de Lima Pereira, Jayme Amorim de Miranda, Luís Inácio Maranhão Filho, João Massena Mello, Itair José Veloso, Orlando Bonfim Júnior e Élson Costa. Todos foram mortos.

Depois dos dirigentes, militantes de vários setores começaram a ser presos no início de outubro. A nova onda atingiu inicialmente as bases do Partidão na universidade e, logo adiante, os jornalistas. A longa pregação sobre a infiltração comunista nas redações começava a produzir resultados.

A guerra anunciada em julho pelo general Ednardo alcançara, finalmente, os jornalistas. Antes da onda que atingiu 12 deles em São Paulo, outros haviam sido dados como mortos ou desaparecidos, mas em nenhum momento tantos foram alcançados em tão pouco tempo.

Os dias de terror que culminariam com o assassinato de Vladimir Herzog se sucederiam num crescendo, desdobrando-se em tensão e sobressaltos.

No dia 5, caiu o primeiro jornalista, Sérgio Gomes da Silva, o Serjão. Depois dele, e antes de Vlado, que se apresentaria voluntariamente no dia 25, foram presos outros dez: Frederico Pessoa da Silva, Ricardo Moraes Monteiro, Luiz Paulo Costa, Marinilda Marchi, Paulo Markun, Diléa Frate, Rodolfo Konder, George Duque Estrada, Anthony de Christo e José Vidal Pola Galé.

Nenhum deles vivia na clandestinidade. Todos tinham empregos e endereços fixos. Como em outros casos de caça a pessoas acusadas de atividades subversivas, eles eram apanhados como se fossem fugitivos, em operações que se caracterizavam como verdadeiros sequestros.

As pessoas sumiam de uma hora para outra. Não se sabia onde e quando eram detidas, mas se sabia quase com certeza para onde eram levadas: o DOI-Codi. Esse método aumentava a tensão entre os jornalistas, não apenas aqueles ligados ao PCB, mas o conjunto da categoria. Qualquer pretexto poderia levar qualquer um aos porões da repressão. Uma matéria considerada subversiva, uma conversa de botequim, a visita a um amigo marcado como subversivo — tudo poderia levar aos porões do DOI-Codi. Afinal, as acusações de infiltração comunista na imprensa, inicialmente restritas aos círculos dos radicais da linha-dura, tinham se amplificado e já estavam nas colunas dos próprios veículos em que trabalhavam, assumidas como verdadeiras.

Para aumentar a tensão e o medo, havia o fantasma da Operação Jacarta, que se expandia no ar desde a primeira onda de prisões, em junho. No porão, os participantes de um grupo de agentes conhecidos como "os indonésios"[58] estariam apenas aguardando o momento de agir, de colocar em prática um plano de extermínio em massa. A insegurança era geral.

O sequestro de Serjão, no Rio de Janeiro, prenunciava dias de terror. Veio na sequência da operação que levara à queda dos dirigentes do Comitê Estadual do PCB, uma semana antes. Como qualquer um dos outros jornalistas que cairiam na rede da repressão, ele poderia ter sido preso em casa ou no local de trabalho, a Agência Folhas, do grupo *Folha de S.Paulo*. Mas, além do método utilizado pelos órgãos de segurança para alimentar o medo, ao prender Serjão os agentes tinham um objetivo específico: botar a mão em um dos mais procurados dirigentes do PCB em São Paulo. Buscavam João Guilherme Vargas Netto, o Inácio. Quadro dos mais qualificados, ele sumira de São Paulo em fevereiro, quando estava em curso,

---

[58] Autodenominados "indonésios", militares da linha-dura mais exaltados evocavam o genocídio comandado pelo general Suharto, após o golpe que derrubou o presidente Sukarno, da Indonésia, em 1965. Suharto, que permaneceria por mais de 30 anos no poder, desencadeou uma onda de repressão que assassinou centenas de milhares de seguidores do Partido Comunista e de outras organizações que apoiavam o regime do presidente Sukarno.

com força total, a operação de caça deflagrada a partir da invasão da gráfica do PCB e a prisão de Marco Antônio Coelho, no Rio de Janeiro.

Inácio refugiou-se num pequeno apartamento do centro do Rio, onde, assim como outros líderes do partido, entre os quais o secretário-geral, Giocondo Dias, aguardava a oportunidade de sair do país. Era consenso no PCB que, alcançado pela repressão, ele seria, como outros dirigentes capturados, um homem morto.

Serjão era um dos poucos que mantinham contato com Inácio, que de um momento para outro fora obrigado a deixar as importantes funções de assistente político do PCB para os comitês universitário, cultural e dos jornalistas. De repente, Serjão tivera de assumir essas funções. Aos 26 anos, era um ativista incansável, considerado bem preparado, mas não se sentia à altura de substituir João Guilherme, um intelectual, filósofo e matemático que acrescentava aos seus conhecimentos uma grande capacidade de organização. Serjão sentia-se inseguro, meio órfão, mas não teve jeito. Como o peso era grande demais, dividiu a responsabilidade de acompanhamento do comitê dos jornalistas com Paulo Markun. Era uma situação complicada, pois, com o desmanche do Comitê Estadual, as tarefas eram assumidas praticamente por decisões individuais. Assim, Serjão chamou para si mais uma: a de pombo-correio. Nessa condição é que viajava todos os meses para o Rio de Janeiro, levando algum dinheiro para ajudar Inácio a se manter na clandestinidade.

O ponto de encontro era o menos suspeito possível: a igreja de Nossa Senhora da Glória, no Largo do Machado, onde Inácio assistia, em atitude de contrição, à missa das 7 horas no primeiro sábado de cada mês. Serjão chegava, sentava-se ao lado de Inácio, benzia-se e, com todo cuidado, passava-lhe o envelope com o dinheiro que trazia dentro de uma Bíblia.

No dia 5, ele chegou à rodoviária do Rio por volta das 6 horas. Saíra de São Paulo à meia-noite, num ônibus-leito, junto com um companheiro do movimento estudantil, Valdir Quadros, que participava da Juventude do MDB.

A partir desse instante, o táxi que eles tomaram passou a ser seguido. Era um Fusca, atrás do qual seguiam três outros, conduzindo os agentes. Serjão percebeu e passou a combinar com Valdir um plano de despiste que quase deu certo. O plano era parar no primeiro bar que encontrassem no caminho e, com toda a calma, entrarem para tomar café. Foi o que fizeram num boteco do Flamengo. Os agentes foram apanhados de surpresa com a parada repentina do táxi, atrapalharam-se e seguiram em frente. Foi o tempo de os dois alcançarem uma travessa e, de repente, se acharem no meio de uma feira que estava sendo armada na rua paralela. Aquilo parecia de encomenda para que pudessem escapar. Misturaram-se aos feirantes e, calmamente, voltaram para a rua principal, onde tomaram outro táxi.

De repente, o susto. No primeiro sinal, quando o táxi parou foi cercado por policiais armados de metralhadora:

— Vão descendo. Aqui é o Esquadrão da Morte!

Eram os homens do DOI-Codi. Os dois foram levados para o quartel da Polícia do Exército, na rua Barão de Mesquita. Serjão considerou que havia chegado ao fim da linha, dali não passaria. Numa sala, nu, ele estava diante de um sujeito que, atrás de uma escrivaninha, pediu o nome e endereço de um parente próximo. Antes que pudesse responder, Serjão ouviu:

— É pra devolver o corpo.

Dali foi levado para uma cela e imediatamente pendurado no pau de arara. Queriam saber de Inácio. Grandalhão, o peso do corpo de Serjão contribuía para aumentar o suplício. Conseguiu resistir e, horas depois, foi levado, juntamente com Valdir, para o DOI-Codi de São Paulo. Era o primeiro dos jornalistas a ser apanhado na operação de caça que só terminaria vinte dias depois, quando Vlado, que não conseguiu resistir, morreu nas mãos dos torturadores.

De todos os jornalistas presos, Serjão foi o que sofreu por mais tempo a violência da tortura. Arrebentado no pau de arara na Barão de Mesquita, onde lhe haviam quebrado três costelas, foi levado para São Paulo algemado, entre dois agentes. De olhos vendados por esparadrapos, não podia prever de que lado viriam os socos e as queimaduras de cigarro que recebia.

Numa parada do carro — um dos três Fuscas da perseguição no Rio de Janeiro — ordenaram-lhe que descesse. Com o calor e o suor, o esparadrapo cedera e, pelo canto dos olhos, percebeu que estava na Baixada Fluminense, sendo levado por uma estradinha que terminava num lixão. Era um lugar de desova, provavelmente do Esquadrão da Morte. O cheiro de carne em decomposição tomava conta do ambiente. Sem conseguir enxergar direito, viu-se de repente ao lado de alguns cadáveres. Tropeçou num deles. O horror da descoberta foi maior quando um dos agentes lhe ordenou:

— Pare aí. Chegou a sua vez, seu comunista filha da puta!

Sentiu que estava sob a mira das armas, ouviu o barulho dos gatilhos e teve a certeza de que seria fuzilado. Não havia a dor do pau de arara, das pancadas que lhe arrebentaram as costelas, dos cigarros acesos a se afundarem na pele; havia uma dor maior, indefinida, funda, de desamparo diante de um fim que julgava iminente. Mas ao mesmo tempo, diante da impossibilidade de fuga, a aceitação da morte: "Chegou a minha hora", pensou.

Mas a tortura, ali, não era para lhe quebrar os ossos. Não passava da simulação de um fuzilamento, uma encenação para lhe quebrar a resistência, "quebrar o moral" do prisioneiro. De repente, a voz de um dos agentes:

— Vamos embora, seu comunista de merda. Ainda não é desta vez que você vai virar presunto![59]

Na manhã do dia 8, no Forte Apache, sede do Comando Militar do Planalto, o pessoal do gabinete do general-comandante Darcy Lázaro tratava de um pequeno problema: a repórter Marinilda Marchi,[60] da sucursal da revista *Veja* em Brasília, não comparecera para a entrevista com o general, agendada na véspera para as 9 horas. Já passava das 10 e o próprio comandante perguntava sobre as razões da ausência da jornalista, que cobria o setor militar e costumava ser pontual nas entrevistas.

Àquela hora, Marinilda estava bem longe de Brasília, algemada, com as mãos para trás, viajando para São Paulo no chão metálico de uma caminhonete. Viajaria nessas condições durante mais de vinte horas, até o DOI-Codi de São Paulo.

---

[59] Os corpos das vítimas do Esquadrão da Morte, geralmente descartados nos lixões, eram chamados de "presuntos" por seus assassinos.

[60] Na época, era casada com o também jornalista Carlos Marchi. Com a separação, reverteu ao nome de solteira, Marinilda Carvalho.

Por ironia, ela passara pelo Forte Apache bem antes da hora marcada para a entrevista. Capturada por agentes do DOI-Codi após sair de um restaurante, onde jantara com amigos, o carro que dirigia, emprestado de um colega, foi interceptado por um Opala preto numa alça de acesso a uma superquadra. Passava das 2 horas da madrugada quando, apesar de encapuzada, Marinilda percebeu, olhando para baixo, que estava num lugar que lhe era familiar: o Forte Apache. Os agentes que a haviam sequestrado estavam em trajes civis, mas ali, onde permaneceria por algumas horas, conseguiu ver que os que se movimentavam em volta usavam coturnos. Considerou o absurdo da situação: deixaria de comparecer à entrevista com o general, mas ali estava, na sede de seu comando, sem saber que destino lhe aguardava.

Além da tensão por que passava, Marinilda tinha a atormentá-la uma dúvida: será que o general com quem havia agendado uma entrevista sabia o que estava acontecendo? E se não soubesse, o fato não seria, mais do que absurdo, espantoso? Como tudo aquilo podia estar acontecendo, podia-se dizer, "nas barbas" do general, sem que ele tivesse conhecimento?

Havia outras indagações, algumas das quais nunca lhe tinham ocorrido antes: não era estranho que, procurada como subversiva, cobrisse em Brasília o setor militar, aí incluídos os três ministérios das Forças Armadas? Era difícil imaginar que os militares não tivessem a sua ficha. Estivera em Moscou, para onde viajou em 1969, para fazer um curso de capacitação, também frequentado por Anita Leocádia, filha de Luiz Carlos Prestes. Lá estava também outro jornalista brasileiro, Frederico Pessoa da Silva.

Quando chegou ao DOI-Codi de São Paulo, Marinilda tinha o corpo moído, cheio de hematomas causados pelo atrito com o piso metálico da traseira do carro em que viajara. Que tortura, depois de tantas horas de dor, ainda poderia sofrer? A primeira, de dor moral, seria imediatamente aplicada. Ela foi logo submetida à humilhação comum a todas as mulheres que caíam nas mãos dos torturadores. Depois de ser obrigada a se despir, mandaram-lhe tirar o capuz. Viu-se nua no meio de uma sala, tendo em volta vários homens a comentar cada detalhe de seu corpo.

Ali exposta, a humilhação se transformava em ódio:

— Não senti vergonha, mas um ódio tão grande que não sei como cabia dentro de mim.

As torturas físicas vieram depois, numa sucessão infernal. Queriam saber, principalmente, quem conseguia os passaportes para as viagens a Moscou. Ela não sabia, apanhava mais por isso. E recebia ameaças de torturas piores. Um dia lhe disseram:

— Você ainda não viu nada, sua comunistinha de merda. Aguarde o capitão Ramiro!

O nome desse capitão, assim como o de outro, Ubirajara, corria de cela em cela, causando apreensão e medo de suplícios ainda não sofridos.

Não se passaram muitos dias para que Marinilda soubesse da chegada de outros jornalistas ao DOI-Codi. Além de Sérgio Gomes, que fora apanhado primeiro, chegaram Frederico Pessoa da Silva e, logo depois, Paulo Markun e sua mulher, Diléa. Poucas horas depois, Anthony de Christo. Diléa ficou na mesma cela em que estava Marinilda e, um ou dois dias depois, sem que os carcereiros dessem qualquer explicação, saiu para "batizar uma filha", fato que acendeu uma esperança: entre as mulheres presas comentava-se que "a barra vai melhorar". Mas restavam muitas dúvidas: "Será que os milicos ficaram bonzinhos assim sem mais nem menos?"

Não havia lugar para bondade naquele inferno.

Dias depois, foram buscar Marinilda na cela, no andar superior, para mais um interrogatório. No corredor, ela estranhou o silêncio: não se ouviam os costumeiros gritos dos torturados. Estranhou também a atitude do interrogador, que se mantinha em silêncio. Ousou perguntar, iniciando um diálogo absurdo:

— Não tem ninguém. O que houve?

— Foram ao enterro do Herzog.

Marinilda não conhecia Vlado. Perguntou novamente:

— Ele morreu de quê?

— De câncer na garganta.

* * *

AS DUAS GUERRAS DE VLADO HERZOG

Uma semana depois do sequestro de Marinilda em Brasília, Frederico Pessoa da Silva, o Fred, era preso em São Paulo. Fazia dois anos que ele estava na cidade, vindo do Rio, onde sobrevivia com um salário mínimo pago pelo PCB e com alguns bicos em jornais. Sua ficha nos órgãos de segurança era bem carregada. Podia ser classificado como "comunista desde criancinha": filho de um velho militante comunista, José Raymundo da Silva, fundador e presidente da Federação dos Trabalhadores Bancários do Nordeste, iniciara a militância no PCB aos 12 anos, em Recife. Fez carreira rápida: aos 18 anos, em 1968, antes da decretação do AI-5, foi mandado para a União Soviética, onde frequentou a Escola de Quadros do Comitê Central do PCUS. Uma de suas colegas era Anita Leocádia. Outra, que chegou um ano depois, era Marinilda Marchi. Os dois se reencontrariam no DOI-Codi.

Em São Paulo, com o cerco ao PCB, o Comitê Estadual lhe confiou algumas tarefas arriscadas. Uma delas era conduzir companheiros até o Paraná, de onde alcançavam a fronteira com o Paraguai ou a Argentina. Tratou de arrumar um emprego.

Achou que trabalhando numa pequena redação, a da revista *Citrus*, dirigida aos produtores de laranja, chamaria menos atenção e estaria mais seguro. Além do diretor Vladimir Ayala, que conhecia desde menino em Recife, era o único jornalista da publicação. Mas foi lá que os agentes do DOI-Codi foram buscá-lo, no dia 15.

Um agente se apresentou como capitão, com ordens de levá-lo ao II Exército. Ayala tentou ganhar tempo e, com jeito, pediu-lhe que mostrasse a identidade, pois o homem estava a paisana e ele queria ter certeza de que se tratava de um oficial do Exército. O agente, que parecia novo no serviço, hesitou, mas terminou exibindo a identidade. Daí para a frente as coisas começaram a se complicar para Fred. Logo foi enfiado numa C-14, a caminhonete usada nas operações do pessoal do DOI-Codi, onde dois outros agentes aguardavam. Num instante estava encapuzado. O capitão estava nervoso. Comunicou-se pelo rádio:

— Aconteceu uma merda, chefe: tive de me identificar com o patrão dele.

A presumível reprimenda, do outro lado, deixou o capitão mais nervoso:

— E então, pra onde levo ele?

A resposta demorou um instante, o capitão voltou:

— Ah, pro Centro Cirúrgico... Já estamos indo!

O "centro cirúrgico" era o DOI-Codi, na rua Tomás Carvalhal. Fred tinha a pretensão de resistir. Negou-se a tirar a roupa, tiraram-na à força. Num instante estava pendurado no pau de arara. Resistiu até que, depois de várias horas, as pernas ficaram muito inchadas. Um dos torturadores pediu para chamar um médico. Depois de um exame rápido, ele sentenciou:

— Ele não vai durar muito tempo...

Apesar do diagnóstico, a tortura prosseguiu. Logo Fred estava amarrado na "cadeira do dragão". Além dos choques elétricos, recebia golpes sucessivos, vindos de todos os lados. Teimava em resistir.

Resistiu até que a voz de um torturador anunciou:

— Temos uma surpresinha pra você. Vamos ver se você continua metido a valente.

De repente, tiraram-lhe o capuz. O torturador voltou:

— Veja quem chegou de repente!

Fred tinha os olhos enevoados pelo suor que lhe escorria da testa, não conseguiu reconhecer o vulto que se postava à sua frente. Aos poucos, viu: era sua mulher, a Léo, que soluçava baixinho. Léo era o apelido familiar da médica Eleonora Machado Freire, que não tinha nenhuma militância política. Fred indignou-se, xingou os torturadores. Como tinham sido capazes de tanta covardia, prender a Léo, sobre quem não pesava qualquer acusação.

Léo tremia à frente do marido. Obrigaram-na a se despir e, em seguida, passaram a torturá-la com choques elétricos. Fred começou a falar. Usou o jogo de despiste, abrindo informações que sabia já serem do conhecimento dos interrogadores. Mesmo assim temia perder o controle do que dizia e terminar revelando coisas que eles não sabiam. Temia principalmente dizer algo que comprometesse algum companheiro. O jogo não durou muito. Os torturadores ameaçavam abusar sexualmente de Léo, ao mesmo tempo que aumentavam a intensidade dos choques elétricos em Fred, que perdia e recobrava os sentidos. Nos momentos de lucidez, sofria a dúvida sobre se os torturadores haviam cumprido a ameaça de violentar Léo. Mergulhou num pesadelo.

(Esse pesadelo foi recorrente nos anos seguintes. Jamais ele tocou no assunto com a mulher, por entender que isso aumentaria o sofrimento dos dois. Recentemente, quando foi submetido a uma delicada intervenção cirúrgica, Fred, anestesiado, entrou em crise. Batia-se, esperneava com tal violência que a cirurgia teve de ser interrompida. Ficou sabendo depois, pela cirurgiã, que durante a crise repetia seguidas vezes o nome de Léo e gritava: "Não façam isso com ela!")

Os dias se sucediam, as sessões de tortura se prolongavam, cada vez mais violentas. Quiseram saber do Sindicato dos Jornalistas, que, gritavam, tinha se transformado num aparelho comunista.

— Conhece o tal de Audálio? Aquilo é um comunista descarado, disfarçado de democrata!

De repente, nomes de gente muito importante estavam na boca dos torturadores:

— Esse governador, o Paulo Egydio, o Golbery, aquele de Brasília, tudo comunista!

Outros nomes eram gritados: dom Paulo, "com aquela fala mansa de viado", o secretário de Cultura, "o tal de Mindlin, judeu comunista". Um bando de comunistas que, um dia, "ainda vão prestar contas pra gente".

Fred assustou-se. A dimensão da grande caçada aos comunistas era muito maior do que imaginara.

Dias depois — Fred perdera a noção de tempo, não sabia exatamente que dia era — todos os jornalistas presos foram chamados em suas celas. Era o dia 26 de outubro.

Reunidos diante de alguns militares que davam ao encontro um tom quase cerimonioso, ouviram uma longa preleção sobre um dos companheiros presos, Vladimir Herzog. Tratava-se, diziam, de figura de grande importância, um agente do KGB, disfarçado como outras pessoas que ocupam cargos importantes — de governador a general, até um cardeal. Era uma conversa com toques surreais, até risíveis, mas assustadora.

Depois de muito rodeio, a notícia:

— O Vladimir Herzog se suicidou.

Fazia um bom tempo que um casal de portugueses aguardava na antessala da diretoria do Sindicato dos Jornalistas o momento de ser atendido. Queriam comunicar o desaparecimento de um filho, jornalista.

Uma reunião informal da diretoria, iniciada logo no início do expediente, prolongara-se mais do que o previsto. Havia algumas informações, desencontradas, sobre as prisões que, em função da campanha contra a direção de Jornalismo da TV Cultura e das repetidas declarações de militares sobre a infiltração comunista na imprensa, eram esperadas para qualquer momento. O aviso da secretária sobre a presença do casal reforçou a preocupação.

No meio da sala, os dois misturavam a aflição com o tratamento cerimonioso que dispensavam aos diretores do sindicato. A mulher se adiantou:

— Estamos aqui para pedir socorro aos senhores.

O marido completou:

— É que nosso filho Sérgio está desaparecido faz mais de três dias. Alguns amigos nos avisaram que ele pode ter sido preso.

E acrescentou, com ênfase na informação:

— Ele é jornalista, trabalha na Agência Folhas.

A mulher voltou a falar, quase como a pedir desculpas:

— Os senhores sabem, nessa idade... Os moços são muito inquietos.

Os diretores presentes, apenas três — eu, o secretário Gastão Thomaz de Almeida e o tesoureiro Wilson Gomes — entreolharam-se, como se cada um perguntasse: "E agora?" Não tinham informação a dar, mas tinham quase uma certeza: iniciara-se a temporada de caça aos jornalistas. A ameaça, latente desde a primeira convocação da diretoria do sindicato pelo comandante do II Exército, após a divulgação da nota sobre o discurso do locutor oficial do Palácio do Governo e as constantes declarações de autoridades sobre infiltração comunista na imprensa, enfim entrava em execução.

Os pais de Sérgio Gomes da Silva, Adelaide e José Maria da Silva, eram as primeiras pessoas a procurar o Sindicato para comunicar o desaparecimento de um associado. Despediram-se levando apenas a promessa vaga de que a entidade iria discutir o que fazer para saber qual o paradeiro de seu filho.

A aflição deles passou a ser aflição de toda a diretoria, que iniciou a discussão sobre as medidas que deveriam ser tomadas. Pelos antecedentes conhecidos, todos sabiam dos métodos praticados pelos órgãos de segurança.

O desaparecimento de Serjão indicava o primeiro movimento de uma onda de terror que atingiria os jornalistas. E marcava, também, o ponto de partida de um movimento que levaria o Sindicato dos Jornalistas de São Paulo a ocupar uma posição de grande importância política, transformando-o numa grande trincheira na luta contra a ditadura militar.

As primeiras discussões sobre as medidas a serem tomadas no caso do sumiço de Serjão não levaram a uma conclusão. O pluralismo que marcara o MFS e a composição da chapa vitoriosa nas eleições levavam a discordâncias que transcendiam a diretoria executiva e se manifestavam no que se definia como "diretoria geral", incluindo todos os membros eleitos, e, ainda, entre os associados não eleitos, que compunham uma espécie de "diretoria ampliada". Havia, assim, desde os que defendiam a exigência de explicações pelos militares até os que, temerosos, sugeriam cautela, ponderação, argumentando que o Sindicato poderia sofrer intervenção. Alguns pregavam o silêncio.

A gravidade da situação, contudo, exigia uma posição firme da diretoria executiva. A primeira medida seria a de tornar público o desaparecimento do jornalista, fato ignorado até pela empresa em que ele trabalhava. Para isso seria distribuída uma nota aos jornais. Era pouco, mas o possível na circunstância.

Antes que a nota fosse redigida, o Sindicato receberia outra visita. Era Léo, mulher de Frederico Pessoa da Silva, que acabara de ser libertada. Com ela chegava a certeza de que, com o sequestro de Serjão, se iniciara a caçada que atingiria mais jornalistas.

Léo, frágil em sua magreza, trazia no rosto afogueado a expressão carregada da coragem e da firmeza de sua decisão de denunciar. No caso, não apenas o desaparecimento, mas a tortura a que seu marido estava sendo submetido no DOI-Codi e, também, a que sentira no próprio corpo.

Ela narrou os momentos de horror vividos na sala de interrogatórios em que o marido, torturado, desesperara-se na inútil reação de xingar os torturadores, com isso provocando neles fúria maior.

Ali, no Sindicato, Léo estava pedindo — mais do que isso, exigindo — providências.

A tensão era grande na sala, que ficou mais tensa ainda quando, depois de eu afirmar que as providências seriam tomadas, um dos presentes, membro da "diretoria geral", perguntou a Léo, em tom burocrático:

— A senhora sabe se o seu marido é jornalista registrado?

A resposta veio rapidamente:

— Não sei se é registrado, mas sei que é jornalista. E também comunista!

Já havia o entendimento consensual na diretoria de que todos os jornalistas, registrados ou não, sindicalizados ou não, seriam defendidos pelo Sindicato quando atingidos pela violência da repressão.

A prisão de Fred, como a de Serjão e de outros jornalistas que foram caindo na rede dos torturadores, seria denunciada.

Poucas horas depois da passagem de Léo pelo Sindicato, foi a vez de Anthony de Christo ser apanhado. No mesmo dia, ele fora avisado por Vlado de que dois companheiros, Paulo Markun e sua mulher, Diléa, tinham sido presos. O aviso era mais do que preocupante, pois tanto ele como Markun trabalhavam com Vlado na TV Cultura, que continuava sob bombardeio, alvo de repetidas denúncias de que fora ocupada pelos comunistas.

Era o dia 18, um sábado de sol. Anthony estava na casa de Maria del Carmen, sua ex-mulher, num pequeno sobrado na alameda Tietê, nos Jardins, onde fora pegar os filhos, Beto e Andréia, para almoçar fora. Apesar de preocupado com a notícia que Vlado lhe dera, não achava que o fossem apanhar àquela hora, quando se preparava para almoçar com os filhos. Além do mais, considerava, assim como outros companheiros da base do PCB, entre os quais o próprio Vlado, que, por não viverem na clandestinidade, não tinham por que temer a repressão. Estavam enganados.

As crianças demoraram a ficar prontas para o almoço fora e Anthony decidiu que almoçariam ali mesmo. Carmen improvisou a refeição e ele ficou por ali, na conversa, depois num ligeiro cochilo no sofá. Tentou entender o que estava acontecendo quando, meio atordoado pelo sono, viu dois homens postados no meio da sala. Um deles falou:

— O senhor pode nos acompanhar para prestar esclarecimentos?

— Acompanhar para onde?

— Não precisa se preocupar, vai ser rápido.

Preocupada ficou Carmen, que conversava com uma amiga na parte de cima da casa e desceu para ver o que estava acontecendo. Anthony foi logo informando:

— Estes senhores estão me levando.

Carmen perguntou:

— Para onde ele vai? Eu vou junto.

— Não precisa se preocupar, senhora. Ele só vai prestar esclarecimentos.

Os agentes pareceram até gentis. Mas a gentileza durou pouco. Na rua, a conversa era outra:

— Agora você vai ter uma surpresa, cara!

A surpresa estava na Veraneio estacionada numa esquina próxima. Além do motorista e de outro agente, estava no banco de trás alguém que Anthony não reconheceu imediatamente. Era Paulo Markun, metido num macacão verde-oliva. Os olhares se cruzaram, o de Anthony injetado de raiva pelo que parecia ser uma traição do companheiro. Havia um pesado silêncio dentro da C-14, só quebrado quando Markun conseguiu falar:

— Anthony, está tudo aberto. Estão dando porrada, os caras falaram tudo.

Referia-se a outros presos pertencentes ao Partidão. Como numa cena de filme em *flashback,* Anthony reviu rapidamente seus tempos de militância no Rio, onde, aos 17 anos, entrara para o PCB. Participara ativamente dos movimentos estudantis e militara na Juventude Estudantil Católica (JEC) quando ingressou na Escola Nacional de Química, onde a base do PCB era secretariada pela filha de Luiz Carlos Prestes, Anita Leocádia. O jornalismo entrara em seu caminho em 1968, quando foi aprovado no Curso Abril de Jornalismo e passou a integrar a primeira equipe da revista *Veja*. A militância em São Paulo era mais leve, não desenvolvia atividades importantes.

Mas, metido naquela C-14, não tinha ilusões de que o estavam levando para um passeio.

A Veraneio já se aproximava da sede do DOI-Codi quando o capuz foi colocado sobre sua cabeça. Tudo ficou escuro e, diante da realidade assustadora que vivia, Anthony se perguntava: "Por que só agora, aos 31 anos, quando a minha militância não passa da contribuição mensal de uma pequena quantia para o Partidão e de distribuir alguns exemplares da *Voz Operária* entre amigos, é que vão me pegar?"

Em poucos minutos, depois de obrigado a se despir, estava à mercê dos torturadores.

Nos primeiros dias de outubro, a pressão sobre Vlado, com as denúncias de infiltração comunista na TV Cultura, extrapolava a coluna de Cláudio Marques e chegava à tribuna da Assembleia Legislativa. No dia 6, o deputado Vadih Helu, da Arena, protestou contra a ausência de cobertura, pela emissora, da festa de inauguração do serviço de água e esgoto na cidade de Capão Bonito, com a presença do governador do estado. E por que não houvera cobertura? Simples, na conclusão do deputado:

> Essa ausência não nos surpreendeu porque temos lido semanalmente na "Coluna Um", de Cláudio Marques, denúncias de infiltração de esquerda no Canal 2, com a complacência do secretário de Cultura, Dr. José Mindlin, e do próprio governo.
>
> Desta tribuna queremos externar o nosso protesto, pois nos faltam condições de lutar por um país democrata, por um regime de democracia, quando a própria instituição governamental fica solapando essa democracia, não só com a sua ausência deliberada, mas, muito mais do que isso, com sua presença comunizante no vídeo.

O deputado vai ao ponto, citando a fonte que "fundamentava" o seu protesto:

> O Canal 2 a tudo omite, fazendo proselitismo do comunismo, da subserviência, tornando-se, como diz o colunista Cláudio Marques, "A Televisão Vietnam Cultura de São Paulo", paga com o dinheiro do povo, desservindo nosso governo e a nossa pátria.

O discurso de Vadih Helu indicava que a campanha contra Vlado tinha motivações mais profundas e não pararia por ali. Não havia muitas dúvidas de que emergia dos porões onde a linha-dura, inconformada com a possibilidade de uma abertura política, intensificava suas ações repressivas. Assim, as "denúncias" de Cláudio Marques não passavam de recados desses grupos que agiam na sombra.

Na tentativa de chamar a atenção do governo para o que se passava em São Paulo, o editor-chefe de Jornalismo da TV Cultura, Luís Weis, viajou a Brasília para um encontro com Humberto Barreto, assessor de imprensa de Geisel. Tinha esperança de obter informações sobre as motivações que levavam à campanha cerrada contra Vlado e sua equipe ou, até, que pudesse contribuir para chamar a atenção do governo para a ação dos grupos que agiam no subterrâneo, na linha contrária ao projeto de abertura do general-presidente. Um dado considerado de fundamental importância para que se chegasse à conclusão de que as investidas contra Vlado não partiam do governo era o de que os órgãos de informação, notadamente o SNI, haviam dado sinal verde para que ele ocupasse o cargo de diretor de Jornalismo. Fernando Jordão registra o encontro em seu livro *Dossiê Herzog:*

> Weis conhecia pessoalmente o assessor de imprensa de Geisel, Humberto Barreto, e o procurou na companhia de outro jornalista, D'Alembert Jaccoud, que na época chefiava a sucursal da revista *Visão* em Brasília. Seu objetivo era saber de onde partira a investida que se desencadeara contra a TV Cultura, localizadamente contra o telejornalismo e, portanto, contra Vlado e sua equipe, na qual Weis era o segundo homem. Não conseguiu saber. Barreto minimizou os acontecimentos que lhe foram

expostos e chegou a empregar o adjetivo "paroquial" para definir a origem dos ataques.

Apesar de minimizar a importância das informações levadas pelos jornalistas, Humberto Barreto os encaminhou ao coronel Valfrido Lima, do Gabinete Militar da Presidência. Antes de ouvir o que eles tinham a dizer, o coronel fez um ligeiro interrogatório à maneira policial. Pediu-lhes nome, filiação, local e data de nascimento.

O encontro foi rápido, no diálogo não houve tempo para qualquer acréscimo ao que se havia dito ao assessor de imprensa. E o coronel deu por encerrada a conversa praticamente repetindo o que o assessor de imprensa tinha dito: não via conspiração, tudo aquilo não passava de uma questão local.

A "questão local" se complicava dia a dia. Mal chegara de volta da viagem a Brasília, Weis recebeu a notícia de que seria demitido da TV Cultura. Na verdade, foi "convidado" a se demitir, pois havia um complicador: ele pertencia à diretoria do Sindicato dos Jornalistas (suplente da primeira secretaria) e, por lei, não podia ser demitido. Mas — justificava a direção da emissora — havia, acima da lei, uma pressão irresistível, por parte do SNI, cujo representante em São Paulo, o coronel Paiva, encontrara uma estranha justificativa: por ser diretor de um sindicato, Weis estava impedido de trabalhar numa emissora do governo. Aí as coisas se embaralhavam: se o próprio SNI havia informado que não constava de seus arquivos nada que impedisse Herzog de assumir o cargo na TV Cultura, como explicar que, em tão pouco tempo, agisse para pedir a cabeça de um dos profissionais de sua equipe?

A crise se aprofundava. Vlado solicitou uma audiência com o secretário de Cultura, José Mindlin. Buscava uma saída para a situação, mas o secretário, que desde o início da crise vinha se mantendo firme na defesa de Vlado e de sua equipe, confessou-se impotente para tanto. Sentia-se acuado, não tinha como resistir à pressão.

A demissão de Weis atingia diretamente o Sindicato dos Jornalistas. Tratava-se de um grave problema, que vinha se juntar ao dos sequestros de jornalistas pelos órgãos de segurança.

Reunida, a diretoria do Sindicato decidiu, com a concordância de Weis, que não se pronunciaria publicamente sobre a demissão do companheiro. Uma decisão difícil, mas necessária. Era evidente que o cerco se apertava contra a entidade, cuja posição em defesa dos jornalistas presos, expressa em nota distribuída à imprensa, irritara profundamente os militares do II Exército, que haviam convocado a diretoria para explicações. Na reunião, da qual participara Luís Weis, a decisão foi tomada por consenso, pois todos estavam certos de que uma manifestação oficial do Sindicato, naquele momento, só serviria para alimentar o fogo cerrado que partia dos porões da repressão e se espalhava pelas colunas dos jornais. No entanto, tratou-se de agir por outros caminhos. Um deles foi insistir em obter, por vias informais, esclarecimentos sobre o que estava ocorrendo, quais os motivos das investidas que, claramente, atingiam o Sindicato. Uma via utilizada levava a um homem importante no próprio SNI.

Tratava-se de um coronel com assento no gabinete do chefe do serviço em Brasília. Ele era parente indireto de Fernando Jordão, a quem a diretoria do Sindicato atribuiu a missão, avaliando que o parentesco ajudaria a resolver melhor a questão.

Em Brasília, o coronel recebeu Jordão informalmente, em seu apartamento. Tanto que estava muito à vontade, de bermudas, e parecia disposto a ajudar. Mas era só aparência. Além de nada esclarecer, fez um discurso duro que praticamente era uma justificativa para o clima de ameaças que se vivia em São Paulo. O tema central da fala: infiltração comunista na imprensa. Convicto, iniciou seu discurso:

— Não se iluda, Fernando. Por dever de ofício nós aprendemos muito bem a ler jornal e sabemos descobrir uma palavra aqui, outra ali, uma fotografia cortada de determinada maneira, enfim, essas coisas que talvez você conheça melhor do que eu.

O clima de informalidade, que incluía o traje do coronel e algumas doses de uísque, foi se quebrando até que, solene, ele desfilou argumentos sobre a ação insidiosa dos comunistas e a necessidade de combatê-los:

— E vocês têm que estar atentos. Cada um é responsável pela segurança nacional. Não somos só nós, não.

Além do ridículo da cena de um coronel de bermudas a dar às suas palavras um tom solene e ao mesmo tempo raivoso, Jordão descobria, ali, que sua tentativa de um esclarecimento naufragava. Mesmo porque, cada vez mais inflamado, o coronel esgrimia argumentos que, no mínimo, desmentiam a alegação da direção da TV Cultura de que a demissão de Weis era uma imposição do SNI em São Paulo. Segundo ele, nem o SNI nem o coronel que o dirigia em São Paulo poderiam, em qualquer hipótese, agir para favorecer quaisquer grupos políticos. Além disso, a agência "não veta nem demite ninguém", sua função é trabalhar em informação e, com base em suas análises, assessorar diretamente o presidente da República.

Na tarde do dia 18, quando entrou na Veraneio do DOI-Codi e viu Paulo Markun no banco traseiro, Anthony de Christo levou um susto tão grande quanto o que, momentos antes, levara quando, mal desperto de um ligeiro cochilo, viu à sua frente dois homens que o "convidavam" a prestar esclarecimentos. Estava ao lado de Paulo Markun que, diante dos agentes do DOI-Codi, mal podia se explicar. Anthony ruminava a raiva por sentir-se traído pelo amigo.

Markun tinha apenas 23 anos e uma longa história de militância no PCB. Começara no movimento estudantil, na USP, em 1971, depois de ativa participação no movimento secundarista, no Colégio Alberto Conte, e nas passeatas de 1968. Havia passado até por uma certa Base Marxista-Leninista (BML), mas ali não encontrou espaço para militância, pois fora enquadrado como burguês. A filiação era limitada a operários e camponeses.

A carreira no jornalismo começou em 1972, no *Estado de S. Paulo*, quando ainda era estudante da ECA. No mesmo ano, colaborou com a revista *Visão*, da qual Vladimir Herzog era editor de cultura. No início de 1975, foi procurado por Vlado na redação da *Folha de S.Paulo*, onde trabalhava. Ele o convidou para colaborar no semanário *Opinião*, do qual era diretor em São Paulo. Também a convite de Herzog foi trabalhar na TV Cultura, onde estava desde o início de setembro ocupando o cargo de chefe de reportagem. Estava, assim, estreitamente ligado a Vlado, tanto por laços profissionais como de amizade.

Trabalhar na TV Cultura, naquele momento, tornara-se perigoso. A campanha contra Vlado e sua equipe engrossava dia a dia e Markun passou a ter quase certeza de que seria preso a qualquer momento. Além do mais, a caçada aos militantes comunistas, entre os quais alguns dirigentes importantes, como José Montenegro de Lima, com quem mantinha contatos frequentes, se intensificava. Chegou a pensar em fugir, mas para onde?

Mais difícil seria empreender a fuga às vésperas do batizado de sua primeira filha, Ana, de seis meses, marcado para o dia 19, um domingo.

O momento temido chegou na tarde do dia 17. Markun estava na garagem de sua casa, um sobrado no bairro do Brooklin, montando uma bicicleta que comprara para dar de presente a sua mulher, Diléa, que faria 23 anos dali a dois dias. Entretido com a montagem da bicicleta, surpreendeu-se quando uma perua Veraneio cinza estacionou bem em frente ao portão. Rapidamente avaliou o que estava para acontecer e com a mesma rapidez imaginou uma saída, uma fuga que seria possível se conseguisse alcançar o terreno baldio que havia nos fundos da casa. Desistiu do plano quanto dois agentes desceram da Veraneio e se dirigiram para o portão. Fugir para quê, se tinha certeza de que, cedo ou tarde, seria alcançado? E — razão maior — como deixar a filha, que dormia no andar superior, sozinha com a empregada, e com os homens do DOI-Codi ocupando a casa?

Os agentes já se apresentavam. Um deles se adiantou, numa abordagem estranhamente polida, anunciando que eram do II Exército e tinham ordens para conduzir Markun e sua mulher, Diléa Frate, para prestar esclarecimentos.

Diléa, que trabalhava na assessoria de imprensa da companhia telefônica, chegaria mais tarde. Markun pensou que seria mais seguro que ela fosse levada junto com ele e enquanto esperava talvez tivesse oportunidade de avisar alguém sobre a prisão. Os agentes concordaram em aguardar. Entraram e se sentaram como se fossem visitantes de cerimônia.

Minutos depois, soou a campainha. Era Rosa Lia, irmã de Markun, que havia marcado com Diléa para acertarem algumas providências para a festa de domingo — aniversário da cunhada e batizado de Ana.

Ali estava a oportunidade para Markun avisar alguém sobre a prisão. Apresentou os estranhos à irmã, informando, com a naturalidade possível, que eles o levariam para prestar depoimento. Em seguida, perguntou aos agentes se poderia explicar a Rosa Lia como pagar a prestação de uma motocicleta que comprara recentemente. Pegou o carnê, no qual rapidamente anotou os endereços de Vlado e de outro jornalista amigo, João Baptista Lemos. Rosa Lia entendeu o recado e, o mais depressa que pôde, foi à casa de Vlado levar a notícia e, em seguida, deu-a por telefone a Baptista Lemos.

Quando Diléa chegou a casa só teve tempo de arregalar os olhos diante dos inesperados visitantes. Os agentes, até então contidos e constrangidos pela espera, num instante readquiriram o tom profissional e autoritário. Um deles anunciou, secamente:

— Agora chega, vamos logo!

Chegaram ao DOI-Codi encapuzados. Pelo movimento, pelas ordens gritadas, um frenético bater de portas e o urro dos torturados, misturado com o som altíssimo de um rádio, puderam avaliar o que os aguardava. Ficaram por um bom tempo num banco comprido, num corredor. Dava para ver, por baixo do capuz, que havia outros presos, muitos deles, em outros bancos. Naqueles dias, o DOI-Codi estava superlotado.

Passados alguns minutos, mandaram que tirassem os capuzes. Diante deles, a figura enorme e desengonçada de Sérgio Gomes da Silva, apertado num macacão verde-oliva, mostrava as marcas da tortura pesada que vinha sofrendo desde que fora apanhado no Rio de Janeiro. Movia-se e falava com dificuldade, às vezes palavras sem nexo. De tudo que conseguiu dizer, uma notícia sintetizava a situação: a direção do Partidão tinha caído toda. Markun entendeu que, com tanta gente nas mãos, os homens do DOI-Codi já dispunham das informações que buscavam. De nada adiantaria negar suas atividades no PCB.

Os dois foram levados para interrogatório, em salas separadas, mas contíguas. Obrigado a despir-se, Markun imaginou a mulher na mesma situação. Dava para ouvir sua voz e, logo, seus gritos.

Markun ainda tentou resistir aos choques elétricos, mas logo chegou ao seu limite. O limite estava na sala ao lado. Os nomes de companheiros, a maioria da base dos jornalistas, inclusive o que tentara, entre uma e outra sessão de choques, preservar — o de Vladimir Herzog — foram entregues aos torturadores. Doía fazer isso, mas — pensava — havia uma atenuante para a delação: outros presos já deviam ter revelado os mesmos nomes.

Na sala ao lado, Diléa recebia choques. Não tinha qualquer informação a dar. Ainda estudante, militara por pouco tempo no Partidão, do qual se afastara sem problemas. Estava, então, mais próxima do catolicismo, principalmente depois que passara a escrever para a revista *Vozes*, de Petrópolis, editada pelos frades franciscanos. Sentia a dor da tortura e o medo da morte, mas ao mesmo tempo se agarrava à esperança de que um poder maior do que o daqueles homens que a supliciavam intercederia em seu favor.

Três homens participavam do serviço e, em dado momento, ela sentiu, além dos choques, que seus cabelos estavam se queimando. Usava tranças e uma delas estava pegando fogo. Aquelas tranças eram um capricho e a deixavam com cara de menina, uma bela menina de olhos azuis que, ao chegar à cela onde havia várias mulheres, ouviu de uma delas:

— Meu Deus, já estão prendendo crianças!

Nas mãos dos torturadores, era apenas uma comunista, "uma comunistinha ajeitadinha", conforme a observação de um deles.

O cheiro da fumaça que vinha das tranças misturava-se com as ondas de choque elétrico. A reação foi de raiva, uma raiva muito grande que fez Diléa, de um golpe, arrancar o capuz. Diante dela, as caras de espanto dos homens. Fixou o rosto de um deles, um senhor que ninguém diria ser um torturador. Tinha cara de avô.

Diléa fez um discurso que misturava a raiva com a invocação de Deus:

— O senhor não acredita em Deus, não tem família?

Dizia isso sem tirar os olhos do homem, que parecia desconcertado. Ele perguntou, tentando transmitir autoridade na voz:

— Quem mandou você tirar esse capuz?

Sem saber onde arranjara forças para chegar àquela situação absurda, Diléa respondeu:

— Ninguém mandou, mas eu tirei só para olhar para a sua cara e dizer o que penso.

O homem voltou, sem convicção:

— Você sabe que pode morrer aqui...

— Sei. Vocês são capazes de tudo!

A cena na sala de tortura lembrava o teatro do absurdo. O diálogo da prisioneira com o interrogador, a coragem que ela demonstrava. Os outros torturadores se postavam ao fundo, os braços estendidos, quase imóveis, a tudo assistindo como se de repente tivessem perdido a ferocidade exigida pelo serviço sujo que faziam.

Não parecia que ali estavam os mesmos homens que, minutos antes, diante de seu corpo nu, haviam feito tantas ameaças, dito tantas palavras imundas, prenúncios de um estupro que, felizmente, não houve.

Trinta anos depois, Diléa relembra aqueles momentos. Treme como não tremeu ao ousar o gesto de arrancar o capuz e de olhar nos olhos do torturador. Treme e chora. Enfurecidos, eles poderiam tê-la matado. Mas aquele homem, aquele com cara de avô, parecia tocado por um repentino sentimento de respeito pela prisioneira que tinha a seu dispor. Na conversa, Diléa havia se referido à filha Ana, ao batizado ao qual, se houvesse, não poderia assistir. Ao referir-se à filha, Diléa viu nos olhos do homem um ligeiro brilho de ternura.

Agora, distanciada, tenta entender o que exatamente aconteceu na sala de tortura, aqueles homens parados diante dela, a fúria de repente estancada:

> Naquele momento, parecia que Deus tinha baixado ali. Ficou tudo parado no ar. Não sei como tive coragem para enfrentá-los. Acho que quando a gente enfrenta situações-limite, tem duas saídas: fica paralisada pelo medo ou busca os meios para se livrar. Acima de mim, havia a preocupação com a minha filha. Reagia como fêmea com cria recente. Sei lá, acho que naquele instante aflorou com muita força o instinto de preservação

da espécie, alguma coisa misturada com o divino. Não me deixei dominar pelo medo, apesar de não ser corajosa. Até hoje fico impressionada com o que aconteceu.

Quando, naquele dia, Diléa voltou à cela e contou o que havia acontecido, muitas prisioneiras não acreditaram. Marinilda Marchi, uma das primeiras a chegar ali, comentou, entre espantada e feliz:

— Essa menina é maluca!

O que aconteceria pouco mais de um dia depois, no domingo, dia 19, deixou as ocupantes daquela cela mais espantadas ainda. Chegaram os carcereiros, dirigiram-se a Diléa:

— Apronte-se, você vai sair.

Uma onda de medo percorreu a cela. Medo e dúvida. "Sair" tanto podia significar a liberdade como o fim de tudo. Muitos que haviam saído, assim de repente, tinham sido levados para locais secretos, de extermínio. O nome de um desses lugares sinistros era Colina. A palavra, na boca dos torturadores, era uma ameaça.

Já fora da cela, no pátio, dentro da Veraneio, o medo transformou-se em alegria. Um dos agentes comunicou:

— Você vai para o batizado de sua filha.

Momentos antes, em outra cela, eles haviam feito suspense com Markun, que agora estava na mesma Veraneio com Diléa. Chegaram perguntando:

— Que dia é hoje?

Markun não tinha certeza, perdera a noção de tempo. Insistiram na pergunta, ele respondeu:

— Acho que é domingo...

— E o que vai ter hoje?

— Não sei.

— Não sabe? Tá esquecido, cara? É uma coisa importante, uma festa de família.

Foi a deixa para ele se lembrar: domingo, 19, era o dia do aniversário de Diléa e do batizado da Ana. Confuso, sem saber aonde os homens queriam chegar, ouviu de um deles:

— Nós vamos deixar você sair para o batizado da sua filha. É pra lhe mostrar que nós não somos os filhos da puta que vocês pensam.

Em seguida, uma ordem:

— Faça a barba e se vista!

14 Cenas de um batizado

De barba feita, Markun deixou de lado o macacão verde-oliva e vestiu a roupa que o carcereiro lhe entregava, a mesma com que chegara ao DOI-Codi. No pátio, Diléa já o aguardava no banco traseiro da Veraneio. Além do motorista, dois agentes estavam no carro, com suas metralhadoras acomodadas em sacolas de mão. O casal se olhou, num silêncio cheio de interrogações: o que significava tudo aquilo? Mas restava, naquela situação constrangedora, um fiapo de alegria. Logo mais encontrariam a filha, que naquele momento já estava na igreja, nos braços dos avós.

A igreja de São Francisco de Assis, no bairro de Vila Clementino, seria, mais tarde, o cenário de uma insólita cerimônia de batizado. O celebrante, frei Clarêncio Neotti, dos franciscanos de Petrópolis, viera especialmente para o sacramento que, até poucos instantes atrás, todos acreditavam que seria feito sem a presença dos pais da menina.

A chegada de Diléa e Markun provocou espanto e uma alegria que os parentes e amigos não sabiam bem como manifestar. Todos tinham conhecimento de que eles haviam sido presos e levados para um dos mais temíveis aparelhos de repressão do país. E assim, de repente, ali estavam, ao lado de uma pia de água benta.

Se havia surpresa, havia também medo. Enquanto frei Clarêncio fazia, tenso, um discurso introdutório, exaltando as qualidades de Diléa, com quem discutia, além dos textos que ela escrevia para a revista *Vozes*, algumas questões teológicas. Suas palavras aludiam, de modo indireto e cuidadoso, à situação que viviam os pais de Ana, privados da liberdade, um bem que vem de Deus e é direito do homem.

Mais do que às palavras do celebrante, os presentes atentavam para os dois homens estranhos que mal conseguiam disfarçar as metralhadoras que portavam ocultas em sacolas. Mesmo no momento mais solene, quando o sacerdote ungiu com sal a cabeça de Ana e sobre ela derramou a água do batismo, os olhares todos, mesmo que disfarçadamente, eram dirigidos para os homens do DOI-Codi.

Terminada a cerimônia, eles se revelaram de vez. De repente, as metralhadoras estavam em suas mãos, nuas e ameaçadoras fora das sacolas. É que o frade convidara os pais e os avós de Ana a acompanhá-lo até a sacristia, onde receberiam o atestado de batismo. Mal fecharam a porta, um dos agentes chegou gritando:

— Abram, abram!

De dentro da sacristia, a voz de frei Clarêncio:

— A porta não está trancada. Podem entrar.

Enquanto um dos homens tentava abrir a porta, seu companheiro alcançava rapidamente o corredor lateral da igreja, chegando até a janela da sacristia, que estava fechada.

Diante da porta, segurando nervosamente a metralhadora, o outro agente já dava sinais de que se preparava para abri-la à força quando, com a calma possível naquela situação, Diléa, que trazia Ana nos braços, saiu da sacristia.

Apesar da metralhadora que portava, o agente do DOI-Codi parecia desarmado, confuso, até envergonhado pela cena que acabara de protagonizar.

Relembrando a cena, Diléa a reconstitui não como se fosse de teatro do absurdo, mas um instante de revelação, algo misterioso a que dá uma interpretação mística. Frei Clarêncio lhe garantira que a porta não tinha chave. Por que, então, os homens do DOI-Codi não conseguiram abri-la? Seria por causa da confusão do momento? Voltou muitos anos depois à igreja, para se certificar. Não havia chave. Saiu com uma certeza: "Deus estava com a gente lá dentro."

Os acontecimentos que se seguiram à conturbada cerimônia do batizado tiveram todos os componentes de uma tragicomédia. Na porta da igreja, as pessoas se olhavam como se perguntassem: "E agora?" A presença dos agentes significava que Markun e Diléa seriam levados de volta para o DOI-Codi. Isso aconteceria, realmente, mas não de imediato. O pai de Diléa, Alberto Frate, chegou-se para os agentes, que pareciam fazer-se a mesma pergunta:

— Vamos com a gente. Vai ter uma festinha...

Apontou para a filha e continuou:

— Não sei se os senhores sabem, mas hoje é o aniversário dela. Tem um bolo, salgadinhos, uísque e cerveja pra gente comemorar o aniversário e o batizado. Vamos lá!

Os agentes se entreolharam. Terminaram concordando. O domingo era de sol, inspirava um certo relaxamento. Além do mais — devem ter avaliado — os chefes haviam permitido a saída dos prisioneiros, nada impedia que fizessem o "serviço completo".

Algo impensável aconteceu além da permissão para o casal participar da festa: os agentes aceitaram a sugestão de Markun para que a mãe de Diléa, Delma, fosse na Veraneio, enquanto ele e a mulher, com Ana, seguiriam no carro do pai dele. No carro do sogro iriam outras pessoas da família. A Veraneio seguiria na retaguarda.

A caminho da festa, abriu-se a mais que previsível oportunidade para que Markun desse alguns recados a seu pai, Bernardo. Pediu-lhe que corresse a avisar a todos os companheiros que citara aos interrogadores do DOI-Codi, os quais estavam, naturalmente, na lista dos que deveriam ser presos nos próximos dias. Vladimir Herzog deveria ser o primeiro a ser avisado.

A festa seria na casa de Diléa e Markun. Uma estranha festa em que a comemoração se dava entre falsas manifestações de alegria e o constrangimento pela presença daqueles dois agentes da repressão.

Eles haviam tomado o cuidado de recolocar as metralhadoras nas sacolas, mas não abriram mão de levá-las. Sentaram-se num confortável sofá da sala e mantiveram as armas todo o tempo junto a seus pés, enquanto se serviam da comida e da bebida que lhes ofereciam.

Às vezes se fazia um pesado silêncio, só interrompido quando Ana, que estava num cercadinho no meio da sala, manifestava-se em sua "língua" de bebê de seis meses. Inquieta, ela já tentava engatinhar.

Gentil, um dos agentes comentava sobre os lindos olhos azuis de Ana. Markun quase teve uma crise. Decidiu então que era hora de ir embora, de voltar para o DOI-Codi. Ele mesmo fez a proposta aos incômodos acompanhantes:

— Vamos embora!

O bolo de aniversário foi cortado. Mas ninguém teve voz para entoar a cantiga de parabéns.

Enquanto Markun e Diléa eram devolvidos ao DOI-Codi, o pai de Markun corria à casa de Vlado, que o recebeu friamente, demonstrando desconfiança a respeito da história que ele contava. Devia haver um engano, Markun não poderia tê-lo citado no depoimento, deveria estar confuso, por causa do sofrimento da tortura, e por isso havia mencionado seu nome como integrante do Partido Comunista. E frisou, com veemência, que nada tinha a ver com o PCB.

Vlado se comportava como se estivesse diante de um agente da repressão. Sabia que estava na lista dos que deveriam ser presos, mas se mantinha firme na decisão de negar participação em atividades subversivas. Não tinha por que se esconder, era diretor de uma emissora de TV estatal, tinha endereço fixo. E, além de tudo, os órgãos de informação do governo, a começar pelo SNI, haviam dado sinal verde para que ocupasse o cargo na TV Cultura.

Com a mesma veemência com que negara participação no PCB ao pai de Markun, Vlado enfrentaria os carrascos do DOI-Codi, seis dias depois.

Anthony de Christo já havia passado por toda a série costumeira de torturas quando um dos torturadores anunciou:

— Nós vamos à casa do Luís Weis. Você vai com a gente!

Já na C-14, Anthony avaliou rapidamente a situação. O interrogador acrescentara ao anúncio de que iriam à casa de Weis a perturbadora informação de que iriam também "dar uma volta". Anthony pensou:

"Fodeu. Para onde os caras vão me levar?" Quando lhe puseram o capuz, sentiu medo, muito medo. "Dar uma volta" podia significar muita coisa, uma das quais, aterradora, era ser levado para um dos sítios clandestinos de que tanto falavam.

Foi com um certo alívio, sentimento que logo substituiria por raiva, que, ao lhe tirarem o capuz, viu que estava numa rua dos Jardins. Ali, numa vila, ficava a casa de Luís Weis. Um dos três agentes intimou:

— Agora você vai levar a gente na casa dele!

— Na casa de quem? — perguntou Anthony, tentando despistar.

— Você sabe, porra! Você sabe muito bem onde é casa do Weis.

Anthony ainda tentou negar, disse não se lembrar. O homem voltou, irônico:

— Claro que você lembra. Não se faça de esquecido, seu comunistinha metido a esperto. É aqui nessa vila.

Anthony percebeu, então, que tudo aquilo não passava de uma encenação. Eles sabiam perfeitamente onde Weis morava. O que faziam era minar a resistência dos prisioneiros, jogar uns contra os outros, sugerir traições.

Eles sabiam também onde era a casa de Vlado. Não se detiveram diante da vila em que morava Weis. Com a Veraneio já em movimento, um dos homens anunciou:

— Agora nós vamos à casa do Herzog. Você sabe onde ele mora, né? É ali na rua Oscar Freire, né?

— Não sei.

— Não se faça de desentendido, porra!

Já estava escurecendo quando a Veraneio, descendo a rua Cardeal Arcoverde, entrou na Oscar Freire. Diminuiu a marcha a poucos metros da esquina, quase parando diante de um sobradinho:

— É aqui?

— Não sei, está meio escuro.

— Não está vendo, cara? É a casa com o desenho de uma criança no portão. Você conhece bem essa casa.

(No portão da casa de Vlado havia a imagem colorida de uma criança que sorria. Antes, ali, funcionara uma escolinha infantil.)

Não chegaram a parar. Seguiram em velocidade, de volta para o DOI-Codi. No caminho, Anthony de Christo não conseguia apagar da mente a imagem da criança desenhada no portão de Vlado.

As notícias sobre a caçada aos jornalistas levaram Ricardo Moraes Monteiro a deixar a casa dos pais, na Chácara Santo Antônio, Zona Sul da cidade, e buscar asilo na casa da avó materna, Lurdes, no bairro de Perdizes, e, logo depois, na casa de uma tia, Regina, no mesmo bairro. Tentava despistar os agentes da repressão. No dia 17, na hora do almoço, eles invadiram a casa de seus pais, armados de metralhadoras.

Não encontraram Ricardo, mas não desistiram: voltaram no fim da tarde, invadiram a casa novamente e lá permaneceram a noite inteira, à espera, mantendo a família como refém. Além do casal, estava na casa o irmão menor de Ricardo, Fernando, de 13 anos. (Outro irmão, Luiz Guilherme, estudante de arquitetura na USP, seria preso no mesmo dia, à tarde.)

Na manhã seguinte, a preocupação de Lurdes pela sorte do neto terminou levando os agentes à casa em que ele se refugiara. Por segurança, ela não usou o telefone e resolveu ir pessoalmente avisar que Ricardo estava bem. Demoraram a abrir a porta. Ela entrou e foi logo dizendo: "O Ricardo está bem, o Ricardo está bem." Tomou um grande susto quando se viu diante de um dos militares a lhe apontar uma metralhadora:

— Ah, ele está bem, não é? Então vá dizendo onde ele está, que nós queremos fazer uma visitinha.

Trêmula, Lurdes emudeceu. Tentava, mas não conseguia dizer uma palavra. A cena era insuportável. O pai de Ricardo, Cyro Monteiro, conseguiu acalmar a sogra, que, entre soluços, disse-lhe que Ricardo tinha ido para a casa de Regina. Ele percebeu que era inútil continuar negando, decidiu fornecer o endereço aos agentes. Restava-lhe, ainda, a esperança de que o filho já não estivesse lá — Ricardo conseguira, na tarde anterior, avisá-lo por telefone de que passaria apenas a noite na casa da tia.

Menos de uma hora depois, a casa de Regina, onde Ricardo já se preparava para sair, foi invadida. Três homens armados de metralhadoras o levaram encapuzado para o DOI-Codi.

Quase uma operação de guerra, a ação do DOI-Codi parecia destinada a capturar um guerrilheiro de longo curso. Mas Ricardo, que militava no PCB, era apenas um jovem de 23 anos, estudante da ECA, onde estava para terminar o curso de jornalismo. Como presidente do Centro Acadêmico da faculdade, em 1973, participara intensamente do movimento estudantil da USP, mas não avançara muito além disso em sua militância política, que incluía participação na Juventude do MDB, um partido legal.

Mas no DOI-Codi queriam saber muito mais do que isso. Ricardo foi torturado durante toda a tarde do dia 18. Mal conseguia ouvir os próprios gritos, pois um rádio ligado a todo volume abafava os sons da dor com acordes de música sertaneja. Nu, entre um grupo de cerca de sete torturadores que se revezavam, ele recebia golpes que vinham de todos os lados. Tinha os olhos vendados, mas a certa altura ordenaram-lhe que tirasse a venda. Diante dele, encapuzado, um homem alto e corpulento, vestindo um macacão verde-oliva, estava parado, os braços estendidos ao longo do corpo. Era Sérgio Gomes da Silva, assistente da base estudantil do PCB na USP. Tiraram-lhe o capuz, os dois se olharam. Sérgio tinha o rosto desfigurado e dizia, a voz embargada:

— Isto aqui é o inferno. Não quero que você sofra o que já sofri. Aqui é o inferno, o inferno!

Naquele inferno ouviam-se, misturados aos gritos dos torturados, alguns nomes de torturadores famosos pela ferocidade. Entre os mais falados havia um Dr. Paulo, nissei, e um certo capitão Ramiro, que Ricardo conheceu durante uma das sessões de tortura. Vestia uma camiseta justa, colada ao corpo, e ostentava a tatuagem de uma caveira no antebraço esquerdo.

Aquela imagem ficaria gravada na mente de Ricardo durante muitos anos. Passados 28 anos, a imagem se fez mais nítida e associada à morte do irmão, Luiz de Moraes Monteiro, que fora preso no mesmo dia em que ele e levado para o mesmo DOI-Codi.

Luiz acabara de se suicidar.

Diante do corpo sem vida do irmão, Ricardo lembrava os dias de prisão. No DOI-Codi, eles ficaram em celas separadas, nunca se falavam. Apenas viam, quando se cruzavam nos corredores, a expressão do horror que carregavam nos olhos.

Luiz saiu do DOI-Codi 12 dias depois da prisão. Não era a mesma pessoa. Voltou muito abalado. Procurava, mas não encontrava, lógica na violência sofrida. Não pertencia a nenhuma organização política, não chegou sequer a ser processado. Deu para beber, abandonou o curso de arquitetura. Deu fim à vida em novembro de 2003. Não seguira o "Cordão Encarnado" do poema que seu irmão Ricardo escreveu no presídio do Cambuci, em dezembro de 1975, depois de passar pelo DOI-Codi e o Dops:

> Neste carnaval de tristes dias,
> Vai sair um cordão diferente,
> Organizado há muito tempo.
> Seu enredo é a vida.

A operação de caça aos jornalistas se intensificara naquela semana: desde a prisão de Fred Pessoa, no dia 15, até a de Luiz Paulo Costa, no domingo, 19, sete deles já se encontravam no DOI-Codi. Com Sérgio Gomes da Silva e Marinilda Marchi, que tinham sido os primeiros a cair, a lista chegava a nove.

Na sexta à noite, por volta das 21 horas, foi a vez de José Vidal Pola Galé, repórter esportivo na Agência Folhas. Ele era do grupo da ECA e militava no PCB desde os 19 anos. Com as prisões de colegas, tomara a precaução de dormir em endereços diferentes, cada dia na casa de um amigo. Por isso, talvez, foi o primeiro a ser apanhado no local de trabalho (todos os demais tinham sido capturados em casa ou na rua).

Da portaria da *Folha de S.Paulo*, na alameda Barão de Limeira, ligaram para a redação dizendo que uma pessoa queria falar com ele, mas não podia subir porque não conseguira vaga para estacionar o carro. Galé nem perguntou quem era, pois estava esperando um colega, Vicente Dianezi, com quem iria jantar.

Quando desceu, dois estranhos que estavam no saguão logo se aproximaram:

— Bico calado! Você vai com a gente.

Na Veraneio, algemado e encapuzado, Galé estava tenso e amedrontado, mas tentou entender a situação em que acabara de ser apanhado: como os homens tinham chegado ao ponto de prender alguém dentro do prédio de um jornal? Lembrou-se das histórias que corriam nas redações dos diversos jornais da empresa sobre jornalistas ligados aos órgãos de repressão. Num dos jornais, a *Folha da Tarde*, concentrava-se o maior número de jornalistas considerados de "dupla militância". Atuavam no jornalismo e no serviço de caça aos comunistas, principalmente no Dops.

Como todos os outros, Galé passou pelos vários aparatos de tortura no DOI-Codi. Tinham encontrado num de seus bolsos uma carteirinha cheia de telefones e endereços, quiseram saber quem era quem; apanhou muito para que revelasse se eram ligados ao Partidão, mas naquela lista não havia ninguém.

O nome de dom Paulo Evaristo Arns não estava na carteirinha, mas sobre ele fizeram muitas perguntas:

— Você sabe, é aquele bispo comunista.

Na carteirinha estavam, principalmente, os nomes de pessoas ligadas ao esporte, entre eles o de Dulcídio Vanderley Buschilla, juiz de futebol, que Galé iria encontrar dias depois, quando foi transferido para o Dops. Buschilla, que vários outros jornalistas presos também encontrariam no Dops, trabalhava ali, no serviço de identificação dos presos. Ao ver Galé, ele se espantou:

— Você aqui! A gente se encontra em campo de futebol e agora você entrou numa cana brava. Mas aqui no Dops é mais maneiro, viu?

Galé, a quem os amigos chamavam carinhosamente de Gordinho Risonho, manteve a expressão carregada de raiva com que saíra do DOI-Codi.

No canto de uma cela, encolhido de dor, Luiz Paulo Costa completava a lista de jornalistas presos naquela semana. Não era conhecido dos outros prisioneiros, todos pertencentes à mesma base de jornalistas do PCB. Na mesma cela estavam Ricardo Moraes Monteiro, Fred Pessoa, Sérgio Gomes da Silva e José Vidal Pola Galé, que havia sido preso na véspera.

Em São José dos Campos, onde era correspondente de *O Estado de S. Paulo*, Luiz Paulo participava de movimentos de esquerda, o que vinha fazendo desde o golpe de 1964, e por isso fora preso várias vezes. Mas não militava no Partidão.

No canto da cela, ele gemia. Gemer, ali, era coisa comum depois das sessões de tortura, mas no caso de Luiz Paulo havia um complicador: ele sofria de osteomielite, tinha um grave problema de coluna, estivera hospitalizado por duas semanas e estava convalescendo em casa, em São José dos Campos, quando os homens do DOI-Codi foram buscá-lo. Tentara, antes de ser jogado numa Veraneio cor de abóbora, apanhar os remédios que os médicos lhe haviam receitado, mas os agentes não permitiram.

A prisão tivera lances cinematográficos. Ele estava na cozinha de casa, conversando com a mulher, Maria Elisa, grávida de quatro meses. Ao voltar para a sala, quase esbarrou num estranho que entrava na cozinha;

— Você vai com a gente! — gritou o estranho visitante.

No susto, Luiz Paulo ainda teve tempo de pensar: como aquele homem, que estava acompanhado de outros dois que se haviam postado no meio da sala, conseguira entrar sem que a cachorra Chiquita, uma perdigueira que não mordia ninguém, mas fazia uma barulheira enorme sempre que alguém estranho se aproximava, desse um simples latido?

Quando, nove dias depois, voltou para casa, todo arrebentado, o mistério do silêncio de Chiquita foi desfeito. Ela agonizara uma noite inteira num canto do jardim e morrera de manhã. (Entre as técnicas de abordagem, alguns agentes da repressão haviam introduzido o envenenamento de cachorros, para evitar que chamassem atenção, atrapalhando o serviço.)

A tortura começara imediatamente depois da chegada de Luiz Paulo ao DOI-Codi, na noite de 19, um domingo. Exigiam que ele "contasse tudo" sobre sua participação na célula do PCB em São José. A negativa lhe custou suplícios cada vez maiores. Foi levado a outra sala onde, despido, sentaram-no na "cadeira do dragão". Em poucos minutos, tudo estava pronto para o início da operação: ligaram fios elétricos no pênis, nos mamilos, nas orelhas. Antes que a máquina chamada "pimentinha" fosse acionada, um dos torturadores, a quem chamavam Dr. Paulo, anunciou:

— Ele é jovem ainda, vai aguentar bem.

Acionaram a máquina e, à medida que rodavam a manivela, cada vez com maior velocidade, os choques aumentavam. Gritavam-lhe perguntas, uma das quais, várias vezes repetidas, era sobre ligações com o deputado Alberto Goldman e com o governador Paulo Egydio.

Foram buscar Adegildo, um velho militante do PCB em São José, que já estava preso havia alguns dias.

— Agora — disse um dos torturadores — você não pode negar que é secretário da célula do Partido Comunista!

O velho Adegildo foi firme:

— Não, ele é do MDB, é da esquerda, mas não é do Partido.

Já era de manhã quando trouxeram outro prisioneiro, Miguel Trefaut, filho de Miguel Urbano Rodrigues, editorialista do *Estadão*, a quem Luiz Paulo conhecia. Todos sabiam que Miguel Urbano, jornalista português, figura respeitada no jornal, era comunista, mas, a despeito disso, os Mesquita o mantinham na função estratégica de editorialista. Sabiam que, por sua integridade moral, ele jamais faria contrabando ideológico nos textos que escrevia com impecável correção gramatical.

Por isso, provavelmente, a repressão não alcançou Miguel Urbano. Mas chegou ao seu filho, que de repente foi levado a desempenhar a função de algoz. Colocado diante da máquina de choque, o rapaz recebeu a ordem infame:

— Agora você vai trabalhar.

O velho Adegildo estava preso aos fios elétricos e a Miguel Trefaut cabia acionar a manivela da "pimentinha". Um torturador que comandava a sessão virou-se para Luiz Paulo:

— Você não está querendo falar, agora quem vai falar é o seu amigo.

Voltaram-se para Miguel, aos gritos:

— Agora é com você. Pau na máquina!

Eram três torturados naquela sessão.

Fazia dias que Luiz Paulo estava jogado no canto da cela, tentando equilibrar-se em cima de um colchão roto. Não conseguia se pôr de pé. Para ir ao banheiro era preciso que os companheiros o carregassem. Sua presença, naquelas condições, a cada dia pesava mais entre os colegas de cela, que se preocupavam com seu estado de saúde. Em vários momentos ele chegava a perder a consciência e, ao recobrá-la, dizia que estava para morrer. Um dia, sem que se detivessem a pensar nas consequências, os companheiros decidiram protestar, reclamando a presença de um médico. Foi então que, no meio da cela, agitando o corpanzil, Serjão pôs-se a gritar:

— Um médico, um médico!

O clamor surtiu efeito. Passados alguns minutos trouxeram o médico. Era outro prisioneiro, David Capistrano Filho, que estava no DOI-Codi desde a ofensiva contra os dirigentes do PCB, no fim de setembro. Era bem-vindo como médico e como companheiro de militância. David, ainda jovem, tinha uma longa história de militância comunista que, a bem dizer, começara em casa. Seu pai, David Capistrano da Costa, chegara a integrar o Comitê Central do PCB, e sua mãe, Maria Augusta, se destacara, ainda na juventude, como dirigente estadual do Partido na Paraíba.

David Capistrano da Costa passara grande parte de sua vida longe da família e, em 1974, passou a integrar a lista de desaparecidos políticos. Provavelmente, antes de ser morto,[61] estivera na mesma cela em que, um ano depois, o filho examinava Luiz Paulo Costa. Sua trajetória incluía participação na Guerra Civil Espanhola, como combatente das Brigadas Internacionais que lutavam contra Franco, em 1936, e como *partisan*, na resistência francesa contra a ocupação nazista.

Depois de examinar Luiz Paulo, Capistrano Filho virou-se para os oficiais do DOI-Codi, que acompanhavam tudo atentamente:

— Ele está muito arrebentado, não tem condições de ficar aqui. Precisa ser removido com urgência para um hospital.

Se morresse ali, Luiz Paulo não seria o primeiro nem o último. Mas um cadáver sempre dava algum trabalho a mais e no mínimo precisariam inventar uma história antes de entregar o corpo à família ou desaparecer com ele. Decidiram, então, livrar-se do prisioneiro incômodo. Não convinha, porém, mandá-lo para um hospital qualquer. Decidiram mandá-lo de volta para casa. Luiz Paulo viajou deitado no banco traseiro de uma

---

[61] *Direito à memória e à verdade*, op. cit., p. 373.

Veraneio. Durante a viagem teve poucos momentos de consciência, que recobrou, de passagem, quando se viu jogado no chão do terraço de sua casa. A operação de descarte produzira barulho, o que chamou a atenção de pessoas da família, que saíram para ver o que estava acontecendo. Ouviram de um homem que subia apressado a Veraneio:

— Fala pra ele que a gente pode voltar. Bico calado!

Os remédios de que estivera privado durante os nove dias de prisão trouxeram algum alívio a Luiz Paulo, que pediu que ligassem para Raul Bastos, chefe do departamento de sucursais do *Estadão*. O jornal despachou imediatamente para São José dos Campos um de seus repórteres, Hamilton Octavio de Souza, também diretor do Sindicato dos Jornalistas, encarregado de prestar assistência ao companheiro no que fosse preciso. Luiz Paulo foi internado no mesmo dia no Hospital da Beneficência Portuguesa, em São Paulo, onde permaneceu duas semanas. Durante todo esse tempo, uma Veraneio cor de abóbora, provavelmente a mesma que o fora buscar em São José, permaneceu estacionada no pátio do hospital.

Um ano depois, Luiz Paulo decidiu entrar para o PCB. Tinham-lhe quebrado os ossos por uma suposta militância no partido; se o pegassem novamente — pensou — poderiam fazer tudo de novo, mas os ossos seriam de um comunista militante de verdade. Quem assinou a ficha de filiação foi um jovem médico seu conhecido, David Capistrano Filho, então secretário-geral do PCB em São Paulo.

15 Aperta-se o cerco

As notícias de novas prisões, a maioria das quais ocorridas no fim de semana, começaram a chegar ao Sindicato dos Jornalistas logo na manhã de segunda-feira, dia 20. Pessoas das famílias dos sequestrados levavam as notícias e, ao mesmo tempo, pediam que o Sindicato conseguisse das autoridades militares garantia de vida para os presos. Sob tensão, a diretoria se reuniu para discutir as medidas possíveis de serem tomadas. Não havia muito o que fazer. Qualquer ação legal contra a repressão resultaria inútil, pois os militares agiam acima da lei, inclusive a mais dura delas, a temível Lei de Segurança Nacional, que permitia, pelo menos, que fosse quebrada a incomunicabilidade dos presos dez dias após a prisão.

A diretoria decidiu emitir mais uma nota de protesto contra a ilegalidade das prisões.

O peso das notícias foi um pouco aliviado pela permissão que fora dada para Markun e Diléa assistirem ao batizado da filha. A informação sobre o batizado, que fora dada pelo jornalista Paulo Nunes, setorista da TV Cultura no quartel-general do II Exército, era um enigma que os diretores do Sindicato tentavam decifrar. O que estava acontecendo? Os homens estariam recuando ou apenas mudando de tática, fazendo o papel de bonzinhos?

Antes que chegassem a qualquer conclusão, o telefone tocou na sala da diretoria. Do outro lado da linha, um oficial que se identificou como major Azambuja queria falar comigo. Sua voz era de comando:

— O comandante quer falar com os senhores.

Na hora marcada, quatro diretores do Sindicato — além de mim, o vice-presidente, José Aparecido, o primeiro secretário, Gastão Thomaz de Almeida, e o tesoureiro, Wilson Gomes — foram recebidos pelo general Ednardo.

O comandante tinha a expressão carregada. Foi logo falando, em tom firme, a razão da convocação:

— Convidei os senhores a propósito das notas que o Sindicato dos Jornalistas tem distribuído à imprensa.

Sem dar tempo a qualquer resposta, passou a fazer uma preleção sobre as atividades dos comunistas e o dever que não só os militares, mas todos os democratas tinham de combatê-los. Acrescentou, como se grifasse cada palavra, que as manifestações do Sindicato sobre as prisões eram perigosas, podiam ser entendidas como tentativa de indispor o povo contra as autoridades.

O general citou a Lei de Segurança Nacional e acrescentou que as prisões não visavam especificamente aos jornalistas nem a pessoas de quaisquer outras atividades. E, quase exaltado:

— Ninguém é preso por ser jornalista, mas por ser comunista!

Para demonstrar o que acabara de afirmar, disse que no mesmo DOI-Codi em que estavam presos os jornalistas estava também sua prima Sarita d'Ávila Mello, uma jovem professora. Deu a entender que ela teria sido apanhada como qualquer outro comunista, sem que para tanto ele precisasse ter conhecimento prévio:

— Ela é comunista, está presa e acabou!

A expressão do general era dura, procurei medir as palavras para justificar a posição da entidade, que se contrapunha à dele. Naquele momento isso era uma temeridade, mas tínhamos, também, nossa certeza: nosso dever, como diretores do Sindicato, era defender os associados, fossem eles comunistas ou não.

No fim do encontro, o general procurou aliviar o clima de tensão. Falou, num tom quase doce, que autorizara a saída de Markun e Diléa para o batizado da filha. Não usou as palavras chulas que os carcereiros disseram ao casal, mas, como eles, tentava mostrar que no DOI-Codi não habitavam os monstros que se imaginava. Em seguida, anunciou mais uma bondade: dali em diante, qualquer prisão de jornalista seria comunicada ao Sindicato.

Da avaliação que fariam logo depois, em reunião no Sindicato, os diretores chegaram a uma conclusão preocupante: as prisões iriam continuar. E mais preocupante ainda, a "concessão" do general, avisando sobre as prisões, colocaria de algum modo a entidade na condição de conivente com a repressão. Tratava-se de um absurdo "privilégio". Mas, ao mesmo tempo, possibilitaria, naqueles dias de incerteza, alguma segurança, pois uma autoridade — no caso o próprio comandante do II Exército — estaria assumindo a responsabilidade pelas prisões. Assim, pelo menos poderíamos saber em que mãos cairiam os jornalistas apanhados pela repressão.

Todas essas considerações cairiam no vazio. Outras prisões — sequestros, na verdade — foram feitas e em nenhum dos casos o general se deu o trabalho de avisar o Sindicato.

Os dias que estavam por vir seriam mais duros.

As notas de denúncia das prisões distribuídas pelo Sindicato dos Jornalistas cumpriam um papel importante, mas eram pouca coisa diante da escalada repressiva que atingia não apenas jornalistas, mas cidadãos de várias atividades profissionais. Nos porões do DOI-Codi, a guerra anunciada pelo general Ednardo crescia em proporções nunca vistas. Naqueles dias, o DOI-Codi estava superlotado. Lá estavam quase cem presos, muitos dos quais, por falta de espaço nas celas, permaneciam nos corredores à espera dos interrogatórios.

Era uma guerra desigual, na qual opositores do regime, indefesos, sofriam as mais bárbaras torturas. Mas os gritos dos torturados não chegavam aos ouvidos do ministro da Justiça, Armando Falcão, para quem a ordem e a tranquilidade reinavam "em todo o território nacional". E para preservar esse estado de felicidade geral, ele decidiu, de um momento para outro, emitir uma ordem: uma circular enviada a todos os governadores determinava que fossem tomadas medidas "contra manifestações públicas capazes de provocar agitação".

Tratava-se, na avaliação do governo, de medida necessária, pois os órgãos de informação haviam detectado a preparação de movimentos estudantis e outros contra decisões do governo no campo econômico. Além disso, a discussão sobre a liberdade de imprensa, que certamente ocuparia grande espaço na 31ª Assembleia da Associação Interamericana de Imprensa (SIP, na sigla em espanhol), que seria aberta naquele mesmo dia em São Paulo, poderia desencadear manifestações contra a censura aos veículos de comunicação.

Entidade de grande prestígio por reunir empresários de comunicação de todos os países americanos, a SIP, então presidida por Júlio de Mesquita Neto, diretor de *O Estado de S. Paulo*, tinha autoridade para denunciar as restrições que o governo brasileiro impunha à imprensa. Além do mais, as denúncias teriam, certamente, repercussão em todas as Américas.

A reunião da SIP ensejou a oportunidade para que as denúncias das prisões de jornalistas alcançassem repercussão maior do que as notas do Sindicato, geralmente publicadas — quando eram publicadas — em cantos de páginas internas. Com autorização da mesa da Assembleia, compareci à reunião de quarta-feira, 22, quando li em plenário a relação dos nove jornalistas que estavam presos no DOI-Codi.

Esse fato provocou grande irritação e reação imediata do II Exército. Ao contrário de outras vezes, em que a diretoria era "convidada" a comparecer ao comando, o major Horuz Azambuja, secretário do general Ednardo, telefonou-me na tarde do mesmo dia para avisar que eu havia passado dos limites ao levar o caso das prisões à reunião da SIP. Ao aviso acrescentou uma ameaça:

— O senhor pode ser enquadrado na Lei de Segurança Nacional!

Citou até o artigo da LSN, o 14º, que previa punição para quem tentasse indispor a população contra as autoridades.

No Sindicato, uma avaliação positiva: certamente a denúncia feita na SIP levaria à publicação de notícias sobre as prisões em jornais de todos os países representados no encontro.

Mas isso não impediu que as prisões continuassem. Dois dias depois do telefonema do major, mais dois jornalistas, Rodolfo Konder e George Duque Estrada, foram capturados em suas casas, na manhã do dia 24. Outros três estavam na lista, mas conseguiram escapar: Marco Antônio Rocha, Marcelo Bairão e Fernando Morais (Antonio Alberto Prado, que saíra do país antes da grande caçada, estava no Canadá, trabalhando na rádio oficial).

Vlado recusou a fuga. Na noite do mesmo dia 24 foram prendê-lo em seu local de trabalho, mas terminaram aceitando que ele se apresentasse às 8 horas do dia seguinte no DOI-Codi.

Na hora marcada, Vlado transpôs o grande portão cinzento da rua Tomás Carvalhal, 1030.

A semana que terminaria no sábado, 25 de outubro, transcorreu entre aflições e dúvidas. Alguns diretores do Sindicato chegaram a pensar que a situação tendia a melhorar. Imaginavam que, no mínimo, haveria uma trégua, pois, além da realização da assembleia da SIP, estava marcado para começar na semana seguinte, no Rio de Janeiro, o Congresso da Sociedade Americana de Agentes de Viagens (Asta, na sigla em inglês), cuja cobertura seria feita por mais de duzentos jornalistas estrangeiros. "Eles", argumentavam, referindo-se aos militares do DOI-Codi, "não são loucos a ponto de ignorar a repercussão que novas prisões terão no exterior."

Porém, entre os jornalistas ligados ao PCB, e mesmo os que, não sendo filiados, estavam na lista do DOI-Codi, prevalecia o temor de que seriam presos a qualquer momento. Alguns deles trataram de sair da cidade, outros permaneceram, mas fora de suas casas, refugiados em casa de amigos e parentes.

Um dos que decidiram permanecer foi Vlado. Apesar do aviso mandado por Paulo Markun de que fora citado nos interrogatórios, juntamente com outros integrantes da base dos jornalistas, ele mantinha a decisão de não admitir sua ligação com o PCB. Era, sim, de esquerda, aspirava ao retorno do país à normalidade democrática, mas não se considerava, por isso, um subversivo. Tanto era assim — raciocinava — que passara pelo crivo do SNI quando estava para assumir a direção do Departamento de Jornalismo da TV Cultura.

Apesar dessas convicções, Vlado não descartava a possibilidade de, como acontecera a vários de seus colegas, ser alcançado pela repressão. Além de haver sido citado nos interrogatórios, percebia que o seguiam e que sua casa estava sendo vigiada. Por isso, mesmo tendo decidido que não deixaria a cidade, atravessou aqueles dias em grande tensão.

16 Desaguadouro de aflições

A sucessão de acontecimentos desde o início da onda de prisões levou o Sindicato dos Jornalistas a se transformar em instância informal à qual recorriam companheiros e parentes dos perseguidos. Era uma espécie de desaguadouro de aflições. As mesmas aflições que passaram a viver seus diretores, alguns dos quais, como eu, mesmo sem estar na lista de prisões imediatas, sabiam que poderiam ser alcançados pela repressão.

No começo da noite do dia 22, eu havia chegado exausto em casa, na rua Veiga Filho, no bairro de Higienópolis. O dia tinha sido especialmente atribulado e terminara com o telefonema ameaçador do major Azambuja, por causa de minha participação na assembleia da SIP. Além de tudo, haviam aumentado nos últimos dias os sinais de que meus passos estavam sendo seguidos por gente da repressão. Apesar do cansaço, eu pensava que aquela seria mais uma noite de dificuldade para dormir. Daquela noite, eu guardaria amarga lembrança.

Eu ainda não aprendera a lidar com o aparelho de som que ganhara de presente de meu amigo Marcus Pereira, que acabara de lançar o primeiro disco de uma maravilhosa coleção, uma espécie de mapeamento da música popular brasileira representativa de todas as regiões do país. Estava para colocar o disco que reunia músicas populares do Nordeste quando o interfone tocou. Maria Marta, então minha mulher, foi atender. Nervosa, foi dizendo: "Ai meu Deus, o que será?" Voltou dizendo que Vlado estava na portaria.

Naqueles dias, Vlado decidira não se comunicar com ninguém por telefone. Temia que as conversas estivessem sendo gravadas, por isso viera sem avisar. Clarice o acompanhava, entraram se desculpando por não terem avisado.

Tenso, Vlado pouco lembrava a figura amável que era, de humor fino e sutil, de papo agradável, uma pessoa admirada pela competência profissional, por seu profundo senso de justiça e, sobretudo, por uma sólida cultura que não exibia, mas que fluía naturalmente nas conversas.

Eu não pertencia ao círculo de amigos de Vlado. Durante sua primeira passagem pela TV Cultura, fui entrevistado por ele, com o teatrólogo Jorge Andrade, então meu colega na redação da revista *Realidade*. Além disso, cruzara com ele algumas vezes, em coberturas jornalísticas ou em um ou outro bar frequentado por jornalistas. Um deles, o Ferro's, fizera grande sucesso nos anos 1960. Localizado na "cabeça" de um viaduto sobre a avenida Nove de Julho, em frente a uma sinagoga, o Ferro's não tinha nada de especial, era pouco mais do que um boteco de paredes azulejadas e que servia, na parte dos fundos, uma comida apenas razoável. Mas virou moda entre jornalistas, artistas de cinema e teatro, alguns intelectuais de nome. Vlado não era assíduo, por lá aparecia raras vezes, com colegas da revista *Visão* ou com gente de cinema, que era a sua grande paixão. Cinema era o tema que o animava nas conversas.

Voltei a vê-lo umas poucas vezes, já na fase do Sindicato dos Jornalistas, onde ele ia se encontrar com seu amigo Fernando Jordão. Não trocávamos mais do que algumas palavras formais.

Naquela noite, em minha casa, nossas palavras expressavam tensão e medo.

Bom jornalista, Vlado resumiu em poucas palavras as suas preocupações, que iam além da tensão que ele próprio estava vivendo. Resumiu o quadro geral, desde a campanha de Cláudio Marques tentando envolvê-lo com um suposto plano de ação comunista na TV Cultura até a onda de prisões que atingiam os jornalistas e a tortura a que eles estavam sendo submetidos no DOI-Codi.

Vlado via com clareza — e maior preocupação — o verdadeiro sentido da violência que atingia não apenas os jornalistas, mas gente de todas as áreas: tratava-se de uma guerra entre facções da direita, uma delas, a que agia no porão, tentando barrar a qualquer custo o projeto de abertura política anunciado pelo general Geisel. Por tudo isso, considerava haver necessidade de uma reação da sociedade civil organizada e aí entrava o Sindicato dos Jornalistas. Ele reconhecia que o Sindicato vinha, ao denunciar as prisões, cumprindo um papel importante. Essas denúncias — acentuava — eram um grande avanço, pois pela primeira vez, desde o AI-5, uma entidade sindical denunciava sistematicamente a violência das prisões. Mas — indagava — o que mais poderia ser feito? Não seria o caso de se avançar mais, envolver mais a categoria nos protestos?

Tanto Vlado como Clarice insistiram nesse ponto. Como resposta, ouviram que a questão havia sido discutida no Sindicato, mas prevalecera o entendimento de que, na circunstância, estava-se fazendo o possível, agindo no limite. Percebíamos que o Sindicato assumia, a cada dia, o papel de um canal de protesto que deveria ser preservado, pois, além das ações ilegais dos militares da ultradireita, o governo dispunha de um vasto arsenal legal que lhe permitia intervir na entidade a qualquer momento. E isso significava o fechamento do canal de protesto.

Acima das questões discutidas naquela reunião improvisada, ficou um enorme sentimento de frustração. Vlado e Clarice se despediram. Ele tinha no rosto uma visível expressão de desalento.

Foi a última vez em que o vi.

Na noite seguinte a essa visita, Vlado e Clarice compareceram à festa de despedida do adido cultural do Consulado Britânico, John Guild, que estava mudando de posto. Guild, como outros diplomatas ingleses, tinha ligação de amizade com Vlado desde os tempos em que ele trabalhava na BBC, em Londres.

Aquela festa, que poderia ter contribuído para aliviar um pouco a tensão, terminou cedo para Vlado e Clarice. Lá estava também Marco Antônio Rocha, o Marquito, editorialista do *Jornal da Tarde* e um dos mais ativos participantes da base dos jornalistas do Partidão. Eram amigos desde os tempos de colégio e depois da revista *Visão*. Ao sair da festa, num apartamento da rua Peixoto Gomide, Vlado convidou Marco Antônio para ir junto, pois tinha um assunto importante a discutir.

Convidou-o a entrar em seu carro, um Fusca. Ao lado de Clarice, que estava na direção, Vlado foi logo dizendo:

— Estão nos procurando.

Falou sobre o recado que Paulo Markun mandara pelo pai, informando que os nomes dos integrantes da base estavam todos na lista dos que deveriam ser presos. Marco Antônio não demonstrou surpresa. Quis saber:

— O que você acha que devemos fazer?

— É justamente sobre isso que quero conversar com você: o que fazer?

Marco Antônio foi direto:

— Eu, de minha parte, vou me picar pra algum lugar do interior. E acho que você deve fazer o mesmo. Pegue a Clarice e os meninos e sumam, se mandem.

Marquito fazia uma análise curiosa sobre a situação: a repressão fizera uma pausa durante a semana, por causa da realização do encontro da SIP, mas voltaria a agir com sede de sangue no fim de semana, enquanto não chegavam os jornalistas estrangeiros para a cobertura do congresso da Asta. O melhor, portanto, era abandonar São Paulo o mais depressa possível. Assim, podiam voltar na segunda-feira, tendo pela frente, enquanto os agentes de viagem discutiam no congresso, alguns dias para uma reavaliação da situação.

Mas Marquito conhecia bem o amigo. Tinham quase a mesma idade: ele, 39; Vlado, 38, sempre o mesmo cara tímido, reservado, mas que defendia com ardor suas convicções. Quando se fixava numa ideia, dificilmente o convenciam do contrário. Vlado não tinha dito nada sobre sair ou não da cidade. O amigo insistiu:

— Como é, o que você acha de a gente se mandar daqui?

A resposta foi rápida:

— Eu fico. Não tenho nada a esconder. Não sou um criminoso.

Marco Antônio sabia que não adiantaria insistir. Despediu-se. Nunca mais voltaria a ver o amigo.

Horas depois, mal amanhecia a sexta-feira, 24, o DOI-Codi iniciava o arrastão do fim de semana. Às 6 horas, foram buscar Rodolfo Konder em sua casa, um apartamento na alameda Tietê, nos Jardins. Konder era o décimo jornalista da série iniciada em 5 de outubro a cair nas mãos da repressão. No DOI-Codi, passou por todo o ritual sinistro a que obrigavam os prisioneiros: o capuz, a nudez, o macacão verde-oliva, os choques elétricos, as pancadas, os xingamentos.

Carioca, Konder fora para São Paulo no início de 1969, a convite de Milton Coelho da Graça, para trabalhar na revista *Realidade*. Em 1972, passara para a revista *Visão*, onde trabalhavam vários dos integrantes da base de jornalistas do Partidão. Foi lá que conheceu Vlado, com quem compartilhava a ideia de que o socialismo poderia conviver com a democracia. Nas mãos dos torturadores, porém, isso nada significava: ali eram todos "comunistas filhos da puta".

No início da tarde, logo depois do almoço, foram buscar George Duque Estrada em sua casa, no bairro da Bela Vista, onde ele estava sozinho. Era o 11° jornalista a ser apanhado.

Dois militares do DOI-Codi, como sempre à paisana, entraram logo que Duque Estrada abriu a porta. Um deles tinha um pacote debaixo do braço. Era um revólver embrulhado com jornal. Num tom quase de gentileza, que contrastava com a violência da invasão da casa, disse:

— Gostaríamos que o senhor nos acompanhasse.

Duque Estrada era editor de arte da revista *Veja*. Considerado um dos mais competentes profissionais do setor, acabava de introduzir modificações importantes na lauda em que eram escritos os textos das matérias. Uma das alterações dava a medida da importância do "invento": em vez de os textos serem escritos com 72 toques, o que obrigava o diagramador a fazer cálculos para a redução à medida da coluna da revista, passariam a ser escritos na medida exata da coluna, em 32 toques. O arranjo terminou sendo batizado de "lauda Duque".

No DOI-Codi, ele encontrou Rodolfo Konder, com quem compartilhou um banco de madeira, num corredor, quase em frente a uma sala de tortura. Os dois seriam, horas depois, testemunhas da morte de Vladimir Herzog.

Na mesma sexta-feira, no fim da tarde, dois militares do DOI-Codi foram buscar Fernando Morais na redação da Editora Três. Discretos, os homens pareciam participar de uma operação normal, dentro dos limites da lei. Apresentaram-se polidamente a um dos diretores da editora, Domingo Alzugaray, anunciando que tinham ordens de prender o jornalista. Outro diretor, Luís Carta, percebeu o que estava acontecendo e, mais do que depressa, tratou de avisar Múcio Borges, diretor de redação do semanário *Aqui*, um projeto de Samuel Wainer em parceria com a editora, que deveria ser lançado nos próximos dias. Múcio foi diretamente à mesa de Fernando, um dos editores do novo jornal. Não havia muito tempo para explicações, além da notícia de que os homens tinham ido buscá-lo. O que ele tinha a fazer era abandonar o prédio imediatamente.

Fernando dispensou o elevador, onde poderia cruzar com os agentes, e desceu correndo os 15 andares que separavam a redação da rua.

Já no estacionamento onde deixava o carro, na esquina da avenida Paulista com a rua Augusta, tratou de botar a cabeça em ordem, pensar nos passos que daria a seguir. Não descartava a possibilidade de ser alcançado. Não era filiado ao PCB, mas cometera, no início do ano, um pecado sem remissão: tinha viajado a Cuba. A viagem tinha sido patrocinada pela revista *Visão*, já então de propriedade do engenheiro Henry Maksoud, a quem se podiam atribuir vários pecados, menos o de nutrir qualquer simpatia pelo regime de Fidel Castro. Tanto que, por não concordar com o conteúdo da reportagem de seu "enviado especial", vetou a publicação. O texto, revisto e aumentado por Fernando Morais, seria publicado em livro (*A ilha*) um ano depois e, em poucas semanas, estava na lista dos mais vendidos. O livro foi o ponto de partida para a sua brilhante carreira de escritor.

Ao deixar a redação da Editora Três, naquela tarde, Fernando, ainda aturdido, decidiu não voltar para casa. Foi à USP, onde Rúbia, sua mulher, lecionava e passou pela casa de alguns amigos, com os quais discutiu a situação. Todos, inclusive seu advogado, Iberê Bandeira de Melo, o aconselharam a sair da cidade. Foi para um hotel no Guarujá, balneário de luxo, onde, segundo Iberê, o DOI-Codi jamais suspeitaria que um subversivo fosse se esconder.

No domingo, 26, Guarujá tinha sol e mar azul, mas o refúgio ganhava as cores escuras de um pesadelo. Num telefonema a um amigo em São

Paulo, Fernando ficou sabendo que Vlado fora procurado na TV Cultura, na sexta-feira à noite, e se apresentara ao DOI-Codi no sábado de manhã.

Fernando e Rúbia tinham um almoço marcado na casa de praia de Thomas Farkas e, apesar da tensão, decidiram comparecer. Farkas e sua mulher, Melanie, receberam os dois visivelmente tensos. Tinham acabado de receber a notícia de que Vladimir Herzog fora encontrado morto numa cela do DOI-Codi.

Fernando decidiu voltar para São Paulo, de onde tomaria outro rumo. No círculo de amigos com os quais fizera contato, o clima era pesado, de medo e pânico. As pessoas tinham medo de usar o telefone, mas algumas vezes, por esse meio, recebiam notícias aterradoras. Uma delas dava conta de que um grupo da linha-dura que se autodenominava "os indonésios" estava pronto para dar um golpe e derrubar o general Geisel, liquidando com seu projeto de abertura política. A morte de Vlado seria o sinal para a investida final da chamada Operação Jacarta, cujo objetivo seria o extermínio de alguns milhares de comunistas.

Na manhã de segunda-feira, 27, Fernando Morais, a quem vários amigos haviam aconselhado a deixar o país, partiu num Fusca com destino à fazenda do avô de Rúbia em Guaranésia, uma pequena cidade no sul de Minas Gerais. Entre as opções deixadas para trás, havia a de asilo na embaixada de Portugal, para o que o deputado federal Santilli Sobrinho, do MDB, providenciara um carro oficial para a viagem a Brasília, e a oferta de dois passaportes israelenses, conseguidos pelo amigo jornalista Carlos Brickmann com alguém influente da colônia judaica de São Paulo, e das passagens para um voo até Tel-Aviv.

A solidariedade dos amigos se sobrepunha ao medo.

Quando Luís Weis foi obrigado a se demitir da TV Cultura, onde, a convite de Vlado, ocupava o cargo de editor de jornalismo, buscou emprego na revista *Veja*. Ligou para seu amigo Paulo Toti, chefe de reportagem, a quem contou o que estava acontecendo, para saber se havia alguma vaga disponível e se não havia restrição a seu nome. Toti consultou o diretor da revista, Mino Carta, e, no dia seguinte, ligou de volta, anunciando o sinal verde:

— Pode vir, a barra está limpa.

Obter o emprego, naqueles dias conturbados em que seu nome estava na lista dos que deveriam ser presos, teve para Weis o sentido de um asilo. No dia seguinte, ele estava na sala de Mino Carta, que o recebeu com uma saudação:

— Seja bem-vindo. É uma honra ter você aqui.

Mino segurava uma situação difícil na Editora Abril, pois a revista *Veja* continuava sob censura prévia, o que o colocava frequentemente em situações de confronto com os homens do poder. Não perdia tempo discutindo com os executores da censura, mas enfrentava os que os mandavam executar o serviço. Isso inquietava a direção da Abril, que, evidentemente, recebia pressões do governo. Mino conversava com gente do alto escalão. Sabia das coisas. Entre seus interlocutores estava o general Golbery.

A contratação de Weis poderia representar um pouco mais de lenha no fogo do caldeirão de tensões que fervia no prédio da Abril, na margem direita do rio Tietê, mas isso não aumentava as preocupações de Mino. Por mais de uma vez, quando as posições que assumia causavam maior frisson e o assunto era discutido com o presidente da empresa, Victor Civita, dissera que não abriria mão de suas posições, mas poderia, para evitar problemas maiores, deixar o cargo.

Um "problema maior" era um empréstimo de 50 milhões de dólares que a Abril pleiteava na Caixa Econômica Federal e estava empacado. O pedido terminou na mesa de Armando Falcão, o cardeal-mor da censura, que certamente gostaria de ver a cabeça de Mino rolar.

Civita avaliou a situação e concluiu que a saída de Mino não seria boa para a empresa. Chamou-o e disse:

— Você fica.

— Tudo bem, eu fico, mas, se precisar, eu rebimbo o malho.

Rebimbar o malho, para ele, significava que, na direção da revista, tomaria as posições que julgasse corretas, independentemente do que o governo achasse. Pensava mais na reação de Armando Falcão, que naqueles dias determinara a proibição da peça *Abajur lilás*, de Plínio Marcos, considerado autor maldito, um dos mais visados pela censura.

A primeira rebimbada de malho foi justamente contratar Plínio Marcos para escrever uma coluna de esportes na *Veja*. Em seguida, contratou Luís Weis, diretor do Sindicato dos Jornalistas, que estava na mira dos militares e acabara de ser vetado na TV Cultura.

Da redação da *Veja*, no quinto andar do prédio da Abril, Mino avistava do outro lado do rio o prédio da TV Cultura. Considerava que a crise que ali se instalara poderia, como Weis acabava de fazer, atravessar o Tietê e chegar à Abril. Mas isso não o demovia da disposição de continuar o seu rebimbar de malho.

Fazia duas semanas que Luís Weis estava trabalhando na redação da *Veja*. Na noite de sexta-feira, 24, o trabalho era dobrado, avançaria pela madrugada, porque a revista estava na primeira fase de fechamento, que seria concluído na noite de sábado.

Lá pelas 23 horas, ele recebeu telefonema de um colega da TV Cultura avisando que o pessoal do DOI-Codi tinha ido à emissora para prender Vlado, mas que houvera um acerto para que ele se apresentasse na manhã do dia seguinte. A notícia, mesmo previsível, deixou Weis atordoado. O colega acrescentara um detalhe intrigante: ficara acertado que Paulo Nunes, setorista no II Exército, dormiria naquela noite na casa de Vlado e o acompanharia de manhã ao DOI-Codi. O acerto seria resultado de um telefonema de Paulo Nunes para o coronel Paes, chefe da 2ª Seção. Os tempos eram de dúvidas, de desconfiança, de se falar baixo, pois nunca se sabia se havia um informante dos órgãos de repressão ao lado. Quem poderia garantir que o colega designado para acompanhar Vlado não estaria a serviço dos militares? E que estaria, naquela noite, no papel de um cão que vigiaria a caça para que ela não escapasse?

Weis espantou o pensamento, temendo estar sendo injusto. Aquilo não passaria de mais um ataque de paranoia, comum naqueles dias de sobressaltos.

Outra notícia, por volta de 1 hora da madrugada, chegaria por telefone da casa do próprio Weis. Sua empregada, Emília, estava nervosa:

— Seu Luís, vieram uns homens aqui procurando o senhor. Disseram que tinham encontrado uns documentos e queriam entregar. Eu falei pra eles deixarem aqui, mas eles nem disseram nada e foram embora.

Weis pensou: "Chegou a minha vez." Deu a notícia a Mino Carta, que começou imediatamente a pensar numa rota de fuga para ele. Uma delas seria sair de São Paulo por uns dias e se preparar para ser correspondente da revista em Madri. Weis agradeceu, emocionado, mas não podia aceitar, tinha problemas familiares que o impediam de ficar fora da cidade. O jeito era enfrentar a situação. Voltou à mesa de trabalho e atravessou a madrugada debruçado sobre as matérias que deveria editar. Preocupava-se com os textos e com o que poderia acontecer quando voltasse para casa. Às 5 horas da manhã deu o trabalho por concluído. Foi à sala de Mino:

— Acabou o serviço. Posso ir?

— Vá, mas com cuidado. Passe algumas vezes pela frente de casa, olhe bem para se certificar de que não há movimento estranho. Se houver, vá ao primeiro orelhão e ligue para mim.

Weis voltou para casa escoltado por dois colegas, Marcos Sá Corrêa e Almir Gajardoni, que o seguiam de perto em outro carro. Num quarteirão antes da entrada da vila em que ele morava, na alameda Rocha Azevedo, no Jardim Paulista, estava estacionada uma previsível C-14. Weis passou direto e parou no primeiro orelhão para dar a notícia a Mino, que pediu a ajuda de José Roberto Guzzo e Sérgio Pompeu, chefes da redação, para encontrar um lugar seguro para ele.

Weis ficou na casa de um amigo. Só à tarde conseguiu dormir, um sono agitado, quebrado por pesadelos. À noite, quando despertou, seu hospedador começou uma conversa cheia de reticências. Até que disparou:

— Luís, você vai ter que segurar uma treta, uma coisa horrorosa: o Vlado se matou.

Mino Carta concluíra que a crise tinha, finalmente, atravessado o Tietê e chegado à *Veja*. Logo de manhã ligou para o general Golbery. Não conseguiu falar com ele, que estava em sua chácara em Luiziânia, Goiás, nos arredores de Brasília, sem telefone. Ligou em seguida para a casa do governador Paulo Egydio e disseram-lhe que ele viajara para o interior do estado, para inaugurar uma central elétrica. Lembrou-se de que o

Vlado Herzog com um ano de idade. Abaixo, aos dois anos, com os pais Zigmund (Giga) e Zora Herzog, em Banja Luka, Iugoslávia.

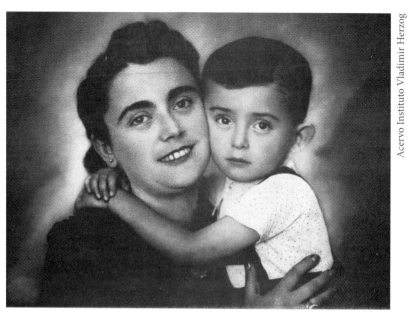

Em 1940, aos três anos, Vlado com sua mãe, Zora. Abaixo, a loja de Ziga Wollner, seu avô materno, em Osijek (Croácia), sua cidade natal.

A família Herzog em Fonzaso, Itália, onde se refugiou depois de uma dramática fuga da Iugoslávia ocupada pelos nazistas. À esquerda, Vlado aos seis anos; abaixo, aos sete, com seus pais.

Com o fim da Segunda Guerra Mundial, em 1945, a pequena família Herzog foi para um campo de refugiados em Bari, na Itália. Eles viviam uma vida incerta, sem saber que destino tomar. Vlado (ao lado) tinha, então, oito anos de idade. No ano seguinte, a família, cheia de esperança, embarcou para o Brasil. Abaixo, Vlado, aos doze anos, aparece no quintal da pequena casa em que vivia com os pais, em São Paulo.

Em 1960, o jovem Herzog se iniciava no jornalismo participando de uma cobertura importante, a inauguração de Brasília, para o jornal *O Estado de S. Paulo*. Aqui ele aparece em frente ao Palácio da Alvorada, recém-construído.

Além do jornalismo, o cinema era uma das paixões de Vlado. Nesta foto de 1963, ele aparece com Fernando Birri, diretor da Escola de Cinema de Santa Fé, Argentina.

Poucos meses antes de se casarem, em 1964, Vlado e Clarice posam ao lado dos pais dele, Zigmund e Zora Herzog. Abaixo, o casal com Zora no dia do casamento.

Londres, 1965. Vlado com os bebês Ivo (seu primeiro filho) e Beatriz, filha de seus amigos Fátima e Fernando Pacheco Jordão.

Em um domingo de sol, num parque londrino, os casais Herzog e Pacheco Jordão com os seus bebês.

Herzog (à esquerda) e Fernando Pacheco Jordão, em transmissão da BBC, em 1965. Os dois trabalhavam no Serviço Brasileiro da emissora.

Em Londres, em 1966, Vlado com seu filho Ivo.

A família Herzog reunida durante visita de Giga e Zora a Londres, em 1967.

Em sua primeira passagem pela TV Cultura de São Paulo, em 1972, Vladimir Herzog entrevista o teatrólogo Jorge Andrade (centro) e o jornalista Audálio Dantas, da revista *Realidade*, no programa "Homens de Imprensa".

Herzog em foto datada de 22 de setembro de 1975, 33 dias antes de sua morte. É a última em que ele aparece com vida.

No velório do Hospital Albert Einstein, na tarde de 26 de outubro de 1975, a mãe de Vlado, Zora, e Clarice com os dois filhos, André (esquerda) e Ivo.

Durante o velório, aparecem da esquerda para a direita: o ator Juca de Oliveira, então presidente do Sindicato dos Artistas, o teatrólogo Plínio Marcos e os jornalistas Mino Carta e Jorge Escosteguy.

Solidão – O presidente do Sindicato dos Jornalistas de São Paulo, Audálio Dantas, de mãos no rosto, vela o corpo de Herzog, na madrugada de 27 de outubro de 1975. Esta foto só seria publicada dez anos depois, pelo jornal *Folha da Tarde*, de São Paulo.

A divulgação da nota oficial do Sindicato dos Jornalistas, publicada pelos jornais de segunda-feira, 27 de outubro, provoca a primeira reação da sociedade civil ao assassinato de Herzog. Cerca de mil pessoas compareceram ao sepultamento, no Cemitério Israelita do Butantã. Ivo Herzog, então com nove anos, joga terra sobre o caixão do pai.

Devido ao apressamento da cerimônia pela Chevra Kadisha, organização de serviços fúnebres da comunidade judaica, a mãe de Vlado, que aparece no centro da foto, só conseguiu chegar ao cemitério quando o corpo do filho já estava enterrado.

Em sua edição de 28 de outubro de 1975, a *Folha da Tarde*, jornal que era uma espécie de porta-voz dos órgãos de segurança, confirma em manchete a versão das autoridades militares: "Suicídio".

No dia seguinte ao ato ecumênico, foi publicado na seção de avisos fúnebres do jornal *O Estado de S. Paulo*, um anúncio apócrifo atribuído a um grupo de judeus, católicos e protestantes. O texto acusa os celebrantes de "ministros religiosos desviados" que exploraram a morte de Herzog para fins políticos e ideológicos.

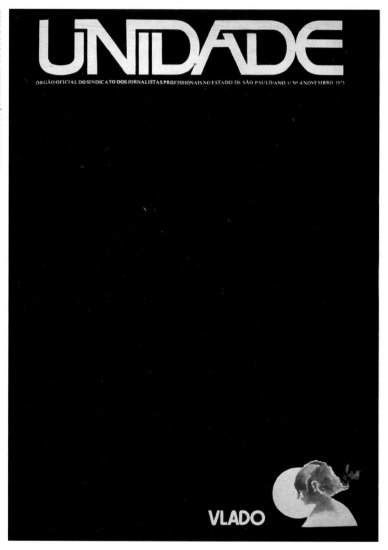

Edição histórica do jornal *Unidade*, órgão oficial do Sindicato dos Jornalistas de São Paulo, sobre o assassinato de Herzog. Concebida por Hélio de Almeida, a capa simbolizando o luto pela morte do jornalista foi considerada uma das mais importantes da imprensa brasileira no século XX.

Apesar das quase 400 barreiras montadas pelos órgãos de segurança nas principais vias de acesso ao centro da cidade, oito mil pessoas conseguiram chegar à catedral da Sé, em São Paulo, onde se realizou o culto ecumênico em memória de Herzog, no dia 31 de outubro de 1975. A multidão não coube na catedral e ocupou parte da praça da Sé.

Celebração do culto ecumênico. No centro aparecem, da esquerda para a direita, o reverendo James Wright, o cardeal Dom Paulo Evaristo Arns e o rabino Henry Sobel. À direita, paramentado de branco, Dom Helder Câmara.

Ao final do culto ecumênico, o presidente do Sindicato dos Jornalistas, Audálio Dantas, discursa. Como o cardeal Arns (à esquerda), ele recomenda que todos saiam em silêncio. Era preciso evitar qualquer pretexto para uma ação violenta da repressão.

O general Ednardo d'Ávila Mello chega ao QG do II Exército, de cujo comando foi demitido por Geisel, em janeiro de 1976.

Em 1976, no Dia da Imprensa, o general Dilermando Gomes Monteiro visita o Sindicato dos Jornalistas, onde foi recebido por Audálio Dantas. Dilermando substituiu o general Ednardo d'Ávila Mello, demitido por Geisel do Comando do II Exército, após a morte do operário Manoel Fiel Filho, em janeiro do mesmo ano, enforcado na mesma cela em que foi encontrado o corpo de Herzog, no DOI-Codi. Com essa visita, ele pretendeu sinalizar que a área de São Paulo estava "pacificada".

Em 25 de outubro de 1976, um ano depois da morte de Herzog, a cerimônia de descerramento do túmulo, no Cemitério Israelita do Butantã. Ao centro, o rabino Henry Sobel e o cardeal Paulo Evaristo Arns. Embaixo, Audálio Dantas discursa ao lado do rabino Sobel.

Num debate no Sindicato dos Jornalistas, em 1976, da esquerda para a direita, os jornalistas Gabriel Romero, Audálio Dantas, Fernando Jordão e Erasmo de Freitas Nuzzi, diretor da Faculdade de Jornalismo Casper Libero.

Sessão da 7ª Vara do Tribunal da Justiça Federal em São Paulo, em maio de 1978, na primeira fase do processo que condenou a União pela prisão ilegal, tortura e morte de Vladimir Herzog. À esquerda, no centro da mesa, o juiz João Gomes Martins Filho, que foi impedido de dar sua sentença.

Símbolo da violência da ditadura militar, a foto do corpo do jornalista Vladimir Herzog dependurado por um cinto amarrado a uma barra de ferro da grade de um vitrô, numa cela do DOI-Codi do II Exército, foi um dos documentos oficiais apresentados como "prova" de que se tratava de suicídio. A foto mostra Vlado de joelhos dobrados, fato que, desde o início, levou a que se duvidasse da versão dos militares.

Em 2012, trinta e sete anos depois, a mesma foto, com outro enquadramento, até então de conhecimento de um grupo restrito de militares, foi divulgada no blog do deputado Miro Teixeira (PDT-RJ). Ela mostra que havia outras barras de ferro acima daquela em que o cinto foi amarrado. Usando a cadeira que se encontrava na cela, Herzog poderia ter alcançado uma das barras superiores, caindo em vão livre, e não a primeira, a apenas 1,63m de altura. O corte feito, quase rente à barra inferior, sugere o "esquecimento" desse detalhe pelos autores da manipulação da imagem.

Ainda em 2012 o jornal *Folha de S.Paulo* localizou em Los Angeles, nos Estados Unidos, o autor da foto, Silvaldo Leung Vieira, que trabalhava na Divisão de Criminalística da Polícia de São Paulo. Depois de tantos anos, ele se diz angustiado por haver registrado a cena que, acredita, foi montada como prova de um suicídio que não houve.

Um ano depois da morte de Herzog – Ivo Herzog, aos dez anos, diante do retrato do pai, no Auditório Vladimir Herzog do Sindicato dos Jornalistas de São Paulo.

general Ferreira Marques, chefe do estado-maior do II Exército, era sogro de José Ramos Tinhorão, que trabalhava na *Veja* e lhe forneceu o telefone. Tentou uma ligação, não conseguiu falar. Por volta das 8 horas, ligou para o cardeal Arns:

— Dom Paulo, as coisas estão complicadas.

Explicou que, àquela hora, Vladimir Herzog deveria estar se apresentando no DOI-Codi e que estavam à caça de Luís Weis e de outros jornalistas. Falou também da tentativa frustrada de se comunicar com o governador. Dom Paulo disse que tentaria o contato. Mino foi para casa, onde não tinha telefone, e tentou em vão descansar da noite em claro.

Na hora do almoço, um motorista da Editora Abril entregou-lhe um bilhete do cardeal, pedindo que lhe telefonasse com urgência. Por telefone, dom Paulo disse que conseguira falar com Paulo Egydio. O governador decidira voltar para São Paulo, mas seria importante que Mino fosse a Santos procurar, em seu nome, o secretário de Segurança, coronel Erasmo Dias, para que ele assumisse "o controle da situação". Mino se espantou:

— Mas dom Paulo, pelo amor de Deus, logo o Erasmo Dias! Esse cara está envolvidíssimo com a repressão, imagine se ele vai acreditar que sou portador de um recado do governador. Ele vai é me prender!

A informação era a de que o coronel costumava aparecer na sede do Santos F.C., no estádio de Vila Belmiro, nos sábados à tarde. Mino tocou para lá no mesmo carro da Abril cujo motorista lhe havia levado o recado do cardeal. No estádio, ninguém sabia de Erasmo Dias, mas alguém informou:

— Quando ele vem a Santos sempre visita o Caldeira.[62]

Mino conseguiu o telefone da casa de Caldeira, ligou para lá:

— Por favor, pode me informar se o coronel Erasmo Dias está aí?

— Como? Quem é o senhor?

— Sou Mino Carta.

— Não interessa!

---

[62] Carlos Caldeira Filho, um dos diretores da *Folha de S.Paulo*, amigo de Erasmo Dias.

O telefone foi desligado sem que houvesse tempo para maiores explicações. De volta a São Paulo, Mino estava preocupado com o fechamento da edição da *Veja* e ligou para a redação avisando que chegaria mais tarde. Já eram 19 horas, estava sem almoço, iria comer uma pizza no restaurante Paulino, na rua Pamplona. Deixou o telefone, caso precisassem. Não tardou muito, ligou o ator Juca de Oliveira, presidente do Sindicato dos Artistas, que o tinha procurado na redação da *Veja*. Sem dizer mais nada, ele anunciou:

— Mataram o Vlado!

A pizza ficou intocada. O diálogo era difícil, Juca se atrapalhava como se tivesse, de repente, esquecido um texto e quebrado a sequência de uma cena de teatro de horror.

Acabara de receber a notícia de Fernando Faro, diretor de programação da TV Cultura, que fora incumbido de ir ao IML reconhecer o corpo.

Mino foi levar a notícia a dom Paulo, depois correu para a casa de Juca de Oliveira, onde estavam vários outros artistas. Discutiam o que fazer. A primeira coisa seria procurar o Sindicato dos Jornalistas, para manifestar a solidariedade dos artistas. Começava, ali, um movimento que, a partir do dia seguinte, passaria a expressar não só o apoio ao Sindicato, mas a revolta de setores importantes da sociedade civil contra a ditadura militar.

Mino Carta decidiu ir ao encontro de Clarice Herzog. A perplexidade e a dor iam tomando conta dos poucos que receberam a notícia naquela pesada noite de sábado.

No fim da tarde de domingo, enquanto dezenas de jornalistas se reuniam na sede do Sindicato ou no velório no Hospital Albert Einstein, em torno do corpo de Vlado, Mino Carta conseguiu, finalmente, dar a notícia ao general Golbery. Ele acabava de chegar à Granja do Torto, em Brasília, depois de passar o fim de semana no sítio de Luiziânia. Atendeu ao telefone e Mino foi direto:

— General, a notícia é ruim: o diretor de Jornalismo da TV Cultura, Vladimir Herzog, foi assassinado no DOI-Codi.

Do outro lado da linha, o general explodiu:

— Como, o que aconteceu exatamente? Isso é um absurdo!

Mino relatou os acontecimentos a Golbery: a série de prisões de jornalistas, entre os quais George Duque Estrada, da *Veja*, a ida dos agentes do DOI-Codi à TV Cultura, na noite de sexta-feira, a caça a Luís Weis, de madrugada, e a apresentação de Vlado, na manhã de sábado. Finalmente, a informação dada por um setorista do II Exército à direção da TV Cultura de que Herzog havia se suicidado na cela em que estava preso.

Outra explosão do general:

— É mentira! É mentira!

Um pouco mais calmo, Golbery recomendou que Mino procurasse o governador Paulo Egydio. No palácio, ele encontrou o governador que, nervosíssimo, aguardava a chegada do diretor da Fundação Padre Anchieta, Rui Nogueira Martins, e de Fernando Faro. O clima era pesado e mais ainda ficou quando Paulo Egydio telefonou para o coronel Paiva, que comandava o SNI em São Paulo. Pelo tom da conversa, percebia-se que o governador tentava se explicar, às vezes tropeçando nas palavras:

— Não, nós não sabíamos que ele era comunista. Isso foi uma surpresa muito grande. Como... como... Mas o que é isso, coronel? Não sabíamos!

No atropelo da conversa, Paulo Egydio esquecera um detalhe importante: quando Herzog foi indicado para o cargo na TV Cultura, o mesmo coronel do SNI fora consultado e dera sinal verde para a contratação.

O clima era de grande constrangimento. Um simples telefonema revelava, de maneira contundente, a fragilidade do poder civil diante da prepotência da tropa que mandava no país e, principalmente, do bando que agia no porão do regime militar.

O governador tentava desesperadamente controlar o nervosismo. Tomava doses cavalares de calmantes que não faziam efeito.

Quando Mino Carta deixou o Palácio dos Bandeirantes, despediu-se de um governador que não conseguia conter o choro.

Na sexta-feira à tarde, horas antes de Vlado ser procurado pelos militares na TV Cultura, recebi um telefonema de Paulo Nunes. Ele falava da redação da TV Globo, onde também trabalhava como setorista do QG do II Exército. Sabia das preocupações da diretoria do Sindicato com a onda de prisões, que não cessava, e procurava minimizar o problema:

— Não se preocupe, presidente — dizia, com a certeza de quem tem informação segura —, o que está acontecendo é que eles jogaram a corda e agora começam a puxar. Estou sabendo que eles vão pegar mais cinco.

As palavras de Nunes, ouvidas por Fernando Jordão, que estava na redação, não eram exatamente tranquilizadoras. Jordão fez a ele a mesma pergunta que eu fizera ao telefone: quais eram os cinco jornalistas que seriam presos? Nunes disse que não sabia. Sobre o episódio, Jordão registraria depois em seu livro *Dossiê Herzog*:

> Os jornalistas com ligações muito íntimas no II Exército acabavam desempenhando na época o papel de porta-vozes do terror. Suas informações, transmitidas em geral em cochichos com os colegas nas redações, semeavam o pânico.

Palavras do general Ednardo d'Ávila Mello, que homenageara os jornalistas credenciados no QG havia pouco mais de um mês, no Dia da Imprensa (10 de setembro), reforçavam essa conclusão:

> Os companheiros de imprensa que aqui trabalham são leais e nos inspiram a maior confiança, fator indispensável na convivência democrática. O papel da imprensa é preponderante no fortalecimento da nacionalidade. Se a imprensa for má, pode contribuir para a destruição. Se for boa e decente, influenciará no grande destino da pátria.

Uma observação, não foi feita na ocasião, mas poderia ter sido feita, seria a de que o comandante do II Exército ou o chefe da 2ª Seção, coronel José de Barros Paes, se valeram de Paulo Nunes para "avisar", com antecedência, sobre prisões de jornalistas, conforme o general Ednardo havia prometido na reunião com diretores do Sindicato, no início da semana.

Nunca se saberá se, na noite da mesma sexta-feira, era do conhecimento dos militares que Paulo Nunes dormiria na casa de Vlado, a quem deveria acompanhar no dia seguinte ao DOI-Codi. (Paulo Nunes morreu há alguns anos sem responder a essa pergunta.)

Aquela estranha missão poderia, no entanto, ter resultado apenas da preocupação do pessoal da TV Cultura de contar com uma testemunha da apresentação de Vlado no DOI-Codi. (Clarice Herzog afirmaria, anos depois, que desconfiava de Paulo Nunes, por ele ser ligado ao II Exército, mas, ao mesmo tempo, considerava importante que ele acompanhasse o marido, pois era conhecido "lá dentro".)

Rodolfo Konder percebeu, durante a primeira sessão de tortura, logo depois de sua chegada ao DOI-Codi, na manhã de sexta-feira, que os interrogadores tinham todas as informações sobre o grupo dos jornalistas ligados ao PCB. Ainda tentou resistir, mas a dor e a certeza de que isso seria inútil fizeram-no desistir.

Na manhã do dia seguinte, 25, ele estava sentado num banco de madeira, num corredor, à espera de novo interrogatório, ao lado de Duque Estrada. Ali sentado, Konder descobriu que pelo menos para o chão era possível olhar. Observava o desfile de pés à sua frente — sapatos comuns, tênis, sandálias, coturnos — quando viu passar um par de mocassins pretos, quase novos. Não teve dúvida: os sapatos eram de Vlado, com quem estivera na loja onde ele os havia comprado, dias antes. Aquele modelo agradara muito ao amigo, que antes de fazer a compra lhe pedira opinião.

Na sala em frente, àquela hora, Vlado já estava sendo "preparado" para o interrogatório.

Minutos depois, Konder e Duque foram levados para outro ambiente. Tiraram-lhes os capuzes e, diante deles, estava Vlado, sentado numa cadeira branca de madeira com assento metálico. Era a temível "cadeira do dragão".

Duque Estrada gravou na memória o ambiente: ao lado da cadeira "especial" em que Vlado estava sentado, uma pequena mesa sobre a qual ficavam alguns instrumentos que certamente serviam para tortura e uma cadeira comum. No fundo, encostadas a um grande armário de madeira, várias ripas com cordas de algodão enroladas em uma das extremidades. Foi fácil perceber a serventia daqueles pedaços de madeira: bater sem deixar marcas. O resto eram paredes nuas, sem janelas; o único acesso era a porta que dava para o corredor.

Ali estavam para uma acareação, conduzida por um torturador cujo nome vieram a saber depois: Pedro Antônio Mira Grancieri. Um tipo magro e forte, musculoso, que exibia, tatuada no antebraço esquerdo, a figura de uma âncora. Era uma espécie de marca registrada, já conhecida de outros presos. Ele demonstrava ter prazer em ostentá-la.

Grancieri queria saber se Vlado fazia parte do grupo de militantes da revista *Visão*. Duque e Konder confirmaram o que, certamente, já era do conhecimento do torturador. Mas Vlado mostrava-se disposto a continuar negando envolvimento com o PCB. Dirigiu-se a Duque:

— Você está enganado. Eu sabia de seu interesse por cinema, por isso a gente conversava muito...

A sessão durou pelo menos vinte minutos. As perguntas de Grancieri, as negativas de Vlado, as tentativas dos companheiros de convencê-lo de que não adiantava negar, pois os homens já tinham todas as informações. Mas ele insistia, com firmeza:

— Eu não sei do que vocês estão falando.

Konder e Duque foram levados de volta ao corredor e colocados no mesmo banco de madeira, de onde ouviram os primeiros gritos de Vlado, que se misturavam com o som de um rádio. Era a primeira sessão de tortura. Apesar do alto volume do rádio, dava para distinguir as vozes do torturador e de Vlado. A voz de Vlado foi, aos poucos, tornando-se mais fraca até se modificar, soando abafada, como se ele estivesse amordaçado. Nesse instante, o som do rádio se sobrepôs e um locutor, em tom grave, anunciou que o ditador Francisco Franco estava agonizando em Madri.

Minutos depois foram buscar os dois para mais uma acareação. Grancieri insistia nas perguntas sobre a base dos jornalistas. Não havia, na verdade, nada mais a declarar, mas o interrogatório seguia, como um ritual. Konder e Duque foram dispensados.

Logo depois chamaram Konder de volta. Duque Estrada permaneceu no corredor. Na sala, o interrogador exigia, aos gritos, que Vlado dissesse o nome do homem do partido que dava assistência à base dos jornalistas. Sem o capuz, Konder pôde ver o companheiro sentado na "cadeira do dragão", as mãos trêmulas, a voz débil. Ele havia assinado uma confissão e o interrogador insistia em que dela constasse o nome do assistente da base. Vlado respondia estar confuso e que não se lembrava do nome. O mesmo disse Konder, que logo depois foi levado de volta ao banco de madeira, onde ficou ao lado de Duque Estrada. Ainda sem o capuz, Konder viu quando Grancieri fechou a porta, o único acesso à sala de tortura, mas logo, assim como o companheiro, não veria mais nada. Mas os dois ouviram, cada vez mais fortes, os gritos de Vlado.

Foram longos minutos de agonia — a de Vlado, à mercê do torturador, e a de seus companheiros, testemunhas auditivas da tragédia que se desenrolava entre as quatro paredes da sala de tortura.

A movimentação em torno da vítima aumentava com o reforço de outros torturadores convocados por Grancieri, que exigia, aos gritos:

— Tragam a pimentinha!

A tarde avançava, e com ela a agonia.

Num momento impreciso, fez-se o silêncio que parecia impossível naquele inferno. Cessaram os gritos dos torturados, o som altíssimo do rádio, as campainhas estridentes, as vozes ásperas dos torturadores.

Duque Estrada relembra: "Todo o pessoal que estava preso no andar térreo foi levado para o andar superior, onde haveria uma acareação. Mas não houve acareação nenhuma, dava para perceber que algo estranho tinha acontecido."

Já era o fim da tarde. Além de rumores abafados que vinham lá de baixo, onde ficava a sala em que Vlado se encontrava, dava para se ouvir o canto dos pássaros que se recolhiam às árvores da rua e dos quintais próximos.

A noite caiu pesadamente naquele sábado, 25 de outubro. Vlado estava morto.

17 "Eles desmontam a gente"

A apresentação de Vlado ao DOI-Codi, naquela manhã de sábado, deixara no ar uma inquietação maior do que a que se vinha arrastando desde o início do mês. Apesar da avaliação de que, com a assembleia da SIP em curso, haveria um recuo da repressão, a diretoria do Sindicato dos Jornalistas decidira manter um plantão no fim de semana, para o qual foram designados os diretores Fernando Jordão e Wilson Gomes.

A luz vermelha fora acesa ainda na véspera, à noite, quando agentes do DOI-Codi foram buscar Herzog na TV Cultura e, de madrugada, tentaram prender Luís Weis.

E havia notícias recentes dos horrores atrás dos muros cinzentos da rua Tomás Carvalhal. Diléa, que fora presa com o marido, Paulo Markun, no dia 17, tinha sido libertada na véspera e telefonara para o Sindicato, dizendo que queria falar sobre os tormentos que vivera durante a semana de terror no DOI-Codi. Temia pela sorte do marido e dos outros que haviam ficado lá dentro.

Logo de manhã, Wilson Gomes e Fernando Jordão foram à casa de Diléa. Nervosa, as mãos trêmulas e a voz embargada, ela descreveu o ambiente da prisão superlotada, a pancadaria que muitas vezes começava nos corredores apinhados de presos encapuzados, os gritos dos torturados. Diléa falava como se pedisse socorro: "Se vocês, de alguma maneira, souberem de alguém que está para ser preso, avisem que a melhor coisa é dizer tudo o que eles (os interrogadores) quiserem. Não dá para aguentar. O jeito é salvar a vida. Não é interrogatório normal. É gritaria, é pancada, eles desmontam a gente."[63]

Enquanto Diléa fazia o seu relato, Vlado já se encontrava nas mãos de seu inquisidor e começava a ser "desmontado". Resistia obstinadamente em não dizer o que o torturador lhe exigia.

Resistiu até o limite extremo de suas forças. Até a humilhação de assinar uma declaração da qual constavam nomes citados anteriormente por outros presos e que, portanto, já eram do conhecimento do torturador.

As últimas palavras do "texto infame",[64] antes da assinatura, completaram a humilhação: ("... e diante das evidências confessei todo o meu envolvimento"), aumentaram a indignação de Vlado, levando-o a uma decisão de extrema coragem: rasgar o papel da confissão que lhe fora arrancada.

O papel picado em muitos pedaços espalhado pelo chão, aos seus pés e aos pés do torturador, pode ter desencadeado a fúria extrema, os golpes finais que lhe custaram a vida.

Outro papel, assinado pelo comandante do DOI-Codi, coronel Audir Santos Maciel, dirigido ao chefe da 2ª Seção do estado-maior do II Exército, coronel José de Barros Paes, informava:

> Participo-vos que, cerca das 16,30 horas de hoje (25 de outubro de 75), foi encontrado o corpo de Vladimir Herzog, enforcado na grade do xadrez especial nº 1, usando para tanto a cinta do macacão que usava. (...) Tudo leva a crer que foi levado ao tresloucado gesto por ter se conscientizado da sua situação e estar arrependido da sua militância.

Começava, oficialmente, a ser montada a farsa do suicídio: "usando para tanto a cinta do macacão que usava" era, além da redação torta, a primeira indicação de que o inquérito que seria instaurado partiria de uma mentira grosseira. Em nenhum caso, conforme atestariam os depoimentos de inúmeros prisioneiros, os macacões verde-oliva do DOI-Codi dispunham de cintos.

---

[63] Fernando Pacheco Jordão, *Dossiê Herzog: prisão, tortura e morte no Brasil*, p. 193.
[64] Ibidem, p. 183.

No fim da tarde, Clarice Herzog, que permanecera o dia todo em casa, angustiada, aguardando uma notícia ou — o que mais ansiava — que o marido voltasse a qualquer momento, decidiu ir à casa de sua sogra, Zora, para lhe dar a notícia da prisão. Era uma dura missão. A esperança que levava de que aquele pesadelo logo teria um fim, com a volta de Vlado são e salvo, não foi o bastante para evitar o choque. Zora entrou em desespero, mergulhou fundo na memória da tragédia de sua família e de seu povo, de uma guerra que parecia ter ficado definitivamente para trás, do outro lado do mar, mas que, de outro modo, continuava no país que escolhera como refúgio. Veio o pranto e uma certeza:

— Vão matar o Vlado!

Fernando Jordão avalia o sentimento de Zora naquele momento:

> (...) a notícia da prisão detonou-lhe na memória as lembranças do extermínio de sua família pelos nazistas, a fuga desesperada e repleta de perigos, da Iugoslávia para a Itália, ela e o marido protegendo o pequeno Vlado, então com seis anos. "Nos pegaram", deve ter pensado, como se de repente o que ela mais temia durante os anos de esconderijo e medo na Itália tivesse finalmente acontecido. Uma fatalidade inevitável, como a que liquidara quase toda a família na Europa.[65]

Naquela tarde, antes de Zora receber a notícia da prisão do filho, os diretores de plantão no Sindicato dos Jornalistas discutiam a preparação de um comunicado à imprensa sobre a apresentação de Herzog ao DOI-Codi, onde fora mantido preso. Como vinha acontecendo desde o início de outubro, com as primeiras prisões, além da notícia, que, avaliava-se, de algum modo poderia proteger a vida dos que eram apanhados pela repressão, aquela nota seria mais uma denúncia. Era também, como as outras, um protesto contra a violência das prisões arbitrárias. Jordão, que redigira o texto, encarregou-se da distribuição aos jornais.

---

[65] Ibidem, p. 24.

Mas a notícia que seria publicada no dia seguinte, por um único jornal — *O Globo*, do Rio de Janeiro — não era a da prisão, era a da morte. Informava que Vlado se suicidara numa cela do DOI-Codi. Era a versão oficial, que naqueles tempos os jornais não ousavam discutir.

A notícia da morte tinha chegado aos pedaços. Clarice a recebeu em casa, quando já passava das 22 horas e alguns homens engravatados chegaram, entre os quais o presidente da Fundação Padre Anchieta, mantenedora da TV Cultura, Rui Nogueira Martins. As crianças já estavam dormindo e ela estava sozinha, na sala, tentando ler um livro. Clarice conta, numa entrevista que daria anos depois aos jornalistas Jefferson Del Rios e Ricardo Carvalho:[66]

> Pouco depois, toca a campainha e, quando vou atender, vejo cinco ou seis homens de paletó e gravata, um deles o Rui Nogueira, outro o Armando Figueiredo, assessor de imprensa da Secretaria da Cultura. (...) Eles se sentaram, mas não falavam nada, só repetiam que as coisas se complicaram.

Aqueles homens engravatados tinham as palavras presas na garganta. Um deles repetia, como se mais nada tivesse a dizer: "As coisas se complicaram." Clarice compreendeu. E não reprimiu o grito:
— Mataram o Vlado!
Em prantos, abraçou a amiga Fátima Jordão, que acabara de chegar. Repetia as três palavras carregadas de desespero e ódio:
— Mataram o Vlado!

Fernando Jordão poderia ter recebido a notícia antes de Clarice se naquela noite, mais cedo, tivesse ido ao encontro de uma colega de trabalho da TV Globo. Ela dissera, por telefone, que estava num bar da praça da República, com outros jornalistas, e tinha um assunto urgente para

---

[66] *Folhetim*, suplemento da *Folha de S.Paulo*, 12/11/1978.

lhe informar, mas Fernando respondeu que não podia sair e que ela falasse do que se tratava mesmo por telefone.

— Não é assunto que se possa falar por telefone — respondeu-lhe a amiga.

Jordão considerou que se tratava de uma precaução muito comum naqueles dias de medo, que muitas vezes levavam à paranoia. Resolveu não ir ao encontro (saberia, depois, que a amiga tentava lhe dar a notícia da morte, mas queria poupá-lo do choque).

De qualquer modo, a notícia chegou por telefone, minutos depois. Do outro lado da linha estava Hélio Oliveira, editor-chefe do *Jornal Nacional*, da TV Globo, em São Paulo:

— Fernando, uma notícia triste para lhe dar. O Vlado morreu. O Lang[67] ligou agora há pouco e disse que o II Exército está preparando uma nota oficial dizendo que o Vlado se suicidou.

A notícia começa a correr pela noite, espalhando medo e revolta.

Os amigos iam, aos poucos, chegando à casa de Vlado, na rua Oscar Freire. Um deles era o cineasta João Batista de Andrade, que se encarregou da tarefa de avisar a família de Clarice, no sítio de Bragança Paulista. Era uma pequena viagem de pouco mais de 80 quilômetros, mas vencer aquela distância como portador da notícia da morte do amigo foi angustiante. No carro, ele previa a cena da chegada ao sítio, onde a família, como acontecia em quase todos os fins de semana, aguardava Vlado e Clarice com os meninos. Muitas vezes eles chegavam tarde da noite e, por isso, João e Inês, pais de Clarice, ficavam acordados à espera.

A alegria do encontro aguardado logo se desfaria e se transformaria em pranto. Que palavras poderiam ser ditas? Já próximo da casa, João Batista ainda não tinha decidido a forma de dar a notícia que o atormentara ao longo de todo o caminho.

A noite estava muito escura, tanto quanto aquela em que Vlado, em hora também tardia, batera à porta da casa pedindo ajuda para salvar um animal preso numa armadilha. Agora ele estava morto. Caíra numa armadilha da qual não pôde escapar.

---

[67] Adhemar Lang, jornalista credenciado no comando do II Exército.

Quando Inês abriu a porta, João Batista foi logo dizendo, como introdução:

— Trouxe uma notícia triste.

Quando Inês e João chegaram à casa de Vlado, abraçaram Clarice, misturando as suas lágrimas às da filha. Logo que pôde falar, Inês disse, quase gritando:

— Vão embora daqui, saiam do Brasil antes que eles matem todos vocês!

A noite de sábado, 25 de outubro de 1975, aprofundava-se, desdobrando-se entre o medo e a revolta. Seria, sobretudo, marcada pela revolta que espantava o medo.

Em Presidente Prudente, a mais de 600 quilômetros de São Paulo, recebi a notícia que marcaria o primeiro dia de uma semana cheia de sobressaltos e de ameaças. Os acontecimentos que se sucederiam dali por diante levariam a um movimento que terminaria se transformando num capítulo não previsto na história conturbada que o país vivia.

O Sindicato dos Jornalistas de São Paulo, que nos últimos meses vinha sendo sacudido pelos redemoinhos da repressão que sopravam dos cantos mais escuros da ditadura, estava no centro dos acontecimentos. Juntos, todos os seus diretores, sobretudo aqueles que se haviam destacado na luta do dia a dia contra a violência dos militares. A notícia da morte de Vlado chegou como se fosse um pesadelo, num quarto de hotel em Presidente Prudente.

Depois de um dia cheio, com palestra para estudantes, na parte da manhã, e visita às redações de emissoras de rádio à tarde e à noite, eu acabara de me deitar. O sono mal iniciado depois de várias noites em claro, durante a semana, foi quebrado pelo toque insistente do telefone. Foi difícil identificar a voz que, em prantos, anunciava:

— Eles mataram o Vlado!

Era a voz de Fernando Jordão. Ele não conseguia, como fazem normalmente os jornalistas, dar a notícia por inteiro, detalhando as informações. Apenas repetia o que poderia ser o título de uma notícia trágica:

— Eles mataram o Vlado!

Por um instante ainda me agarrei à possibilidade de estar despertando de um sonho ruim. Mas o telefone tocou novamente. Dessa vez era Gastão Thomaz de Almeida, secretário do Sindicato, que confirma a notícia.

Passei a viver o pesadelo acordado. Os dias de tormento que se sucederam desde o início de outubro vinham-me à mente num turbilhão. A notícia que acabara de receber seria o clímax ou apenas o sinal de que dias mais trágicos estavam por vir?

Poderia ser algo como a "solução final" que os militares da ultradireita vinham anunciando. Seria, afinal, a consumação dos objetivos da Operação Jacarta, que muitos acreditavam ser apenas uma invenção da repressão para espalhar mais terror? A tal operação infundia terror a partir de sua denominação. Lembrava uma outra que culminara com o massacre de milhares de pessoas acusadas de pertencer ao Partido Comunista, numa noite de setembro de 1965, em Jacarta, após o golpe militar que derrubou o presidente Suharto, da Indonésia.

Procurei ordenar melhor as ideias. Por telefone, recolhi detalhes da situação com Gastão Thomaz de Almeida, que ficara em casa de plantão. Gastão, admirável companheiro, dispôs-se a colher as informações possíveis naquelas circunstâncias, enquanto eu tratava de encontrar um meio de voltar o mais brevemente possível para São Paulo. Viajara de ônibus a Presidente Prudente e a volta pelo mesmo meio de transporte seria muito demorada, mais de dez horas. Já passava das 3 horas quando liguei para a casa do jornalista Altino Correia, que representava o sindicato na cidade. Ele acordou o agente da companhia aérea e conseguiu garantir lugar no "banco de reserva" de um avião Bandeirante que sairia às 7 horas.

O avião vinha de Araçatuba, lotado. Antes de me acomodar no "banco de reserva", no fundo, ouvi uma voz conhecida, inconfundível:

— O que você veio fazer por aqui, Ordélio?

Era assim que Elis Regina, brincando, me chamava. Ela aparecia de vez em quando no Sindicato dos Jornalistas para se encontrar com Walter Silva, o Picapau, um dos nossos diretores mais ativos e organizador pioneiro dos grandes shows de bossa-nova em São Paulo. Elis era a grande estrela do show *O Fino da Bossa*, que Walter produzia no Teatro Paramount. No Sindicato, ela espalhava alegria, brincando e rindo como uma criança.

No avião, ela ocupava um banco transversal, quase no fundo, com um de seus músicos (voltava de um show em Araçatuba). Deve ter percebido, na minha expressão, que alguma coisa não estava bem comigo. Perguntou:

— Alguma coisa errada, Ordélio?

Contei-lhe sobre os acontecimentos da véspera, a apresentação de Vlado no DOI-Codi e a sua morte, anunciada como suicídio. Todos os passageiros do Bandeirante, que roncava e sacolejava entre espessas nuvens baixas, ouviram o grito que substituiu as gargalhadas sonoras de Elis:

— Filhos da puta!

Aquele grito, seguido de diferentes expressões, iria se repetir na voz de muitas pessoas. Dezenas, no início, depois centenas, milhares. A versão do suicídio era recusada. Aquela morte calaria fundo na consciência nacional.

Na madrugada, em São Paulo, a revolta sacudia o medo. Mas o medo ainda persistia, vinha na voz e nos gestos de alguns amigos e, muito fortemente, de membros da comunidade judaica. Tentavam convencer Clarice e Zora a apressar o enterro. Argumentavam que poderia haver represálias dos militares, como ocorrera em casos semelhantes. Clarice reagiu, com o apoio dos amigos e, principalmente, de Fernando Jordão, que além de amigo fraternal de Vlado ali estava representando o Sindicato dos Jornalistas. A decisão foi a de que o corpo de Vlado permaneceria o máximo de tempo possível sobre a terra, como atestado de um crime.

O enterro foi marcado para segunda-feira. No lugar da proposta de fazê-lo às escondidas, surgiu e começou a crescer uma ideia ousada: a realização de uma autópsia por médicos de confiança. Para tanto seria necessário que pelo menos dois médicos se dispusessem a cumprir tão delicada missão. Apenas um, o Dr. Magaldi, da USP, aceitou a incumbência, que exigia uma operação muito difícil, além de extremamente arriscada, pois certamente os agentes da repressão tudo fariam para impedi-la. Ainda mais: o corpo, que só seria liberado pelo IML de manhã, teria de ser levado para casa, e não para o velório no Hospital Albert Einstein, como estava previsto.

Com o apoio dos amigos, Clarice tentou o quanto pôde conseguir que se fizesse o exame do corpo. Queria ter um documento que provasse a verdade. Mas isso ia se tornando cada vez mais difícil. Já na chegada ao Hospital Albert Einstein, encontrou a resistência dos funcionários da Congregação Israelita Paulista (CIP), encarregados das providências para o velório e o enterro. A resistência dos homens chegou à ameaça. Um deles mostrou a ela uma carteira que seria de um órgão de segurança. Mesmo assim, Clarice não se intimidou. De acordo com o ritual judaico, o corpo deveria ser lavado antes de se fechar o caixão, mas ela ainda tentava levar o corpo para casa, nem que para tanto o sepultamento não fosse feito pelo ritual judaico. Gritou para os homens da Congregação:

— Então não vai ter lavagem nenhuma!

18 Diário do medo e da revolta

Manhã de domingo, 26 de outubro: Cinco dos jornalistas presos — Paulo Markun, George Duque Estrada, Anthony de Christo, Frederico Pessoa da Silva e Rodolfo Konder — foram chamados, um a um, para uma inusitada reunião. Todos estranharam a maneira com que foram convocados, sem os gritos costumeiros, sem ameaças. Permitiram-lhes que tirassem os capuzes. O que estaria acontecendo para que se alterasse a rotina naquele inferno?

Antes da convocação, receberam ordens para que escrevessem "tudo o que sabiam" sobre Vlado. Anteciparam-lhes os pontos que deveriam constar da declaração: era para "escrever tudo mesmo, o perfil do Vlado, como ele era, se tinha problemas psicológicos, vivia bem com a família, todos os detalhes".[68]

Os homens do DOI-Codi se preparavam para montar uma farsa.

Os cinco presos foram levados para uma sala onde já se encontravam alguns homens, um dos quais, um nissei a quem chamavam Dr. Paulo, era conhecido de todos, das sessões de tortura. Outro, que não conheciam, parecia ser alguém mais de cima, alguém muito importante, talvez o responsável pela análise das informações obtidas nos interrogatórios. Ou o próprio comandante do DOI-Codi.

Ele falava como um professor, mas o discurso que iniciou, em tom quase solene, logo foi se transformando numa peça de *nonsense:* a ação

---

[68] Paulo Markun, op. cit., p. 146.

comunista em todo o mundo obedecia a um plano sinistro que consistia em não expor os verdadeiros chefes. Havia os chefes ostensivos, como Luiz Carlos Prestes, no Brasil, mas acima deles pontificava alguém que agia completamente na sombra, era sempre uma personalidade acima do bem e do mal e de qualquer suspeita. Exemplifica: o verdadeiro "comandante" do Partido no Brasil pode ser "um governador de Estado, um general, um ministro, um secretário ou um bispo".

Nesse ponto o homem se inflamava, falava da missão dos órgãos de segurança, que buscavam livrar o Brasil da ameaça do comunismo internacional. Pôr a mão nesses chefes ocultos era o que eles mais desejavam. A certa altura, o tom do discurso deixou de lado a linguagem formal e descambou para a fala comum dos policiais:

— São esses caras que nós queremos pegar!

A expressão "esses caras" foi entendida por todos. O inflamado orador não citava nomes, mas deveriam ser os mesmos que tinham sido repetidos com frequência durante as sessões de tortura: o governador Paulo Egydio, o general Golbery, o secretário José Mindlin, o cardeal Paulo Evaristo Arns. Todos comunistas disfarçados e um deles, provavelmente, o "grande chefe oculto".

O discurso foi uma espécie de introdução a uma notícia que seria dada depois de alguns rodeios: Vladimir Herzog estava morto.

Ao anunciar a morte, o homem do DOI-Codi deu a versão que, dali em diante, seria sustentada pelo comando do II Exército: suicídio. Segundo ele, Vlado se enforcara na cela em que ficou sozinho para escrever de próprio punho a confissão de que pertencia ao PCB. Para o orador, a razão do ato extremo era simples: ele se matara para que não descobrissem que era agente do KGB, a polícia secreta soviética. Além disso, Vlado seria, também, "o braço direito do governador Paulo Egydio".

Outras "razões" seriam acrescentadas depois, em documentos oficiais, todas sem comprovação, a começar pela versão de suicídio, que seria contestada ali mesmo pelos colegas de Vlado, dos quais apenas dois — Konder e Duque Estrada — tinham conhecimento de que ele estava no DOI-Codi, pois tinham sido acareados com ele na véspera.

Os cinco prisioneiros, em silêncio, entreolharam-se. À dor pela perda do companheiro seguiu-se a revolta contra o que, não tinham dúvidas, fora um assassinato. Markun rompeu o silêncio, tentou discutir, argumentando que Vlado era entre todos os integrantes da base dos jornalistas o menos engajado, sua militância não passava da participação em umas poucas reuniões, e que entrara para o PCB porque apoiava a linha do Partido contra a luta armada. Um dos torturadores interrompeu:

— Cale a boca! Você não sabe de nada. O governo está cheio de agentes do KGB, mas aqui a conversa é outra, a gente baixa o pau mesmo. Pode ser até o presidente da República.

O chefão do discurso tentou aliviar o clima pesado. Estava claro que ele tentava, na verdade, convencer a todos de que a tortura, ali, podia ser doída, mas não chegava a matar. Ele ordenou, então, com um gesto, que se montasse uma cena para demonstrar o que pretendia. E repetiu a frase que, na véspera, o torturador de Vlado gritara para um subordinado: "Tragam a pimentinha!"

Um dos homens apareceu de repente com a máquina de choque nas mãos e se preparou para fazer uma "demonstração". Disse, à guisa de introdução, que ela "não faz mal à saúde":

— É só pra assustar.

Markun foi convocado para fazer a demonstração. Deveria acionar a máquina. O Dr. Paulo, o mesmo torturador que o recebera dias antes e lhe aplicara a primeira sessão de choques, segurou os fios desencapados e ordenou:

— Pode rodar!

Markun avaliou a situação. Algum truque havia em tudo aquilo, pois não acreditava que seu torturador estivesse disposto a receber a mesma carga pesada de choque que ele e seus companheiros haviam recebido. Por via das dúvidas, girou a manivela devagar, imaginando que se o choque fosse forte o Dr. Paulo poderia se vingar depois, numa próxima — e verdadeira — sessão de tortura.

A cena tinha todos os componentes de uma tragicomédia. E de loucura.

* * *

Ainda em Presidente Prudente, no meio da madrugada, recebi outro telefonema de Fernando Jordão. Aos poucos, ele ia juntando à emoção pela perda do companheiro a determinação de se mobilizar para denunciar o crime. (Como ele, nenhum de nós, em momento algum, aceitou a versão de que Vlado havia se matado.)

Combinamos que, logo que chegasse a São Paulo, eu iria diretamente do aeroporto para a sua casa, onde discutiríamos os termos de uma nota que o Sindicato deveria distribuir à imprensa. Fernando encarregou-se de ligar para outros diretores, para uma reunião que teríamos logo no início da tarde.

Por volta das 10 horas, eu estava na casa de Jordão, um sobrado numa pracinha tranquila no bairro de Perdizes. Tão tranquila que permitia que se soubesse de quem eram os carros da vizinhança ali estacionados e, por isso, logo notar os veículos "de fora". Um desses, um Corcel grená, com dois homens dentro, estava parado quase em frente à casa de Jordão e ali permaneceria durante toda a semana, com agentes que não se preocupavam em disfarçar o que faziam. Trocavam os agentes, o carro permanecia no mesmo lugar. Era como se avisassem: "Estamos aqui."

Fui recebido com um longo abraço, sem palavras. As primeiras palavras da nota que deveríamos distribuir mais tarde estavam numa lauda datilografada, cheia de emendas feitas a mão. Fizemos uma rápida avaliação da situação e das medidas que o sindicato poderia tomar.

Em primeiro lugar, estava a decisão de denunciar o assassinato. Tínhamos consciência dos riscos que isso significava, pois seria a primeira vez que uma entidade sindical tomaria essa atitude. Tínhamos informações sobre dezenas de casos de opositores do regime, inclusive jornalistas, mortos nas prisões ou em supostos confrontos, cujos corpos foram sepultados em silêncio imposto pelos órgãos de repressão.

Contudo, era preciso denunciar o crime. Os termos da nota que passamos a discutir deveriam, portanto, não deixar dúvidas sobre isso, mas teríamos o cuidado de evitar provocações que dessem margem, por exemplo, a uma intervenção no Sindicato, que se transformara, desde as primeiras denúncias de prisões de jornalistas, num importante canal de manifestações contra a violência dos órgãos de segurança dominados pelos militares da extrema direita.

Com o texto esboçado, fomos os dois para o sindicato.

A notícia que começara a circular no início da noite de sábado, de boca em boca, espalhando primeiro o medo e depois a indignação, agitou a manhã de domingo. Os jornais não publicaram nada. Um deles, *O Estado de S. Paulo*, trouxe um resumo da nota que o Sindicato distribuíra na tarde anterior sobre a apresentação de Vladimir Herzog no DOI-Codi.

No *Shopping News*, a coluna de Cláudio Marques destacava, numa nota que soa como um escárnio, que havia "novos hóspedes no Tutoia Hilton".

Um desses "hóspedes", Vladimir Herzog, estava morto.

"Tutoia Hilton" era uma descarada ironia do jornalista, ao comparar o DOI-Codi ao Hilton Hotel, o primeiro cinco estrelas de São Paulo. Além de cínico, o autor da nota infame demonstrava que recebia informações privilegiadas da repressão, ao falar em "novos hóspedes". A coluna fora fechada na sexta-feira, quase ao mesmo tempo que o DOI-Codi realizava mais uma operação de caça, em busca de cinco jornalistas, um deles Vlado (os outros eram Rodolfo Konder e George Duque Estrada, que foram alcançados, e Fernando Morais e Marco Antônio Rocha, que conseguiram escapar).

O silêncio sobre os crimes da repressão era a rotina nos veículos de comunicação. Mas muitos dos jornalistas que souberam da morte de Vlado dirigiram-se para a sede do Sindicato, na rua Rego Freitas. Alguns deles nunca tinham posto os pés ali. Mas iam chegando, independentemente de convocação. No meio da tarde, a sala da diretoria já não comportava todos.

O jornalista Randau Marques, escalado pelo *Estadão* para fazer a cobertura da morte de Vlado, registraria depois, em matéria para o jornal *Unidade*, órgão do Sindicato:[69]

---

[69] Jornal mensal, cuja primeira edição circulou em agosto de 1975. A edição nº 4, de novembro, foi dedicada ao Caso Herzog. A capa, criada por Hélio de Almeida, inteiramente preta, mostra, além do logotipo, apenas o nome de Vlado e sua efígie, no canto inferior da página. Foi considerada uma das cem melhores capas (jornais e revistas) do século. Alberto Dines (Org.), *Cem páginas que fizeram história: grandes momentos do jornalismo brasileiro nos últimos 80 anos*.

Não havia o que dizer, o que fazer, chegava-se a pensar que aquela afluência maciça instintiva à sede do Sindicato, na rua Rego Freitas, era um despropósito. Mais tarde percebi que aquele foi o momento de transição entre a fase de espera "passiva" e o da "vigília" ativa. Toda a diretoria estava reunida em torno de cinzeiros transbordantes e de imensas garrafas de café vazias. Noto que Audálio está pálido, fala com dificuldade e se movimenta com lentidão — e percebo, com surpresa, que estou agindo da mesma forma, assim como a maioria.

Começava, assim, a formidável mobilização que colocaria o Sindicato dos Jornalistas de São Paulo no centro da luta contra os desmandos dos órgãos de segurança e, por extensão, contra o regime militar que os criara.

Não só jornalistas foram chegando ao Sindicato. Chegaram também pessoas representativas de outras categorias profissionais, além de parlamentares. O primeiro a chegar foi Freitas Nobre, então líder do MDB na Câmara dos Deputados e que fora por duas gestões presidente do Sindicato. Vieram depois Ayrton Soares, deputado federal, e Alberto Goldman, líder do MDB na Assembleia Legislativa. Os três se comprometeram a denunciar o assassinato na Câmara e na Assembleia.

As discussões da diretoria sobre o assassinato e os termos da nota que seria distribuída à imprensa foram acompanhados pelos jornalistas que se apinhavam na sala. Muitos deles contribuíram com sugestões. Havia poucas discordâncias sobre o texto, cujo fim era uma convocação dos jornalistas para o sepultamento de Vlado, marcado para o dia seguinte. Em voz alta, exaltado, um jornalista disse discordar da convocação para o enterro, pois isso poderia fazer com que provocadores, entre os quais os próprios agentes da repressão, tentassem tumultuar a cerimônia.

Era um resto de medo.

O texto ficou pronto antes que se tivesse conhecimento dos termos da nota oficial do II Exército, que chegou ao Sindicato nas mãos de um colega que acabara de sair do plantão no jornal em que trabalhava. O papel passa de mão em mão. Não havia comentários, apenas a indignação estampada em todos os rostos.

O texto do Sindicato, tacitamente aprovado por aquela assembleia que se fizera sem convocação, foi finalmente lido. Eu o li em voz pausada que, em vários momentos, era tocada pela emoção, mas também pela consciência de que estávamos todos participando de um momento histórico.

Vi em todos os rostos sinais de aprovação. Começava a nascer e a se fortalecer, na sala apinhada, a unidade da qual resultaria a mais contundente denúncia até então feita de um crime da ditadura militar.

Percebi a importância, a grandeza do momento. Era preciso ser digno dele.

Sem que fosse preciso sugerir, começou a se formar, ali, um formidável mutirão para que o texto fosse levado imediatamente a todos os jornais, agências de notícias e emissoras de rádio e televisão. Levada às redações por vários jornalistas, a nota do Sindicato dizia:

> O Sindicato dos Jornalistas Profissionais no Estado de São Paulo cumpre o doloroso dever de comunicar a prisão e a morte do jornalista Vladimir Herzog (Vlado), ocorrida ontem, sábado, nas dependências do Destacamento de Operações Internas (DOI) do II Exército em São Paulo.
>
> A sequência dos acontecimentos que conduziram a esse trágico desfecho foi esta:
>
> 1. Na sexta-feira, dia 24, às 21h30, agentes de segurança foram à TV Cultura, local de trabalho do jornalista, com ordens de levá-lo para o DOI. Houve interferência da direção da emissora e de colegas de trabalho do jornalista. Os agentes de segurança, após consulta a seus superiores, comunicaram ao jornalista Vladimir Herzog que ele deveria comparecer no dia seguinte, sábado, às oito horas, àquele Departamento, a fim de prestar um depoimento. O jornalista comprometeu-se a ir, sem necessidade de escolta policial.
> 2. No sábado, à hora marcada, o jornalista chegou ao DOI num táxi, acompanhado de um colega de trabalho da TV Cultura, que foi dispensado em seguida.

3. Às primeiras horas da noite de sábado, as autoridades de segurança informaram que o jornalista se suicidara na prisão e que uma nota oficial do II Exército seria distribuída. O fato foi comunicado à família através do presidente da TV Cultura, e o Instituto Médico-Legal forneceu um atestado de óbito, informando como causa da morte "asfixia mecânica por enforcamento", como local a rua Tomás Carvalhal, 1030 (sede do DOI) e "hora ignorada".

Segundo informações chegadas à família, o corpo tinha sido entregue ao IML por volta das 17 horas.

Não obstante as informações oficiais fornecidas pelo II Exército, em nota distribuída à imprensa, o Sindicato dos Jornalistas deseja notar que, perante a lei, a autoridade é sempre responsável pela integridade física das pessoas que coloca sob sua guarda.

O Sindicato dos Jornalistas, que ainda aguarda esclarecimentos necessários e completos, denuncia e reclama das autoridades um fim a esta situação, em que jornalistas profissionais, no pleno, claro e público exercício de sua profissão, cidadãos com trabalho regular e residência conhecida, permanecem sujeitos ao arbítrio de órgãos de segurança, que os levam de suas casas ou de seus locais de trabalho, sempre a pretexto de que irão apenas prestar depoimento, e os mantêm presos, incomunicáveis, sem assistência da família e sem assistência jurídica, por vários dias e até por várias semanas, em flagrante desrespeito à lei.

Trata-se de uma situação, pelas suas peculiaridades, capaz de conduzir a desfechos trágicos, como a morte do jornalista Vladimir Herzog, que se apresentara espontaneamente para um depoimento.

O Sindicato dos Jornalistas Profissionais no Estado de São Paulo comunica ainda que o sepultamento do jornalista Vladimir Herzog será realizado segunda-feira, às 10h30, saindo o velório do Hospital Albert Einstein, no Morumbi, para o Cemitério Israelita, no km 15 da rodovia Raposo Tavares. E conclama os jornalistas de todas as redações de jornais, revistas, rádio e televisão, sem exceção, a que compareçam, para prestarmos a última homenagem ao companheiro desaparecido.

* * *

AS DUAS GUERRAS DE VLADO HERZOG

Além da distribuição da nota, havia outra tarefa importante a ser cumprida: convocar o maior número possível de jornalistas no velório de Vlado, no Hospital Albert Einstein, no Morumbi, para que se organizassem em grupos e ali permanecessem em vigília. Temia-se que os homens do DOI-Codi tentassem, pela força, fazer o sepultamento ainda no domingo. Os que ali estivessem seriam, pelo menos, testemunhas da violência.

Sobrepondo-se à indignação dos jornalistas e, já àquela altura, de outros segmentos da sociedade, a nota distribuída pelo comando do II Exército anunciava o "suicídio":

O Comando do II Exército lamenta informar o seguinte:

1. Em prosseguimento às diligências que se desenvolvem na área do II Exército que revelam a estrutura e as atividades do Comitê Estadual do Partido Comunista, apareceu, citado por seus companheiros, o nome do sr. Vladimir Herzog, diretor-responsável de telejornalismo da TV Cultura, Canal 2, como militante e integrante de uma célula de base do citado partido.

2. Convidado a prestar esclarecimentos, apresentou-se, acompanhado por um colega de profissão, às nove horas do dia 25 do mês corrente, sendo tomadas por termo suas declarações.

3. Relutando, inicialmente, sobre suas ligações e atividades criminosas, foi acareado com os seus delatores, Rodolfo Oswaldo Konder e George Benigno Jatahy Duque Estrada, que o aconselharam a dizer toda a verdade, pois assim já haviam procedido.

4. Nessas circunstâncias, admitiu o sr. Vladimir Herzog sua atividade dentro do PCB, sendo-lhe permitido redigir suas declarações de próprio punho.

5. Deixado após o almoço e por volta das 15 horas, em sala, desacompanhado, escreveu a seguinte declaração: "Eu, Vladimir Herzog, admito ser militante do PCB desde 1971 ou 1972, tendo sido aliciado por Rodolfo Konder; comecei contribuindo com Cr$ 50,00 mensais, quantia que chegou a Cr$ 100,00 em 1974 ou começo de 1975; meus contatos com o PCB eram feitos através de meus colegas Rodolfo Konder, Marco Antônio Rocha, Luís Weis, Anthony de Christo, Miguel Urbano Rodrigues, Antonio Prado e Paulo Markun, enquanto trabalhava na revista *Visão*. Admito ter cedido minha residência para

reuniões desde 1972; recebi o jornal *Voz Operária* uma vez pelo correio e duas ou três vezes das mãos de Rodolfo Konder. Relutei em admitir neste órgão minha militância, mas, após acareações e diante das evidências, confessei todo o meu envolvimento e afirmo não estar mais interessado em participar de qualquer militância político-partidária". Assinatura: ilegível.

6. Cerca das 16 horas, ao ser procurado na sala onde fora deixado desacompanhado, foi encontrado morto enforcado, tendo para tanto utilizado uma tira de pano. O papel contendo suas declarações foi achado rasgado, em pedaços, os quais, entretanto, puderam ser recompostos para os devidos fins legais.

7. Foi solicitada à Secretaria de Segurança a necessária perícia técnica, positivando os senhores peritos a ocorrência de suicídio.

8. As atitudes do sr. Vladimir Herzog, desde sua chegada ao órgão do II Exército, não faziam supor o gesto extremado por ele tomado.

9. As prisões até hoje efetuadas se enquadram rigorosamente dentro dos preceitos legais, não visando a atingir classes mas tão somente salvaguardar a ordem constituída e a Segurança Nacional.

Tarde de domingo, 26 de outubro: No velório, quase ao anoitecer, reencontrei muitos dos companheiros que haviam participado da reunião do Sindicato à tarde. Eles me abraçaram, alguns ainda em crise de choro. Lá estavam quase todos os membros da diretoria executiva, ao lado de Clarice: Fernando Jordão, Gastão Thomaz de Almeida, Wilson Gomes, José Aparecido.

Aos poucos, o grande pátio do Hospital Albert Einstein foi sendo tomado. O clima era de grande tensão. Em grupos que se formavam em vários pontos, discutia-se a proposta dos diretores do Sindicato de se organizar uma vigília que vararia a noite.

No pátio e nas proximidades do hospital, notava-se a presença de agentes de segurança, ostensivamente armados. Alguns deles, no meio das pessoas aglomeradas em frente à sala do velório, estavam disfarçados de fotógrafos e cinegrafistas.

Ainda havia o temor de que um ato de força pudesse antecipar o sepultamento, daí a decisão da vigília com o maior número possível de companheiros. Alguns argumentaram que uma tentativa de antecipação do enterro por homens do DOI-Codi era praticamente impossível àquela altura. Teriam, para tanto, de praticar um verdadeiro sequestro. Mas concordaram com que, por segurança, o maior número possível de companheiros deveria participar da vigília.

Acima de tudo, havia uma decisão: o corpo de Vlado não seria enterrado em silêncio.

Na madrugada, com o pátio esvaziado, os grupos de vigília se concentraram em frente à sala do velório. Tentei vencer o cansaço que se acumulava havia vários dias e decidi permanecer ali, varar a noite ao lado dos companheiros. Tentei espantar o sono que vinha em ondas sucessivas.

(Até hoje não tenho certeza se fui vencido pelo sono, numa hora qualquer da madrugada. Dez anos mais tarde, ao me ver numa foto em que estava sozinho, num banco ao lado do caixão de Vlado, a dúvida permanecia: na foto, o corpo curvado, o rosto entre as mãos, eu podia estar dormindo. Mas podia, também, estar pensando nos dias que se seguiriam.)

19 No cemitério, a convocação: "Vamos para o Sindicato!"

Segunda-feira, 27 de outubro: Esse seria mais um longo e tormentoso dia. De manhã bem cedo, o pátio do Albert Einstein estava outra vez tomado. Além de jornalistas — a grande maioria —, compareceram pessoas de outras áreas e representantes de entidades diversas. Os homens da Chevrah Kadisha, encarregada dos serviços fúnebres pela Sociedade Cemitério Israelita, estavam vigilantes em volta do caixão. Eles haviam, na véspera, levado Clarice a desistir de sua intenção de fazer uma segunda autópsia e agora se movimentavam, agitados, em direção ao cardeal Paulo Evaristo Arns, que acabara de chegar. Alcançaram-no no meio do pátio e avisaram: estavam ali para zelar pelo cumprimento de um ritual judaico e, por isso, um sacerdote de outra religião não poderia falar.

Dom Paulo respondeu que não iria dizer nada, apenas rezar. Um dos homens da Kadisha, voz firme, voltou a avisar:

— Por favor, nem oração. São os responsáveis que lhe pedem isso.

O cardeal dirigiu-se ao salão do velório e ficou, em silêncio, em frente ao caixão. Em voz baixa, cumprimentou a mim e ao senador Franco Montoro, que chegara momentos antes. Chegaram também outros parlamentares, os deputados do MDB Alberto Goldman, Ayrton Soares, Robson Marinho e Horácio Ortiz.

A distância, os homens da Kadisha, aflitos, acompanhavam toda a movimentação. Além do cardeal e dos parlamentares, estavam presentes alguns artistas conhecidos, como Raul Cortez, Eva Wilma e Juca de Oliveira, presidente do Sindicato dos Artistas e Técnicos em Espetáculos. Eles representavam o primeiro sindicato a se manifestar em solidariedade aos jornalistas e foram cercados por repórteres e cinegrafistas. Os homens da Kadisha mostraram-se mais preocupados. Temiam que alguém fizesse um discurso. Espalharam o medo pelo pátio.

Mas, a cada instante, a revolta mais se sobrepunha ao medo. Pouco depois das 10 horas começou a se formar o formidável cortejo de mais de 300 automóveis que seguiriam o corpo de Vlado até o Cemitério Israelita do Butantã, a cerca de 10 quilômetros dali, num bairro tranquilo à margem da rodovia Raposo Tavares.

Centenas de pessoas foram, aos poucos, chegando ao cemitério, mas nem todas puderam assistir ao sepultamento.

Os homens da Kadisha e os agentes do DOI-Codi trataram de se livrar o mais rapidamente possível daquele corpo incômodo.

Logo depois do portão, um dos membros da Kadisha se pôs à frente do caixão e começou a gritar:

— Depressa, depressa, vamos logo!

Horas antes, no DOI-Codi, Paulo Markun, Rodolfo Konder, Duque Estrada e Anthony de Christo foram convocados para uma "reunião" na mesma sala em que, na véspera, haviam recebido a notícia da morte de Vlado. Um carcereiro avisou, em tom de confidência:

— Vocês vão sair.

Sair, assim de repente, poderia ter muitos significados ali dentro. Sabia-se de vários casos em que outros presos saíram e desapareceram para sempre. Mas os homens do DOI-Codi tinham um plano que, apreensivos, cada um dos convocados tentava decifrar.

Reunidos, eles receberam de um oficial uma estranha ordem:

— Preparem-se, vocês vão ao enterro.

Ao dar a ordem, o oficial amaciou a voz, dando a entender que se tratava de uma concessão, um ato de liberalidade. Mas logo avisou que cada um

AS DUAS GUERRAS DE VLADO HERZOG

teria de formalizar, em texto de próprio punho, um pedido de autorização ao comandante do DOI-Codi, coronel Audir Santos Maciel, para comparecer ao funeral do colega morto. Além disso, teriam de assinar um documento em que se comprometiam a voltar à prisão no dia seguinte de manhã.

Enquanto recebiam de volta as suas roupas e se despediam do macacão verde-oliva, os quatro presos tentavam entender a verdadeira razão daquela decisão. Poderia ser, por exemplo, que se tratasse de um recuo da repressão. Havia alguns sinais que levavam a essa conclusão, sendo um deles, o mais significativo, o fato de que, depois da morte de Vlado, a tortura praticamente havia cessado no DOI-Codi. Fernando Jordão abordaria o episódio por esse ângulo:

> Os militares, naquele momento, estavam na defensiva, ante a investida representada pela reação vigorosa dos jornalistas e seu Sindicato e a indignação que já começava a se espalhar por outros setores da sociedade. Não era a primeira vez que se duvidava da versão oficial de uma morte no DOI-Codi, mas, pela primeira vez, eles se viam forçados a dar satisfações. A liberação dos jornalistas era uma delas.[70]

Mas esses dias de tensão e medo não permitiam que se tivessem certezas. É ainda Jordão que observa:

> No dia do enterro de Vlado, a presença de Konder, Duque, Markun e Anthony foi desconcertante. O objetivo, aparentemente, era mostrar que os outros jornalistas estavam bem. Mas, ao mesmo tempo, ficou claro que nos tornávamos fiadores da segurança dos quatro que foram ao enterro e dos outros sete que continuaram presos. Sua permanência no DOI-Codi, sujeitos a todo tipo de ameaça, era quase que uma garantia de que a reação à morte de Vlado se manteria dentro de limites toleráveis. Pior que isso: todos já sabiam que Konder e Duque eram as únicas testemunhas da tortura de Vlado, capazes até de descrever e identificar um dos torturadores, e ambos, como os demais, tinham ordem de se reapresentar no dia seguinte de manhã.[71]

---

[70] Fernando Pacheco Jordão, op. cit., p. 19.
[71] Ibidem, p. 43.

Ao ser levado do DOI-Codi para casa, numa C-14, a conclusão de Anthony de Christo foi a de que tanto ele como seus companheiros tinham sido despachados para o enterro na condição de reféns.

No Sindicato dos Jornalistas, onde alguns diretores se mantinham de plantão desde bem cedo, o tesoureiro Wilson Gomes foi o último a sair para o enterro. Ao sair, viu que restava alguém que ele não conhecia, sentado num canto da sala da diretoria, em silêncio. Perguntou-lhe:

— Você vai ficar?

— Não, eu estou esperando uma carona no carro do Sindicato.

— O Sindicato não tem carro, mas eu vou de táxi ao enterro. Se quiser aproveitar...

O estranho mal respondeu que aceitava, mas seguiu o diretor. No táxi a caminho do cemitério, ele se manteve o tempo todo em silêncio. Wilson Gomes chegou a imaginar que se tratasse de algum agente disfarçado, mas logo atribuiu a ideia à paranoia que tomava conta da cabeça de muitos de nós naqueles dias de incertezas. Ia conversando consigo mesmo, amargando a angústia e, mais do que isso, a raiva que sentia e a impotência contra um inimigo muito grande, poderoso a ponto de matar e permanecer impune.

Quando o táxi parou no portão do cemitério, Wilson nem teve tempo de se despedir do carona. Mas logo viu que ele era cercado por várias pessoas e só então ficou sabendo de quem se tratava: era Geraldo Vandré, que voltara do exílio e se recolhera a um silêncio que as multidões que haviam saído às ruas "caminhando e cantando" contra a ditadura não conseguiam entender.

Vandré, que silenciara o seu canto, logo se diluiria entre a pequena multidão que acompanhava o sepultamento de Vlado. Possivelmente, como muitos dos que ali estavam, derramou silenciosamente algumas lágrimas.

À frente do caixão, logo depois da entrada no cemitério, o homem que desde a chegada do cortejo vinha exigindo que se andasse depressa alargou os passos, quase ensaiando uma corrida. Seguia ao lado do cantor Paulo Novak, também da Kadisha, suando dentro de uma roupa preta. Baixo e atarracado, o rosto vermelho afogueado, de vez em quando ele recuava de sua tentativa de corrida e emparelhava-se comigo, que segurava uma das alças da frente do caixão, e repetia:

— Vamos, vamos, depressa!

Eu continuava no mesmo passo, segurando o caixão e a raiva. O peso do caixão, a parte que me tocava suportar, era grande demais para o cansaço acumulado por tantos dias. Mas isso não foi suficiente para impedir que crescesse dentro de mim a raiva contra o homenzinho, que repetia a sua ordem como se recitasse uma ladainha. De vez em quando ele olhava para os lados, como a procurar entre os acompanhantes os que dele exigiam mais pressa. Eram os agentes dos órgãos de segurança que seguiam o cortejo, alguns deles disfarçados de fotógrafos e cinegrafistas.

O rosto do homem da Kadisha gotejava suor e medo.

À beira da sepultura número 64 da quadra 28, numa pequena depressão do terreno, ele continuava a exigir pressa. Clarice, ao lado dos filhos Ivo e André, e várias outras pessoas que rodeavam a cova, gritavam em protesto. Notei a presença dos senadores Franco Montoro e Orestes Quércia, além de alguns deputados.

Arfante, o homem baixinho da Kadisha respondeu aos que protestavam, enquanto o cantor entoava as primeiras palavras da reza pelos mortos. Ele se justificava:

— São ordens superiores!

Não havia condições, nem tempo, para se discutir de quem partira a ordem que subvertia o ritual judaico de sepultamento. Podia ser dos militares, cujo poder naquele momento se estendia ao território sagrado de um cemitério, ou da própria Chevrah Kadisha, a Santa Irmandade dominada pelo medo.

Agora a urgência era para que o caixão descesse à sepultura. De repente, não sei a partir de que instante, vi-me segurando, com outras pessoas, uma corda que sustinha o caixão, que começou a descer. Imediatamente, munido de uma pá, o homenzinho começou a jogar terra na cova, atropelando a tradição que dá aos parentes diretos do morto a primazia de atirar os primeiros punhados de terra.

Muitos carros que seguiram o cortejo ainda não haviam chegado ao cemitério, entre eles o que levava dona Zora, mãe de Vlado. Apesar da idade avançada, ela caminhava depressa, quase correndo, mas só conseguiu chegar ao túmulo quando os homens da Kadisha jogaram as últimas pás de terra sobre o corpo do filho.

As pessoas em volta se entreolharam, tristes e indignadas. Muitos, entre os quais alguns jornalistas judeus, estranharam a ausência de um rabino na cerimônia.[72]

Na ausência de um rabino, um sacerdote católico pediu que todos se dessem as mãos e rezou o Pai-Nosso. Às últimas palavras da oração seguiu-se um pesado silêncio, como se as pessoas buscassem dentro de si a palavra certa para exprimir o seu sentimento e a sua revolta. De um ponto mais alto em redor veio a palavra do jornalista Emanuel Martins, um dos participantes mais ativos das lutas do Sindicato. Ele citou o profeta Jeremias:

— Ai de mim, ai de você, Vlado, o seu sacrifício não será em vão. Ai dos injustos, pois a vida é dos justos.

Outras palavras foram ouvidas, num grito de revolta da atriz Ruth Escobar:

— Até quando vamos continuar suportando tanta violência?

Foram poucas palavras, mas na medida certa. Coube-me dizer outras, que numa busca angustiada encontrei na memória, no *Navio negreiro* de Castro Alves:

> Senhor Deus dos desgraçados,
> Dizei-me vós, Senhor Deus,
> Se é mentira, se é verdade,
> Tanto horror perante os céus.[73]

O horror estava estampado no rosto dos quatro jornalistas que tinham sido liberados pelo DOI-Codi para assistir ao sepultamento. Eles

---

[72] O rabino Henry Sobel estava no Rio de Janeiro, onde tinha compromisso com a comunidade judaica local.

[73] Muitos jornais, e depois livros sobre o episódio, registraram equivocadamente outros versos de Castro Alves.

estavam juntos, num ponto mais elevado, e ali sofreram a tortura de ver o corpo do amigo coberto por urgentes pás de terra. Assim como lhes haviam ordenado que comparecessem ao enterro, ordenaram também que deveriam estar de volta ao DOI-Codi na manhã seguinte. E ali tudo podia acontecer. O recomeço da tortura. A morte, talvez.

Para dois deles — Rodolfo Konder e Duque Estrada —, a presença ali, sob o sol de quase meio-dia, doía mais. No comunicado distribuído na véspera pelo comando do II Exército e publicado pelos jornais, tinham sido apontados como delatores de Vlado. Estavam, assim, tidos como delatores, expostos aos olhos da pequena multidão no cemitério.

Em meio aos que se aglomeravam em torno da sepultura recém-coberta, estavam também agentes da repressão, alguns deles conhecidos durante as sessões de tortura no DOI-Codi. Provavelmente, os que se disfarçavam de fotógrafos registraram as imagens das pessoas que deles se aproximavam. Por isso, evitavam conversar com quem chegava perto. Um deles avisou a um jornalista:

— Não pergunte nada, não podemos dizer nada. Eles matam, eles matam!

Anthony de Christo chegou a dizer a Carmen, sua ex-mulher, que se aproximava com alguns amigos:

— Vá embora, não fique aqui não. Saiam todos!

De onde estavam, os quatro viam a multidão se movimentando para deixar o cemitério. Mas o silêncio da maioria foi de repente quebrado. Um grito, que não se sabe de quem partiu, convocou:

— Vamos para o Sindicato!

Começava ali, imediatamente, a convocação para o que se transformaria numa formidável assembleia extraordinária. Alguém se aproximou de mim, perguntando a que horas seria a reunião. Não me detive a pensar, respondi automaticamente: "Às seis horas." A convocação foi passando, em voz baixa, de boca em boca: "Reunião no Sindicato, às seis horas."

Havia algo de novo no noticiário da imprensa. Pela primeira vez desde a imposição do AI-5, o caso de um prisioneiro morto nas mãos dos torturadores de um aparelho de segurança foi noticiado com destaque pelos jornais. Ao contrário do que ocorria antes, quando os corpos dos "suicidas" ou dos mortos em supostos confrontos eram entregues à família em caixão lacrado e com a ordem de que fossem enterrados com urgência, alguns jornais ousavam avançar, ainda que timidamente, além da publicação do comunicado dos militares.

No caso dos jornais paulistas, esse avanço foi notável no noticiário publicado pelo *Jornal da Tarde*, do mesmo grupo de *O Estado de S. Paulo*. O *Estadão* não circulava às segundas-feiras, de modo que coube ao *Jornal da Tarde* noticiar, com grande destaque, a morte de Vlado. Em página inteira, o vespertino deu a versão oficial e, com o mesmo peso, a nota do Sindicato dos Jornalistas. Sob o título "O último dia de Vlado: trabalhando na TV Cultura", contou em quatro colunas como ele fora procurado por agentes do DOI-Codi, na noite de sexta-feira, até sua apresentação, na manhã de sábado.

Outros jornais se limitaram a publicar a versão do suicídio de Herzog, destacando, sem discussão, o comunicado do II Exército. *A Folha de S.Paulo* engoliu a versão do suicídio, cercou-se de cuidados, noticiando a morte do jornalista a partir da versão oficial:

> O jornalista Vladimir Herzog, de 38 anos, diretor do Departamento de Jornalismo da TV Cultura, canal 2, e que se suicidou na tarde de sábado nas dependências de um órgão do II Exército, segundo nota oficial deste, será sepultado hoje no Cemitério Israelita do Butantã, no km 13,5 da Rodovia Raposo Tavares.

Mesmo em segundo plano, e em letra miúda, a *Folha* publicou na íntegra a nota do Sindicato dos Jornalistas, que, além de denunciar a prisão ilegal de Vlado, responsabilizava os militares por sua morte, ao afirmar que "a autoridade é sempre responsável pela integridade física das pessoas que coloca sob sua guarda".

Certamente, o espaço dado ao noticiário sobre a morte de Herzog, incluindo a publicação desse documento, que termina por conclamar os jornalistas a comparecer ao sepultamento, foi fundamental para levar ao Cemitério Israelita do Butantã aquela pequena multidão que se retirava e que, em grande parte, estaria à noite na sede do Sindicato dos Jornalistas, participando do movimento de protesto que se avolumaria nos dias seguintes, com a adesão de vários setores da sociedade civil, e terminaria por se constituir num marco da luta contra a ditadura militar.

Com o assassinato de Herzog, a censura, que durante tantos anos servira para acobertar os crimes da ditadura, começava a cair, apesar do acumpliciamento da maioria dos veículos da grande imprensa com o regime.

Nessa mesma manhã em que mais uma das vítimas da ditadura foi enterrada, mesmo que não em silêncio, como em inúmeros casos anteriores, a *Folha da Tarde*, um dos jornais pertencentes ao grupo que edita a *Folha de S.Paulo*, assumiu como verdadeira a versão dos militares e publicou na primeira página, em oito colunas: "Jornalista denunciado por comunistas suicida-se".

Já na chamada para a matéria, a nota do II Exército, a versão oficial, é tratada como se fosse informação apurada por seus repórteres:

> O jornalista Vladimir Herzog, diretor-responsável de telejornalismo da TV Cultura, canal 2, suicidou-se no último sábado. Antes redigiu de próprio punho declaração revelando sua militância em uma "célula de base" (unidade clandestina) do autodenominado Comitê Estadual do PC. Seus delatores foram Rodolfo Konder e Jorge [*sic*] Benigno Jathay Duque Estrada e, revelando o caso, o II Exército distribuiu nota oficial, cuja íntegra está na página 3.

Enquanto legitimava a versão do DOI-Codi, a *Folha da Tarde*, que se transformara numa espécie de porta-voz dos órgãos de segurança, àquela altura dominados pelos torturadores da extrema direita, não só omitiu a nota do Sindicato como distorceu o seu verdadeiro sentido de denúncia. Cometeu isso em três linhas perdidas no meio da matéria, em sintaxe arrevesada:

> Ontem, o Sindicato dos Jornalistas Profissionais do Estado de São Paulo distribuiu comunicado que em linhas gerais confirma as informações constantes na nota oficial do II Exército.

Nos dias seguintes, o noticiário sobre a morte de Herzog e a mobilização promovida pelo Sindicato dos Jornalistas, que aprofundava a contestação da versão oficial, ocupariam espaço cada vez mais amplo nos veículos de comunicação. A *Folha da Tarde* também aumentaria o espaço dedicado ao caso, mas em sentido inverso, com empenho que superou os esforços do comando do II Exército em provar o "suicídio". Esse engajamento do jornal, que até certo ponto contrariava a posição do carro-chefe do grupo a que pertencia, a *Folha de S.Paulo*, que aos poucos começa a escapar de um longo período de omissão e silêncio, servia para demonstrar as contradições da grande imprensa, marcantes durante o período ditatorial. Prenunciava o começo do fim do jogo amistoso com a ditadura, do qual participaram os mais importantes veículos de comunicação do país. A grande imprensa começava, enfim, a abandonar o barco da ditadura que apoiara desde os primeiros instantes do golpe de 1964.

Nessa segunda-feira, desde cedo, o campus da USP estava mais movimentado do que nos dias normais. Em várias escolas, havia reuniões nas quais se discutia a paralisação das aulas em protesto pela morte de Herzog e contra as prisões que atingiam não só jornalistas, mas estudantes, professores universitários e profissionais de diversos outros setores.

Às 16 horas, os estudantes começaram a se concentrar em frente à ECA, onde Vlado lecionara. Além dos alunos do curso de jornalismo, colegas de praticamente todas as faculdades participavam da concentração, ponto de partida para um movimento que culminaria com uma greve envolvendo 30 mil estudantes. Além das escolas localizadas na Cidade Universitária, outras faculdades da USP, como a de Direito, no Largo de São Francisco, e a de Medicina, discutiam a adesão ao movimento, do qual participariam também outras importantes instituições, como a PUC (Pontifícia Universidade Católica) e a Fundação Getúlio Vargas. Mais de quinhentos professores aderiram à greve e comunicaram sua decisão à reitoria da USP.

Na concentração da USP, os universitários decidiram manifestar o seu apoio ao movimento dos jornalistas e constituir uma comissão para participar da reunião marcada para o fim da tarde na sede do Sindicato.

AS DUAS GUERRAS DE VLADO HERZOG

Nessa tarde, a crise sacudiu três pontos nevrálgicos em São Paulo: além do campus da USP, o Sindicato dos Jornalistas, no centro da cidade, e o quartel-general do II Exército, no bairro do Ibirapuera.

No QG, o general Ferreira Marques, chefe do estado-maior, substituiu o comandante, general Ednardo d'Ávila Mello, que estava em Brasília para participar uma reunião do Alto-Comando. Ao mesmo tempo que seu pessoal, tendo à frente o coronel José de Barros Paes, chefe da 2ª Seção, tratava de juntar fotografias e laudos que consideravam provas definitivas do suicídio de Herzog, o general Marques mostrava-se extremamente preocupado com a possibilidade de o Sindicato dos Jornalistas vir a apoiar o movimento estudantil. Ele chegou a procurar jornalistas influentes, nas redações dos principais jornais, para que tentassem evitar esse apoio.[74] Tratava-se de um equívoco. O general lidava com uma ideia errada e marchava no sentido errado, pois o que ocorria era exatamente o inverso: foram os estudantes que declararam apoio ao movimento do Sindicato e montaram uma comissão que deveria participar da reunião marcada para o fim da tarde na sede da entidade.

A movimentação no Sindicato começou logo no início da tarde, quando a diretoria estava reunida para uma avaliação da situação e, principalmente, para decidir sobre a condução da reunião marcada para o início da noite.

A grande preocupação era preservar o Sindicato, então mais visado do que nunca, de uma intervenção, o que significava jogar por terra os avanços obtidos nas denúncias contra as prisões ilegais e a atribuição da responsabilidade dos militares pela morte de Vlado. Mais do que isso, era preciso evitar que fosse fechado o canal de expressão que, então, já não era só dos jornalistas, mas de vários setores de oposição ao regime.

O que haveria à noite não seria, portanto, uma assembleia dos jornalistas. O Sindicato estaria aberto para a participação de outras categorias, garantida ampla liberdade de expressão para todos, mas as deliberações seriam tomadas pela diretoria. Essa foi a minha posição como presidente, apoiada sem discussão por todos os diretores.

---

[74] Elio Gaspari, op. cit., p. 184.

Não havia tempo para a discussão de outras questões. A reunião da diretoria foi interrompida por um telefonema que aumentou o nível de tensão no Sindicato. Um dos jornalistas credenciados no II Exército avisava que o general Ferreira Marques queria a nossa presença no QG antes da "assembleia" marcada para a noite.

Já passava das 17 horas quando cinco dos membros da comissão executiva da diretoria — além de mim, os diretores José Aparecido, Fernando Jordão, Gastão Thomaz de Almeida e Wilson Gomes — se preparavam para atender à convocação do general.

Os primeiros grupos que chegavam para a reunião marcada para as 18 horas já se acomodavam no auditório, outros se aglomeravam no corredor e na rampa que dá acesso à pequena galeria do edifício, que abrigava uma agência bancária e algumas pequenas lojas e escritórios. Acima da sede do sindicato, na sobreloja, o edifício era exclusivamente residencial. Os moradores que entravam e saíam estranhavam a movimentação. A administração do edifício logo tomou a providência de reservar os dois elevadores para uso exclusivo dos moradores. Os que vinham para a reunião eram desviados para a escada, no fundo da galeria.

A maioria dos que iam chegando era, naturalmente, de jornalistas, mas muitos eram de outras categorias: advogados, sociólogos, professores, estudantes. Eles manifestaram solidariedade ao sindicato e vinham com a disposição de protestar. O clima era de indignação geral. E de expectativa dos diretores, que teriam de deixar o Sindicato para participar da reunião no QG do II Exército. Sem a presença deles, podia-se prever uma reunião caótica, incontrolável, que poderia fornecer o pretexto que certamente desejavam os homens da repressão.

Uma providência era necessária. Perseu Abramo, uma espécie de membro "especial" da diretoria, da qual discordava em várias questões, durante as reuniões de que participava com frequência, sugeriu a formação de um grupo com a função de comunicar a razão da ausência dos diretores. Em poucos minutos, se formou uma espécie de pelotão que ele comandava na rampa de acesso à sede do Sindicato. Quem chegava era logo avisado sobre a convocação do II Exército e que, por isso, a reunião não teria hora para começar.

No QG do II Exército, os diretores do Sindicato aguardavam o general, certos de que ele teria uma ameaça a fazer. Depois de alguns minutos de espera, na sala de imprensa, onde os jornalistas credenciados fazem, por assim dizer, "as honras da casa", foram conduzidos ao gabinete do comandante. Começou, então, a encenação de uma comédia de erros. O general Ferreira Marques, um homem baixo, empertigado dentro da farda, recebeu o grupo sem dizer nada. Coube-me, diante do embaraçoso silêncio, dizer alguma coisa:

— Estamos aqui porque recebemos uma convocação dos senhores.

O general mostrou-se surpreso. Disse que não partira dele o chamado, talvez tivesse sido iniciativa do general Pacca, a quem mandou chamar.

O general Ariel Pacca da Fonseca, comandante da 2ª Região Militar, alto e elegante, chegou logo em seguida e também se mostrou surpreso. O convite, disse, não partira dele. Talvez tivesse sido feito pelo chefe da 2ª Seção, coronel Paes, e logo despachou um oficial para chamá-lo.

Entrou o coronel Paes e estava completo o elenco. Logo ficou evidente que toda essa encenação fazia parte de um jogo para nos confundir. O coronel Paes mostrou a que viera logo que entrou em cena. Informou que estavam quase prontas as cópias dos laudos e as fotografias que comprovariam o suicídio de Herzog. Saiu de cena em seguida, para buscar os documentos.

O general Marques entrou com uma fala áspera, quase gritando. Mostrou-se irritado, como se tivesse atravessada na garganta a nota em que o Sindicato responsabilizava os militares pela morte. Duvidar da informação do II Exército, que dera como suicídio a morte de Vlado, disse ele, "é o mesmo que nos chamar de burros". Argumentou que não havia por que matar o preso, se ele não tinha informação a dar. E se tinha informações, a lógica seria mantê-lo vivo para obtê-las. Arrematou:

— Matar, no caso, é que seria burrice!

O general Pacca entrou com sua fala, mais manso. Ele se disse apreensivo com o que poderia acontecer na assembleia marcada para mais tarde no Sindicato, principalmente porque a convocação, feita por mim no cemitério, fora precedida de um discurso inflamado. Essa era a informação que recebera do coronel Paes.

Consegui manter a calma, enquanto me dirigia ao coronel:

— Lamento, coronel, mas os seus informantes não fizeram um relato fiel. Meu discurso não passou da repetição de alguns versos de Castro Alves.

O coronel não disse nada. Seu argumento estava nos papéis que passou a exibir.

Os papéis — o Laudo de Encontro do Cadáver, o Laudo de Exame Necroscópico e o Laudo de Exame de Documento — estavam dispostos numa mesa de centro, como troféus que os militares acabavam de conquistar.

O general Ferreira Marques anunciou, secamente:

— Aí estão as provas.

Para nós, um choque. Não havia condições de se tomar conhecimento dos textos, mas todos receberam o impacto das fotos do encontro do cadáver e do laudo necroscópico. A primeira foto, que se tornaria a imagem-símbolo do assassinato de Vladimir Herzog, mostrava seu corpo pendente da grade da cela, os joelhos dobrados, os pés tocando o chão.

Fernando Jordão narraria depois esse instante em que, pela circunstância, todos nós contivemos o choro e o ímpeto de gritar que não acreditávamos na versão do suicídio que o DOI-Codi tentava impingir:

> Os laudos e as fotos que nos trouxeram para ver tornaram a morte de Vlado irremediavelmente concreta, palpável, pesada. Ali estava meu amigo pendurado da grade de uma cela, pernas dobradas, os joelhos quase tocando o chão. Lembrei-me de que, poucos antes de sairmos do sindicato para o QG, um advogado familiarizado com processos na área militar tinha me antecipado que eu provavelmente o veria suspenso daquela forma, pois assim também fora fotografado dois meses antes, na mesma posição, outro detido no DOI-Codi, o tenente José Ferreira de Almeida, da Polícia Militar, cuja morte os laudos periciais deram igualmente como suicídio.[75]

A posição do corpo, na foto que nos exibiam, parecia gritar, atestando a farsa. Mas havia, além disso, um detalhe que consta do Laudo de

---

[75] Fernando Pacheco Jordão, op. cit., p. 51.

Encontro do Cadáver e que foi mencionado de passagem por um dos militares que ali estavam em volta, convictos de que nos apresentavam provas irrefutáveis do suicídio: Vlado usara, para pôr fim à vida, o cinto do macacão verde-oliva, veste obrigatória para todos os presos do DOI-Codi. Ficamos todos em silêncio diante da revelação. É fato conhecido que, nos presídios em geral, justamente por medida de segurança, não sejam deixados com os detentos objetos ou peças de roupa que possam facilitar o suicídio.

Se não acreditáramos, desde o início, na versão do suicídio, voltamos para o Sindicato mais convencidos ainda da verdade. Essa convicção nos dava força, reforçava a nossa decisão de denunciar o assassinato de Vlado. Um dos companheiros observou que a iniciativa dos militares de convocar a diretoria do Sindicato para "provar" o suicídio demonstrava o quanto eles estavam preocupados com a repercussão do caso. Aquela era a primeira vez em que a repressão se sentia na obrigação de dar alguma satisfação sobre a morte de um preso em dependência militar.

Espremidos num táxi no trânsito congestionado, nossa preocupação, então, era com o atraso para o início da reunião no Sindicato. Já passava das 20 horas quando chegamos à Rego Freitas.

Já na rampa da entrada do prédio pudemos avaliar o tamanho do problema que deveríamos enfrentar. Ali estavam dezenas de pessoas, em agitada expectativa. Apesar dos esforços do grupo coordenado por Perseu Abramo, corriam informações desencontradas. Alguns grupos já haviam espalhado que a diretoria, assustada com a movimentação, havia abandonado o sindicato. Outros chegaram a levantar a hipótese de que os dirigentes chamados ao QG tinham sido presos ou estavam foragidos.

Fazemos uma rápida avaliação da situação. Perseu Abramo, calejado nas lutas políticas, manteve a serenidade característica de sua personalidade. Concordamos em que era preciso ouvir todas as opiniões, respeitar as posições de todos os que, literalmente, ocupavam o Sindicato naquele momento, mas agir com toda a firmeza para não perdermos o controle da situação, pondo em risco a entidade. Tínhamos consciência de que a circunstância nos colocava na condição de liderar um movimento de protesto cujo alcance não era possível prever.

A primeira decisão era a de não declarar como sendo uma assembleia o formidável ajuntamento de pessoas que ocupavam não só o auditório, mas todas as dependências do Sindicato. A legislação que atrela os sindicatos ao Estado, por meio do Ministério do Trabalho, no caso de uma assembleia realizada sem o cumprimento de exigências como a publicação de um edital, com vários dias de antecedência, permite uma imediata intervenção, o que levaria a perdermos o caminho aberto pelo qual transitavam naquele momento diferentes setores da sociedade. A grande maioria dos que aguardavam a reunião era de jornalistas, mas havia, além de estudantes, parlamentares, artistas e representantes de várias entidades, entre as quais alguns sindicatos de classe média.

Naquele momento, o Sindicato não era só dos jornalistas, mas de todos os que ali chegavam dispostos a manifestar a sua indignação. A movimentação que começava na entrada do prédio estendeu-se pela galeria, pela escada de acesso à sobreloja e pelo corredor que leva ao auditório, já totalmente tomado. Além das 120 cadeiras, todos os espaços livres, nas laterais, no fundo e em volta da mesa diretora estavam ocupados. Estavam ali, apinhadas, cerca de 300 pessoas que aguardavam a palavra da diretoria do Sindicato.

Na mesa, tendo ao lado os companheiros de diretoria, declarei aberta não uma assembleia, como muitos esperavam, mas uma "reunião de informação" na qual, além do relato sobre o encontro que acabáramos de ter com os militares do II Exército, comunicaríamos as decisões da direção sindical sobre a continuação do movimento de protesto e a cobrança de esclarecimento às autoridades sobre as prisões ilegais que levaram à morte de Vlado. Não haveria, portanto, votação. Caberia à diretoria acolher ou não as propostas que se fizessem durante a reunião.

Do auditório, e até do corredor, onde se comprimiam os que não conseguiram entrar, partiam manifestações de protesto. No fundo da sala, um grito, logo seguido por um pequeno coro, acusou:

— Vocês estão afinando. Vamos pra rua!

Outras vozes, as da grande maioria, se levantaram pedindo silêncio. Era preciso calma e consigo manter a que me restara depois das atribulações de tantas horas que me pareceram meses, anos. Lembrei as providências tomadas pelo Sindicato desde a noite de sábado, quando surgiu a notícia da morte de Vlado, e anunciei a leitura do comunicado sobre o encontro da diretoria com os militares do II Exército. No meio do grupo que se comprimia à frente e nos espaços laterais da mesa, alguém levantou a voz:

— Nada de comunicado. Nós queremos ação!

De vários pontos do auditório partiam manifestações semelhantes, principalmente entre os estudantes, muitos dos quais chegaram ao Sindicato vindos diretamente da USP, onde haviam participado, durante quase todo o dia, das agitadas reuniões que culminaram com a decisão da greve. Em muitos momentos dessas reuniões surgira a proposta de se fazer uma passeata pela cidade, em protesto pelo assassinato de Herzog.

A passeata dos estudantes não saiu, mas, no auditório do sindicato, alguns tentaram outra e com destino certo: o quartel-general do II Exército. As vozes mais estridentes partiam dos estudantes e de alguns jornalistas ligados ao mais recente grupo da esquerda trotskista, o Liberdade e Luta (Libelu). Um de seus líderes, Paulo Moreira Leite, com atuação marcante entre os jornalistas, que poucos anos mais tarde se tornaria um dos mais importantes profissionais de sua geração, fez um discurso inflamado e convocou:

— Vamos para o II Exército!

Ouviram-se algumas manifestações de apoio, igualmente inflamadas, e muitas vozes contrárias. Uma delas, a do vice-presidente do Sindicato, José Aparecido, pôs água na fervura e contribuiu, com algum humor, para acalmar os ânimos e aliviar a tensão. Na mesa, ele pediu a palavra, ponderando que uma marcha sobre o QG do II Exército levaria a um confronto de consequências imprevisíveis. E dirigindo-se ao grupo que defendia a passeata:

— De quantos canhões vocês dispõem?

Seguiu-se uma trégua na guerra de palavras que agitava o auditório. A proposta da passeata se esvaziou e a reunião prosseguiu, com propostas que eram apoiadas sem discussão. A primeira delas era a de que se desse ao auditório em que nos reuníamos o nome de Vladimir Herzog. Outra, que levaria a um grande momento — o culto ecumênico em memória de

Vlado, na catedral da Sé, dias depois — seria o fio condutor da mobilização que o Sindicato dos Jornalistas conduziria com serenidade e firmeza nos dias seguintes. A singela proposta de realização de uma missa de sétimo dia, aprovada imediatamente, foi feita pelo jornalista David de Moraes, que seria meu sucessor na presidência do Sindicato, pouco mais de dois anos depois. Um dos diretores do Sindicato, Hélio Damante, versado em assuntos religiosos, lembrou que a igreja católica não impõe seu rito aos que não professam a sua fé. Sendo Vlado judeu, seria mais apropriada a realização de um culto ecumênico.

O consenso em torno dessas propostas não impediu, porém, as manifestações dos que reclamavam ações mais contundentes. Dei prosseguimento à reunião.

A voz de Fernando Jordão, a quem coubera redigir o comunicado da diretoria sobre o encontro com os militares do II Exército, sobrepôs-se a alguns gritos. Alguém acusou a diretoria do Sindicato de ser obediente ao Partidão, que queria "segurar" os protestos contra a ditadura, mas Jordão não perdeu a calma e continuou a leitura do texto manuscrito momentos antes, pois não houvera tempo de ser datilografado. O texto era um relato desprovido de adjetivos, mas que seguia a linha adotada de responsabilizar os militares pela integridade dos presos que mantêm sob sua custódia e reclamava esclarecimentos sobre a morte de Herzog.

Mas restavam, no plenário, os que reclamavam adjetivos, exigiam palavras contundentes. Os gritos, alguns palavrões, me incomodavam. Resvalei pelo ímpeto de revidar ofensas, mas me contive, engolindo em seco. Mantive a serenidade que o momento exigia. Uma previsível reação dos militares da linha-dura, acuados no porão, por causa da repercussão de mais um assassinato que acabavam de praticar, ameaçados de perder a guerra que travavam contra o alardeado projeto de abertura política, poderia desencadear uma onda de repressão sem precedentes. Um banho de sangue, talvez, como o almejavam os "indonésios" da Operação Jacarta. Para tanto, eles precisavam de um pretexto que deveríamos evitar.

Era até compreensível a indignação desses jovens que propunham passeatas. O próprio cardeal Arns, ao saber da morte de Vlado, tomara-se de santa indignação e se perguntava: "Não sei se não é hora de um protesto mais forte. Quem sabe, sair pela rua."[76] Mas eu tinha claro que era preciso manter a linha de atuação do Sindicato, que rapidamente ia se transformando numa importante trincheira, espaço para uma reação organizada contra a repressão.

Os primeiros sinais de que estávamos no caminho certo foram anunciados ao microfone pelo secretário Gastão Thomaz de Almeida: eram manifestações de solidariedade de várias entidades, entre as quais a Associação Brasileira de Imprensa (ABI), que apoiava a atuação do Sindicato e reclamava do comandante do II Exército investigação rigorosa e esclarecimentos sobre a morte de Herzog. Outra, embora tímida, foi da Federação Nacional dos Jornalistas (Fenaj), expressando o seu apoio à diretoria em sua decisão de reclamar esclarecimentos sobre o caso. Na tarde do mesmo dia, o líder do MDB na Assembleia Legislativa, Alberto Goldman, pronunciara um corajoso discurso, no qual concluía: "Que essa morte abra os olhos de todos nós, dos responsáveis pela nossa terra, e esses olhos nunca mais se fechem diante de fatos que vêm acontecendo."

A maioria das pessoas permaneceu no auditório após o meu anúncio de que, a partir de então, o Sindicato estaria em vigília permanente. Encerrei a reunião, convocando outra para o dia seguinte. Na saída, atravessei com dificuldade o corredor, onde recebi abraços emocionados e, ao mesmo tempo, manifestações de desagrado. No meio do tumulto, uma voz feminina, estridente, lançou a ofensa:

— Faltou colhão!

Terça-feira, 28 de outubro: De manhã bem cedo, os quatro jornalistas "liberados" para assistir ao sepultamento de Vlado estavam reunidos na casa de Maria del Carmen, ex-mulher de Anthony de Christo. O casal se separara recentemente, mas mantinha uma forte relação de amizade. Na véspera, na saída do cemitério, Carmen e duas amigas acompanharam Anthony, preocupadas com uma possível ação dos homens do DOI-Codi.

---

[76] Ibidem, p. 95.

A possibilidade de uma fuga passara pela cabeça dos quatro. Por que, indagavam-se, voltar para o inferno do DOI-Codi se podiam, por exemplo, sumir, arrumar um lugar seguro numa cidade qualquer do interior, asilar-se numa embaixada?

Na reunião na casa de Carmen, durante o café da manhã, todas as possibilidades foram discutidas. Terminaram decidindo pela volta, como fora determinado pelos militares. Sentiam-se como se estivessem presos numa gigantesca teia de aranha, na qual todas as tentativas de saída eram impossíveis. E se escapassem, poderiam ser alcançados pelo braço longo de seus algozes.

Nenhum dos quatro soube responder à pergunta de Carmen, logo no início da reunião:

— Por que vocês têm de voltar?

Anthony de Christo recorda a angústia posta na mesa daquele café da manhã:

A gente não tinha resposta, não havia sentido em tudo o que estava acontecendo. Que sentido encontrar em nos libertarem, com a ordem de que teríamos de voltar no dia seguinte? Ainda hoje, nenhum de nós conseguiu entender por que, afinal, obedeceu àquela ordem. Como entender que quatro caras que de repente foram postos fora de uma prisão de horrores voltem para ela como se fossem pássaros de volta a uma gaiola?

A sensação que eu tinha era a de que estávamos presos mesmo fora das grades. Tentar a fuga implicava muitas perguntas: para onde ir sem eles saberem? E se nos pegarem, o que farão com nossas famílias? Eles eram capazes de tudo, a certeza disso tínhamos na própria carne ferida pela tortura.

No fim, prevaleceu o medo, que levou a um consenso: voltar para o inferno do DOI-Codi.

Fomos os quatro num táxi. Diante do portão cinza da rua Tomás Carvalhal, ficamos parados, olhando um para o outro, sem palavras. Até que ouvimos do sentinela:

— O que é?

— A gente está de volta. Mandaram a gente voltar.

Não demorou, o portão foi aberto. Todos estavam, outra vez, à mercê dos homens do DOI-CODI.

20 As vozes da solidariedade

As vozes de protesto que se ergueram no Sindicato dos Jornalistas ecoaram em todo o país. As mensagens de apoio que começaram a chegar na véspera multiplicaram-se na manhã de terça-feira. Eram vozes que ajudavam a espantar o medo. Vinham de organizações internacionais de trabalhadores da imprensa, como a Federação Internacional dos Jornalistas (FIJ) e a Organização Internacional dos Jornalistas (OIJ), que, juntas, representavam mais de 230 mil profissionais de imprensa de todo o mundo. E vinham, também, de gente anônima, como o cidadão que deixou uma carta na portaria do Sindicato: "Nós, do povo, também estamos solidários com a classe e sentimos profundamente o desaparecimento trágico e confuso do jornalista e professor Vladimir Herzog."

O medo, contudo, ainda calava a maioria das vozes. O movimento sindical operário mantinha-se mudo. Mesmo entre os sindicatos de jornalistas, 25 em todo o país, apenas 11 — os de Minas Gerais (o primeiro a se manifestar), da Bahia, do município do Rio de Janeiro, de Santa Catarina, do Paraná, do Rio Grande do Sul, do Amazonas, do Pará, do Distrito Federal e do Recife — se manifestaram. Aos sindicatos se juntavam associações de imprensa como a dos Repórteres Fotográficos do Rio Grande do Sul, Associação Campineira de Imprensa, Associação Riograndense de Imprensa e as de cronistas esportivos de São Paulo e Alagoas.

Em alguns dos sindicatos de jornalistas que se manifestavam estava nascendo um movimento de renovação que assumiria cada vez mais importância na categoria. Alguns deles, os de Minas Gerais e Santa Catarina, tinham saído de eleições recentes, com a vitória da oposição. Em Minas, um experimentado jornalista, Dídimo Paiva, deixara cargos importantes de direção para enfrentar a luta sindical; em Santa Catarina, um jovem ainda verde na profissão, Moacir Pereira, dispunha-se a tirar o sindicato local da letargia em que caíra havia vários anos; manifestações fortes vinham, também, assinadas por Anísio Félix, da Bahia, e João Borges de Sousa, do Rio Grande do Sul. Em Alagoas, um gordo e inquieto jornalista, José Vicente Freitas Neto, acabara de assumir a presidência da Associação dos Cronistas Esportivos, primeiro passo para uma atuação marcante que o levaria, dois anos depois, à presidência do sindicato estadual.

Vários jornalistas protestavam individualmente. Um deles, Luís Ernesto Machado Kawal, estava a milhares de quilômetros, em Zurique, na Suíça, onde tomou conhecimento da morte de Vlado num jornal local, *La Suisse*. Sem destaque no noticiário internacional, a nota, em uma coluna, informava: "Brasil: jornalista preso se suicida". Era a versão pura e simples dos militares. Num longo telegrama dirigido ao Sindicato, Luís Ernesto expressou a opinião que era a mesma de centenas de colegas que se mobilizavam para repudiar o assassinato do companheiro.

A esperança de que sindicatos operários entrassem na corrente de protestos logo se desfez. Nem mesmo o dos Metalúrgicos de São Bernardo do Campo, onde despontava a liderança de Luiz Inácio Lula da Silva, que pouco mais de dois anos depois lideraria o ressurgimento do movimento sindical operário no país, veio qualquer manifestação de solidariedade. (Dos metalúrgicos não partiriam também, três meses depois, manifestações de protesto pelo assassinato do operário Manoel Fiel Filho.) Elas vinham principalmente de setores da classe média, com os estudantes à frente. Além das entidades representativas dos alunos da USP, que haviam deflagrado a grande greve de protesto contra o assassinato de Vlado, dezenas de outras, em São Paulo e em outros estados, clamaram contra o crime e expressaram o seu apoio ao Sindicato.

* * *

Reunida, a diretoria do Sindicato fez um balanço da situação. Uma rápida análise sobre os passos dados desde a denúncia das prisões de jornalistas e a morte de um deles em dependência do II Exército indicava que o sacrifício de Vlado podia ser o ponto de partida para o desmonte do aparelho de repressão armado pela extrema direita em luta pela hegemonia na ditadura militar. Estava claro que o Sindicato tornara-se um importante canal de expressão para a sociedade, amordaçada desde a imposição do AI-5. Às manifestações de solidariedade que chegavam de toda parte somava-se a presença de dezenas de jornalistas e de representantes de setores diversos que desde cedo começaram a chegar. Eles vinham não só em busca de informações, mas com a disposição de contribuir de alguma forma para a organização das manifestações de protesto que o Sindicato preparava.

A principal proposta sobre a mesa, a de um ato religioso em memória de Vlado, ganhava força com a ideia de que seria realizado na catedral da Sé, o que lhe daria mais amplitude e visibilidade. Seria, além de um ato religioso, uma manifestação de protesto. Uma comissão formada por dois diretores do Sindicato, Wilson Gomes e Hélio Damante, e Perseu Abramo ficou encarregada de levar a ideia a dom Paulo Evaristo Arns.

Outra decisão importante foi tomada pela diretoria: a formação de uma comissão de advogados para a formalização de uma representação ao Poder Judiciário, solicitando a abertura de inquérito para apurar as circunstâncias em que ocorrera a morte de Herzog.

Ao mesmo tempo, a ABI encaminhava carta assinada por seu presidente, Prudente de Moraes, neto, ao comandante do II Exército, na qual enfatizava que o indispensável inquérito sobre as circunstâncias da morte do jornalista "não produzirá o efeito que todos desejamos se não for acompanhado pelo Ministério Público Militar e com o acesso da imprensa às diligências e aos depoimentos decorrentes das investigações".

Era cada vez maior a afluência de jornalistas ao Sindicato. Eles ocupavam cadeiras do auditório e formavam grupos no corredor, traziam propostas e apoio à diretoria. Entre eles estava Herculano Pires, ex-presidente da entidade, que expressou o seu apoio numa carta:

Como ex-presidente do nosso Sindicato e companheiro de tantas lutas da classe, quero manifestar-lhe a minha admiração e o meu respeito pela firmeza e dignidade profissional e humana com que age a atual diretoria no momento desastroso que atravessamos. A brutalidade dos fatos encontra pelo menos a barreira dos que lutam pela preservação dos direitos humanos e da intangibilidade moral da pátria. Acima de todas as ideologias e posições políticas ou conflitos sociais, o nosso Sindicato preserva, com lucidez e equilíbrio admiráveis, a tradição humanista e por isso mesmo democrática da nossa formação cultural.

As palavras de Herculano Pires reforçaram as de outro ex-presidente do Sindicato, deputado Freitas Nobre, que na véspera fora a primeira voz de protesto no Congresso Nacional, onde a morte de Vlado repercutiu intensamente, apesar de tratada com a costumeira cautela nas denúncias de crimes praticados pela ditadura. Na tribuna da Câmara dos Deputados, ele condenou as prisões ilegais e a tortura:

O clima de intranquilidade e insegurança que vivem os jornalistas do país reclama do governo uma providência capaz de assegurar, pelo menos, a incolumidade física dos profissionais, inclusive daqueles que sob suspeita de professarem ideologias contrárias ao regime podem responder aos processos que se instaurarem, mas não podem sofrer sevícias, maus-tratos, torturas até a morte, seja direta, seja indireta.

E acrescentou, numa alusão à versão do suicídio de Vlado:

É o caso de se perguntar que tipo de pressão, de atemorização, de maus-tratos estariam sendo aplicados aos presos para que eles preferissem a morte.

Entre as vozes que se ouviam no Congresso Nacional, como a do senador Roberto Saturnino, do MDB do Rio de Janeiro, ecoou a do Sindicato dos Jornalistas de São Paulo, na nota oficial distribuída no domingo. Ele reclamou esclarecimentos sobre as circunstâncias em que morrera Herzog e estranhou que o II Exército, em sua nota oficial, não tivesse tocado em apuração de responsabilidades:

É evidente que há responsabilidade a apurar, pois a autoridade que deteve é responsável pela vida de quem mantém preso. Havendo responsabilidade, há também culpados a serem apontados e punidos.

Os discursos se sucederam, a maior parte ouvida em constrangido silêncio pelos parlamentares da Arena. Coube ao líder do governo, senador Petrônio Portella, romper o silêncio, para manifestar "profundo pesar" pela morte de Herzog, mas logo a seguir discorrer genericamente sobre o suicídio, concluindo que "as razões de tal gesto muitas vezes ficam permanentemente na penumbra e quase sempre não são reveladas".

As circunstâncias da morte de Herzog, contudo, não ficariam na penumbra. O clamor que se levantou exigindo esclarecimentos do governo já não se limitava à sede do Sindicato dos Jornalistas; ampliaram-se os protestos dos estudantes e de várias entidades da sociedade civil. Os jornais do dia refletiam esse clamor. Em alguns deles, os grandes espaços ocupados pelo noticiário revelavam um fato novo: a morte de Vlado começava a derrubar a censura que, por imposição do governo, por medo ou conivência, prevalecera na grande maioria dos veículos de comunicação da grande imprensa desde a edição do AI-5. Mas, por precaução, os jornais não deixavam de abrir espaço para a "plantação" de matérias de interesse dos órgãos de segurança, que reagiam na sombra ao movimento de protesto que se avolumava em São Paulo pela morte de Vlado.

Na mesma página em que destacava a decisão do Sindicato dos Jornalistas de se manter mobilizado em defesa dos jornalistas que continuavam presos no DOI-Codi, o *Jornal da Tarde* publicou matéria cujo título já era uma ameaça: "Todos os meios contra a subversão. À escalada da repressão corresponderá a repressão, dizem fontes oficiais". No corpo da matéria, cujas informações eram atribuídas a "altas fontes de Brasília", a ameaça:

> O governo não permitirá o desenvolvimento de atividades subversivas, devendo continuar a impedi-las com a mesma ou até com mais intensidade do que até agora. (...) Em São Paulo, dizem as fontes, a situação é mais grave, pois a subversão se faz sentir com mais intensidade. Há mais infiltração comunista e, por isso, a repressão deve ser mais intensa.

No fecho da matéria, as "altas fontes" insistiam na versão do suicídio, afirmando que "não há a menor dúvida de que Vladimir Herzog se matou e não estava em perfeitas condições psíquicas e emocionais".

Os jornais da família Mesquita, que haviam sofrido a censura mais ferrenha, com suas redações ocupadas pelos censores durante mais de dois anos e dos quais estavam livres desde o início do ano, por decisão de Geisel, abriram grandes títulos em matérias que tratavam dos funerais de Vlado, das decisões da diretoria do Sindicato dos Jornalistas e da repercussão no Congresso. Destacado pelo *Estadão*, um jovem repórter, Ricardo Kotscho, acompanhava diariamente a movimentação no Sindicato. Era uma espécie de "setorista", presente da manhã à noite, às vezes de madrugada.

Em contundente editorial, o *Jornal da Tarde* abordou o trauma causado pela morte de Herzog e, ao mesmo tempo, deixou claro que ela se dera no contexto do embate entre as facções da extrema direita e os que defendiam o projeto de abertura política. Apontava também para o fato de que a violência praticada pelos órgãos de segurança, sob controle de militares da linha-dura, rompia a "ordem hierárquica".

No mesmo tom, *O Estado de S. Paulo* aprofundou a questão no editorial intitulado "Os limites da tolerância":

> Interessa-nos saber a responsabilidade por esse clima de terrorismo, pois é de terrorismo que se trata quando se multiplicam as prisões sem mandado judicial, ao arrepio da lei, à margem da ordem e baldadas todas as possibilidades de habeas corpus.

O texto referia-se à ação dos órgãos de segurança, desenvolvida nos "porões da administração", e acrescentava:

> Que esses porões se transformem num poder dentro do Poder não se justificará por temor algum. Eles são o maior desafio e a maior contestação à Revolução de 1964 — porque uma contestação que toma forma de confiança. Ou antes, dos abusos de confiança. É essa contestação interna a mais insidiosa guerra psicológica que o governo pode conhecer. E que, com tanta maior razão, não poderá tolerar.

AS DUAS GUERRAS DE VLADO HERZOG

Não parecia ser essa a preocupação do general Geisel, que em discurso pronunciado na véspera, na abertura do Congresso Internacional de Agentes de Viagem, no Rio de Janeiro, ignorara a contestação de que os agentes dos órgãos de segurança haviam levado ao extremo mais um assassinato nos "porões da administração". O corpo de Vlado mal acabara de ser enterrado e ele falava como se comandasse um país no qual, afirmava, prevalecia uma "civilização da cordialidade". E, numa frase retumbante, falava de um Brasil como um oásis de paz e tranquilidade:

> Quando a violência e o ódio marcam sua presença na história dos nossos dias, o Brasil contrapõe a esse quadro o espetáculo de sua compreensão humanística da vida.

O general-presidente passara por cima do cadáver de Herzog. E ignorava que a "história dos nossos dias", no Brasil, começara a mudar com seu assassinato.

Os jornais atestavam que o ódio e a violência prevaleciam. O *Jornal do Brasil* afirmava que "os métodos dos órgãos de segurança transformam-se em fontes de insegurança"; e até o principal jornal econômico do país, a *Gazeta Mercantil*, condenava a violência que, acentuava, também prejudicava o mercado: "O trauma gerado pelo doloroso acontecimento constitui um fator de intranquilidade, que em nada contribui para o clima de confiança e disposição positiva necessário ao pleno desenvolvimento dos negócios."

Mesmo tentando se agarrar em suposta objetividade, a *Folha de S.Paulo* abriu grande espaço para o caso. O jornal não tinha opinião. Desde janeiro de 1969, quando o espantalho do AI-5, recentemente editado, passara a frequentar as redações, o editorial desaparecera de suas páginas. Mas restava, então, a opinião de parlamentares, professores, religiosos, advogados. E os comunicados do Sindicato dos Jornalistas, que o jornal publicava com a segurança das aspas, mesmo que em letras menores e sem o destaque que dava aos comunicados oficiais. Para prevenir qualquer escorregão que ultrapassasse a linha de sua suposta neutralidade, a *Folha de S.Paulo* poderia contar com o respaldo da *Folha da Tarde*, vespertino editado pela mesma empresa e cuja redação abrigava um forte contingente de jornalistas ligados aos órgãos de repressão.[77] O vespertino encarregava-se do jogo sujo que transformava as versões oficiais em verdades indiscutíveis, como foi o caso de uma manchete de primeira página: "Laudos comprovam suicídio de Herzog". Em página interna, com igual destaque, o jornal assumia: "Herzog é sepultado e perícia confirma suicídio".

Enquanto no Brasil a *Folha da Tarde* se esmerava na colaboração com os órgãos de segurança, o noticiário de grandes jornais dos Estados Unidos e da Europa desmentia a fala de Geisel sobre a "compreensão humanística da vida" no Brasil. O jornal *The Times*, de Londres, referia-se à nota do II Exército, com a versão do suicídio, mas destacava a posição do Sindicato: "O Sindicato dos Jornalistas no Estado de São Paulo publicou nota responsabilizando as forças de segurança pela morte do companheiro."

The Guardian, também de Londres, publicou matéria mais extensa, com informações sobre a caça das forças de segurança a opositores do regime militar: "Ele (Vlado) foi o 11º jornalista[78] preso em São Paulo, em uma semana, no curso de uma onda de detenções que alcançou mais de 200 pessoas. Os presos incluem líderes sindicais, membros da oposição, o MDB, médicos, estudantes, professores universitários e advogados."

O diário *Le Monde*, de Paris, falava da "indignação que provocou a morte de um jornalista nas mãos dos serviços de segurança militar de São Paulo". E acrescentava: "Ninguém, naturalmente, se engana com as explicações dadas pelas autoridades militares sobre como se verificou a morte."

Nos dias seguintes, a repercussão do caso na imprensa internacional ganharia mais intensidade.

---

[77] Beatriz Kushnir, *Cães de guarda: jornalistas e censores*, do AI-5 à Constituição de 1988, p. 354.

[78] A nota do *Guardian* registra equivocadamente 11 jornalistas presos. No total, foram 12, sendo Vladimir Herzog o último. Após as denúncias do Sindicato dos Jornalistas, outros jornalistas se apresentaram e um deles, Luís Weis, ficou preso por alguns dias no DOI-Codi.

21 Interrogatório no corredor

A movimentação no Sindicato dos Jornalistas era cada vez maior. Entrava e saía gente o tempo todo. Comissões de várias entidades vinham trazer solidariedade. O corredor, entre a sala da diretoria e o auditório, já então batizado de Vladimir Herzog, estava apinhado. Atravessando-o, tinha a sensação de que não pisava o chão. Fui abordado por todos os lados, as pessoas queriam saber qual seria o próximo passo. Sobravam aqui e ali ressentimentos entre os que ainda pretendiam marchar sobre o II Exército. Em meio à confusão, um rapaz me exigiu um atestado ideológico:

— Você é do Partidão, não é?

— Não, não sou. Por quê?

— Porque você está nessa linha de afinação.

O rapaz insistiu:

— Se você não é do Partidão, qual é a sua?

— Não pertenço a nenhuma organização.

— Ah, então você não passa de um liberal de merda!

A própria confusão do corredor ajudou-me a escapar do interrogatório. Consegui alcançar a escada, desci seus 32 degraus quase correndo, desviando-me dos que estavam subindo. Estava atrasado para um compromisso importante: acompanhar a apresentação de Luís Weis ao quartel do II Exército. Comigo iriam Mino Carta, diretor da revista *Veja*, e José Roberto Guzzo, redator-chefe.

Weis, que estava na lista dos que deveriam ser presos e que escapara por pouco dos agentes que o caçavam na madrugada de sábado, não entraria pelo portão cinza que Vlado cruzara na manhã daquele dia, na rua Tomás Carvalhal. Entrou pela frente do QG do II Exército, perto dali.

O nome de Weis constava da declaração assinada por Herzog, no bilhete que acabaria picando em dezenas de pedaços e que o DOI-Codi mandara reconstituir. Ele próprio decidira se apresentar. Estava evidente que, em face do movimento de protesto que crescia a cada dia, o DOI-Codi recuara. No mínimo, estava em tempo de espera.

Enquanto saíamos para o II Exército, o Sindicato distribuía nota aos jornais, anunciando a apresentação de Weis e adiantando que outro jornalista citado, Marco Antônio Rocha, se apresentaria no dia seguinte, acompanhado por mim e pelo diretor do *Jornal da Tarde*, Ruy Mesquita.

Tornando públicas essas informações, o Sindicato considerava que a integridade física dos jornalistas seria preservada. A nota, que seria lida na reunião da noite, no auditório completamente lotado, terminava afirmando:

> O Sindicato considera que, em todos esses casos, como em qualquer outro, as autoridades tornam-se responsáveis pela integridade física e respeito aos direitos humanos e jurídicos dos detidos.

No comando do II Exército, fomos recebidos pelo coronel José de Barros Paes, que repetiu um surrado discurso: a ação dos órgãos de segurança não era contra jornalistas, mas sim para impedir a ação dos que pretendiam subverter a ordem. E arrematou, voltando-se para Weis: "Quem não deve não teme."

Dali, da sala de visitas do comando, Weis foi levado para o DOI-Codi logo que seus acompanhantes foram dispensados. Não foi torturado, mas foi submetido ao "cerimonial" comum a todos os presos. Passados trinta anos, ele lembra:

> Mandaram que eu me despisse e me fizeram vestir um macacão. Antes, um agente, que se mostrava bastante irritado, talvez por ter recebido ordens de não bater, avisara:

— Aqui é assim: quem faz as coisas direito, a gente trata como gente; quem não faz, a gente trata como cachorro. Agora tira tudo e põe o capuz.

Fui mandado para interrogatório. Não me dão porradas, mas pela borda do capuz vejo sobre uma mesa alguns instrumentos de tortura. Torturam-me de outro jeito: sobre a mesa, vejo também um papel em que está escrito o nome de minha mulher, por completo: Lucy Teresa Cardoso Dias, precedido da palavra "amásia". Era como se me avisassem: "Olha aí, vamos pegar a tua mulher."

Um dos interrogadores me pergunta sobre Vlado e se eu sabia quem realmente ele era:

— Você não sabia? Ele era agente do serviço secreto inglês.

Não fazia sentido, já haviam dito que ele servia ao KGB, algo mais adequado para um comunista. Fosse o que fosse, insistiu o interrogador, tratava-se de um cara perigoso que se matara numa autoqueima de arquivo.

Durante cinco dias, até domingo, 2 de novembro, quando fui mandado para o Dops, os interrogatórios continuaram. Os interrogadores se revezavam, uns fazendo o papel de bons, outros de maus. Eles se revezavam, vários eram chamados de capitão: Ramiro, Guimarães, Ubirajara. Um dia, quiseram saber do Sindicato, quem eram os comunistas mais importantes na diretoria, se lá funcionava uma célula do PCB. Queriam também confirmar os nomes da célula da revista *Visão*, onde militava o Vlado.

Eles tinham todas essas informações, obtidas em outros interrogatórios, mas insistiam. Um dia, exausto e acreditando que isso poderia aliviar a situação, apelei:

— Eu estou aqui porque me apresentei. Vim acompanhado pelo presidente do Sindicato dos Jornalistas e por diretores da revista *Veja*.

O interrogador, um dos que mais caprichavam no papel de mau, irritou-se:

— Aqui não tem esse negócio de se apresentar não. Entrou aqui, está preso. E também não tem essa de chegar acompanhado. Os caras que vieram com você devem ser todos comunistas e se caírem aqui entram no pau.

No Dops, onde eram reduzidos a termo os interrogatórios do DOI-Codi, respirei aliviado, pois todos diziam que lá as coisas corriam mais maneiras. Até que, sem qualquer explicação, um tira chegou e disse:

AUDALIO DANTAS

— Me acompanhe.

Levou-me até o andar de cima, deteve-se diante de uma sala e anunciou:

— O homem está aqui, Dr. Fleury.

Sem dizer uma palavra, o delegado Sérgio Paranhos Fleury manteve-se impassível atrás da mesa em que se sentava. Olhou-me demoradamente e, com um leve aceno de cabeça, deu o encontro por encerrado, podíamos sair.

Saí com a sensação de que havia escapado por pouco de uma sessão de tortura.

Cinco anos antes, no dia 21 de agosto de 1970, outro prisioneiro, Ottoni Fernandes Júnior, não conseguiu se livrar de uma sessão de tortura comandada pelo próprio Fleury, já então um dos principais agentes da Oban, em São Paulo. Ottoni caíra logo depois de uma fracassada ação do Grupo Tático Armado (GTA) da Ação Libertadora Nacional contra uma agência bancária no bairro de Ramos, no Rio de Janeiro, e levado para "inaugurar" um centro clandestino de tortura que logo ficaria conhecido como a "Casa da Morte", em São Conrado, Zona Sul da cidade. A simples presença de Fleury, que ali estava com uma equipe vinda de São Paulo, indicava o tamanho da operação de caça montada contra o grupo guerrilheiro. O delegado era temido e se orgulhava disso. Diante de Ottoni, prostrado no chão depois da longa sessão de tortura, pôs-se de cócoras, puxou-lhe a venda e perguntou:

— Você sabe quem eu sou?

Ottoni sabia, mas negou. Fleury rugiu, ofendido:

— Como não me conhece, seu filho da puta?

Diante de um preso sendo torturado ou atrás de sua mesa, no Dops, Fleury se comprazia em causar temor. Como no caso de Weis e de outros presos despachados do DOI-Codi, repetia-se o ritual de "apresentação" ao delegado.

Não estando preso, vivi a mesma experiência quando, na condição de presidente do Sindicato dos Jornalistas, fui várias vezes ao Dops para obter informações sobre os jornalistas para lá transferidos. Era sempre recebido pelo delegado Romeu Tuma, que se desdobrava em gentilezas, mandava servir água e cafezinho, mas no fim de cada conversa propunha:

— O senhor não quer conhecer o Dr. Fleury?

Muitas vezes recusei, alegando pressa, mas um dia a insistência de Tuma foi redobrada. Parecia ansioso para se desincumbir de uma ordem recebida. Ele chegou a dizer que o Dr. Fleury "gostaria" de me conhecer. Concordei, finalmente. Tuma me conduziu até uma sala na parte dos fundos do prédio do Dops, com vista para a linha férrea, e foi logo anunciando:

— É o presidente do Sindicato dos Jornalistas.

Atrás de uma vasta mesa, sentado, Fleury não se moveu. Olhou-me rapidamente e permaneceu na mesma atitude, imóvel. Ao lado da mesa, sobre um arquivo de aço, descansava uma metralhadora.

Tuma deu por cumprida a tarefa de apresentação. Gentilmente me acompanhou à porta de saída.

O delegado Tuma era um aplicado servidor. Eu já o conhecia de outras salas e de outros corredores, no QG do II Exército, onde sua presença tinha a ver com, digamos, um serviço burocrático.

Do processo de intimidação faziam parte, certamente, as "apresentações" ao delegado Fleury.

A terça-feira se alongou em tensa expectativa. No fim da tarde, com a chegada de mais jornalistas que vinham participar da vigília no Sindicato, chegavam também informações sobre a movimentação em Brasília. As notícias davam conta de que cresciam os protestos no Congresso pela morte de Herzog, o que contribuiu para aumentar a tensão política e as ameaças de uma nova onda de repressão. O líder do governo no Senado, Petrônio Portella, falava em "escalada da subversão", justificava as prisões, assumia a versão do suicídio e elogiava os militares: "Nossas Forças Armadas jamais se aviltam em desmandos ou em atos comprometedores de suas grande tradições." E concluía, categórico: "A repressão é absolutamente necessária. O governo prende e prenderá todos quantos estiverem envolvidos nas malhas da subversão."

Em contraposição às ameaças, levantam-se vozes da Igreja. Em Itaici, pequena cidade do interior de São Paulo, onde estavam reunidos dezenas de bispos e cardeais, entre os quais dom Paulo Evaristo Arns, discutia-se a violência da repressão. Um dos bispos auxiliares da Arquidiocese de São Paulo, dom Angélico Sândalo Bernardino, adiantava um dos pontos que comporiam o documento final do encontro, intitulado "Não oprimas teu irmão":

> A Igreja está cansada de gritar, de falar; é preciso que alguém escute e se levante em defesa do respeito à pessoa humana. Sinal evidente do atraso de um povo é querer conhecer a verdade através da tortura. Esse não é um problema da Igreja apenas, mas de todo homem digno.

À noite, o auditório do Sindicato estava outra vez repleto. Anunciei as decisões da diretoria, constantes de um comunicado aos colegas e à imprensa. O primeiro ponto informava que o Sindicato continuaria em vigília permanente e que todas as noites haveria reuniões para informação sobre as decisões tomadas pela diretoria, com base nas sugestões apresentadas pelo plenário; o segundo, longamente aplaudido, é o da decisão de se realizar o culto ecumênico em memória de Vlado.

A informação sobre os documentos fornecidos na véspera pelo II Exército, contendo os vários laudos periciais feitos por encomenda do DOI-Codi, e a designação, pelo Sindicato, de uma comissão de advogados para requerer e acompanhar a abertura de uma investigação para apurar "as reais condições em que ocorreu a morte do jornalista Vladimir Herzog" foram recebidas com iguais aplausos. Ninguém, ali, aceitava as conclusões constantes das perícias feitas de encomenda para "provar" um suicídio.

Todos, naquele auditório, queriam saber da verdade.

Quarta-feira, 29 de outubro: As ameaças se avolumavam. Além do recado do líder do governo no Senado, claramente mandado pelos militares da linha-dura, multiplicavam-se as advertências de que uma nova onda de repressão poderia ser desencadeada para conter manifestações subversivas. Informações atribuídas a "observadores militares" de Brasília apareciam com destaque na imprensa. Eles se referiam diretamente ao movimento de protesto pela morte de Herzog. O *Jornal da Tarde* publica matéria recheada de advertências dos "observadores". Eles afirmavam que a morte do jornalista estava sendo usada "como pretexto para agitações" e que "o governo não tolerará qualquer manifestação que possa perturbar ou colocar em risco a tranquilidade, a ordem e a segurança interna".

Naquela manhã tinha mais um encontro marcado no QG do II Exército. Não era, contudo, precedido da tensão que marcara os vários outros dos últimos dias. Pelo menos aparentemente, a repercussão da morte de Vlado levara a um recuo dos militares em São Paulo, ao contrário dos arreganhos em Brasília.

Deveria acompanhar, juntamente com o diretor do *Jornal da Tarde*, Ruy Mesquita, o jornalista Marco Antônio Rocha, que fora citado nos interrogatórios do DOI-Codi e, depois de alguns dias escondido num sítio do vale do Paraíba, decidira voltar a São Paulo, com a ideia de buscar asilo numa representação diplomática. Antes, ligara para a casa de Ruy Mesquita, comunicando-lhe a decisão. Ruy lhe ofereceu a própria casa como asilo.

No dia seguinte, estava na sala do diretor do jornal, que ligou para o ministro da Justiça, Armando Falcão:

— Armando, aquele rapaz que vocês estão procurando está aqui na minha frente. Se quiserem prendê-lo, vocês vão ter de invadir o jornal.

Do outro lado da linha, Falcão disse:

— O que é isso, me dá um tempo?!

Momentos depois, ligou de volta:

— Fale para ele se apresentar no II Exército. Já falei com o general.

O general era o comandante do estado-maior do II Exército, Ferreira Marques. Foi ele quem nos recebeu. Além de Ruy Mesquita e de mim, a mulher de Marco Antônio, Olívia, o acompanhava. O general explicou que ele não ficaria preso, mas teria de se apresentar diariamente ao QG, para depor. Gentil, Ferreira Marques entregou um cartão de visitas a Olívia:

— Qualquer problema, a senhora me telefone.

Marco Antônio não foi para o DOI-Codi, ficou sob os cuidados diretos do coronel José de Barros Paes, na 2ª Seção. Os interrogatórios se prolongariam por vários dias, até 3 de novembro. A história de que

Vlado pertenceria ao KGB ia e voltava, como uma obsessão. Além disso, queriam saber das ligações do governador Paulo Egydio e do secretário de Cultura, José Mindlin, com o PCB. Um interrogador que se autodenominava capitão Ari tinha um argumento forte para as suspeitas sobre Mindlin:

— Ele fala russo.

Acrescentava o que já tinha sido dito em interrogatórios de outros acusados: se não era o Mindlin, seria outro agente do KGB infiltrado no governo. O próprio governador, quem sabe?

22 Um clima de ameaças

Em Brasília, os protestos pela morte de Herzog ressoaram no Congresso Nacional. Na véspera, um aparte do senador paranaense Leite Chaves, do MDB, a um discurso do senador Franco Montoro, líder do MDB no Senado, que classificara as prisões em São Paulo como "verdadeiros sequestros", mexeu com os brios de altas patentes militares.

Na reunião do Alto-Comando do Exército, naquela manhã, um papel com a transcrição do aparte estava sobre a mesa. A essa folha de papel deu-se a dimensão de uma bomba de alto poder explosivo. As palavras que a recheavam eram consideradas inaceitáveis pelo ministro do Exército, general Sylvio Frota, que comunicou sua indignação aos demais participantes da reunião. O Exército, disse o ministro, fora enxovalhado. Leite Chaves ousara dizer, em seu aparte:

> É muito grave colocar-se o Exército, uma organização muito séria, que deveria ser intocável, em meio a tanto abuso. Hitler, quando desejava praticar atos tão ignominiosos como os que estamos presenciando, não se utilizava do Exército, mas sim das forças da SS.

O general Sylvio Frota, que além do Exército comandava a linha-dura, decidiu, sem consultar o presidente da República, comandante supremo das Forças Armadas, que alguma punição deveria ser aplicada ao senador.

Num telefonema ao ministro da Justiça, Armando Falcão, ele exigiu "uma reparação imediata".[79]

A exigência de uma "reparação" cheirava a golpe. A fumaça soprada por Sylvio Frota passou pelo gabinete do ministro da Justiça e logo alcançou o do líder do governo no Senado, Petrônio Portella. Um telefonema de Armando Falcão o avisava da irritação de Frota e do perigo que isso significava. E pedia, com urgência, que lhe fosse enviada a transcrição taquigráfica da sessão em que Leite Chaves dera o explosivo aparte. O ministro da Justiça pretendia enquadrar a ousadia do senador na Lei de Segurança Nacional.

Petrônio Portella acenou com panos quentes. Elio Gaspari narraria depois, citando Armando Falcão, em seu livro *A ditadura encurralada:*

> Pouco depois, Petrônio disse a Falcão que expurgaria a transcrição dos debates da véspera, retirando o texto do aparte do senador. Quando o *Diário do Congresso* viesse a circular, dali a duas semanas, o aparte não teria acontecido. Era um truque, mas amparava-se na praxe que dá aos oradores não só o direito de rever os textos, como o de suprimir trechos dos discursos e apartes.

Informado sobre a fórmula apaziguadora, Frota pareceu concordar, mas logo voltou atrás. O Alto-Comando, segundo ele, não queria saber de conversa, exigia punição. E rapidamente, pois havia até o risco de "tropa na rua".[80]

O general fazia engrossar a fumaça, que denunciava o fogo que desejava manter aceso. Frota, que aspirava ardentemente à presidência da República, buscava pretexto para um golpe, uma volta, talvez, a 1968, quando o deputado Márcio Moreira Alves esteve para ser processado por um quase inocente discurso na Câmara dos Deputados, mas também considerado ofensivo às Forças Armadas e que serviu de pretexto para a instauração do AI-5.

Em momentos sem a elevada temperatura alcançada na reunião do Alto-Comando, naquela manhã, sua aspiração presidencial era

---

[79] Elio Gaspari, op. cit., p. 190, citando Armando Falcão, ministro da Justiça.
[80] Armando Falcão, *Tudo a declarar*, p. 386.

festejada com o tilintar de copos. Na noite do último sábado, 25, poucas horas depois da morte de Herzog, ele recebera amigos em sua casa para um jantar, durante o qual um dos mais destacados convivas, o ministro Armando Falcão, ergueu um brinde ao "futuro presidente da República".

Quatro dias depois, naquela manhã em que se prenunciava uma crise de vastas proporções, é ao mesmo Armando Falcão que o general encomenda providências para uma punição exemplar ao senador Leite Chaves.

Em poucas horas, a crise subira ao quarto andar do Palácio do Planalto e se instalara no gabinete do presidente da República. Geisel percebeu a armação de Frota e reagiu, enquadrando-o. Depois de palavras ásperas, descartou a punição ao senador. Desgostoso, Frota chegou a anunciar sua demissão.

No livro de suas memórias,[81] publicado postumamente, o general Frota, que terminaria demitido por Geisel do cargo de ministro do Exército, em 1977, estende-se por várias páginas para dar sua versão do episódio. Começa por referir-se à morte de Herzog como fator de agitação política e de subversão:

> Conhecida a notícia da morte de Wladimir Herzog, agitam-se os setores de imprensa e os jornais desencadeiam violenta campanha, lançando libelos acusatórios de assassinato aos elementos do Exército. Reúne-se e mantém-se em sessão permanente o Sindicato dos Jornalistas do Estado de São Paulo e o MDB, através da Comissão Executiva do Diretório Regional de São Paulo, vale-se do momento para, sob o pretexto de solidariedade, (...) atirar-se contra o governo e o regime revolucionário.

A agitação, segundo Frota, chegara ao Senado e às palavras de Leite Chaves, consideradas um insulto ao Exército e que feriam "a fundo a honra de nossa instituição e a dignidade militar".

---

[81] Sylvio Frota, op. cit., p. 168.

Para o encontro com Geisel, Frota dá a sua versão:[82] comunicou aos generais do Alto-Comando que levaria a questão ao presidente da República. De volta, disse ter sido recebido com irritação por Geisel. Em suas memórias, contou como:

> Recebido, ocupei na mesa dos despachos meu habitual lugar. Notei que o presidente estava muito irritado, contendo-se a custo. Antes que eu dissesse algo, sem olhar-me, bateu várias vezes com a mão direita espalmada sobre a mesa (...), gritando a seguir:
>
> — Vocês querem criar um problema! Eu não quero ser ditador! A ser ditador que seja um de vocês!
>
> Surpreso com a cena, fitei-o e disse-lhe com voz calma, cujo tom diminuí gradativamente, sacudindo a cabeça em sinal de discordância:
>
> — Presidente! O que é isto?... Não faça isto... não faça isto...
>
> Serenou o presidente e, mais tranquilo, ouviu o que lhe narrei. Fiz questão de esclarecer que era a opinião unânime dos generais com os quais falara, endossada por mim, fosse o Ato Institucional n° 5 aplicado ao senador.
>
> Recusou-se, terminantemente, a agir desta maneira. Voltou a irritar-se e declarou que tomaria providências para evitar a divulgação do aparte do senador Leite Chaves no *Diário do Congresso Nacional* e para obrigar o ofensor a retratar-se publicamente.

As ameaças que vinham de Brasília ecoavam em São Paulo. O vociferante coronel Erasmo Dias, secretário da Segurança Pública, avisou que havia uma guerra e que estava a postos para enfrentar o inimigo. O inimigo, acentuou, era a subversão que agitava São Paulo e tentava reviver 1968.

Erasmo acabara de declarar sua guerra durante um concorrido almoço que lhe fora oferecido pela Federação e Centro do Comércio do Estado de São Paulo e mais tarde resumiu o discurso numa entrevista em seu gabinete. Da generalização, passou a mirar um objetivo específico, o

---

[82] Segundo Elio Gaspari (op. cit., p. 191), Frota foi convocado por Geisel ao Palácio do Planalto.

AS DUAS GUERRAS DE VLADO HERZOG

movimento de protesto pelo assassinato de Herzog. E foi ao ponto, afinando a mira diretamente contra o Sindicato dos Jornalistas:

> Guerra é guerra e nós estamos em uma guerra. Estamos revivendo 1968 e não admitimos que meia dúzia de comunistas venha aqui transformar determinados episódios em bandeiras que não são bandeiras cristãs. (...) Não temos medo de arreganhos e de minorias ativistas. Nunca tivemos. Mas queremos deixar claro: é preciso que eles entendam que nós os conhecemos. De modo que transformar determinados episódios em holocaustos de causas marxistas, nós não aceitamos. É uma guerra crua, é uma guerra nua, é uma guerra em que nós temos que usar as mesmas técnicas do inimigo, sob pena de sermos derrotados. *Nós* almoçaremos essa gente antes que ela nos jante.

As palavras do coronel foram levadas ao conhecimento da diretoria do Sindicato dos Jornalistas por colegas que, naquela tarde de quarta-feira, se apresentaram para colaborar nos preparativos do culto ecumênico, marcado para a sexta-feira, 31, na Catedral Metropolitana de São Paulo. O próprio cardeal Arns, que tratava de reunir os religiosos para a celebração, decidira que ela se daria na catedral. Entre as sugestões trazidas pelos jornalistas estava a da formação de comissões que, em cada redação, se encarregariam de arrecadar entre os colegas dinheiro para o pagamento de anúncios de convite para a cerimônia.

As manifestações de apoio que continuavam a chegar aliviavam a tensão causada pelas ameaças. Mais alívio seria sentido com a visita do presidente da Associação Brasileira de Imprensa, Prudente de Moraes, neto, ao Sindicato. Ele chegou, sereno, e venceu com relativa facilidade os 32 degraus da escada que conduz à sobreloja (o condomínio decidira impedir o uso dos elevadores até a sede do Sindicato). Diante da porta da diretoria, sua figura esguia, ligeiramente curvada, se impôs em meio ao tumulto do corredor. Por um instante, enquanto Prudente era recebido por mim e pelos companheiros de diretoria, fez-se silêncio no corredor. Todos olhavam, admirados, aquele homem que, passado dos 70 anos, continuava a se bater por suas ideias, imperturbável e sem medo.

De bengala e chapéu, ele compunha uma figura que, de modo algum, poderia ser enquadrada como a de um dos subversivos aos quais o coronel Erasmo Dias acabara de declarar guerra.

Prudente, velho liberal, trazia, de viva voz, o apoio da ABI, formalizado na véspera, em reunião extraordinária de seu Conselho Administrativo, presidido por Barbosa Lima Sobrinho, outra figura emblemática da resistência ao arbítrio.

Em texto que juntara à manifestação do Conselho, Prudente reforçou a luta do Sindicato:

> Foi nesse grave momento, por força desse terrível episódio, que é dos mais dolorosos da história do nosso jornalismo, que o Sindicato dos Jornalistas Profissionais de São Paulo, sob a presidência e a inspiração de Audálio Dantas, adquiriu verdadeira projeção nacional. A conduta do Sindicato, a partir da divulgação do lutuoso fato, foi simplesmente modelar. Nenhum esmorecimento em sua atitude. Nenhum excesso em sua veemência. Sem deixar de ser vigorosa, como necessária, essa conduta foi e continua marcada pela firmeza de uma serena maturidade. (...) O Sindicato dos Jornalistas Profissionais de São Paulo tem mãos ao leme. Por seu presidente e toda a sua diretoria, desde que a situação da Imprensa se agravou, configurando uma verdadeira crise das suas liberdades, vem mantendo uma linha impecável.

Prudente comunicou que outras manifestações tinham sido programadas pela ABI, entre elas uma missa em memória de Vlado, na igreja de Santa Luzia, no centro do Rio de Janeiro, no mesmo dia 31, quando se realizaria o culto ecumênico na catedral de São Paulo.

A morte de Vlado continuava a repercutir na imprensa nacional, que a cada dia abria mais espaço para o caso, e também em importantes jornais do exterior. A *Folha de S.Paulo* publicou corajoso artigo de Alberto Dines, que questiona a fundo a versão do suicídio:

> Pouco importa se Vladimir Herzog suicidou-se ou não. O suposto suicídio não encerra a questão. As pretensas provas e as explicações oficiais

sobre o ato extremo não liquidam o caso, como o querem alguns. Aceitando a hipótese absurda de que o jornalista tenha realmente dado fim à vida, é preciso saber, porém, por que o fez. (...) A hipótese do suicídio até o momento foi a que teve menor credibilidade junto à opinião pública. Não se precisa ser um Sherlock para perceber sua inconsistência.

Em Londres, o *Guardian* informava:

> A morte de um antigo funcionário da BBC numa prisão militar de São Paulo dificilmente poderia ter ocorrido em pior momento para o regime brasileiro, cuja ansiedade em obter a aprovação nacional beira, às vezes, o desespero. Vladimir Herzog, que trabalhou no Serviço Brasileiro da BBC na década de 60, foi encontrado morto em instalações do II Exército, em São Paulo. (...) Herzog, cujo corpo foi entregue à viúva numa urna lacrada, fora acusado pelos militares de ser "militante comunista".

Enquanto isso, a chamada comunidade de informações (mais precisamente o SNI, então chefiado pelo general João Baptista Figueiredo, que terminaria ocupando a presidência da República quatro anos mais tarde) buscava o programa noticioso de maior audiência, o *Jornal Nacional*, da Rede Globo, para "plantar" uma nota que reforçava a versão do suicídio. O texto foi entregue com a recomendação expressa de que a fonte não fosse citada. A mesma recomendação seria feita aos demais veículos de comunicação. O *Jornal Nacional* cumpriu a exigência à risca, mas mesmo assim o SNI não gostou do "tom" dado à leitura pelo locutor Cid Moreira, o que teria provocado, "nos telespectadores, indagações e dúvidas, pela falta de expressão do intérprete". De um jornalista, o SNI exigia, assim, dotes de ator.[83]

Trecho da nota, lida como se tivesse sido produzida pela redação:

> Não se pode ignorar que o jornalista morto, por palavras e por escrito, comprovou sua condição de comunista militante, não apenas um homem de ideologia comunista, mas um ativista. Procura-se dar a impressão

---

[83] Apreciação sumária nº 12 do SNI de 10/11/1975.

ao povo e ao mundo de que o mesmo foi assassinado pelos órgãos de segurança ou que se suicidou por temor às torturas que sofreria por parte dos interrogadores.

No entanto, por que não considerar que, uma vez tendo-lhe sido impossível negar sua ação contra o regime democrático, não se suicidou consciente de que a agitação nacional e internacional que se seguiria fosse, talvez, o último e grande trabalho que prestaria ao partido? Por que não admitir que teria receio de "justiçamento" futuro por seus próprios camaradas de partido? Ou então por que não considerar que teria fatos muito mais comprometedores a revelar e que preferiu, com grandeza militante, ocultar pelo silêncio que a morte acarreta?

Em mais uma reunião extraordinária, à tarde, a diretoria do Sindicato discutiu a situação, principalmente o clima de ameaças que se avolumavam à medida que avança o movimento de protesto, com os preparativos para a realização do culto ecumênico e os debates nas "reuniões de informação", realizadas diariamente no auditório que levava o nome de Vladimir Herzog desde segunda-feira. Uma das decisões da diretoria é a de se encaminhar à Congregação Israelita Paulista solicitação de que seja designado um rabino para a celebração do culto ecumênico.

Em meio à reunião, um telefonema da Delegacia Regional do Trabalho (DRT) causou o temor de que se tratava de uma possível intervenção no Sindicato. Essa vinha sendo, desde o início da semana, uma hipótese sempre considerada, a despeito das medidas tomadas no sentido de nos mantermos dentro dos limites possíveis, evitando dar o pretexto para uma intervenção, mas ao mesmo tempo não recuando da decisão de mobilizar a categoria dos jornalistas para denunciar as prisões e a morte de Herzog. Tínhamos consciência de que estávamos no fio da navalha.

O telefonema era do gabinete do delegado do Trabalho, Vinícius Ferraz Torres, que me convocou:

— Solicito a sua presença na delegacia imediatamente.

A reunião continuou, enquanto, tenso, dirigi-me à Delegacia do Trabalho, na rua Martins Fontes. Ferraz Torres, um homem cordial, recebeu-me visivelmente constrangido. Rodeou a conversa, dizendo compreender a reação dos jornalistas, mas que as manifestações do Sindicato causavam grande preocupação em Brasília. Por isso, o ministério decidira enviar um emissário a São Paulo. Viria o próprio secretário de Relações do Trabalho, Aloísio Simões. Para um encontro marcado para o dia seguinte, estava convocada toda a diretoria do Sindicato.

O nome do emissário aumentou a minha preocupação, pois ele ocupara a DRT antes de ganhar o cargo em Brasília e durante a campanha para a eleição no sindicato ameaçara impugnar três nomes da chapa, por "razões políticas".

De volta ao Sindicato, reencontrei os companheiros, que se mantinham reunidos, apreensivos com a convocação da DRT, mas encaminhando as providências que seriam anunciadas à noite, em mais uma grande assembleia a que demos o nome de "reunião de informação".

Além do anúncio sobre os preparativos para o culto ecumênico, as ameaças que se multiplicavam eram o tema principal da reunião da noite. Mais uma vez o auditório Vladimir Herzog estava completamente tomado. Em relação ao culto, a grande preocupação era a de que agentes infiltrados tentassem fazer provocações durante a cerimônia, buscando um pretexto para uma ação repressiva de grandes proporções. A "declaração de guerra" do coronel Erasmo Dias poderia indicar a armação de uma operação especial a ser desfechada antes mesmo da realização do culto. Pairava sobre muitas cabeças o fantasma da Operação Jacarta.

Essas preocupações foram resumidas na fala com que encerrei a reunião:

> Que fique bem claro. Não aceitamos provocações de qualquer área. Pedimos que se respeite a memória de Vladimir Herzog. Neste momento, quem vive uma crise é uma categoria representada legalmente por este Sindicato que lamenta, mais do que ninguém, essa trágica ocorrência e não está disposta — como vem demonstrando claramente desde o começo deste chocante episódio — a afastar-se dos estritos limites da lei. Não aceitamos qualquer provocação e nem toleraremos qualquer agitação, em nenhum momento, principalmente durante o culto ecumênico em memória de Vladimir Herzog.

23 O general contra os "inimigos de farda"

Quinta-feira, 30 de outubro: Preparamo-nos para mais um longo e tenso dia. A primeira preocupação era o encontro que a diretoria do Sindicato deveria ter, ainda na parte da manhã, com o emissário do Ministério do Trabalho. O noticiário dos jornais tratava com destaque a realização do culto ecumênico marcado para as 16 horas do dia seguinte e as advertências de autoridades e de setores que se declaravam "observadores militares". Quem eram esses "observadores"? Os que se punham ao lado do governo, defendendo a integridade do regime, ou os que agiam no porão, conspirando contra uma hipotética abertura política? Além da ameaça de guerra do secretário da Segurança havia outra, muito mais séria: a que partia dos bastidores do regime.

"A observação militar sobre São Paulo" era o título de página inteira do *Jornal da Tarde*, encimando uma matéria em que "observadores militares manifestam grande preocupação com as consequências da morte de Vladimir Herzog". O governo, advertiam, "não tolerará qualquer manifestação que possa perturbar ou colocar em risco a tranquilidade, a ordem e a segurança interna, seja como for, onde ou por que motivo for".

Os "observadores" foram ao ponto, afirmando que a morte de Vlado vinha sendo explorada pelos comunistas, que tudo fariam para perturbar a ordem e que tudo seria feito para impedir agitações.

A preocupação pelo que poderia acontecer durante a realização do culto ecumênico ia muito além da rua Rego Freitas. Pode-se dizer que o país estava em suspense. Havia nervosismo no porão, onde os duros se viam ameaçados em seu plano de domínio pela violência, e nos gabinetes de São Paulo e de Brasília, nos quais se agitavam, de um lado, os conspiradores da extrema direita e, de outro, os defensores da precária legalidade vigente. Nos gabinetes e nos corredores do Congresso Nacional, figuras expressivas da Arena movimentavam-se no sentido de se fazer um acordo com o MDB, com o objetivo de neutralizar "os radicais" de um e de outro lado. Na língua do povo, isso significava que os aliados do governo estavam "pedindo água".

O editorial do *Jornal da Tarde* destacou três objetivos básicos que se esperava alcançar com o acordo proposto:

> 1) evitar que o atual clima de tensão atinja um ponto crítico; 2) proporcionar maior sustentação política ao presidente Geisel, para contrabalançar eventuais pressões dos setores radicais; 3) criar, através dos dois primeiros itens, a retomada do processo de distensão política, ainda que com outro nome.

Em seu gabinete, no Palácio do Planalto, o general-presidente avaliava as consequências do aumento da temperatura política, às vésperas da realização do culto ecumênico em memória de Vlado, e preparava-se para fazer uma manobra que, no mínimo, poderia contribuir para "desarmar" os espíritos. Geisel decidiu ir a São Paulo, foco de todas as tensões.

A ida a São Paulo estava prevista na agenda presidencial. Incluía uma visita à Bienal de Arte Moderna e a inauguração da sede campestre do Sesc, nas proximidades da represa de Guarapiranga, mas a opinião de auxiliares mais próximos de Geisel, entre os quais o general Golbery, era a de que a viagem deveria ser cancelada. Temia-se o aumento das tensões que poderiam levar a graves distúrbios, pois uma grande passeata de estudantes estaria sendo preparada para coincidir com o ato ecumênico na Sé. A óbvia repressão à manifestação poderia levar às chamadas consequências "imprevisíveis". São Paulo era um barril de pólvora.

De repente, o general poderia se ver em meio a uma guerra.

AS DUAS GUERRAS DE VLADO HERZOG

Geisel tinha seu plano. Decidiu marchar para São Paulo, onde esperava poder inibir manobras dos que considerava "inimigos de farda".

Na sede da DRT, em São Paulo, os diretores do Sindicato aguardavam o enviado especial do Ministério do Trabalho. Não sabiam que lado ele representava, se era o da direita, que sustentava o governo, ou o da extrema direita, que tentava um golpe dentro do golpe que instaurara a ditadura militar. Fosse de que lado fosse, Aloísio Simões era portador de uma ameaça, que tentou expressar em tom solene:

— Estou aqui para fazer uma advertência aos senhores.

Desenrolou, empertigado, um discurso: o ministério estava acompanhando, passo a passo, a movimentação no Sindicato. As assembleias que se vinham realizando desde segunda-feira eram perigosas, pois delas participavam pessoas estranhas ao Sindicato, "ativistas" de várias áreas, estudantes. Eram feitas propostas subversivas, o que poderia levar o ministério a intervir.

Respondi que o Sindicato não poderia impedir a presença de pessoas que ali encontravam um espaço de manifestação e, como nós, seus diretores, expressavam a sua inconformidade com a violência que levara à morte de Herzog. Além disso, o plenário apresentava propostas, mas quem decidia era a diretoria.

O homem continuou, imperturbável:

— É, os senhores decidiram fazer um culto ecumênico...

E reiniciou o discurso, sempre deixando uma ponta de ameaça. Disse saber que tomáramos precauções, mas que estávamos agindo "no limite da legalidade". O limite, acentuou, não teria sido ultrapassado por muito pouco, portanto era preciso tomar muito cuidado. O clima era de intranquilidade, tudo poderia acontecer. E concluiu, entre conselheiral e ameaçador:

— Tomem muito cuidado com esse culto ecumênico que os senhores vão fazer amanhã!

As ameaças eram compensadas pelas manifestações de solidariedade, que chegavam de vários pontos do país. Vinham primeiro dos jornalistas, que, em vários estados onde seus sindicatos permaneciam em silêncio, se organizavam para protestar, enquanto entidades representativas de vários setores tomavam posição. A Ordem dos Advogados do Brasil (OAB), cujo Conselho reunira-se no dia anterior em Brasília, decidiu enviar ofício ao presidente da República, solicitando "que sejam rigorosamente apuradas as circunstâncias em que ocorreu a morte do jornalista Vladimir Herzog e a situação em que se encontram outros presos políticos em São Paulo".

No Rio de Janeiro, onde o Sindicato já havia se manifestado, o movimento de protesto se estendeu por todas as redações. Mais de 300 jornalistas do *Jornal do Brasil*, de *O Globo*, da *Ultima Hora*, da Editora Bloch e das sucursais da *Folha de S.Paulo*, de *O Estado de S. Paulo*, do *Jornal da Tarde* e da Editora Abril assinaram manifesto em solidariedade ao Sindicato dos Jornalistas de São Paulo.

Do Espírito Santo veio a notícia de que a Associação dos Jornalistas Profissionais manifestava "irrestrito apoio" à posição assumida pelo Sindicato de São Paulo diante de fatos que alcançavam "graves repercussões na vida jornalística do país". Informava também que a entidade pedira a realização de missa em memória de Vlado, que seria celebrada no dia 31 pelo arcebispo metropolitano, dom João da Motta e Albuquerque, na catedral de Vitória. Em outros estados, outros setores, além do jornalístico, organizaram manifestações.

De Itaici, onde os bispos paulistas estiveram reunidos desde segunda-feira, chegou o texto final do encontro. Intitulado "Não oprimas teu irmão", o documento fazia referência direta às ações repressivas que levaram à morte de Herzog: "Não é lícito efetuar prisões como frequentemente estão sendo feitas entre nós. Não é lícito utilizar no interrogatório de pessoas suspeitas métodos de tortura física, psíquica ou moral."

Durante o último dia do encontro, os religiosos e membros da Comissão de Justiça e Paz fizeram jejum pelo jornalista Vladimir Herzog, pelos jornalistas e demais pessoas "que se encontram presas e destituídas dos direitos que a própria Lei de Segurança lhes garante".

De volta de Itaici, dom Paulo Evaristo Arns tinha como principal tarefa tomar as providências para a celebração do culto em memória de Herzog.

Ele já tinha acertado a participação do pastor presbiteriano Jaime Wright, que havia algum tempo vinha trabalhando na Comissão de Justiça e Paz da Arquidiocese e no movimento ecumênico. Faltava, porém, a confirmação de participação de um rabino. Um deles, Henry Sobel, aceitara o convite, por telefone, mas ainda dependia de uma autorização da Congregação Israelita.

Wright já confirmara sua participação quando Hélio Damante lhe telefonou em nome da diretoria do sindicato, convidando-o para ser um dos celebrantes, em nome dos evangélicos. Inicialmente, ele argumentou que participaria, mas que antes o sindicato deveria falar com os líderes das igrejas protestantes. Damante respondeu que fizera várias tentativas, mas não fora atendido. Wright ainda hesitou por uns instantes, mas terminou confirmando sua presença. Faria isso, disse, em memória de Herzog e também de um irmão, Paulo, que morrera sob tortura, em condições semelhantes às que vitimaram o jornalista.

Na quinta-feira, quase terminando o dia, o cardeal Arns ainda não tinha a confirmação da presença de um rabino na celebração do dia seguinte. Ao chegar à sua casa, numa rua tranquila do bairro do Sumaré, cinco rabinos estavam à sua espera. Todos, menos um, o jovem Henry Sobel, sustentavam que Vlado havia se suicidado e, de acordo com os preceitos judaicos, não poderiam participar de uma celebração religiosa em sua memória.

No domingo, contrariando os líderes da comunidade judaica, que aceitaram sem reservas a versão oficial do suicídio de Vlado, Sobel usara a sua autoridade de rabino para determinar aos encarregados dos funerais que o corpo fosse enterrado na ala comum do cemitério, e não na periferia, junto aos muros, destinada aos suicidas. Sua decisão, diria depois, não fora tomada em função de informações que tivesse recebido sobre as causas da morte, mas por querer seguir a sua consciência.[84]

No encontro com o cardeal, decidiu também de acordo com sua consciência. Destacou-se do grupo de rabinos e anunciou:

— Dom Paulo, amanhã estaremos juntos na catedral.

---

[84] Depoimento de Sobel ao autor, em 2005.

As expectativas aumentavam no transcorrer do dia. A celebração religiosa marcada para o dia seguinte estava no centro de todas as atenções e apreensões. As notícias que chegavam do campus da USP davam conta de que continuavam as discussões sobre a participação dos estudantes no culto. Jornalistas de várias redações anteciparam à diretoria do sindicato notícias que seriam publicadas no dia seguinte pelos jornais.

As mais importantes tratavam da presença de Geisel na cidade. Havia também especulações sobre a visita, decidida por razões que iriam muito além da alegada missão de "desarmar os espíritos", conforme noticiaria o *Jornal da Tarde* no dia seguinte. Havia claros indícios de que a visita presidencial teria como principal objetivo enquadrar os militares da linha-dura, que haviam concentrado em São Paulo operações que assumiam o caráter de afronta ao presidente e seu anunciado projeto de abertura política.

Geisel desembarcou em São Paulo incomodado por algumas espinhas na garganta. Uma, a mais recente, poderia ter sido decisiva para uma tomada de posição: no episódio da morte de Herzog, o presidente da República fora colocado na incômoda posição do marido traído. Os militares do II Exército, a começar pelo comandante, fizeram de conta que nada havia acontecido. Tudo levava a crer que o presidente só teria sido informado no dia seguinte, depois que o jornalista Mino Carta, já no fim da tarde de domingo, conseguiu falar por telefone com o general Golbery.

Os movimentos de Geisel em São Paulo pareciam obedecer ao plano de uma batalha através da qual ele pretendia ganhar a guerra contra os militares que afrontavam a sua autoridade. Para isso, tratava de arregimentar aliados, entre os quais incluiu até os parlamentares da bancada da oposição na Assembleia Legislativa.

A primeira manobra fora a escolha do campo para os preparativos da operação: pela primeira vez, desde a sua posse, o presidente se hospedava no Palácio dos Bandeirantes, sede do governo do estado. Com isso, dera um claro sinal de prestígio ao governador Paulo Egydio, seu aliado, que era mencionado nos interrogatórios do DOI-Codi como perigoso agente comunista e aliado dos "comunistas de Brasília".

Foi no palácio que Geisel recebeu, à tarde, os comandantes das três armas em São Paulo: o general Ednardo, do Exército; o brigadeiro Roberto Carrão de Andrade, da Aeronáutica, e o almirante Roberto Mário Monerat, da Marinha.

Terminada a audiência, os três marcharam até a sala de imprensa do palácio, para uma visita aos jornalistas. Um espanto, pois naqueles dias, depois da morte de Vlado, os jornalistas eram mantidos à distância dos militares, principalmente do general Ednardo, que se mantivera confinado no quartel, depois de meses de declarações sobre a "infiltração comunista na imprensa".

Na sala de imprensa, os três comandantes eram, segundo tudo indicava, portadores de um recado do presidente. Coube a Ednardo dar o recado:

> Nós nos sentimos muito satisfeitos em comparecer a esta sala. O que nós temos em vista é justamente viver na mais completa harmonia com todos os brasileiros, com representantes de todas as classes. Nós militares nos consideramos gente do povo, mesmo porque as nossas Forças Armadas o são. Nenhuma força armada talvez represente tão bem o povo como a do Brasil. De maneira que estamos satisfeitos de estar aqui, nesta sala de imprensa.

No dia seguinte, a imprensa daria grande destaque à visita dos militares aos jornalistas, incluindo-a entre os fatos que indicariam o sucesso da missão de Geisel em São Paulo. Além dos militares, Geisel recebera, durante toda a tarde, autoridades, empresários, sindicalistas e políticos, entre os quais todos os deputados da bancada do MDB na Assembleia Legislativa. Entre os políticos da oposição havia o entendimento de que a presença do presidente em São Paulo contribuíra para neutralizar ações violentas dos órgãos de repressão e, ao comparecer à audiência, estavam do "lado certo", ou seja, contra os militares que conspiravam contra Geisel. O Palácio dos Bandeirantes foi palco de um grande congraçamento.

Pelo menos os movimentos visíveis, como os dos comandantes a marchar da sala onde acabavam de ter uma audiência com o presidente até a sala de imprensa, onde fariam declarações de amor e paz, indicavam que os espíritos estavam "desarmados".

Mas faltavam informações que só anos depois seriam reveladas: na audiência reservada com os militares, Geisel deixara claro, de modo a não permitir dúvidas, que o comando era dele. Quis saber de Ednardo como andava o inquérito policial-militar (IPM) sobre a morte de Herzog, e a resposta foi a de que não fora instaurado por determinação do ministro Sylvio Frota. A reação de Geisel foi uma ordem dura e seca: o inquérito teria de ser feito, pois uma pessoa morrera numa dependência militar, o que exigia uma investigação sobre as causas. Mandou que Ednardo comunicasse sua decisão a Frota.

Elio Gaspari narra o episódio em seu livro *A ditadura encurralada*, em que transcreve depoimento do general Moraes Rego:

> Quando Geisel deu a ordem, Ednardo ficou assustado. (...) Falou com Frota e voltou insistindo: "Mas, presidente, o meu pessoal de informações vai ficar descoberto, porque vai ter que parar o trabalho para depor."
>
> Geisel: "Você coloca outros nessas funções. Mas tem que haver um inquérito. Não pode haver crime, ou morte, dentro de uma organização militar sem ser apurado."

Ednardo providenciou a instauração do IPM no mesmo dia, nos seguintes termos: "O comandante do II Exército, general Ednardo d'Ávila Mello, determina a instauração de Inquérito Policial-Militar para apurar as circunstâncias em que ocorreu o suicídio do jornalista Vladimir Herzog."

Conforme exigência de Geisel, designou um general para presidir o inquérito. O escolhido foi Fernando Guimarães de Cerqueira Lima, que passaria a presidir uma farsa.

Naquela noite de quinta-feira, o governador devolveu a Geisel a honraria da escolha que ele fizera ao hospedar-se no Palácio dos Bandeirantes, sede do governo paulista e também sua residência oficial. Ofereceu ao presidente, que estava acompanhado pela esposa, Lucy, e pela filha, Amália Lucy, um jantar íntimo, ao fim do qual os salões do palácio foram abertos para uma recepção em homenagem ao presidente. Mil e quinhentas pessoas foram convidadas. Era quase um comício.

O clima era de festa. A noite transcorreu tranquila, tudo indicava que a paz reinava em São Paulo.

Mas restava uma preocupação: o ato ecumênico marcado para a tarde do dia seguinte. Como advertiam "observadores militares", haveria repressão no caso de manifestações de "minorias ativistas".

O coronel Erasmo Dias, numa entrevista, falou macio de início, pedindo "encarecidamente a todos que não se deixem iludir por alguns que, possivelmente, queiram transformar um ato espiritual em manifestação material". Mas não se conteve no tom de apelo e concluiu, em seu estilo ameaçador: "Não toleraremos manifestações contra o regime."

À tarde, enquanto Geisel manobrava no Palácio dos Bandeirantes, o movimento no Sindicato dos Jornalistas ia aumentando. Além de jornalistas e estudantes, representantes de entidades que vinham manifestar solidariedade e anunciar sua presença no culto ecumênico, alguns militantes de diversos grupos de esquerda agitavam-se entre o corredor e o auditório. Muitos queriam saber qual era a "palavra de ordem" da diretoria para o comparecimento ao ato religioso. Diretores eram abordados no corredor, respondiam que todas as informações seriam prestadas à noite, na reunião prevista para se realizar no auditório. Em algumas cabeças havia o entendimento de que, além de rezar na catedral, deveríamos estar preparados para uma guerra, se não fosse possível evitá-la.

No tumulto do corredor, destacando-se uns dois palmos acima das outras pessoas, vi a figura de Renato Correia de Castro, que tentava abrir caminho até a sala da diretoria. Renatão, assim chamado pelos colegas por causa de sua altura, próxima dos dois metros, era coordenador de produção da Rede Globo em São Paulo, onde tinha fama de "esporrento", mas dono de um "coração de ouro". Agitando os braços, como se estivesse a nadar sobre o ajuntamento do corredor, ele se aproximou e me perguntou, baixando a voz, em tom de conspiração:

— Como é que vai ser amanhã?

— O quê? — respondo intrigado, tentando entender o sentido da pergunta.

— Na praça da Sé.

— Bem, a gente vai para o culto...

Renatão olhou em redor, abriu a jaqueta e exibiu um revólver espremido entre o cinto e a barriga farta. Fechou a jaqueta e anunciou:

— Amanhã estaremos lá!

Respondi-lhe em tom que não deixava dúvidas:

— Vá, mas deixe esse negócio em casa!

O Sindicato era uma espécie de território livre. Mas era preciso evitar que a legítima indignação pela morte do companheiro se transformasse em tumulto puro e simples. Era preciso equilíbrio para lidar com a situação.

Havia uma decisão consensual da diretoria: não recuar de sua posição de levar adiante o movimento de protesto contra a morte de Herzog, mas não dar qualquer pretexto para a entrada em cena dos agentes da repressão. Eles viriam, dizia um dos nossos, com "sede de sangue". A expressão poderia conter uma boa dose de exagero, mas ninguém descartava a possibilidade de uma ação violenta.

A denúncia do assassinato de Vlado e seus desdobramentos levaram, claramente, a um recuo dos militares da linha-dura, frustraram seus planos de combate a qualquer tentativa de liberação do regime. Naquele momento, eles estavam na defensiva. Os torturadores estavam acuados nos porões. Mas se tivessem condições de sair, tudo poderia acontecer.

Acima de todas as preocupações estava a possível passeata dos estudantes da USP, uma proposta ainda em discussão. No fim da tarde, um grupo de jovens, quatro ou cinco, me procurou na sala da diretoria. Apresentaram-se como representantes da direção do movimento grevista e vinham saber o que o Sindicato esperava da participação deles no culto ecumênico. Era uma situação inesperada, senti-me um tanto constrangido por ser colocado na condição de decidir sobre questão tão importante. Mas consegui ser claro: esperávamos que a presença dos estudantes, cujo movimento fortalecera enormemente a ação do Sindicato, fosse serena, sem manifestações que dessem margem a repressão.

AS DUAS GUERRAS DE VLADO HERZOG

À noite, no auditório outra vez repleto, comuniquei as decisões da diretoria e reafirmei a posição do Sindicato de não dar o pretexto que certamente era desejado pela repressão:

> Os jornalistas paulistas passaram uma semana de crise, luto e perplexidade. E, no momento em que se reúnem para desabafar a sua mágoa, homenageando a memória do colega morto, estão firmemente dispostos a responsabilizar perante a Nação a quem ousar desrespeitar a sua dor. A memória de Vladimir Herzog não deve ser transformada em álibi de maquinações ou manobras escusas e isso constitui ponto de honra para a classe, que, não só em São Paulo, mas em todo o país, soube superar tamanha e tão trágica perda com serenidade e equilíbrio, mesmo na condição de presa de violentos sentimentos de pesar e intranquilidade. Cada um dos participantes do culto ecumênico será um guardião dos desejos de paz e fraternidade, de segurança integral e de respeito à dignidade que todo homem merece.

24 Suspense na praça: tudo pode acontecer

Sexta-feira, 31 de outubro: Por encomenda do comando do II Exército, o coronel Erasmo Dias acompanhava os preparativos de uma gigantesca operação policial, montada com dois objetivos: 1) dificultar o acesso ao centro da cidade, numa tentativa de esvaziar o culto ecumênico na catedral; 2) acompanhar o ato, com agentes infiltrados na praça da Sé e no interior da catedral, e outros, armados, estrategicamente distribuídos em sacadas de prédios do entorno. Mais de quinhentos policiais participariam da operação.

Distante dali, nos quartéis, a tropa de choque da Polícia Militar ficaria de sobreaviso para entrar em ação a qualquer momento. O coronel Erasmo esperava, se não a guerra que poderia lhe dar a chance de "almoçar" subversivos, uma grande batalha na praça da Sé.

A coordenação geral da operação foi confiada ao mais temível agente da repressão em São Paulo, o delegado do Dops Sérgio Paranhos Fleury.

A operação, à qual afrontosamente se deu nome de Gutenberg, dividia-se em dois planos: um, denominado Terço, destinava-se a montar barreiras nas principais vias de acesso ao centro, foi montado pelo coronel do Exército Sidney Teixeira Alves e envolvia o policiamento de trânsito; outro destinava-se ao policiamento na praça da Sé e em seu entorno.

Os detalhes dessas operações, que só seriam conhecidos anos mais tarde,[85] incluíam até lenços vermelhos que agentes infiltrados usariam

---

[85] Marcelo Godoy, "Militares esperavam batalha após missa", *O Estado de S. Paulo*, 23/10/2005.

na lapela, o que poderia ser entendido como um sinal de protesto pela morte de Vlado, mas na verdade eram o distintivo pelo qual o Dops identificaria os seus homens na multidão.

Três horas antes do início do culto ecumênico, a cidade estava sitiada pelas barreiras armadas em ruas e avenidas.

Enquanto os militares se preparavam para a esperada batalha, chegou ao Sindicato dos Jornalistas uma notícia tranquilizadora: os estudantes da USP haviam decidido, em assembleia, que participariam do culto ecumênico e que não promoveriam qualquer manifestação além de acompanhar o ato religioso. Essa decisão, tomada depois de mais de duas horas de discussão, incluía algumas regras de segurança: "dirigir-se à catedral em grupos de, no máximo, cinco pessoas; não fazer nenhuma manifestação paralela (cartazes, faixas ou passeata); não levar manifestos e abandonar os que na igreja eventualmente fossem distribuídos e não permanecer nas imediações da catedral após o ofício."[86]

As discussões entre os estudantes, que no início da semana tinham sido levadas às reuniões no Sindicato, levaram a uma decisão que contrariava os grupos de uma chamada "nova esquerda", que reunia poucos, mas extremamente ativos, militantes, com forte atuação na USP. Desde o início dos protestos pela morte de Vlado eles vinham propondo a organização de uma grande passeata.

De orientação trotskista, um dos ajuntamentos mais ativos, denominado Grupo Outubro, que atuava principalmente na ECA, não reunia mais de trinta militantes em todo o Brasil, segundo registra Elio Gaspari:

> Eram um novo tipo de militante. Detestavam a mitologia que dominava o patrimônio histórico-político da esquerda. Para eles, João Goulart era um personagem do passado; a União Soviética, ditadura que mandara os tanques à Tchecoslováquia; Che Guevara e a luta armada, modalidades de aventureirismo. À política de frentes, contrapunham uma visão popular-insurreicionista, segundo a qual a ditadura sairia por uma porta e a

---

[86] Evanize Sydow e Marilda Ferri, *Dom Paulo Evaristo Arns: um homem amado e perseguido*, p. 199.

revolução socialista entraria por outra, como parecera ter acontecido em Portugal. Desprezavam os ícones que simbolizavam trinta anos de hegemonia do Partidão na cultura brasileira.[87]

Esses aguerridos militantes teriam providenciado a impressão, em papel de embrulho, de cerca de mil cartazes que anunciavam não um culto ecumênico, mas "um ato público em repúdio ao assassinato de Vladimir Herzog".[88] A decisão da assembleia na USP acabara de desmanchar essa ideia.

Os jornais, principalmente os do grupo Estado, noticiavam amplamente os preparativos para a realização do ato religioso. O *Jornal da Tarde* destacava em título de quatro colunas "Os jornalistas, serenos, vão ao culto" e reproduzia a nota oficial do Sindicato, que acrescentava informações detalhadas sobre a situação dos jornalistas presos, alguns dos quais deveriam ser transferidos do DOI-Codi para o Dops.

Geisel continuava na cidade. Tinha visitas marcadas à Escola Paulista de Medicina e à Bienal de Artes Plásticas, de manhã, e à Faculdade de Saúde Pública, à tarde. Apesar do forte esquema de segurança e da ausência de povo — nas duas instituições visitadas a plateia fora composta por funcionários — Geisel procurava demonstrar descontração. Distribuiu sorrisos e apertos de mão.

Mas restava uma preocupação: o culto ecumênico que deveria começar mais tarde na catedral da Sé.

Nos meios políticos, considerava-se que a presença do presidente em São Paulo contribuía para aliviar o clima de tensão causado pela morte de Herzog. Geisel teria "enquadrado" os militares da extrema direita. Isso significaria um basta aos "excessos" dos órgãos de segurança.

Havia outras interpretações. Ao se abalar de Brasília para São Paulo, Geisel não assumira propriamente o papel de um cruzado contra a repressão que torturava e matava, mas se valera do episódio para afirmar a sua autoridade, ameaçada pelos militares da ultradireita.

---

[87] Elio Gaspari, op. cit., p. 181.
[88] Ibidem, p. 183.

Nesse sentido, o general presidente usou a tragédia de Herzog como uma oportunidade para ganhar força contra seus "inimigos de farda".

O noticiário sobre a visita deixava algumas pistas. *O Estado de S. Paulo*, em manchete de oito colunas, anunciava: "Geisel lamenta, mas exige moderação". No corpo da matéria, com informações atribuídas a "uma alta fonte do governo", não aparece uma vez sequer a palavra "suicídio", usada em todos os comunicados oficiais do II Exército sobre a morte de Herzog. Segundo a fonte, Geisel referia-se ao episódio como um "incidente": "O que o governo vai impedir é que ocorram novos incidentes dessa natureza."

A palavra "suicídio" consta da entrevista do rabino Henry Sobel, que o mesmo jornal publicava, mas no sentido de negação:

> As cerimônias fúnebres do enterro de Vladimir Herzog realizaram-se por completo e de acordo com os ritos seguidos pelas correntes liberais da religião judaica, à qual os familiares de Herzog são filiados. Foram cerimônias normais, pois a Chevra Kadisha (Sociedade Sagrada, que faz a lavagem do corpo antes do sepultamento) não encontrou indícios que comprovassem o suicídio do jornalista, o que implicaria a alteração dos procedimentos, inclusive o sepultamento em local diferente.

Sobel, que não estivera presente às cerimônias (estava no Rio de Janeiro desde sábado, em cumprimento de compromisso com a comunidade judaica local), ordenara, por telefone, depois de ouvir o relato do encarregado da lavagem do corpo, que o sepultamento fosse feito dentro, e não na periferia, do cemitério. Ele esclareceu que o único fato a destoar do ritual fúnebre foi o apressamento do enterro, pois os homens da Kadisha temiam uma manifestação política.

(A ausência do rabino o impediu de mencionar outro fato: o medo de represálias por parte dos agentes de segurança que acompanharam passo a passo a cerimônia do sepultamento.)

O esquema de segurança armado para uma possível intervenção na praça da Sé, "onde tudo poderá acontecer", incluía medidas que buscavam esvaziar o culto ecumênico. Além do grande cerco da cidade, pela Polícia Militar, com barreiras montadas nas principais vias de acesso ao centro e nas ruas próximas à praça, a Polícia Federal proibiu a divulgação, pelas emissoras de rádio e televisão, "de qualquer notícia ou comentário sobre o culto de hoje na catedral".

Do Rio de Janeiro veio a notícia de outra proibição. Dessa vez, pela mais alta autoridade da Igreja Católica na cidade. Enquanto o cardeal de São Paulo e o rabino da Congregação Israelita Paulista se preparavam, apesar das fortes pressões que recebiam de autoridades, para a celebração do culto, o cardeal do Rio de Janeiro, dom Eugênio Sales, proibiu que fosse rezada uma missa, encomendada pela ABI, em memória de Vlado, na igreja de Santa Luzia, no centro da cidade. Em face da proibição, a diretoria da ABI decidiu que a homenagem seria feita em seu auditório, no mesmo horário do culto ecumênico organizado pelo Sindicato dos Jornalistas em São Paulo.

O cardeal daria uma explicação singela para a proibição do ato religioso: "A situação do país está muito quente." E para as pessoas que chegavam à igreja, já de portas cerradas, o pároco de Santa Luzia tinha uma resposta respaldada pelo respeito à hierarquia:

— Recebi ordens superiores e não estou aqui para discuti-las.

As ordens superiores foram cumpridas à risca em São Paulo. Enquanto a polícia de trânsito e os soldados da PM destacados para o grande bloqueio montavam barreiras em vários pontos da cidade, altas autoridades movimentavam-se nos bastidores em tentativas de intimidação que incluíam o cardeal Arns e o rabino Sobel.[89]

No Sindicato e nas casas de alguns diretores, insistentes toques de telefone que, ao ser atendidos, eram seguidos de silêncio. Ou de palavrões. A guerra de nervos levava a outros telefonemas. Um deles foi de minha mulher, Maria Marta, insistindo em que não deveria voltar para casa depois do culto, era preciso providenciar para dormir na casa de um amigo. Minha mãe, Rosalva, veio ao telefone, em prantos. Era

---

[89] Depoimentos de dom Paulo Evaristo Arns e do rabino Henry Sobel ao autor, em outubro de 2005.

uma mulher simples, migrante do interior de Alagoas, não entendia direito o que estava acontecendo, mas disse ter o pressentimento de que eu estava em perigo.

— Em perigo estamos todos — respondi — e é isso que estamos denunciando.

Expliquei-lhe que os jornalistas estavam unidos em protesto pela morte de um colega e que, antes dele, muitas outras pessoas que discordavam do governo tinham sido mortas.

Minha mãe voltou, aos soluços:

— Mas eles matam, mesmo? Então podem matar muitos outros. É perigoso, não vá a essa missa.

O diálogo foi difícil, pesado. Tentei encerrá-lo do melhor jeito:

— Vai ser só uma reza, mãe.

Eu havia tomado a precaução de dormir fora de casa. Combinara com Gastão Thomaz de Almeida que iria para a casa dele logo depois do culto. Pedi à secretária, Heloisa, que ligasse para ele, para confirmar. Momentos depois, ela anunciou:

— O Gastão no telefone.

Fui diretamente ao assunto:

— Tudo certo, Gastão? Hoje vou dormir na sua casa.

Seguiu-se um ligeiro silêncio no outro lado da linha, mas logo veio a resposta:

— Claro, pode vir à hora que quiser. Sabe o endereço?

A pergunta sobre o endereço me chamou a atenção, pois fazia tempo que frequentava a casa do secretário do Sindicato. Só então percebi que falava com outro Gastão. Era Gastão Maia, que acabava de me dar uma bela demonstração de solidariedade. Receber alguém visado pela repressão, naqueles dias, significava um risco que ele, sem hesitação, se dispôs a correr, principalmente pelo fato de ser, ele próprio, muito visado. Gastão pertencia a uma família de militantes comunistas. (Sua irmã, Dulce Maia, militava na Vanguarda Popular Revolucionária [VPR] e participara de várias ações armadas até ser presa e banida para a Argélia, em 1970; seu irmão, o publicitário Carlito Maia, desenvolvia atividades culturais consideradas subversivas.)

As DUAS GUERRAS DE VLADO HERZOG

Desfiz o equívoco do telefonema, mas, do outro lado da linha, Gastão Maia não deixou de oferecer sua casa:

— Se você precisar, a porta estará aberta.

Despachados pelo governador Paulo Egydio, dois de seus secretários bateram à porta da casa de dom Paulo. Recebidos, foram diretamente ao assunto: eram portadores de um apelo do governador para que o cardeal desistisse de celebrar o culto em memória de Herzog. Desfiaram argumentos, sendo o principal o do perigo de um conflito entre a polícia e os participantes da cerimônia. Tudo poderia acontecer na praça da Sé. Um dos visitantes sacou um argumento que imaginava ser definitivo para levar o cardeal a desistir: o morto era um suicida e, além de tudo, não era cristão:

— O senhor não pode rezar a missa, o Herzog era judeu.

O cardeal respondeu que representantes de outras igrejas, entre os quais um rabino, estariam com ele na catedral, a celebração seria ecumênica. Outro dos emissários interveio:

— Mas pode haver tiroteio, mortes, e o senhor será o responsável.

— Lá estarei para evitar mortes. O pastor não abandona as ovelhas quando ameaçadas.

— Haverá mais de quinhentos policiais na praça, com ordem de atirar ao primeiro grito.

O arcebispo manteve-se inabalável, o secretário insistiu:

— É um apelo do governador. Não vá, mande outro.

— Digam ao governador que o arcebispo estará com aqueles que Deus lhe confiou. Agradeço a visita, mas digam ao governador que o povo se manterá calmo. Tudo mais ocorrerá por conta dele.

Na Congregação Israelita Paulista, o rabino Henry Sobel recebeu a visita de dois homens fardados. Eram oficiais do Exército. Um deles, de fala áspera, se apresentou como general Marques, o outro não declinou o nome. Foram diretamente ao assunto: a participação no culto era uma temeridade, não se tratava de uma celebração religiosa, mas de uma encenação, um teatro montado com fins políticos, de contestação. E logo, uma ameaça:

— Rabino, o senhor é estrangeiro, não deve se envolver numa manifestação política. Além do mais, o senhor é norte-americano.

305

O rabino tinha alguma dificuldade de se expressar em português. Chegara dos Estados Unidos havia menos de cinco anos, ainda não perdera o forte sotaque, mas conseguiu fazer quase um sermão aos militares. Evocou os profetas de Israel, que nunca se calaram diante da injustiça. Assim, a sua participação no culto era uma questão de consciência. E proclamou:

— A omissão só beneficia o agressor, nunca a vítima.

Ditas assim, as palavras do rabino tinham o significado de uma acusação aos militares pela morte de Vlado. Ele avaliou a gravidade do que acabara de dizer, mas antes que o medo de uma reação o levasse a recuar, buscou a força necessária para concluir:

— Eu vou ao culto. É o meu dever.

No Sindicato, a diretoria fez mais uma reunião de avaliação. Muitos jornalistas estavam presentes, pretendiam seguir juntos para a praça da Sé. A recomendação era que deveriam ir em pequenos grupos, sem qualquer manifestação que pudesse dar margem a intervenção policial.

Juntamente com informações confiáveis passadas por colegas que trabalhavam na cobertura da visita presidencial e da movimentação policial em função do culto, chegavam ao Sindicato muitos boatos. Alguns que circulavam no corredor e no auditório eram assustadores: falavam de planos dos militares da linha-dura, que estariam preparando um "massacre" para logo depois do ato religioso na Sé. A diretoria recomendou calma. Tais boatos deveriam estar sendo espalhados por agentes infiltrados.

Apesar da tensão, destacou-se na avaliação da diretoria a formidável participação dos jornalistas, que se juntaram ao Sindicato na denúncia do assassinato de Herzog. Vivêramos durante uma semana uma extraordinária demonstração de unidade da categoria. O jornal *Unidade*, órgão oficial do Sindicato, registraria depois os acontecimentos daqueles dias, na histórica edição especial (novembro de 1975) sobre a morte de Vlado, em texto por mim escrito:

Medo, tensão, dor e revolta. O Sindicato. Todos esses sentimentos se encontraram aqui e, acima de todos, prevaleceu aquele que mais enobrece o homem — o da solidariedade. A solidariedade que se sobrepõe ao medo, ao ódio, ao desespero, foi o traço de união. Vieram um, dois, cem, mil jornalistas — todos como uma só pessoa, uma só consciência.

Um dos resultados dessa participação estava estampado em todos os jornais, com exceção da *Folha da Tarde*, que dava franca cobertura à repressão. Os convites para o culto ecumênico ocupavam grandes espaços, em sua maioria cedidos gratuitamente pelos jornais; os que faturaram os anúncios foram pagos pelos jornalistas que se cotizaram em suas redações. Encimados por dois de maior destaque, os da família Herzog e do Sindicato dos Jornalistas, seguiam-se mais vinte, 17 dos quais em nome de jornalistas e funcionários das redações e três em nome dos estudantes da USP, da Associação dos Sociólogos e da Associação dos Pesquisadores de Mercado, entidades às quais pertencia Clarice Herzog. Não havia nenhum aviso em nome da comunidade judaica.

No dia seguinte, 1º de novembro, apareceria um estranho anúncio, em destaque, na seção de avisos fúnebres de *O Estado de S. Paulo*, em nome de um "grupo de judeus, católicos e protestantes", encimado por uma cruz e uma estrela de Davi. O texto fugia do comum dos avisos fúnebres: em tom religioso e de manifesto ao mesmo tempo, considerava uma "indignidade" a realização do culto ecumênico. Concluía condenando os celebrantes do ato, um bispo católico, um pastor evangélico e um rabino, classificando-os de "desviados":

> O Senhor, que vê o interior dos corações e abomina as profanações de Seu nome por ministros religiosos desviados, atende às preces de seus fiéis de acordo com sua sinceridade e repudia os que profanam o seu Santo Nome para fins políticos e ideológicos.

Três horas antes do início do culto entrou em cena a Operação Gutenberg. Nas barreiras montadas em pontos estratégicos, em ruas e avenidas, a polícia de trânsito simulava fiscalização, parando os veículos e examinando a documentação dos motoristas. Em pouco tempo a cidade estava praticamente paralisada, presa no maior congestionamento de trânsito até então registrado. Em todas as saídas da Cidade Universitária o rigor era ainda maior: além da verificação dos documentos, os carros eram revistados, em busca de "material subversivo". Apesar da decisão de que não haveria passeata, tomada de manhã pelos estudantes, a polícia ainda não desconsiderava a possibilidade de que isso acontecesse.

No centro da cidade, os que conseguiram chegar antes do bloqueio ou os que moravam na região começavam a se dirigir à praça da Sé. A maioria vai a pé, em pequenos grupos que saíam principalmente das redações dos jornais.

Naquela tarde todas as redações estavam vazias.

O programa da visita de Geisel previa sua saída da Faculdade de Saúde Pública, na avenida Dr. Arnaldo, às 15h55. Dali ele seguiria para o aeroporto de Congonhas, de onde o One-Eleven presidencial deveria decolar às 16h30 rumo a Brasília. Mas o presidente demonstrava não ter pressa. Depois da solenidade, ele esticou a conversa com o governador e outras autoridades, enquanto, no saguão, o pessoal de segurança e assessores consultavam nervosamente os relógios.

Àquela hora deveria estar começando o culto ecumênico na catedral. A todo instante, assessores informavam sobre a movimentação no centro da cidade. A celebração ainda não começara, tudo estava em calma.

A comitiva presidencial rumou para o aeroporto com meia hora de atraso. Nas avenidas por onde passava o cortejo de automóveis repetia-se a mesma cena: trânsito livre no sentido centro-bairro e congestionamento nas pistas em sentido contrário. Na avenida Rubem Berta, uma das principais de acesso ao aeroporto, Geisel teve oportunidade de verificar o resultado da Operação Gutenberg: o congestionamento estendia-se por quilômetros na pista que leva ao centro da cidade.

No pavilhão oficial do aeroporto, o presidente recebeu mais informações de seus auxiliares: a operação alcançara o objetivo de evitar o afluxo de manifestantes à praça da Sé. E, mais, o culto ecumênico estava sendo realizado sem incidentes. O tumulto ficara por conta da polícia, que impedia o direito de ir e vir dos cidadãos.

Faltava uma informação: apesar do bloqueio, 8 mil pessoas conseguiram chegar à praça.

25 Silêncio na catedral

A praça da Sé e seu entorno estavam tomados pelas forças de segurança. Onze equipes, cada uma composta por um delegado e três investigadores, postavam-se em pontos estratégicos da praça e de ruas próximas.

Ao todo, participaram da operação, só ali, 172 agentes do Dops. Policiais ocupavam as sacadas de prédios mais próximos da catedral. Além de suas armas habituais, portavam binóculos e máquinas fotográficas e de filmar equipadas com teleobjetivas. Agentes infiltrados na multidão, dentro e fora da catedral, usavam fitas vermelhas na lapela e observavam de perto. Num grupo que se comprimia nas escadarias, um jornalista observava: "Com essas fitinhas, eles imaginam que podem ser confundidos com comunistas."

A missão dos policiais era identificar e prender "agentes da subversão" que tentassem "desvirtuar" o ato religioso. Eram previstos, inclusive, um esquema de triagem dos detidos e a entrada em ação da tropa de choque da PM, para reprimir possíveis comícios e passeatas.

Por todas as ruas que desembocam na praça não cessava de chegar gente. Antes da hora marcada para o início da cerimônia, todos os espaços no interior da catedral já estavam tomados. A multidão transbordava da igreja, tomava as escadarias e se espalhava pela praça até o ponto em que se localiza o pequeno monumento que simboliza o marco zero da cidade.

Havia tensão e medo na multidão, que sabia ou pressentia que estava cercada pelos agentes armados da repressão. Mas havia, acima de tudo, a decisão de participar daquela manifestação. Estar ali, então, tinha o sentido de uma tomada de consciência; era o momento de dizer, mesmo em silêncio, um basta à violência de que se alimentava a ditadura militar.

Muitos dos que chegavam à praça ainda não conseguiam entender o momento histórico que estavam vivendo. O medo os detinha longe da multidão.

Alguns voltavam de esquinas próximas, outros se aproximavam, mas mantinham prudente distância da catedral. Era o caso do jovem advogado Márcio José de Moraes. Ele atravessara todo o curso de direito na velha faculdade do largo de São Francisco, ali perto da Sé, sem se envolver em movimentos políticos, sem dar ouvidos às histórias sobre tortura e mortes nos porões da ditadura. Chegara, mesmo, a considerar-se "planejadamente desinformado".

Mas a notícia da morte de Herzog, dias antes, começara a mudar o seu modo de pensar. Daí a decisão de participar. Decidiu ir ao culto ecumênico. Mas o medo o reteve no fundo da praça, numa pastelaria. Comeria pastéis. Se a polícia chegasse, diria simplesmente: "Só estou comendo um pastel."

(Três anos mais tarde, iniciando sua carreira na magistratura, o jovem Márcio tomaria uma decisão que teria tudo a ver com a história que estava sendo contada naquela praça, acrescentando-lhe um novo capítulo — a sentença que condenou a União pela prisão ilegal, tortura e morte de Herzog —, o qual marcaria sua vida e a própria história do país.)

De pontos distantes do centro, muitas pessoas que estavam informadas sobre a Operação Gutenberg tomaram a providência de sair mais cedo. Uma delas era o jornalista Mino Carta, que ficara de apanhar o escritor e também jornalista Paulo Duarte em sua casa, no Jardim Paulista. Foi de táxi, aproveitando o trânsito livre no sentido do bairro, mas já sabendo que não havia como romper o bloqueio no caminho para o centro. Andar até a Sé seria pesado para um homem de idade como Paulo Duarte.

Ao chegar, Mino anunciou:

— Vim buscá-lo para a missa. Só que temos de ir a pé. Tudo bem?

— Você sabe que eu sou ateu, mas uma missa dessa eu não perco!

O táxi ainda conseguiu chegar às imediações da rua da Consolação, no fim da avenida Paulista. Dali os dois seguiram a pé até a praça da Sé, a cerca de cinco quilômetros. Chegaram antes do início da cerimônia.

Em vários locais, outras pessoas discutiam como chegar à praça. Na Escola de Sociologia e Política, na Vila Buarque, um bairro central, alunos e ex-alunos improvisaram uma reunião, na parte da manhã. Alguns tinham acompanhado a reunião do Sindicato dos Jornalistas, na véspera, e recomendavam que saíssem em pequenos grupos, para evitar que a repressão policial os retivesse no caminho. Mas havia, sobretudo, a preocupação com o que podia acontecer na praça, depois do culto ecumênico. No mínimo, a polícia cairia em cima, descendo o cassetete.

Alguns improvisaram precários meios de defesa. Militante do Partido Comunista, o ex-aluno Sineval Martins Rodrigues, experimentado em muitos embates com a polícia, sugeriu o recurso do "acolchoamento", que consistia em usar por baixo de jaquetas o máximo de roupas possível, para amortecer os golpes.

À tarde, quando saíram para a praça, muitos tinham "engordado" um bocado. Num grupo de cinco, iam Sineval e sua jovem mulher Sidneia. Procuravam espantar a tensão: "Nós somos o bloco dos gordinhos."

Seguiram para a praça, dispostos a tudo.

Longe do centro da cidade, muitos dos que pretendiam participar do culto iam desistindo no meio do caminho. Alguns ônibus ficaram praticamente vazios no meio dos congestionamentos; os passageiros tomavam o caminho de volta pelas ruas livres de acesso aos bairros. Esse foi o caso da jovem professora de português Alaí Garcia Diniz Mendes, que na véspera passara aos alunos da 5ª série da Escola Estadual de Primeiro Grau do Jardim Santa Emília, na cidade de Embu, na Grande São Paulo, uma tarefa que tinha como tema a morte de Vladimir Herzog. Algumas frases, nas quais os alunos deveriam identificar e sublinhar o sujeito, ficaram no quadro e serviram para que a aula fosse considerada subversiva. Uma delas ia ao centro da questão: "Dizem que ele suicidou-se com uma tira de pano." Em outra, a professora se colocava: "Sexta-feira irei à missa, não porque seja católica, mas para me solidarizar com os descontentes."

No dia seguinte, com tempo que julgava suficiente para chegar à praça da Sé, Alaí tomou um ônibus em Embu, a cerca de 25 quilômetros do centro de São Paulo. Ficou no meio do caminho.

Poucos dias depois, o Dops abriria um inquérito em que ela era acusada de fazer propaganda subversiva na escola. Junto com Alaí, outra professora, Ivone Borges da Silva, de uma escola primária da cidade vizinha de Osasco, era acusada do mesmo crime. Um informe do CIE, datado de 18 de dezembro de 1975, ao qual se juntaram os de outros órgãos de segurança, acumulou 34 páginas para tratar do caso.[90]

Em outro ponto da cidade, no bairro do Brooklin, o reverendo Jaime Wright viu-se de repente preso num congestionamento sem saída. Tinha saído de casa de táxi, com tempo de chegar uma hora antes à catedral, conforme combinado com dom Paulo, mas não contara com aquela situação.

Todas as vias de acesso à avenida Washington Luís, caminho natural para atingir a 23 de Maio, na direção do centro, estavam engarrafadas. Angustiado, Wright colocou-se nas mãos de Deus e do motorista do táxi, de quem aceitou a sugestão de tentar chegar à estação de metrô mais próxima, na Vila Mariana. O caminho, por ruas escondidas, parecia não ter fim. Assim como a sua angústia. A celebração da qual deveria participar transcendia o ato religioso, tinha o sentido de um libelo contra a opressão que dominava o país, que torturava e matava.

Uma das vítimas fora seu irmão, Paulo Stuart Wright, sequestrado por agentes do DOI-Codi de São Paulo, em setembro de 1973, quando entrou para a lista de desaparecidos. Desde então, Jaime, pastor presbiteriano, vinha peregrinando por delegacias, quartéis, gabinetes, em busca de alguma informação que, de antemão, sabia que não obteria, assim como centenas de familiares de outros desaparecidos. Assim como o irmão desaparecido, ele é brasileiro de nascimento, filho de pais norte-

---

[90] Informe nº 460/S-102-A4, do CIE, datado de 18/12/1975, carimbado "confidencial" (Acervo do Arquivo Nacional, Brasília).

americanos e, portanto, também cidadão dos Estados Unidos. Por isso, seus apelos chegaram ao Senado e ao Departamento de Estado americano. Inutilmente.

Fazia todos esses esforços em busca da verdade, ao mesmo tempo que se dedicava, com dom Paulo Evaristo Arns, a ouvir os testemunhos de familiares de vítimas da tortura, o que resultou na publicação do livro *Brasil: nunca mais*, um exaustivo levantamento sobre a tortura e os assassinatos praticados pelo regime militar.

Tentando chegar à praça da Sé, sua luta era também contra o tempo. Conseguiu alcançar o metrô. Livre dos bloqueios, o trem deslizou rapidamente até a estação Liberdade, de onde o reverendo teria de alcançar a pé a praça da Sé (a estação da praça, que seria a principal do metrô, ainda estava em obras), vencendo a distância de quase um quilômetro numa carreira só. Ofegante, ele entrou pela porta da sacristia.

Na catedral repleta, a multidão aguardava. Estavam presentes várias personalidades, intelectuais, parlamentares, artistas que se diluíam na multidão. Num canto, espremido contra uma coluna, a figura inquieta de Plínio Marcos, um dos amaldiçoados pela censura, ao lado da suave Eva Wilma. Tensas, silenciosas, as pessoas que se comprimiam no interior do templo estavam praticamente imóveis; não havia espaço para que se movimentassem.

Um sacerdote preparava a multidão para participar da cerimônia, repetindo refrões que constavam de um roteiro impresso em folhas mimeografadas distribuídas momentos antes:

Nas minhas dores, ó Senhor, fica a meu lado.
Nenhum gemido de ninguém na Terra será oculto aos olhos do Senhor.

O sacerdote seguira a recomendação de dom Paulo para retardar um pouco o início da celebração, enquanto aguardava a chegada do reverendo Wright. Além da leitura de salmos, ele fazia alguns avisos. O mais importante era sobre um comunicado dos estudantes da USP:

Os estudantes da USP, reunidos em assembleia, resolveram marcar sua presença aqui nesta casa, mas pediram que se explicasse que não elaboraram nenhum documento para ser distribuído neste dia. Portanto, se algum documento circular na catedral, não será da responsabilidade dos estudantes da USP.

Os celebrantes estavam todos no altar: dom Paulo, o rabino Sobel, o rabino Marcelo Rittner, o cantor Paulo Novak, da Congregação Israelita, e o pastor Jaime Wright. Além desses, uma presença inesperada: um homem miúdo, franzino, o corpo arqueado, paramentado de branco, parecia flutuar no altar-mor. Podiam-se ouvir, porque era grande o silêncio, algumas vozes que aqui e ali, no meio da multidão, anunciavam: "É dom Helder."

Dom Helder Câmara, arcebispo de Olinda e Recife, que acabara de voltar de Londres, onde fora receber um prêmio por sua luta em defesa dos direitos humanos. Fizera uma escala em São Paulo para assistir ao culto. Sua atuação em defesa dos direitos humanos e a corajosa denúncia que fazia dos crimes da ditadura levaram o governo a proibir a simples citação de seu nome pelos veículos de comunicação. Chamavam-no de "Bispo Vermelho".

Dom Helder participaria em silêncio da cerimônia que dom Paulo iniciou, lembrando mais uma vez o aviso dos estudantes da USP de que não imprimiram nenhum documento para distribuição durante o culto. O cardeal anunciou, em voz forte e pausada:

— Esta é a Casa de Deus e de todos os homens que aceitam o caminho da Justiça e da verdade.

O rabino Sobel pronunciou uma oração em hebraico, acompanhado por seu colega Marcelo Rittner e pelo cantor Novak. E disse, em português carregado pelo sotaque:

— Eu sou um rabino. Estou aqui para participar deste culto ecumênico porque um judeu morreu. Um judeu que fugiu da perseguição nazista, um judeu que emigrou para o Brasil e aqui se educou, se formou e se integrou perfeitamente. (...) Para Vladimir Herzog, ser judeu significava ser brasileiro.

O rabino continuou, sublinhando suas palavras com voz mais forte:

— Mas não estou aqui só porque morreu um judeu. Estou aqui porque morreu um homem!

O cantor Paulo Novak recitou, com os dois rabinos, o "Kadish", um antigo poema em memória dos judeus mortos. Dom Paulo pediu à multidão que com ele repetisse três vezes a palavra *Shalom* — paz, em hebraico.

A palavra, repetida em coro, foi ouvida em toda a catedral e alcançou as pessoas que ocupavam escadarias e depois as que se aglomeravam na praça, e que repetiram: *Shalom, Shalom, Shalom*!

O pastor Jaime Wright recitou em seguida o salmo 23:

> O senhor é meu pastor, nada me faltará...
>> Ainda que eu ande pelo vale da sombra da morte,
>> Não temerei mal algum, porque tu estás comigo.

O poema deu sentido à sua presença e à dos demais celebrantes. Um pastor não abandona suas ovelhas, principalmente nas horas de maior escuridão. Wright lembrou Herzog em sua oração:

— Quando cai a noite, o pastor não vai para casa e abandona suas ovelhas. Quando a noite vem, o perigo é maior. É durante a noite que elas mais precisam dele. Quando as sombras da noite caírem, o Bom Pastor nos levará para casa. E o Bom Pastor já investiu demais em cada um de nós, inclusive em Vladimir Herzog, para nos abandonar agora.

26 Como as águas claras dos riachos

O culto se encaminhava para o fim. Dom Paulo preparava-se para pronunciar a sua homilia. Suas primeiras palavras cortaram o silêncio guardado pela multidão:

— Deus é o dono da vida. Ninguém toca impunemente no homem, que nasceu do coração de Deus, para ser fonte de amor em favor dos demais homens.

A memória de Herzog e a denúncia da violência que levara à sua morte permearam as palavras de dom Paulo, que eram ao mesmo tempo de conforto de oração e libelo de acusação:

— Desde as primeiras páginas da Bíblia Sagrada até a última, Deus faz questão de comunicar constantemente aos homens que é maldito quem mancha suas mãos com o sangue de seu irmão.

A condenação da violência surgiu fortemente nas palavras que ele buscou em um dos Dez Mandamentos: "Não matarás."

— O Senhor da História não aceita a violência em fase alguma, como solução de conflitos. (...) E no meio do Decálogo aparece a ordem, como imperativo inarredável, princípio universal, indiscutível: "Não matarás." Quem matar se entrega a si próprio nas mãos do Senhor da História e não será apenas maldito na memória dos homens, mas também no julgamento de Deus.

A poucos metros do altar, no primeiro banco da nave central, ao lado de diretores do Sindicato dos Jornalistas, estavam Clarice, seus filhos Ivo e André e a mãe de Vlado, Zora. A eles dom Paulo dirigiu as últimas palavras de sua homilia, extensivas a todos os presentes:

— Neste momento, o Deus da esperança nos conclama para a solidariedade e para a luta pacífica, mas persistente, crescente, corajosa, em favor de uma geração que terá como símbolos os filhos de Vladimir Herzog, sua esposa e sua mãe.

De onde me encontrava, no altar, vi a multidão que se comprimia, em silêncio; tentei conter a emoção. Teria, no fim, de falar em nome dos jornalistas. Temi que não conseguisse dizer uma palavra sequer. Ruminei pensamentos; revi, como se fossem cenas embaralhadas de um filme, os dias de angústia vividos desde o início da onda de prisões, até o sábado em que Vlado fora morto, e os dias que se sucederam, desde a denúncia do assassinato até a mobilização dos jornalistas e a resposta da sociedade civil. Esses dias tensos e intensos pareciam uma eternidade.

A multidão silenciosa que ocupava a catedral e transbordava para a praça era uma resposta à violência. Era a primeira manifestação de massa desde a imposição do AI-5. Era uma denúncia. Aquela multidão simbolizava, naquele momento, a consciência nacional, que dizia basta à ditadura.

Seria esse o discurso, se eu conseguisse arrancar as palavras que estavam presas em minha garganta. Mas o discurso se resumiu, em palavras quebradas pela emoção, a um apelo para que todos deixassem a catedral em silêncio e buscassem, nas ruas, os caminhos da paz.

Dom Paulo finalizou, orientando:

— Vamos sair em silêncio, em pequenos grupos, de cinco ou dez pessoas que se conheçam. Ninguém grite, ninguém ouça quem queira gritar.

Lá fora, os policiais que haviam se preparado para uma batalha viram a multidão deixar a catedral aos poucos e depois sair pelas ruas que partem da praça, a escoar-se "como a água limpa dos riachos", na expressão de dom Paulo.

Na sacristia, perguntei a dom Helder Câmara:

— O senhor não quis falar?

A resposta do arcebispo estava também nas ruas:

— Há momentos, meu filho, em que o silêncio diz tudo.

Em seguida, ele se voltou para dom Paulo e disse, em voz baixa:

— A ditadura começou a cair hoje.

A melhor descrição do momento final do culto em memória de Herzog foi feita por Elio Gaspari, em seu livro *A ditadura encurralada*:

> A multidão calada e altiva se dissolveu na praça. Levava consigo um sentimento de superioridade, de civilização.
>
> Na praça da Sé, naquela tarde de 31 de outubro de 1975, a oposição brasileira passou a encarar a ordem e a decência. A ditadura, com sua "tigrada" e seu aparato policial, revelara-se um anacronismo que procurava na anarquia um pretexto para a própria reafirmação.

No mesmo momento em que se realizava o culto ecumênico na catedral de São Paulo ocorria no Rio de Janeiro outra manifestação marcada pelo silêncio. Impedidos de participar da missa marcada para a igreja de Santa Luzia, cerca de setecentos jornalistas lotam o auditório da ABI. A polícia que cercava a igreja passou a cercar o prédio da mais antiga associação de imprensa do Brasil.

Ao lado de Barbosa Lima Sobrinho, perante o auditório repleto, Prudente de Moraes, neto, abriu o que se considerou um culto simbólico. Depois de breves palavras sobre a proibição da missa, ele propôs uma homenagem silenciosa à memória de Vlado. Seria como se todos, ali, estivessem acompanhando o culto na catedral de São Paulo.

Durante dez minutos, os jornalistas permaneceram em absoluto silêncio, perturbado apenas pelas sirenes da polícia, que rondava as ruas próximas.

Em artigo que publicaria no *Jornal do Brasil*, de 25 novembro, Barbosa Lima Sobrinho descreveu a cerimônia:

> Todo o auditório de pé, foi profundo o silêncio que de instante se observou numa cerimônia sem igual, como raramente se terá visto, com a mesma unção e o mesmo respeito, como dentro de qualquer templo religioso. Terminados os dez minutos, a voz grave de Prudente de Moraes, neto, convidou os presentes a que se retirassem em ordem.

No aeroporto de Congonhas, em São Paulo, Geisel decidiu, finalmente, se retirar. O ruído das turbinas do One-Eleven presidencial se misturou com o de outros aviões que chegavam e que partiam. A tripulação aguardava o presidente, que continuava na ala oficial. Ele decidira que só deixaria a cidade depois que o culto na catedral terminasse. Recebeu a informação de que tudo terminara sem incidentes e passou a se despedir, sem pressa e sorridente, das autoridades. E seguiu, a passos largos, para embarcar.

O general voou para Brasília convicto de que acabava de ganhar uma batalha.

27 Suspiros de alívio

A batalha tinha sido ganha na praça da Sé, de onde a multidão acabava de se retirar, deixando a tropa sem saber o que fazer. A escalada dos "duros" estava contida, pelo menos naquele momento.

Na praça da Sé ficara plantado, além da peça de granito que sinaliza o marco zero da cidade, um outro marco, simbólico, a partir do qual a sociedade retomara o caminho das ruas e, dali para a frente, avançaria em sua organização para a luta contra a ditadura.

A batalha que o general Ernesto Geisel acabara de vencer tinha outro sentido. Seu combate em São Paulo não se dera exatamente em defesa dos direitos humanos, mas contra a indisciplina que se avolumava entre os militares extremistas do II Exército, ligados ao general Frota. É conhecida a opinião de Geisel sobre a tortura:

> Acho que a tortura em certos casos torna-se necessária para obter confissões. (...) Não justifico a tortura, mas reconheço que há circunstâncias em que o indivíduo é compelido a praticar a tortura, para obter determinadas confissões e, assim, evitar um mal maior.[91]

Antes de tudo, ele buscara, ao enquadrar o general Ednardo d'Ávila Mello, exigindo-lhe a instauração de inquérito para apurar as causas da

---

[91] Maria Celina D'Araujo e Celso Castro (Org.), *Ernesto Geisel*, p. 371.

morte de Herzog, restabelecer a ordem e restaurar a sua autoridade de comandante supremo das Forças Armadas.

A farsa do IPM instaurado para "apurar o suicídio", porém, não provocou qualquer reação do presidente. Geisel deixou que as coisas andassem de acordo com as conveniências. Os embates, nos bastidores, não deveriam expor as rachaduras que seu propalado projeto de abertura política havia provocado na instituição militar. Assim, o IPM terminou concluindo pelo suicídio de Herzog, como convinha aos agentes da repressão e ao condomínio militar que, mesmo engalfinhado em lutas intestinas, mandava no país.

Enquanto Geisel voava de volta a Brasília, o clima de alívio que se estabelecera a partir do fim do culto ecumênico, sem qualquer incidente, era festejado entre os políticos governistas, muitos dos quais temiam um golpe da linha dura. O presidente da Arena, Francelino Pereira, saiu do encolhimento em que se mantivera durante os dias tensos que precederam o ato em memória de Vlado e proclamou que a viagem do presidente da República a São Paulo servira para demonstrar que "o Brasil está em ordem".

O *Jornal da Tarde* abriu manchete de primeira página: "O dia tranquilo da despedida de Geisel" e chamava para outras matérias nas páginas internas. Uma delas anuncia "O alívio dos políticos, depois do culto pelo jornalista". A matéria destaca, na abertura:

> Às 18 horas de ontem os meios políticos de Brasília já tinham trocado o estado de tensão por um clima de euforia mal contida. As principais lideranças partidárias davam por findas suas ligações telefônicas com São Paulo — que se prolongaram pela manhã e pela tarde — sendo seguramente informadas: o ambiente na cidade permaneceu tranquilo, antes, durante e depois do culto ecumênico pela morte do jornalista Vladimir Herzog, celebrado na catedral da Sé.

Essa era a tônica na maioria dos jornais, muitos dos quais se valiam do episódio para ampliar o espaço de informação política. Na verdade, muitos deles começavam a espantar a censura que prevalecia desde a decretação do AI-5. Era um grande avanço. Jornais que haviam se calado durante anos diante dos crimes da ditadura abriam espaço para o noticiário em páginas inteiras e alguns chegavam a ousar comentários, em artigos assinados, sobre os "excessos" dos órgãos de repressão política e o desrespeito aos direitos humanos.

A tragédia de Herzog servira para exorcizar o fantasma da censura, mesmo que, ainda por vários anos, permanecessem em vigor os instrumentos legais de que o governo dispunha para calá-los.

Quem se desse o trabalho de fazer uma comparação entre os jornais que circularam no início de outubro, quando se iniciou a onda de prisões que culminou com o assassinato de Vlado, verificaria que depois do culto ecumênico eles abandonaram o silêncio e foram, aos poucos, assumindo o seu papel de veículos de informação.

Antes, as prisões de jornalistas, na verdade sequestros, eram comunicadas à imprensa pelo Sindicato, em notas que, na maioria dos casos, eram ignoradas pelos jornais. Em muitos casos, era preciso que diretores insistissem com colegas nas redações para que alguma coisa fosse publicada. Com o agravamento da situação, as prisões eram noticiadas, mas para tanto os jornais solicitavam os comunicados oficiais do Sindicato, os quais, quando publicados, apareciam resguardados pelas aspas. Nenhuma palavra a mais, nenhuma informação, nenhuma tentativa, pelo menos, de saber das autoridades responsáveis pelas prisões as razões que as levavam a fazê-las.

No livro que publicou sobre a cobertura do Caso Herzog pelos jornais de São Paulo,[92] Lilian M. F. de Lima Perosa refere-se a uma suposta neutralidade que dominava as redações e à convivência de "diferentes condutas jornalísticas, algumas mais críticas, outras mais complacentes em relação ao regime, mas, sobretudo, uma massa apreciável de 'neutros'". E conclui: "A morte de Herzog arranhou esse conforto, provocando uma sensação de insegurança generalizada na categoria e, como decorrência, uma aglutinação sindical que há muito não se via."

Se havia "neutralidade" entre os jornalistas, não se pode dizer o mesmo dos donos dos grandes jornais. A maioria havia apoiado o golpe de 1964 e convivera bem com o regime. Engoliram a censura até perceber

---

[92] Lilian M. F. de Lima Perosa, *Cidadania proibida: o Caso Herzog através da imprensa.*

que a mercadoria que entregavam aos leitores — a informação — começava a correr perigo de não ser aceita, por falta de credibilidade.

A ditadura já não conseguia manter guardados em seus armários os cadáveres de suas vítimas. Depois do assassinato de Herzog já não era possível limitar a notícia da morte de presos políticos aos termos dos comunicados oficiais. As versões de suicídio ou de morte em "confrontos" com as forças de segurança já não eram aceitas sem discussão.

O mesmo presidente Geisel que acabara de enquadrar os responsáveis pela morte de Herzog[93] tinha em seu governo um passivo de cerca de 60 desaparecidos.[94]

Se os outros cadáveres foram mantidos no armário, o de Vlado veio à luz do dia, atestando o crime, e não foi sepultado sem testemunhas. A repercussão de sua morte estava estampada nos jornais.

O protesto silencioso de 8 mil pessoas, na praça da Sé, sem qualquer incidente que desse pretexto a uma intervenção dos militares, o que poderia ser o ponto de partida para um golpe da ultradireita, ocupava, no dia seguinte, páginas inteiras de jornais, inclusive dos que, nos últimos dias, vinham pisando em ovos ao tratar do caso da morte de Herzog.

Como em Brasília, onde os políticos respiraram aliviados, havia alívio nas redações.

A *Folha de S.Paulo*, que desde janeiro de 1969, quando a censura avançou na esteira do AI-5, decidira interromper a publicação de seu editorial, tornando-se assim um grande jornal sem opinião, voltou a ocupar o espaço abandonado de sua página 2. O editorial, reinaugurado no dia 1º de novembro, sintetizava no título — "Lição e ponderação" — o alívio proporcionado pela realização tranquila do culto ecumênico:

> O doloroso episódio da morte do jornalista Vladimir Herzog encerra uma lição e sugere uma ponderação.
>
> Uma lição para todos os radicais, de um e de outro lado, que vaticinavam catástrofes, esperando uma irrefreável escalada da subversão ou

---

[93] Gláucio Ary Dillon Soares, Maria Celina D'Araujo e Celso Castro, *A volta aos quartéis: a memória militar sobre a Abertura*, p. 65 (depoimento do general Gustavo Moraes Rego).
[94] Elio Gaspari, op. cit., p. 208.

as violências indiscriminadas de uma repressão. Uma ponderação de que o ocorrido está a recomendar maior vigilância no resguardo dos direitos inerentes à pessoa humana, para que tais fatos não mais se repitam em nosso país.

A volta do editorial da *Folha* foi uma demonstração de que o fantasma da censura, que mantivera o jornal sem opinião durante seis longos anos, começava a ser exorcizado. Na verdade, o jornal, que convivera sem maiores problemas com a censura e com a ditadura que a manejava, ensaiava os primeiros passos para a adoção de uma nova linha editorial, adequada às transformações políticas que se prenunciavam. Pode-se dizer que a *Folha* seguiu na esteira dos movimentos que, num crescendo, partiram da reação ao assassinato de Vlado, passaram pelo ressurgimento do sindicalismo operário, com as greves do ABC, e chegaram ao maior movimento de massa da história do Brasil, a campanha por eleições diretas para a presidência da República, em 1984.

O movimento que levava multidões a ocuparem as praças levou também à ocupação de espaços cada vez maiores na *Folha*. Ao mesmo tempo que contribuía para o aumento do clamor popular, o jornal investia na informação e colhia mais e mais leitores. A campanha pelas eleições diretas atendia às aspirações da sociedade e ao mesmo tempo a uma bem montada operação de marketing.

A censura, que já havia sido retirada de *O Estado de S. Paulo* e já não amedrontava tanto outros jornais da grande imprensa, como a *Folha*, permanecia, contudo, em publicações importantes, como a revista *Veja*, e em vários jornais da imprensa alternativa, entre os quais o *Pasquim*, *Opinião*, *Movimento* e *O São Paulo*. O jornal *EX*, feito por um grupo de jornalistas independentes, deixou de circular para não se submeter à censura prévia decretada pelo ministro da Justiça. Sua última edição, a de número 16, esgotada em poucos dias, fora inteiramente dedicada à morte de Vlado. O texto seria publicado em livro três anos depois.[95]

---

[95] Hamilton Almeida Filho, *A sangue quente: a morte do jornalista Vladimir Herzog*.

A matéria que a revista *Veja* preparou sobre a movimentação que se seguiu à morte de Herzog foi totalmente vetada. Como em outros casos, a proibição partiu da Polícia Federal, à qual a revista era obrigada a mandar todo o conteúdo da edição. Diante do texto sobre o Caso Herzog, sobre o qual se impunha um carimbo com a palavra "vetado", Mino Carta ligou para o general Golbery, em Brasília. O veto — ponderou — era absurdo, pois os grandes jornais haviam tratado amplamente do assunto. Do outro lado da linha, o general, a quem se atribuía papel preponderante no processo de abertura e a disposição de acabar com a censura, mostrou-se indignado. "Isso é inaceitável", respondeu quase gritando. Pediu um tempo e, meia hora depois, atendendo a uma segunda ligação do diretor da revista, confessou-se impotente:

— Eu não posso fazer nada. Fui derrotado novamente!

De alguma fonte do poder, que podia ser o próprio Palácio do Planalto, onde se instalava o QG do SNI, partira a determinação da censura. O censor podia ser o próprio presidente da República, num recuo tático igual a muitos outros que fizera desde que anunciara seu projeto de abertura. Alguém pedira a cabeça da principal revista do país e o presidente acabara de entregá-la numa bandeja.

Não havia, mesmo, explicação para o veto, pois a matéria não acrescentava nada ao que fora noticiado pelos jornais durante a semana. Descrevia a intensa movimentação no Sindicato dos Jornalistas e o empenho de seus diretores em divulgar informações sobre a morte de um de seus associados e na organização do culto ecumênico em sua memória. Um trecho:

> E não faltaram oportunidades para que as emoções vencessem os mandamentos do equilíbrio. "Muita gente não acreditava, por exemplo, que fosse possível realizar ordeiramente o culto ecumênico à memória de Vladimir", comentou depois o presidente do Sindicato. A serena combatividade do alagoano Audálio Dantas, 45 anos e 25 de profissão, atualmente editor da revista *Realidade*, ajudou a transformá-lo nos últimos dias numa figura nacional. "O senhor é um iluminado", telefonou-lhe, comovido, o pai de um jornalista que se encontrava preso. "Você e seus companheiros do Sindicato agiram como estadistas", cumprimentou-o o

presidente da Associação Brasileira de Imprensa, Prudente de Moraes, neto, o primeiro a pedir ao comandante do II Exército, general Ednardo d'Ávila Mello, abertura de inquérito para apurar as circunstâncias da morte de Vladimir Herzog (e o acesso da imprensa às investigações).

O texto concluía com outra declaração de Prudente:

> "Não conheço nada melhor para acabar com boatos do que franquear a verdade". (...) Essa convicção, rigorosamente compartilhada por Audálio Dantas, tem muito a ver com a maneira pela qual os jornalistas se conduziram, longe ao mesmo tempo das armadilhas da acomodação e da provocação.

Longe do alcance da censura, a imprensa internacional continuava a repercutir o caso. Nos Estados Unidos, o *Washington Post* noticiava, no dia 2 de novembro:

> Vários milhares de brasileiros reuniram-se nesta sexta-feira, 31 de outubro, em culto à memória de um jornalista encontrado morto em sua cela numa prisão do Exército. (...) Todos os lugares da catedral católica de São Paulo estavam tomados, bem como a nave central e os corredores laterais, no culto ecumênico à memória de Vladimir Herzog, diretor de jornalismo da TV Educativa [Cultura] de São Paulo. Outras centenas de pessoas amontoavam-se nas escadarias da igreja e na grande praça defronte. (...) Os organizadores do culto fizeram tudo para mantê-lo o mais contido possível, a fim de evitar um confronto com as forças de repressão.

O *New York Times* tratou do assunto em editorial, na edição de 14 de novembro:

> Num recente encontro da Sociedade Interamericana de Imprensa, no Brasil, foi dito que nunca, desde a independência dos países latino-americanos, sua imprensa esteve mais ameaçada. O governo militar do país anfitrião foi especialmente citado como um dos inimigos da liberdade de imprensa. Um dia depois do fim da conferência, o Brasil proporcionou

uma revoltante nota de rodapé a essa crítica: Vladimir Herzog, jornalista de São Paulo e homem de televisão, apresentou-se, conforme lhe fora solicitado, ao II Exército, a fim de depor sobre supostas ligações com a esquerda. Na tarde desse mesmo dia, ele morreu. O Exército emitiu nota dizendo ter ele se enforcado nas barras de sua cela, após ter assinado uma confissão na qual dizia pertencer ao Partido Comunista. (...) A morte de Herzog fez parte de uma nova onda repressiva, durante a qual 11 jornalistas de São Paulo e mais de duzentos outros intelectuais, líderes sindicais e membros do partido de oposição foram presos.

A revista *Newsweek* publicaria três dias depois (edição de 17 de novembro) matéria em que detalhava a história da apresentação de Vlado ao DOI-Codi e a repercussão de sua morte. Referindo-se ao culto ecumênico, disse:

O arcebispo católico da cidade, cardeal Paulo Evaristo Arns, presidiu a um culto ecumênico na catedral de São Paulo. "Ninguém tocará outro homem e permanecerá impune", disse dom Paulo a uma multidão de mais de 8 mil pessoas, citando ainda o quinto mandamento: "Não matarás."

28   Um breve recuo tático

O silêncio na praça obrigou a repressão comandada pelos "duros" a recuar. Mas era, como se veria depois, apenas um recuo tático.

Pode parecer um paradoxo, mas aquele silêncio, capaz de assustar os combatentes do porão, resultara das muitas vozes que, desde a denúncia do assassinato de Herzog, pelo Sindicato dos Jornalistas de São Paulo, ergueram-se em todo o país contra os crimes da ditadura.

A tragédia de Vlado e os protestos que se seguiram à sua morte libertaram gritos sufocados durante os anos de chumbo, que pareciam infindáveis. Na praça, as vozes que de repente se calaram para "falar mais alto", na expressão de dom Helder Câmara, encerravam uma semana de tensão que em alguns momentos parecia insuportável. Mas a decisão de se avançar no protesto foi mais forte. Já na segunda-feira, 3 de novembro, a diretoria do Sindicato dos Jornalistas discutia sobre como continuar a cobrar esclarecimentos sobre a morte de Vlado.

O porão acusara o golpe. Os "duros" estavam inquietos. Um informe do SNI[96] trata de "rumores de inquietação nos campos político e militar" e relaciona, entre as razões de inquietação, a presença de dom Helder no culto ecumênico. A figura frágil e silenciosa do arcebispo os assustara. Além disso, a realização do culto é caracterizada como "um ato político, e não religioso".

---

[96] Informe nº 067/16/AC 75, de 12/12/1975, carimbado "confidencial" (Acervo do Arquivo Nacional, Brasília).

O relatório, como muitos outros, é inconsistente. Refere-se à insatisfação na área militar, em decorrência da repercussão do "suicídio do jornalista judeu e comunista Wladimir [sic] Herzog",[97] ao mesmo tempo que atribui essa insatisfação aos baixos rendimentos dos militares. A desnecessária referência à condição de judeu de Vlado mal disfarça o tom antissemita exposto nos papéis dos órgãos de informação. Um desses documentos,[98] que tem como assunto "O judeu e o comunismo", relaciona 55 nomes de pessoas acusadas de militância comunista. O documento tem como introdução um texto "explicativo". Lavrado em português trôpego, seu conteúdo é claramente antissemita:

Reiteradas vezes, oficiais do DOI/II Ex são interpelados por companheiros de farda, sobre a presença de judeus em organizações comunistas. Argumentam que o judeu, mundialmente conhecido como elemento voltado exclusivamente para as finanças, em busca de lucro ávido e incessante, seria a última pessoa a esposar a ideologia marxista — propugnadora da socialização dos bens de capitais e contrária ao lucro (Teoria da mais-valia).

Assim ocorreu quando do recente suicídio do jornalista judeu Wladimir [sic] Herzog, em que foi colocado [sic] em dúvida a afirmação dos órgãos de informações a [sic] sua condição de militante atuante do Partido Comunista Brasileiro.

Esta visão estereotipada, decorrente de uma total falta de conhecimento, gera um clima de desconfiança dentro das FFAA, já que parece que elementos da sociedade judaica são presos e taxados [sic] de comunistas, por um desconhecimento dos órgãos de informação sobre as raízes históricas e sociológicas do judaísmo.

Acontece que os meios de comunicações do Ocidente estão nas mãos das organizações judaicas, interferindo em todas as comunidades e no processo cultural de cada país, mesmo sendo uma minoria racial e uma sociedade à parte.

Ao serem hostilizados, se autoafirmam como "uma raça privilegiada por Jeová, cujo destino é a liderança do mundo". (...)

---

[97] Em vários documentos dos órgãos de informação o nome de Vladimir Herzog é erradamente grafado com W e a sua condição de judeu é mencionada.
[98] Informação nº 303, do DOI-Codi, datada de 12/2/1976, carimbada "confidencial" (Acervo do Arquivo Nacional, Brasília).

AS DUAS GUERRAS DE VLADO HERZOG

O que deve ficar claro e ao mesmo tempo ser motivo de preocupação é que o judeu comunista existe, encontrando-se infiltrado e agindo em todos os setores da sociedade brasileira.

O relatório de 12 de dezembro aponta, com base em rumores, que "sérios problemas" estiveram na iminência de ocorrer na "área paulista". "[Estavam preparando] um negócio brabo em São Paulo, [mas] o Presidente foi lá e contornou." A situação, contudo, continuava perigosa. Havia até data marcada — 14 de novembro — "para a eclosão de problemas delicados para a situação vigente".

Ficaram dúvidas sobre o informe do SNI, baseado em rumores. Que situação teria o presidente contornado em sua ida a São Paulo? O "negócio brabo" ocorreria nos dois dias em que ele permaneceu na cidade, na véspera e no dia da realização do culto ecumênico? Ficou tudo no ar. Mas ficou claro que a inquietação no porão tinha a ver com a determinação de Geisel de que se fizesse o IPM para apurar a morte de Herzog. Entre outras, estavam as "medidas paliativas" tomadas pelo comando do II Exército, como "as facilidades" aos presos do DOI-Codi, que passaram a receber visitas de suas famílias. Havia grande preocupação com o inquérito determinado por Geisel:

> Há, na área, uma grande apreensão quanto ao resultado do IPM mandado instaurar pelo comandante do II Exército, em virtude do fato de que o seu Encarregado[99] veio, recentemente, da Presidência da República e é ligado ao Gen. GOLBERY.

A defesa dos órgãos de segurança, que os militares consideravam estar ameaçados em função da repercussão do assassinato de Vlado, era uma preocupação constante e aparecia em vários relatórios. Um deles,[100] que se estende sobre a trajetória "subversiva" de Vlado, concluiu:

---

[99] General de brigada Fernando Guimarães de Cerqueira Lima.
[100] Informação nº 2.122, do CIE, 6/11/1975, "confidencial" (Acervo do Arquivo Nacional, Brasília).

O suicídio de Wladimir [*sic*] Herzog, apresentado como ato de violência dos órgãos de segurança, particularmente do DOI/II Ex, cuja extinção vem sendo solicitada com insistência pelos comunistas, pois trata-se do principal órgão de combate à subversão no Brasil. O infortúnio de Wladimir foi aproveitado para desencadear monumental campanha perfeitamente enquadrada na Guerra Psicológica Adversa, trazendo de volta à nação brasileira o clima de agitação e perturbação da ordem em tudo muito próximo e semelhante ao ocorrido em 1968, durante o governo Costa e Silva, quando os comunistas e seus aliados confundiram liberalização do regime com impunidade.

A referência a 1968, quando manifestações contra a ditadura levaram à decretação do AI-5, é encontrada em vários outros papéis dos órgãos de informação referentes ao Caso Herzog. Na verdade, os duros sonhavam com 1968, com a repetição de "ações subversivas" que justificassem um endurecimento maior do regime.

O inquérito para "apurar as circunstâncias em que ocorreu o suicídio do jornalista Vladimir Herzog" corria de acordo com a encomenda. Logo se veria que o porão não tinha razão para se preocupar com o andamento das "investigações".

Já no dia 31 de outubro, quando foi celebrado o ato ecumênico na Sé, o general Cerqueira Lima escolhia a dedo o representante do Ministério Público Militar para acompanhar o IPM. No pedido que encaminhou ao procurador-geral da Justiça Militar, ele já cuidou de indicar o nome "do Dr. Durval Ayrton Moura de Araújo, assessor jurídico do comando do II Exército".

A indicação do encarregado do inquérito podia, de antemão, tranquilizar os setores militares extremados quanto aos seus resultados. Ninguém mais "confiável" do que o promotor Durval de Araújo, que poderia, de acordo com uma expressão muito usada na época, ser considerado "revolucionário de primeira hora". Já em abril de 1964, dez dias depois do golpe, ele era reconduzido à Promotoria da 2ª Auditoria Militar em São Paulo, por ordem do general Amauri Kruel, comandante do II Exército. Tratava-se de uma "reparação", pois o

AS DUAS GUERRAS DE VLADO HERZOG

Dr. Durval fora afastado de suas funções por ordem do presidente deposto, João Goulart. Ao retomar as funções, ele se declarou um servidor dos militares no poder: "A pátria brasileira está de parabéns e jamais deve esquecer os magníficos serviços prestados pelas Forças Armadas, que demonstraram mais uma vez a sua formação altamente democrática e política."

Em sua folha de serviços, o promotor Durval acumulava feitos importantes, que lhe renderam homenagens e condecorações. Nota publicada pelo *O Estado de S. Paulo*, em 11 de janeiro de 1972, a propósito de uma promoção, informava que ele era "considerado o expoente máximo da linha-dura na Justiça Militar".

Foi nessa condição de "expoente" que o Dr. Durval aplicou a pena de morte a três participantes da guerrilha no vale do Ribeira, acusados de terem assassinado um tenente da Polícia Militar. Em declaração à *Folha de S.Paulo*, que noticiou sobre a decisão no dia 12 de dezembro de 1971, ele justificava: "Defendo a aplicação da pena de morte, que no momento é necessária como autodefesa social intimidativa e, portanto, legítima."

No acompanhamento do IPM, o procurador excedia-se em zelo. Um zelo que procurava levar o inquérito à conclusão que, na verdade, fora preestabelecida: a de que Vlado dera fim à própria vida. Diante do conveniente silêncio do general presidente do IPM, Durval Moura de Araújo não se constrangia em distorcer declarações de testemunhas. A uma delas, Paulo Markun, que declarou ter sofrido tortura no DOI-Codi, juntamente com sua mulher, Diléa, assim como outros presos, afirmou que se tratava de "interpretação subjetiva" e, portanto, que a declaração não constaria do inquérito.

Do mesmo modo tratou o depoimento de Duque Estrada, negando-se a registrar sua declaração de que ouvira os gritos de Vlado sendo torturado. O procurador, imperturbável, afirmou que "ouvir é subjetivo".

E assim conduziu o seu trabalho até o fim. Afirmações das testemunhas de que haviam sofrido tortura eram sistematicamente consideradas dispensáveis. Durval repetia que referências sobre tortura "não eram importantes para a apuração dos fatos".

O presidente do inquérito assistia a tudo sem se manifestar. Nem mesmo quando o procurador distorcia declarações de testemunhas, como foi o caso de Clarice Herzog, ao ser ouvida a respeito do bilhete escrito por Vlado. Vale a pena ser reproduzido aqui o diálogo entre Clarice e o promotor, transcrito por Fernando Jordão:[101]

> *Durval* — Reconhece como de seu marido a letra e a assinatura constantes deste documento?
> *Clarice* — Acho que a assinatura e a letra são realmente do Vlado, mas o estilo de redação não é dele. Ele jamais usaria as expressões que estão aí, que são de linguagem policial, não de jornalista.
> *Durval* — (ao escrivão) — Que a depoente declara reconhecer como de seu marido, Vladimir Herzog, a letra e a assinatura constantes da declaração cujos fragmentos foram encontrados ao lado do cadáver.
> *Clarice* — Eu quero que conste também o que eu já disse ao senhor: que a letra é dele, mas a redação não é. É uma redação de policial, não é redação de jornalista.
> *Durval* — Dos autos só podem constar declarações objetivas das testemunhas, e não interpretações subjetivas. Que a redação é de linguagem policial é uma opinião da senhora, não é um fato.
> *Clarice* — Mas é um fato, qualquer pessoa pode ver que um jornalista não escreveria desse jeito.
> *Durval* — (em tom conclusivo ao escrivão) — "... que exibido à declarante a declaração junta ao Laudo da Polícia Técnica do bilhete reconstituído e encontrado na cela onde morreu Vladimir, a declarante reconhece como sendo do próprio punho do seu marido Vladimir, mas afirma que o conteúdo não é de sua autoria". (Assim ficou constando dos autos do IPM, embora no Relatório Final, que teve divulgação pública, se omitisse a referência à não autoria.)

Ao ouvir a declaração da mãe de Vlado, Zora Herzog, de que ao receber a notícia da morte do filho tivera vontade de morrer, o promotor avançou, certo de que ela, em idade avançada, fragilizada pela tragédia, não teria a mesma firmeza de Clarice. Arrumou a frase que ditou imediata-

---

[101] Fernando Pacheco Jordão, op. cit., p. 106.

mente ao escrivão: "Que a depoente declara que naquele momento sentiu vontade de suicidar-se também."

Zora protestou com tal indignação que o general Cerqueira Lima saiu de seu silêncio e observou ao promotor que a testemunha não falara em suicídio.

Em suicídio falaria ele próprio, no dia 7 de novembro, em visita à cela especial número 1, onde o corpo de Vlado apareceu suspenso pelo "cinto do macacão que usava". Do auto da visita, na qual o general foi acompanhado pelo comandante do DOI-Codi, tenente-coronel Audir Santos Maciel, pelo procurador militar Durval Moura de Araújo e pelo escrivão, tenente Cristiano Silveira da Luz, consta que foi feito o "exame do local onde foi encontrado morto, em virtude de suicídio por enforcamento, o jornalista Vladimir Herzog". Poucas linhas adiante, Cerqueira Lima volta a referir-se à "cela especial número 1 (um) onde se encontrava Vladimir Herzog quando, detido para averiguações, suicidou-se por enforcamento".

Os trabalhos do inquérito corriam cada vez mais rapidamente em busca da "confirmação" do suicídio. Nessa busca, além das testemunhas arrebanhadas na casa, ou seja, dentro do II Exército, outras eram escolhidas a dedo, como foi o caso do diretor da Chevrah Kadisha, Eric Lechziner, do cantor Paulo Novak, do rabino-mor da Congregação Israelita Paulista, Fritz Pinkuss, e de dois outros membros da comunidade judaica — Leon Fuerstein e Gerson Rosenfeld — amigos da família de Vlado, que haviam participado das providências para o velório e o sepultamento.

Com exceção do rabino Pinkuss, cujas declarações constavam de uma carta por ele enviada ao comandante do II Exército, que se apressou em determinar que ela fosse anexada ao IPM, todos os demais foram depor acompanhados pelo medo. Corria pela comunidade judaica o temor de uma onda antissemita que atingiria o Brasil, então dominado por um regime militar e, portanto, um terreno fértil para a perseguição aos judeus. Isso era reforçado pelo fato de o Brasil ter, recentemente, votado uma resolução da ONU contra Israel, pela ocupação de territórios árabes. Na verdade, o medo vinha de cima, de líderes da comunidade, que se protegeram na omissão e na cumplicidade com os algozes de Vlado.

Os depoimentos ajustavam-se aos propósitos dos condutores do inquérito. Contrariavam as mais claras evidências, o noticiário dos jornais e, sobretudo, as declarações de Clarice Herzog no mesmo IPM. Em sua carta ao comandante do II Exército, o rabino-mor afirma: "Foi-me dado verificar por fonte que considero fidedigna o seguinte (...) o corpo não apresentou sinais de violência." Os demais seguem na mesma linha.

Descartava-se, assim, que Vlado tivesse sido morto e, portanto, dera fim à própria vida. E, como suicida, não merecera sepultura digna, no campo sagrado do cemitério, mas em lugar à parte. O mais velho do grupo, Eric Lechziner, sustentou que a quadra 28, onde Vlado foi sepultado, era uma das reservadas aos suicidas. Com isso desmentia, também, o rabino Sobel, que declarara o contrário em entrevista ao *Jornal da Tarde*.

Com isso se completava o serviço. Muitas declarações prestadas, principalmente as do chefe da Kadisha, desmentiam as afirmações de Clarice Herzog, no mesmo inquérito, de que fora ameaçada por gente da Kadisha caso insistisse em pedir uma segunda autópsia. A propósito disso, observa Fernando Jordão,[102] Clarice Herzog sentiu-se frustrada por não receber, em nenhum momento, qualquer manifestação de solidariedade da comunidade judaica.

Foi em torno do suicídio que prosseguiram os trabalhos do IPM, a cuja óbvia conclusão se chegou depois de 47 dias, durante os quais se produziu um calhamaço de 299 folhas de papel.

A evidência de que o inquérito seria feito com cartas marcadas manteve o Sindicato dos Jornalistas mobilizado. Além da discussão de medidas a serem tomadas, com os advogados da Comissão de Justiça e Paz da Arquidiocese de São Paulo, que vinham assessorando a diretoria, uma das prioridades era o acompanhamento da situação dos jornalistas que continuavam no DOI-Codi. As tentativas dos advogados de acompanhar o IPM foram todas negadas.

Enquanto isso, o aparelho de tortura do II Exército manteve-se mais ou menos em recesso. Desde a morte de Vlado e do clamor que se se-

---

[102] Fernando Pacheco Jordão, op. cit., p. 199.

guiu, nenhum dos jornalistas presos foi torturado fisicamente. Os torturadores pisavam em ovos. O próprio general Ednardo fazia questão de demonstrar que a situação era outra.

Quando George Duque Estrada e Rodolfo Konder foram levados do DOI-Codi para o QG do II Exército, para ser ouvidos no IPM sobre a morte de Herzog, foram surpreendidos pela visita do comandante, que interrompeu a inquirição. Dirigiu-se ao general Cerqueira Lima, perguntando:

— Quem é o Duque Estrada?

Informado, dirigiu-se ao jornalista, cujo pai, João Augusto de Assis Duque Estrada, era coronel reformado do Exército, e um tio, Hildebrando de Assis Duque Estrada, chegara ao posto de general. (Duque Estrada atribuiria depois à sua condição de parente de militares o fato de ser sido, entre os jornalistas presos, o único a não ser torturado fisicamente.)

Demonstrando simpatia, o comandante voltou-se para Duque Estrada:

— Fui colega de turma de seu pai.

A essa informação acrescentou, bem-humorado:

— E joguei basquete no Fluminense com o seu tio Hildebrando, que chegou a general, como eu. Só que eu era muito melhor do que ele no jogo.

A simpatia do general não diminuiu os temores dos dois prisioneiros. Ao ser interrogado, Konder, sentindo-se intimidado, falou que teve contato com Vlado no DOI-Codi, mas omitiu que tivesse ouvido seus gritos durante a sessão de tortura. Ali, diante do promotor que se negara a ditar ao escrivão a declaração de Duque Estrada de que ouvira os gritos, silenciou sobre a própria tortura a que fora submetido. Olhou fixamente para Durval Ayrton de Araújo, que, tinha certeza, entendeu perfeitamente o que seu silêncio estava dizendo.

Havia razões de sobra para que os dois, assim como outros presos que tinham sido ouvidos no IPM, se sentissem intimidados: ao voltar para o DOI-Codi na terça-feira, 28 de outubro, depois de ser liberados para assistir ao sepultamento de Vlado, viram-se diante do torturador nissei que atendia pelo codinome de Dr. Paulo. Num tom claro de ameaça, ele foi logo dizendo que a publicação da nota do II Exército, na qual seus nomes constavam como "delatores" de Vlado, colocava-os em situação "extremamente perigosa", pois poderiam ser "justiçados" pelo Partido Comunista. Numa rápida avaliação, os dois pensaram na possibilidade de ser assassinados na prisão. Tudo podia acontecer no DOI-Codi, que poderia retomar a ofensiva, atribuindo ao PC o "justiçamento", o que serviria de pretexto para uma nova onda de repressão.

Assim, quando foram levados para depor no IPM, os dois tinham o medo como companhia. Ao depor, Duque Estrada expôs ao general Cerqueira Lima o seu temor, narrando-lhe a "advertência" que recebera do Dr. Paulo, e terminou por pedir-lhe garantia de vida.

(Do relatório do IPM, que seria concluído no dia 16 de dezembro, nada constava sobre as declarações, nem o pedido de garantia feito por Duque Estrada ao general Cerqueira Lima. Ao contrário, lá estava escrito que os depoimentos das testemunhas "foram tomados sem qualquer constrangimento físico ou moral".)

Konder e Duque Estrada foram transferidos para o Dops dois dias depois. Vários outros jornalistas já se encontravam lá. O Dops funcionava, então, como órgão auxiliar do DOI-Codi. Ali se procedia ao que se pode chamar de "legalização" das confissões arrancadas sob tortura.

Pelo menos no caso dos jornalistas, no Dops não houve violência física. Mas persistia a ameaça: todos tinham de confirmar os depoimentos prestados no DOI; se não o fizessem, seriam mandados de volta.

De qualquer modo, ser transferido para o Dops era um alívio. Ao chegar, os jornalistas eram recebidos por um solícito funcionário, o juiz de futebol Dulcídio Vanderley Buschilla, que ali era encarregado de fazer a identificação dos presos, tomando-lhes as impressões digitais e providenciando para que fossem fotografados, como de praxe, de frente e de perfil.

Buschilla, conhecido de alguns dos jornalistas, tinha lá os seus cuidados. A um deles, Luís Weis, ofereceu um copo de leite acompanhado por uma recomendação:

— Não se esqueça nunca de que eu te tratei bem.

Em geral, ao receber os enviados do DOI-Codi, ele tranquilizava:

— Fica frio. Aqui não tem porrada.

A porrada, lá, pelo menos no caso dos jornalistas, naqueles dias, era outra: em geral, eles eram levados à presença do delegado Sérgio Fleury, que os recebia quase sempre em silêncio, impassível, olhando cada um demoradamente, como se desse um recado — "Eu estou aqui, estou vendo você, tome cuidado".

Em dezembro já não havia jornalistas no DOI-Codi. Dos 12 apanhados durante a escalada da repressão, restaram um morto, Vlado, e dois — Sergio Gomes da Silva e Frederico Pessoa da Silva — com prisão preventiva decretada. Ambos, depois de passar pelo Dops, foram transferidos para uma delegacia de polícia, o 6º Distrito, no bairro do Cambuci, e dali levados para o presídio do Hipódromo, onde já se encontrava outro jornalista, Milton Coelho da Graça, condenado a seis meses de detenção, em outro processo.

Os demais estavam em liberdade.

29 O sindicato contesta o IPM

O IPM foi concluído em 12 de dezembro, uma sexta-feira, mas os seus resultados só seriam divulgados na sexta-feira seguinte, dia 19. A conclusão era a esperada: o inquérito instaurado para apurar "as circunstâncias em que ocorreu o suicídio do jornalista Vladimir Herzog" concluiu: foi suicídio.

O general Cerqueira Lima diz em seu relatório que:

> Em face das investigações procedidas pode-se afirmar que a morte de Vladimir Herzog se verificou por voluntário suicídio, por enforcamento, embora a razão íntima não se possa afirmar qual tenha sido; (...) não havendo, destarte, sido apurado qualquer crime previsto no Código Penal Militar, nem transgressão disciplinar prevista nos Regulamentos Militares. Assim, sejam os presentes autos remetidos ao Excelentíssimo Senhor General Comandante do II Exército.

Dois dias depois, em despacho, o general Ednardo d'Ávila Mello proclamou:

> Em face das averiguações policiais a que mandei proceder, verifica-se, conforme conclusão a que chegou o Excelentíssimo Senhor General de Brigada Fernando Guimarães Cerqueira Lima, em seu longo e minucioso relatório de folhas 270/299, que o sr. Vladimir Herzog morreu por vo-

luntário suicídio, por enforcamento, não sendo apurado qualquer crime previsto no Código Penal Militar, transgressão prevista nos Regulamentos Militares ou qualquer ilícito penal.

No sábado, dia 20, os principais jornais de São Paulo e do Rio de Janeiro publicaram na íntegra os resultados do IPM. Por ser fim de semana, os jornais concluíam suas edições mais cedo e, com exceção de *O Estado de S. Paulo*, sequer tentaram encontrar quem pudesse dizer alguma coisa sobre a peça distribuída pelo II Exército. Também não tentaram depois.

O documento não foi engolido como expressão da verdade *O Estado de S. Paulo* apontava pelo menos uma mentira: desmentia, no mesmo dia em que publicou a íntegra das conclusões do IPM, afirmações que constavam do depoimento prestado no inquérito por um de seus funcionários, o jornalista Randolfo Marques Lobato, segundo o qual Vlado fora demitido em 1963, quando o jornal teria promovido um "expurgo" de "elementos marcadamente de esquerda".

Já na segunda-feira a diretoria do Sindicato dos Jornalistas se reuniu para discutir o conteúdo do inquérito. As contradições eram evidentes, mas pouco se podia fazer naqueles dias que antecediam o Natal. Restava a decisão de que era necessário encontrar os meios para contestar as conclusões do IPM.

Parecia uma missão impossível.

Tínhamos consciência de que qualquer iniciativa do Sindicato nesse sentido significaria mais um confronto direto com os militares e poderia custar uma intervenção. Para tanto, eles não precisavam empreender nenhuma expedição punitiva: bastaria a aplicação da legislação que atrelava os sindicatos ao Ministério do Trabalho.

Decidiu-se, então, buscar a ajuda dos advogados da Comissão de Justiça e Paz da Arquidiocese. Três deles — José Carlos Dias, Arnaldo Malheiros Filho e José Roberto Leal de Carvalho — dispuseram-se a colaborar e passaram a fazer uma análise em profundidade do documento do II Exército. Os mesmos advogados tinham atuado na fase do IPM, representando Clarice Herzog, mas sem sucesso. Todas as tentativas de acompanhamento das investigações foram barradas.

Paralelamente ao trabalho dos advogados, uma comissão do próprio sindicato continuaria a discutir sobre o encaminhamento da questão.

A solução encontrada foi a formação de um grupo de jornalistas que, com base na análise do IPM feita pela comissão de advogados, elaboraria um documento contendo uma síntese das dúvidas levantadas.

Debruçados sobre as conclusões do inquérito, os advogados fizeram uma análise minuciosa, apontando-lhe as incoerências e omissões. Por sua importância, o documento vai aqui transcrito na íntegra:

1. No item 4 (que transcreve a comunicação feita no dia da morte, pelo comandante do DOI ao Chefe da 2ª Seção do II Exército) aparece a omissão mais flagrante. Diz o comandante do DOI:

   "Participo-vos que, cerca das 16,30 horas de hoje (25 de out. 75), foi encontrado o corpo de Vladimir Herzog, enforcado na grade do xadrez especial nº 1, *usando para tanto a cinta do macacão que usava.*"

   Também nas Conclusões do IPM aparece esta referência, no item d, que diz: "*utilizando-se do cinto de pano integrante do macacão que vestia na ocasião*".

   Fora essas duas referências, em nenhum outro momento, seja na íntegra do Relatório seja nas Conclusões, há no IPM qualquer menção ao cinto. Ao contrário, procura-se sempre enfatizar que as roupas dos presos são especiais, que todas as providências são tomadas para preservar sua segurança. Essa ênfase é dada principalmente nos seguintes itens:

   — Depoimento do coronel José de Barros Paes, chefe da 2ª Seção do II Exército no item 30, letra g, do Relatório:

   "Que as autoridades do Destacamento de Operações de Informações sempre tomaram as providências no sentido de ser preservada a segurança dos presos, não só lhes dando vestes apropriadas (macacões) quando ali se encontram, como são também constantemente fiscalizados nas celas ou recintos onde se encontrem".

   — Depoimento de Altair Casadei, carcereiro do DOI, no item 32, letra g:

   "Que é praxe do Destacamento de Operações de Informações, como medida de segurança, retirar as roupas das pessoas detidas, substituindo-as pelo macacão verde-oliva, como aquele que Vladimir vestia na ocasião em que foi encontrado morto."

— Mesmo depoimento, no item 32, letra i:

"Que há recomendações expressas, por parte das autoridades do Destacamento de Operações de Informações, no sentido de serem os presos vigiados frequentemente, para o que existe uma ronda dia e noite na ala das celas."

— Depoimento de Pedro Antonio Mira Grancieri, investigador lotado no DOI, no item 33, letra h:

"Que as autoridades usam de todas as cautelas no sentido de garantir a segurança dos presos, tais como plantão permanente na área das celas, rondas e roupas especiais para os presos."

Em nenhum momento, foi indagado dessas testemunhas, que enfatizam a segurança dos presos, por que, apesar de todas as cautelas e roupas especiais mencionadas, Vladimir — a se acreditar no suicídio — tinha um cinto à sua disposição. Essa pergunta seria a consequência lógica de todas as afirmações dessas testemunhas e, no entanto, não foi feita.

Ao contrário, nas Conclusões, está dito simplesmente:

"n) apurou-se também que os responsáveis pelo Destacamento de Operações de Informações tomaram as precauções necessárias no sentido da preservação da segurança das pessoas ali detidas, através de medidas de segurança (inclusive dando aos interrogados outra vestimenta, já que as de uso próprio podem esconder objetos cortantes ou mesmo veneno) e fiscalização permanente."

Tampouco foi perguntado aos envolvidos no mesmo processo, também testemunhas, se suas roupas, dentro do DOI, tinham cinto. *(Posteriormente, na ação cível, todas as testemunhas afirmaram que seus macacões e os dos demais presos não tinham cintos.)*

2. As Conclusões do IPM apoiam-se, entre outras coisas, nos laudos periciais e dizem:

"f) os laudos em questão são insuspeitos, quer pela competência dos seus signatários, quer pela origem da instituição de onde provieram, quer, ainda, pela *inexistência de qualquer vício que possa desacreditá-los.*"

No entanto, há no laudo de necropsia pelo menos um vício: *os peritos do IML, Harry Shibata e Arildo Viana, descrevem a roupa com que o corpo chegou vestido para a necropsia, e essa roupa não é o*

AS DUAS GUERRAS DE VLADO HERZOG

macacão descrito no Laudo de Encontro de Cadáver (com fotos), dos peritos Motoho Shiota e Silvio Shibata.

O exame de corpo de delito não exige que o cadáver seja levado para o IML exatamente como foi encontrado?

E como é possível que o corpo tenha sido encontrado de macacão e depois tenha chegado ao IML com outra roupa?

A roupa com que chegou ao IML, segundo a descrição dos peritos, é a mesma com que Vladimir Herzog saiu de casa de manhã, no dia em que morreu! E essa roupa nunca foi devolvida!

3. Ainda no item 4 do Relatório (comunicação da morte, do DOI à 2º Seção) está dito:

"Já na parte da tarde, *pediu para fazer,* de próprio punho, uma declaração. Iniciou a escrevê-la, mas face à necessidade de uso da sala, para ser interrogado outro elemento, foi conduzido ao xadrez especial nº 1, onde ficou sozinho."

Portanto, o comandante do DOI, tenente-coronel Audir Santos Maciel, dizia, no dia da morte, a seu superior, que Vladimir "pediu para fazer de próprio punho uma declaração" e adiante praticamente procura justificar o fato de o preso estar sozinho quando alega "necessidade de uso da sala, para ser interrogado outro elemento"; daí, sua transferência para o xadrez especial nº 1, "onde ficou sozinho".

No IPM, em seu depoimento, o mesmo tenente-coronel Audir Santos Maciel contradiz sua justificativa quando afirma (item 31, letra e):

"Que é norma do Destacamento de Operações de Informações, após as confissões feitas perante o interrogador, que o investigado seja colocado em sala separada, a fim de que redija, de próprio punho, as declarações que prestou e, também, para não ser perturbado ou constrangido pelos demais presos."

A mesma coisa é dita pelo investigador Pedro Antonio Mira Grancieri em seu depoimento (item 33, letra d):

"Que é *praxe* no Destacamento de Operações de Informações que o investigado redija, de próprio punho, as suas declarações verbais prestadas perante o interrogador, para o que é, então, colocado numa cela ou recinto, separado dos demais presos."

O coronel Maciel, em sua comunicação sobre a morte à 2ª Seção (item 4), diz ainda:

345

"Pouco depois, ao ir o carcereiro buscá-lo para ser liberado, conforme a determinação do Chefe da 2ª Seção EM. II Ex., encontrou-o enforcado nas grades."

O fato de que Vladimir seria liberado naquele mesmo dia procura ser enfatizado também pelo coronel Paes (item 30, letra c):

"Que Vladimir deveria prestar as suas declarações e ser liberado no mesmo dia, por ser de pouca relevância o depoimento daquele jornalista nos fatos investigados";

pelo coronel Maciel, em seu depoimento no IPM (item 31, letra c):

"Após serem tomadas as declarações de Vladimir, deveria ser o mesmo liberado, com a recomendação de que não deveria pernoitar no Destacamento de Operações de Informações";

e item 31, letra h:

"Que sabe que Vladimir Herzog tinha conhecimento de que seria liberado naquele mesmo dia, após prestar suas declarações";

pelo carcereiro Altair Casadei (item 32, letra a):

"Quando para ali se dirigiu, por ordem do comandante do Destacamento de Operações de Informações, com a finalidade de retirar Vladimir Herzog daquela cela a fim de ser liberado";

item 32, letra c:

"Que tinha o declarante conhecimento, conforme lhe informaram seus superiores, de que Vladimir Herzog deveria ser liberado naquele mesmo dia, após serem tomadas as suas declarações";

item 32, letra d:

"Que chegou a comunicar a Vladimir, numa das vezes que passou pela cela, que ficasse tranquilo, pois seria liberado naquele mesmo dia";

item 32, letra h:

"Que o suicídio de Vladimir surpreendeu a todos no Destacamento de Operações de Informações, pois tinha o referido jornalista conhecimento de que seria liberado naquele mesmo dia."

A esse respeito, cabem as seguintes perguntas:

a) Como poderia o coronel Paes, de antemão, saber "ser de pouca relevância o depoimento daquele jornalista nos fatos investigados"?

b) Se seu depoimento era de pouca relevância, por que o DOI tentou prendê-lo na véspera, 6ª feira à noite, em sua casa e — depois — na própria TV Cultura, seu local de trabalho, só consentindo o coronel Paes com sua apresentação no dia seguinte depois da interferência do jornalista Paulo Nunes?

c) Como era possível saber o que Vladimir estava escrevendo, para se ter tanta certeza de que seria libertado em seguida? O carcereiro e o coronel Maciel dizem que ele seria libertado imediatamente; no entanto, qualquer pessoa que já tenha passado pelo DOI, inclusive os jornalistas presos na mesma ocasião e depois, conta que um depoimento de próprio punho, principalmente em termos tão sucintos como o de Vladimir, é a primeira etapa de um processo. Esse depoimento iria para uma seção de análise e seria seguido de mais dois — um chamado "perguntório" e outro uma espécie de "declaração de bons propósitos". Só no fim do processo, que para a maioria demorou alguns dias, é que se faz uma declaração completa de próprio punho, que também é submetida à seção de análise e, só então, o preso é libertado ou transferido para o Deops. Essa costuma ser a praxe no DOI: e pode ser confirmada pelo depoimento de qualquer pessoa que tenha passado por lá.

Portanto, é estranhável a certeza de que Vladimir seria libertado no mesmo dia. Essa certeza procura ser acentuada também no depoimento da viúva, Clarice Herzog, na versão publicada pelo Relatório do IPM (item 37, letra n):

"Que, no dia em que Vladimir se apresentou no Destacamento de Operações de Informações, o jornalista Paulo Pereira Nunes, que ali o acompanhara, lhe telefonou dizendo que talvez Vladimir saísse naquele mesmo dia."

O Relatório não acrescenta — e isso consta dos Autos — que Clarice ressalvou não acreditar na informação, uma vez que outros jornalistas na mesma situação (Paulo Sergio Markun e Anthony de Christo) estavam presos já fazia uma semana.

4. Voltando à questão dos laudos periciais, um detalhe importante:

O coronel Maciel informa, na comunicação da morte à 2ª Seção, que "foram tomadas providências junto à Polícia Técnica e Instituto Médico-Legal para liberação do corpo e entrega à família";

O coronel Paes informa em seu depoimento (item 30, letra d):

"Que foi o declarante que determinou as providências, após o suicídio do jornalista Vladimir, no sentido de serem chamados o Instituto Médico-Legal e a Polícia Técnica."

A contradição talvez seja irrelevante (quem pediu a perícia?), mas uma omissão do IPM é patente:

Não foi ouvido (pelo menos não foi incluído no Relatório) o oficial do DOI-Codi cujo nome aparece nos laudos periciais como o requisitante: capitão Ubirajara.

5. O depoimento rasgado.

Pelo Exame Grafotécnico e pelo depoimento da viúva (item 37, letra c), fica demonstrado que a letra do depoimento rasgado, encontrado na cela, era mesmo de Vladimir. No entanto, o Relatório do IPM não inclui a ressalva feita pela viúva em seu depoimento. Ela reconheceu a letra de Vladimir, mas acrescentou que não reconhecia a redação, o estilo, como sendo de seu marido (isso consta dos autos). Disse ainda (o que o promotor Durval Ayrton de Moura considerou "opinativo" e não fez constar) que achava a linguagem do depoimento "policial" e que Vladimir ou nenhum outro jornalista escreveria naqueles termos.

Tudo leva a supor que o depoimento tenha sido ditado a Vladimir.

E uma pergunta: um suicida, "arrependido da sua militância" como sugere o coronel Maciel em sua comunicação à 2ª Seção, rasgaria seu depoimento de forma que pudesse ser recomposto? Ou o picaria em mil pedaços? Ou até poderia tentar engoli-lo?

6. O local do enterro.

Há contradições entre o que as testemunhas da religião judaica dizem no inquérito sobre o local do túmulo e o que o rabino Henry Sobel disse ao *Estado* no dia 30 de outubro (entrevista publicada na edição do dia 31), sustentando que Vlado não foi enterrado no local reservado aos suicidas porque a Congregação para Chevrah Kadisha não tinha encontrado indícios suficientes de que fora suicídio. Sobel disse também, no Culto Ecumênico do dia 31, que "Vladimir está sepultado entre os homens", o que, para os judeus, significa que ele está enterrado entre os honrados, e não entre os suicidas.

7. Os depoimentos dos presos.

O Relatório diz em seu item 17 que foram ouvidas 21 testemunhas "cujos depoimentos foram tomados sem qualquer constrangimento físico ou moral". Ora, o simples fato de estar preso, desinformado do que se passa fora, sem mesmo saber que fora instaurado IPM, não constitui constrangimento? Duas testemunhas, pelo menos, estavam nessa situação: Rodolfo Konder e George Duque Estrada. Ambos prestaram depoimento enquanto estavam ainda presos no DOI. Foram levado ao QG (para o IPM) e voltaram ao DOI. Poderiam falar livremente?

8. A primeira contradição denunciada.

O Estado de S. Paulo e o Jornal da Tarde, no mesmo dia em que publicaram o Relatório do IPM, desmentiram o depoimento do jornalista Randolfo Marques Lobato, segundo o qual Vladimir fora obrigado a deixar o jornal, num expurgo feito em 1963 contra esquerdistas (item 28, letras a, b e c do Relatório). Além de desmentir, apontaram contradição com o depoimento do coronel Paes, que, como chefe da 2ª Seção, afirma (item 30, letra i) que Vladimir foi demitido em 1958.

30 Em nome da verdade

Os pontos principais da análise elaborada pelos advogados foram resumidos no documento que, em forma de abaixo-assinado, circulava nas redações das principais capitais do país e, no início de janeiro, já continha a assinatura de 467 jornalistas. Seu título — "Em nome da verdade" — expressava a convicção dos jornalistas de que as conclusões do IPM eram uma farsa.

Cada assinatura constante daquele documento expressava um gesto de coragem: todos sabiam que o seu conteúdo, uma clara contestação à mentira oficial, poderia levar a represálias. E ninguém duvidava de que o texto, com as assinaturas, seria publicado. E como havia dúvida de que os jornais o publicariam, os signatários contribuíam com dinheiro para custear uma eventual publicação como matéria paga. Ou seja, pagavam para correr um risco.

Acima de tudo prevalecia a indignação contra as inverdades mal alinhavadas nas conclusões do inquérito. Era a primeira vez que se colocava em dúvida, expressamente, a versão oficial do suicídio de Vladimir Herzog.

O abaixo-assinado ainda corria as redações quando o comandante do II Exército enviou as conclusões do IPM à Justiça Militar. No dia 6 de janeiro, o Sindicato dos Jornalistas tomou a iniciativa de enviar o documento contendo as dúvidas dos jornalistas à Auditoria Militar de São Paulo. Dele constavam as primeiras 467 assinaturas, às quais seriam acrescentadas centenas de outras, que chegavam de diversos pontos do país. No total, o documento contou com as assinaturas de 1.004 jornalistas.

No dia 6 de janeiro, o Sindicato dos Jornalistas enviou o documento ao juiz-auditor da 1ª Auditoria Militar. No ofício, assinado por todos os membros da diretoria executiva — eu, José Aparecido, Gastão Thomaz de Almeida, Wilson Lourenço Gomes, Fernando Pacheco Jordão, Moisés Oscar Ziskind e Hamilton Octavio de Souza — destacava-se a necessidade de esclarecimento da verdade:

> Os jornalistas, ao levantar as indagações contidas no documento anexo, e seu Sindicato, ao trazê-las à consideração de Vossa Excelência, reiteraram dessa forma sua preocupação com a necessidade de completo esclarecimento do caso, expressa desde nossa primeira manifestação após o trágico acontecimento.

Nenhum jornal publicou a íntegra do documento em que os jornalistas relacionavam falhas e omissões do IPM e insistiam em que havia "uma série de fatos ainda não esclarecidos em relação às circunstâncias da morte de Vladimir Herzog, ocorrida no dia 25 de outubro, nas dependências do DOI, em São Paulo".

Restava o dinheiro arrecadado entre os signatários do documento. Não era muito, mas deu para pagar o preço de tabela de *O Estado de S. Paulo*, que publicou no dia 3 de fevereiro em *seção livre* o texto e a lista completa dos 1.004 jornalistas que o subscreviam.

Os signatários do documento tinham razões de sobra para temer as consequências da publicação. Mais ainda o Sindicato. Mas não houve qualquer manifestação por parte do II Exército. Nem qualquer resposta do juiz-auditor da Auditoria Militar. O procurador da Justiça Militar deu-se por satisfeito com as conclusões do inquérito.

A aparente calmaria, contudo, não deixava de preocupar.

A palavra oficial mais significativa tinha sido a manifestação de júbilo do general Ednardo d'Ávila Mello, no dia em que anunciou a conclusão do IPM:

O resultado do inquérito é a melhor resposta para aqueles que intrigam, mentem, que se baseiam em boatos e que procuram jogar o povo contra o Exército. Enfim, uma resposta aos nazistas vermelhos.

Não havia dúvida de que o resultado do inquérito, conforme a encomenda, servira para reanimar a repressão. De cima a baixo, o IPM foi considerado bom. Nas alturas do Planalto havia um confortável silêncio de aprovação. Parecia que lá não estava o mesmo general Geisel que determinara a sua instauração. Ele exigira que se fizesse o inquérito, mas não revelou qualquer preocupação em saber como seria conduzido. Anos depois, confirmaria isso:

> Não sei se o inquérito estava certo ou não, mas o fato é que apurou que o Herzog tinha se enforcado. A partir daí o problema do Herzog, para mim, acabou. (...) É possível que aquilo tenha sido feito para encobrir a verdade. Mas o inquérito tem seus trâmites normais, suas normas de ação, eu não iria interferir no resultado. (...) É preciso ver o seguinte: o presidente da República não pode passar dias, ou semanas, com um probleminha desses. É um probleminha em relação ao conjunto de problemas que ele tem[103].

Para o pessoal do porão, as apreensões iniciais de que a investigação fosse para valer desapareceram e, aos poucos, foram dando lugar a uma nova ofensiva.

A repercussão do Caso Herzog, que levara a um breve recuo tático, servia de argumento para a necessidade de se manter ativo o aparelho repressivo.

A Aeronáutica acenou com o endurecimento da repressão, invocando os dias de terror da sanguinária ditadura de Pinochet. No Documento de Informações nº 046/CISA, de 24 de novembro de 1975, citado por Elio Gaspari, voltava-se a alertar sobre as "organizações subversivas" que dominavam "o MDB, o clero, o ensino e, praticamente, todos os meios de comunicação social". O documento concluía com uma sombria

---

[103] Maria Celina D'Araujo e Celso Castro (Org.), *Ernesto Geisel*, p. 371.

advertência: "Se o governo não dispuser, ou não puder usar os instrumentos adequados à neutralização dessas organizações, é possível que, em futuro próximo, repressão violenta tenha de ser empregada, sob condições ainda mais adversas — como aconteceu no Chile."

O MDB infestado de comunistas foi, mais uma vez, o argumento invocado para uma nova temporada de caça, que logo evoluiria para uma investida contra o partido legal da oposição. A ofensiva terminou levando à cassação de dois deputados que haviam sido citados em depoimentos de militantes do PCB apanhados pelo DOI-Codi na grande ofensiva que culminara com a prisão e morte de Herzog.

Geisel, mais uma vez, cedia às pressões da linha-dura. Usou o AI-5 para cassar os mandatos dos deputados paulistas Marcelo Gatto (federal) e Nelson Fabiano (estadual). Era um recuo e tanto. O ar voltou a ficar carregado de ameaças. Falava-se que novas cassações, dezenas delas, seriam feitas.

Enquanto isso, o DOI-Codi de São Paulo farejava novas caças. Caças miúdas, pois as mais graúdas tinham sido abatidas durante a investida contra os quadros dirigentes do PCB.

31 A morte de Fiel Filho

No dia 16 de janeiro, uma sexta-feira, por volta do meio-dia, os agentes do DOI-Codi foram buscar o operário Manoel Fiel Filho na Metal Arte, uma fábrica de autopeças. Entre a caça que buscavam, Fiel Filho era, talvez, a mais insignificante. Ele não ia além de recolher alguns trocados entre colegas da fábrica para o PCB e receber um exemplar do jornal do partido, *Voz Operária*.

Fiel, alagoano de Quebrangulo, cidadezinha onde também nascera um conterrâneo ilustre, Graciliano Ramos, estava perto dos 50 anos, metade dos quais de trabalho duro em São Paulo. Naquele dia, ele chegou bem mais cedo em casa, um sobradinho na Vila Guarani que havia adquirido com as economias que fazia à custa de algumas privações. A mulher, Tereza, espantou-se. Ele estava acompanhado de dois homens que se diziam funcionários da prefeitura e tinham ordens para vasculhar a casa. Reviraram tudo. Nada encontraram, mas levaram o dono da casa. Antes, tomaram o cuidado de avisar à sua mulher que ficasse calada e que o marido voltaria logo mais à noite.

Os torturadores do DOI-Codi queriam saber como funcionava o esquema de distribuição da *Voz Operária*. Fiel, que recebia um exemplar na fábrica, das mãos de Sebastião Almeida, um vendedor de bilhetes de loteria, nada mais sabia além disso. Sebastião, que tinha sido apanhado no dia anterior, foi levado para acareação com Fiel, que negou ter sido por ele aliciado para o PCB. A negativa custou-lhe, imediatamente, alguns safanões e, em seguida, ele foi levado para uma sala ao lado, onde se iniciou violenta sessão de tortura. Minutos depois, um dos presos — com Fiel, eram vinte no DOI-Codi, naquele dia —, o enfermeiro Geraldo Castro da Silva, ouviu os gritos do operário. Logo os gritos transformaram-se em gemidos. E os gemidos abafados pelo som a todo volume de um rádio.

Era a hora do almoço quando todos os 19 presos foram levados a uma cela onde o corpo de Manoel Fiel Filho estava estendido no chão, morto. Tinha um par de meias emendadas amarrado no pescoço. Estava montada mais uma cena de suicídio no DOI-Codi.

Os presos receberam a recomendação de que olhassem bem, verificassem que Fiel se enforcara com as próprias meias. Quem, ao ser libertado, dissesse o contrário lá fora faria o caminho de volta ao DOI.

Tereza só voltaria a ter notícia do marido na noite daquele sábado, por volta das 22 horas. Ela dividia a angústia da espera com as duas filhas adolescentes, Maria Aparecida e Márcia, e alguns parentes. A notícia chegou dentro de um saco plástico de lixo: as calças, um blusão, o cinto e os sapatos de Fiel. Ao entregar o saco a Tereza, um agente do DOI-Codi que dizia ser funcionário do Hospital das Clínicas avisou secamente: "Seu marido morreu, suicidou-se."

Recomeçava ali, diante de uma mulher em prantos, um ritual de ocultação, prática já antiga adotada pelos órgãos de repressão política do regime militar: quando eram avisadas, as famílias das vítimas recebiam ordens de ficar em silêncio.

No caso de Manoel Fiel Filho, o ritual foi mais severo. Os militares tentavam, por todos os meios, evitar ao máximo a repercussão de sua morte, a terceira em condições semelhantes ocorrida nos cárceres do DOI-Codi em seis meses. A primeira, a do tenente PM José Ferreira de Almeida, em agosto, passara em brancas nuvens; a segunda, a de Vlado, produzira uma onda de protestos que continuava, com a divulgação, poucos dias atrás, do documento em que os jornalistas contestavam a versão de suicídio.

Sobre a morte de Fiel os militares exigiam silêncio.

Depois de sofrer intimidação para que ficasse calada, a viúva do operário foi advertida de que o velório não poderia se estender além de duas

AS DUAS GUERRAS DE VLADO HERZOG

horas e o sepultamento deveria ser feito imediatamente. Ninguém além dos parentes mais próximos poderia ser avisado. O corpo foi retirado do IML por volta das 6 horas, por um irmão de Fiel, e, duas horas depois, sepultado no cemitério da Quarta Parada, na Zona Leste da cidade.

Impunha-se mais uma vez o silêncio. Os homens do DOI-Codi sabiam ser difícil explicar mais um "suicídio". Seguraram a notícia, esconderam o malfeito o quanto puderam.

O presidente da República só veio a saber do ocorrido no domingo à noite, na hora em que se preparava para dormir. E não foi pelos militares. Pelo telefone, o governador Paulo Egydio pedia desculpas por incomodar àquela hora da noite, mas tinha uma notícia grave a dar.

A notícia custou ao presidente uma noite inteira de sono e uma decisão: demitir o general Ednardo do comando do II Exército.

Mas Ednardo não era o único culpado pela desinformação presidencial: outros estrelados haviam recebido a notícia, mas não se deram o trabalho de avisar o presidente. Nem o ministro do Exército. Dois deles comandavam os mais importantes órgãos de informação do governo: o general Confúcio Danton de Paula Avelino, que chefiava o CIE, e o general João Baptista Figueiredo, à frente do SNI. Ambos optaram pela ocultação da informação. O primeiro explicaria, tempos depois, a razão do silêncio: um camarada do II Exército lhe dera a notícia, mas pedira que fizesse "boca de siri";[104] quanto ao segundo, que ocuparia depois a presidência da República, não disse por que ficara de boca fechada.

Na segunda-feira, 19 de janeiro, Geisel amanheceu de cabeça pesada. O general Ednardo, que passara o fim de semana de cabeça fresca, desfrutando a paz do sítio de um amigo, no interior de São Paulo, amargaria horas depois a notícia de sua demissão sumária, transmitida por telefone pelo ministro Sylvio Frota, por ordem do presidente da República. Ednardo protagonizava um fato histórico: pela primeira vez, no Brasil, um general era destituído sumariamente de um comando do Exército.

Os jornais do dia traziam a notícia da morte de Fiel Filho, mas só à noite ficaram sabendo da demissão de Ednardo.

---

[104] Gláucio Ary Dillon Soares, Maria Celina D'Araujo e Celso Castro, op. cit., p. 230.

Se a morte do operário tinha provocado a indignação de Geisel, que se sentira atingido em sua autoridade de comandante supremo das Forças Armadas — não se descarta que ele tenha considerado o fato como uma provocação dos militares da linha-dura que agiam em São Paulo — não havia aparentes sinais de protesto por parte de setores representativos da sociedade.

Do sindicato a que o operário pertencia, o dos metalúrgicos de São Paulo, que reunia o maior número de trabalhadores (cerca de 200 mil) no estado, partiu uma mensagem endereçada ao ministro do Exército, reclamando uma punição aos responsáveis pela morte de Fiel. Assinada pelo presidente do sindicato, Joaquim dos Santos Andrade, o Joaquinzão, a mensagem não foi além da mesa em que Sylvio Frota se reuniu com os generais do Alto-Comando para discutir a demissão de Ednardo. Frota esperava, certamente, que em torno da mesa fosse declarada uma rebelião contra a decisão presidencial. Não foi. A maioria dos generais não embarcou no golpe.

O telegrama do Sindicato dos Metalúrgicos era apenas mais um dado da crise que levara à destituição do comandante do II Exército, mas terminou ficando ali, misturado a outros papéis. Não chegou, como Frota pretendia, a ser enviado ao Ministério da Justiça, juntamente com um pedido de providência para que o sindicato fosse punido.

Não houve punição nem outras manifestações de protesto. Esperava-se que um protesto mais vigoroso partisse dos metalúrgicos do ABC, que então se reorganizavam sob a liderança de Luiz Inácio da Silva, em nome de um novo sindicalismo. Mas não se foi além do telegrama de Joaquinzão, considerado um pelego desprezível pelos novos sindicalistas. Elio Gaspari lembra o signatário do telegrama, muitos anos depois:

> Era uma vez um pelegaço chamado Joaquinzão (Joaquim dos Santos Andrade, 1926-1997). Ele presidiu o Sindicato dos Metalúrgicos de São Paulo durante 22 anos, até 1987. Comprava e vendia greves, mas em janeiro de 1976 foi o único presidente de sindicato de meta-

lúrgicos a protestar pela morte do operário Manoel Fiel Filho, assassinado no DOI-Codi do então II Exército. O sindicalismo do ABC, surgido nos anos 70, considerava-o ícone da corrupção sindical do entardecer da ditadura. Joaquinzão morreu pobre, numa modesta casa de repouso.[105]

A morte de Fiel também não moveu os 30 mil estudantes que se haviam mobilizado três meses antes numa greve de protesto pelo assassinato de Vlado. Nem os grupos da esquerda mais radical — a garotada que compunha, no dizer de Elio Gaspari, "a esquerda de um novo tempo, anticomunista"[106] — deram sinal de vida. Nenhuma passeata, como as que pretendiam em outubro, inclusive nas reuniões do Sindicato dos Jornalistas, foi proposta.

Mário Sérgio de Moraes observa em seu livro *O ocaso da ditadura*, referindo-se às mortes do tenente José Ferreira de Almeida, do operário Manoel Fiel Filho e de Vladimir Herzog, no DOI-Codi:

> O que diferenciou esses três fatos semelhantes foi que em apenas um, a morte de Vladimir Herzog, ocorrida em outubro de 1975, houve grande mobilização social contra a ditadura militar. Nem antes, com o tenente, nem depois, com o metalúrgico, esse fato aconteceu.[107]

O mesmo silêncio prevaleceria até a realização de atos religiosos em memória do operário — um na paróquia da Vila Guarani, celebrado pelo bispo da Zona Leste, dom Angélico Sândalo Bernardino, e outro na igreja do Carmo, no centro da cidade, mandado celebrar pelo Sindicato dos Metalúrgicos de São Paulo. Esse último, celebrado a pouco mais de 100 metros da catedral metropolitana, onde, três meses antes, 8 mil pessoas se juntaram na homenagem a Vlado, não reuniu mais de cem pessoas.

---

[105] *Folha de S.Paulo*, nota 2, cap. 31, 28/5/2008, p. A6.
[106] Elio Gaspari, op. cit., p. 196.
[107] Mário Sérgio de Moraes, *O ocaso da ditadura: Caso Herzog*, p. 69.

O medo e o silêncio viajariam centenas de quilômetros e chegariam
à pequena Quebrangulo, cidade de Fiel. Parentes próximos negavam seu
nome: "Morreu, acabou", disseram a um jornalista que perguntava sobre a vida do operário antes de ele migrar para São Paulo. Sua lembrança só ficou numa música composta por Nego Duda, um artista popular
da cidade, intitulada "Manoel Fiel Filho da Liberdade".[108]

---

[108] O álbum *Versos, vialejos e quebranguladas* foi produzido por outro músico de Quebrangulo, Gaspar Andrade, radicado em Recife.

32 O sumiço do capitão Ubirajara

Não foram necessários mais de vinte dias para que o IPM mandado instaurar para apurar as circunstâncias da morte de Manoel Fiel Filho concluísse: foi suicídio. Ele, dizia o IPM, se enforcara com as próprias meias.

Enquanto isso, a Justiça Militar dava-se por satisfeita com as conclusões do inquérito sobre a morte de Vlado. No dia 8 de março de 1976, o juiz-auditor da 1ª Auditoria da Justiça Militar, José Paulo Paiva, mandou arquivar o IPM.

Buscava-se o esquecimento. Mas havia muitas perguntas sem resposta e que não queriam calar. Muitas delas estavam no documento de análise do IPM feito pelos advogados do Sindicato dos Jornalistas e depois repetidas no manifesto assinado por mais de mil profissionais de imprensa

Foi com base nesse documento que, em nome de Clarice Herzog e seus filhos, Ivo e André, os advogados Marco Antônio Rodrigues Barbosa, Samuel MacDowell de Figueiredo, Sérgio Bermudes e Heleno Fragoso entraram, no dia 20 de abril de 1978, com uma ação na Justiça Federal em São Paulo contra a União, pela prisão arbitrária, tortura e morte de Vlado. A viúva não pleiteava indenização, queria só a verdade. Fato inédito na Justiça, a ação pretendia apenas a declaração de responsabilidade da União pelo crime. Os advogados não fizeram nenhum contrato, não pretendiam compensação financeira pelo trabalho ao qual se lançaram com dedicação quase exclusiva.

AUDÁLIO DANTAS

No dia marcado para a primeira audiência, 16 de maio, a sala principal do tribunal da Justiça Federal estava lotada. Havia grande expectativa, principalmente entre os jornalistas encarregados da cobertura. Entre as testemunhas arroladas pelos advogados constavam os nomes de dois homens do DOI-Codi, o capitão Ubirajara e o investigador Pedro Antônio Mira Grancieri. Testemunhas mais do que importantes, pois o nome do capitão constava como requisitante em todos os laudos periciais sobre a morte de Vlado anexados ao IPM e o investigador fora o interrogador do preso.[109]

O nome de Grancieri, o torturador da âncora tatuada no braço, apareceria com frequência naquela e em outras audiências, citado por testemunhas que haviam passado por suas mãos no DOI-Codi. Mas ele não seria visto naquele tribunal.

Um ofício assinado pelo substituto de Ednardo d'Ávila Mello no comando do II Exército, general Dilermando Gomes Monteiro, informava que Grancieri encontrava-se em "diligência sigilosa" em Mato Grosso e, portanto, não poderia comparecer. Quanto ao capitão Ubirajara, a resposta do general desmentia o próprio IPM mandado instaurar por seu antecessor. Dilermando afirmava que desconhecia a existência do capitão na área que comandava. Não falava a verdade. É absurdo se imaginar que ele, a quem se atribuía o papel de restaurador da ordem na área conturbada do II Exército, não tenha examinado o IPM ao qual foram juntados os laudos periciais em que o nome do capitão Ubirajara aparecia como requisitante. Esses documentos eram apontados pelo DOI-Codi como provas incontestáveis de que Herzog havia se suicidado.[110]

---

[109] Em entrevista aos repórteres Antônio Carlos Prado e Luiz Fernando Sá (revista *IstoÉ*, nº. 1.173, 25/3/1992), o investigador Pedro Mira Grancieri, o *capitão Ramiro* do DOI-Codi, declarou ter sido o único interrogador de Vladimir Herzog e dele ter arrancado a confissão de que era militante do PCB. Não assume a morte, repete a versão do suicídio: "Ele se enforcou quando foi deixado sozinho na sala, porque ficou com medo de perder o emprego."

[110] À informação nº 2.122 do CIE, de 6/11/1975, um extenso relatório (38 páginas) sobre o Caso Herzog, foram anexados vários documentos. Dois deles, datados de 25 de outubro, referem-se a solicitações de perícias ao Instituto de Polícia Técnica da Secretaria de Segurança Pública, respectivamente sobre encontro de cadáver e exame grafotécnico do texto da "confissão" de Herzog. Nas duas solicitações aparece como requisitante o capitão Ubirajara do DOI/Codi.

362

O juiz que presidia o processo, João Gomes Martins Filho, testou o general: voltou a solicitar o comparecimento das mesmas testemunhas na segunda audiência, que se realizaria dez dias depois. Outra vez Dilermando alegou que uma estava muito ocupada e a outra não existia.

Quando foi sorteado para presidir o processo, o juiz Martins Filho, titular da 7ª Vara da Justiça Federal, tinha quase 70 anos e a disposição inabalável de chegar à verdade dos fatos. Era o último processo que lhe cabia conduzir, pois dentro de três meses, no início de agosto, seria compulsoriamente aposentado por limite de idade.

A ausência de dois torturadores nas audiências — um de nome conhecido e outro que se sabia ser o codinome de um dos militares que comandavam a violência no DOI-Codi — não impediria que ele prosseguisse com a mesma serenidade e firmeza que demonstrara desde o início.

Entre as testemunhas que Martins Filho ouviria estavam algumas vítimas de pelo menos um dos torturadores que o general Dilermando protegia: Pedro Antônio Mira Grancieri. Seis dos jornalistas apanhados no grande arrastão de outubro de 1975 dariam seu testemunho: Anthony de Christo, Paulo Markun, Sérgio Gomes da Silva, Luís Weis, George Duque Estrada e Rodolfo Konder.

Duque e Konder guardavam na memória a última imagem de Vlado, com quem foram acareados na manhã de 25 de outubro de 1975. Na sala em que estava sendo interrogado por Grancieri, Vlado negava, obstinadamente, qualquer ligação com o PCB. Depois, do banco em que se encontravam no corredor, em frente à sala de tortura, os dois ouviram o som das pancadas, os gritos histéricos do torturador e os gritos e gemidos de Vlado. A tortura prosseguiria pela tarde, até que cessaram os gritos e sobreveio o silêncio. Vlado já não tinha voz.

O juiz ouviu atentamente o relato das testemunhas. Sua fala era mansa, as palavras claras, ditas em tom baixo. No mesmo tom, mas com firmeza, ele respondeu ao procurador da União, Bruno Tito Lopes, que interveio com uma objeção a referências de Duque Estrada sobre sua prisão e ameaças sofridas no DOI-Codi. O procurador argumentou que o relato não tinha a ver com a morte de Herzog. Martins Filho respondeu, sem alterar a voz:

> Este juízo considera que qualquer fato aqui referido pode ser relevante. A testemunha está citando fatos que podem constituir elementos elucidativos na busca da plena e absoluta verdade, que é o que procuramos.[111]

A verdade não era o que pretendia dizer, enquanto aguardava na sala reservada às testemunhas, o médico Harry Shibata, diretor do Instituto Médico-Legal, que assinara como segundo perito o laudo necroscópico de Vladimir Herzog. No ano anterior, ao depor num processo no Conselho Regional de Medicina (Cremesp), ele havia declarado que assinara o laudo "em confiança", pois não assistira à autópsia. Sua história como médico-legista ligado aos órgãos de repressão não se resumia a esse fato. Como outros médicos que deram cobertura aos crimes da repressão, ele tinha assinado outros laudos que davam como verdadeiras as versões do DOI-Codi de mortes em supostos confrontos, atropelamento, suicídios. Um dos últimos fora o de Manoel Fiel Filho.

Diante do juiz e dos advogados que se preparam para tomar o seu depoimento, o Dr. Shibata não deu sinais de preocupação. Julgava, talvez, estar isento de punição. Confiava no poder ao qual prestava os seus serviços.

No ano anterior ele fora agraciado com a Medalha do Pacificador, alta condecoração do Exército. A decisão da homenagem partira da mais alta autoridade da força, o ministro Sylvio Frota. Tratava-se de um respaldo e tanto, mas o brilho da medalha não impediu que se fizesse uma pergunta óbvia: que serviços teria prestado o Dr. Shibata ao Exército ou à sociedade para receber tão importante condecoração?

---

[111] Fernando Pacheco Jordão, op. cit., p. 82.

No Congresso Nacional, o deputado Israel Dias Novaes (MDB-SP) reclamou mais rigor na concessão da comenda, instituída pelo presidente da República. Ao ser entregue a Shibata, disse o parlamentar, a Medalha do Pacificador estava sendo desmoralizada, pois nem o próprio homenageado sabia a que atribuir a distinção.

Quanto a isso, o deputado enganava-se. Shibata sabia, evidentemente, por que lhe haviam pregado a medalha no peito. Os órgãos de segurança tinham razões de sobra para, além de afagar-lhe o ego, evitar que fosse punido ou abrisse a boca para falar sobre o tipo de serviço sujo que prestava.

As denúncias contra Shibata, principalmente as que eram feitas por entidades médicas, eram apontadas como parte de uma ação orquestrada pelos comunistas para atingir os órgãos de "combate à subversão".

"Campanha contra os órgãos de segurança" é o assunto tratado na Informação nº 099/16/AC/79 do SNI, carimbada como "confidencial", que se encontra no acervo do Arquivo Nacional. Datado de 21 de março de 1979, o documento refere-se a Shibata como um dos assinantes do laudo necroscópico do "ex-jornalista judeu Wladimir [*sic*] Herzog" e, desde então, ele vinha sendo apontado como auxiliar do DOI-Codi. Diz o informe do SNI:

> A repercussão da morte do jornalista foi continuamente alimentada, com ativa participação da imprensa, até que o Dr. Shibata, pressionado por jornalistas, incorreu num grave erro, fazendo declarações impensadas sobre sua participação na autópsia, quando admitiu, na qualidade de segundo legista, ter assinado o laudo sem ver o cadáver de Wladimir [*sic*] Herzog. (...) Tendo em vista a estigmatização do nominado, como colaborador do DOI/Codi/II Ex no exercício de suas funções no IML/SP, as pressões e ameaças que vêm sendo exercidas sobre o mesmo são preocupantes e refletir-se-ão sobre os órgãos de segurança. O objetivo da campanha é o de intranquilizar e, veladamente, ameaçar todos aqueles que tenham apoiado a repressão e, ao mesmo tempo, dissuadir os que estejam dispostos a apoiar o combate à subversão.

A preocupação com Shibata era cada vez maior, notadamente depois que a Justiça Federal em São Paulo, em outubro, declarou a União culpada pela morte de Vlado.

Menos de dois meses depois da sentença, o SNI detectou "mal-estar" na área de São Paulo, pela "falta de reação das autoridades" aos ataques "a todos aqueles que participaram da repressão ao terrorismo". Considerou que a continuação desses ataques tornaria difícil o prosseguimento do combate aos subversivos. E fez uma curiosa advertência: "Vale ressaltar, no caso do Dr. Shibata, estar o mesmo assustado e declarando-se disposto a revelar o que sabe no caso de ser muito pressionado."[112]

Que segredos teria o Dr. Shibata a revelar? E por que os órgãos de segurança tanto temiam que ele os revelasse? O que mais poderia acrescentar ao depoimento — praticamente uma confissão de culpa — que prestara perante o juiz da 7ª Vara da Justiça Federal?

Ao prestar seu depoimento na Justiça Federal, no dia 16 de maio de 1978, Shibata demonstrava estar tranquilo, quase alheio às perguntas que lhe faziam os advogados. Ele confirmava, sem hesitar, a declaração anterior de que assinara o laudo necroscópico de Vlado sem ver o corpo, o que seria praxe no IML de São Paulo. Acrescentava que, no dia da morte, um sábado, nem estava em São Paulo. Sua assinatura seria, portanto, posterior à do primeiro perito, Dr. Arildo de Toledo Viana.

A declaração não bate com o que está escrito no laudo nº 54.620, datado de 25 de outubro de 1975, no qual o nome de Shibata aparece juntamente com o de Viana, como designado pelo diretor do IML, Dr. Arnaldo Siqueira, para proceder à autópsia. E não bate, principalmente, pelo fato de o laudo estar grosseiramente rasurado exatamente no espaço das assinaturas. O nome de Shibata aparece datilografado sobre outro, mal apagado.

Se nada mais houvesse para comprovar que o IPM sobre a morte de Vladimir Herzog tinha sido uma farsa, bastaria a explicação que Harry Shibata deu sobre a rasura do documento e as demais declarações que prestaria dali em diante. Ele afirmou que o nome apagado era o do le-

---

[112] Informe nº 028/ARJ/78, de 7/12/78 (Acervo do Arquivo Nacional, Brasília).

AS DUAS GUERRAS DE VLADO HERZOG

gista Armando Canger Rodrigues, que efetivamente teria feito a autópsia juntamente com Arildo de Toledo Viana.

A questão, então, era saber a razão de o nome de Shibata aparecer no espaço rasurado do laudo que ele assinara no lugar de quem seria o verdadeiro autor da autópsia. A explicação: naquele sábado, o legista Armando Canger Rodrigues estava demissionário do IML e, portanto, impedido de assinar. Essa seria apenas a ponta de um iceberg de mentiras e contradições. Em trabalho minucioso, Fernando Jordão resume-as em seu livro *Dossiê Herzog*, às páginas 120, 121 e 122:

1. A primeira página do laudo, que tem o número 54.620, diz que "Arildo T. Viana e Harry Shibata, médicos-legistas, foram designados pelo doutor Arnaldo Siqueira, diretor do Instituto Médico-Legal, para proceder a exame de corpo de delito no cadáver de Vladimir Herzog".

   Contradições: Shibata, além de negar sua participação na autópsia, mente em seu depoimento perante o juiz da 7ª Vara Federal quando afirma, para justificar sua assinatura, que, como diretor do IML, era de sua responsabilidade rever todos os laudos considerados "fundamentais". Ocorre que, na época da morte de Vlado, o diretor do IML não era ele, e sim o Dr. Arnaldo Siqueira. Portanto, ainda que existisse, a obrigação de rever os laudos não seria sua.

2. No depoimento que prestou no IPM, no dia 21 de novembro de 1975, o Dr. Armando Canger Rodrigues, que, segundo Shibata, fez a autópsia junto com o Dr. Arildo T. Viana, e, depois, preparou um laudo complementar a pedido do general Cerqueira Lima, afirma:

   "Que o declarante, como já declarou, é médico-legista do Instituto Médico-Legal do Estado de São Paulo."

   Contradição: Shibata afirma, para justificar a substituição da assinatura rasurada de Armando C. Rodrigues pela sua, no laudo necroscópico, que o outro legista, segundo soube, era demissionário do IML e por isso não podia assinar o documento. Ora, se era demissionário, como pôde assinar o laudo complementar anexado ao IPM e, além disso, quase 30 dias após a autópsia de Vlado, portanto após sua alegada demissão, como pôde declarar no IPM que era legista do IML?

3. Ainda no IPM, do mesmo depoimento de Armando C. Rodrigues:

"Que juntamente com o Dr. Arildo de Toledo Viana foi quem elaborou o Laudo Complementar (Parecer nº 241/75) ao *laudo necroscópico nº 54.620, de 27 de outubro de 1975 corrente, este elaborado pelo Dr. Arildo Viana e Dr. Harry Shibata*:

"Que o declarante, naturalmente, *conhece o Laudo do Exame de Corpo de Delito* em questão, pois com base nele foi que elaborou o seu Laudo Complementar."

Contradição: Shibata afirmou, perante o juiz da 7ª Vara, que o laudo era de Arildo T. Viana e Armando C. Rodrigues e que ele só assinara como segundo perito porque Rodrigues era demissionário e por isso estava impedido.

Armando Canger Rodrigues afirma, no IPM, que o laudo foi elaborado por Viana e Shibata e com base nele é que preparou seu Laudo Complementar. Está dito nos autos apenas que ele conhece o laudo; em nenhum momento há qualquer sugestão de que tenha sido seu autor, como afirma Shibata. Ao contrário, como se verá no item 5, mais adiante, Rodrigues garante que Shibata fez as duas coisas: a autópsia e o laudo.

4. Continuando no depoimento de Armando Canger Rodrigues no IPM:

"Que o declarante era *substituto do diretor do IML, Dr. Arnaldo Siqueira*, nos plantões de sábados e domingos; que assim, no dia em que foi feita a necropsia no cadáver de Vladimir Herzog, isto é, no dia de sábado, 25 de outubro transato, o declarante encontrava-se no IML, na qualidade de substituto do Diretor."

Contradição: Se o diretor de plantão era realmente o Dr. Armando Canger Rodrigues, por que consta no laudo o nome do Dr. Arnaldo Siqueira como a pessoa que designou os peritos Viana e Shibata para fazerem a autópsia? Ainda mais: reportando-nos ao item 3, podemos inferir que alguém certamente está mentindo, pois o Dr. Armando Canger Rodrigues se diz substituto do diretor nos fins de semana e Shibata afirma que ele era demissionário.

5. Retomando o depoimento de Armando Canger Rodrigues pouco antes da última interrupção:

"No dia de sábado, 25 de outubro transato, o declarante encontrava-se no IML na qualidade de substituto do Diretor; que também

AS DUAS GUERRAS DE VLADO HERZOG

assim teve a oportunidade de assistir aos trabalhos de necropsia realizados naquele cadáver *pelos peritos*; que está inteiramente de acordo com o referido *Laudo nº 54.620, feito pelos peritos mencionados.*"

Contradições: Contradizendo o que afirma Shibata, que lhe atribui a autoria da autópsia e do laudo e ainda sustenta que nem estava em São Paulo naquele sábado, o Dr. Armando C. Rodrigues diz que *assistiu* aos trabalhos realizados pelos peritos. Nos autos do IPM, a referência grifada está no plural, assim como a que vem logo em seguida, quando o legista se refere aos autores do laudo como os *peritos mencionados*.

6. No fim de seu depoimento, conforme os autos, o Dr. Armando C. Rodrigues diz ainda:

"Que *foi designado para elaborar o Laudo Complementar*, a que já se referiu, não só *por ser médico-legista do IML*, como também por ter, como declarou, assistido os trabalhos de necropsia."

Contradição: Fica reforçada a falsidade da versão de Shibata segundo a qual o Dr. Armando C. Rodrigues não podia assinar o laudo, embora tivesse feito a autópsia, porque era demissionário do IML. Outras evidências que invalidam a versão de Shibata: o Laudo Complementar foi solicitado pelo general Cerqueira Lima ao IML, e não pessoalmente ao legista; o próprio legista declara ter sido designado para elaborá-lo; o Laudo Complementar tem data de 10 de novembro, portanto o Dr. Armando C. Rodrigues, nesse dia, era funcionário do IML; seu depoimento no IPM é de 21 de novembro. Portanto, nesse dia, ele era funcionário do IML. Como se explica que, em data anterior, 25 de outubro, era demissionário e por isso teve seu nome rasurado e substituído pelo de Shibata no Laudo Necroscópico?

O depoimento de Harry Shibata na Justiça Federal tem uma serventia que ele, naturalmente, não tinha intenção de prestar. Quanto mais ele avançava em suas versões fantasiosas, um verdadeiro cipoal de mentiras, mais contribuía para demonstrar a falsidade do IPM que concluiu pelo suicídio de Herzog. Além disso, deixou claro que não só ele, mas outros médicos colaboravam com a tortura. Em suas declarações, ele confirmou que conhecia o DOI-Codi por dentro. Lá estivera "algumas vezes", atendendo a chamados para examinar presos. Falava quase como se estivesse prestando um serviço humanitário. Além de examinar e medicar presos, fornecia amostras grátis de remédios para a farmácia do DOI-Codi, assim como "a várias instituições de caridade". À pergunta sobre se havia atendido algum preso com ferimentos resultantes de maus-tratos, Shibata tinha a resposta na ponta da língua:

— Nunca vi um preso nessas condições. Os que eu atendi eram casos de micose e gripe.

Mas Shibata via mais do que presos com micose e gripe na enfermaria do DOI-Codi. Pelo menos uma vez, admitiu, viu presos encapuzados, cujas queixas, naturalmente, não foram além dos incômodos causados por essas doenças.

Quando lhe perguntaram como entrava no DOI-Codi, a resposta foi um involuntário desmentido ao comandante do II Exército, que negara a existência do capitão Ubirajara em ofício enviado ao juiz Martins Filho. Vale reproduzir aqui a sequência de perguntas e respostas:

— Como era o seu contato com os presos? Quem fazia o senhor entrar no DOI-Codi?

— Era o capitão Ubirajara quem ordenava trazer o preso para ser medicado na enfermaria. O enfermeiro Coelho acompanhava o preso.

— Quer dizer, então, que o senhor viu pessoalmente o capitão Ubirajara?

— Sim, era ele que autorizava a minha entrada.

Perguntaram se a testemunha poderia descrever o capitão Ubirajara. Shibata demonstrou algum nervosismo, disse apenas que teve pouco contato com ele. O advogado Sérgio Bermudes insistiu:

— Mesmo que tenha tido pouco contato com o capitão Ubirajara, acho que o senhor pode ao menos dizer como ele era, se era gordo ou magro, alto ou baixo, moreno ou louro.

— Era moreno, de estatura média.

— O capitão Ubirajara vinha fardado quando falava com o senhor?

— Não. Nunca o vi com farda.[113]

---

[113] Fernando Pacheco Jordão, op. cit., p. 119.

AS DUAS GUERRAS DE VLADO HERZOG

Bem ou mal, Shibata acabara de fazer o retrato falado de uma das testemunhas que faltaram àquela audiência.

O retrato falado do capitão Ubirajara, cuja existência fora negada pelo comandante do II Exército, era mais uma evidência da farsa montada para "provar" o suicídio de Vlado. Na segunda e última audiência do processo, novos testemunhos dariam ao juiz João Gomes Martins Filho elementos definitivos para a formulação da sentença.

Na falta do capitão Ubirajara e do investigador Grancieri, que no DOI-Codi adotara o codinome de capitão Ramiro, compareceu como testemunha da União Eric Lechziner. Membro da Congregação Israelita Paulista, onde era encarregado dos funerais, ele sustentara ao ser ouvido no IPM que Vlado fora sepultado na área dos suicidas do Cemitério Israelita do Butantã e negara que tivesse intimidado Clarice Herzog quando ela anunciou sua intenção de que fosse feita uma segunda autópsia.

Esperava-se que, no Tribunal da Justiça Federal, liberto do medo que os militares lhe infundiam, ele dissesse finalmente a verdade. Ali estava frente a frente com Clarice Herzog, de quem ouvira, diante do corpo de Vlado, o clamor para que se buscasse a verdade por meio de uma segunda autópsia. E, entre o público que assistia à audiência, a figura de uma valente mulher judia, Trudi Landau, que se tornara conhecida pela coragem com que denunciava injustiças em cartas que mandava aos jornais. Numa dessas cartas, publicada pelo *Jornal da Tarde* em março de 1976, ela desmentira que Vlado tivesse sido enterrado na quadra dos suicidas: "Sei disso muito bem, pois tenho por quem chorar na quadra 27,[114] não muito longe da sepultura do sr. Herzog. (...) Na terra que o cobre, florzinhas estão brotando por cima de segredos e dúvidas."

O Sr. Lechziner ignorou também a presença da mãe de Vlado, Zora, que chorava baixinho enquanto ele prestava depoimento. Lechziner aparentava muito mais idade do que seus 73 anos. Falava de cabeça baixa e repetia, como se fosse uma encomenda, praticamente todo o depoimento feito perante os militares. Repetiu que Vlado fora sepulta-

---

[114] Trudi Landau refere-se a seu único filho, que se suicidou anos antes.

do como suicida porque estava escrito no atestado de óbito que a causa *mortis* fora "asfixia mecânica por enforcamento". Tratava-se de uma dedução sua, pois no documento não consta a palavra "suicídio".

O depoimento de Lechziner provocou reações iradas dos advogados da família Herzog, que lhe indagaram se ordenaria o sepultamento como suicida de qualquer pessoa dada como morta por "asfixia mecânica por enforcamento". Ele respondeu que sim.

Contrariamente às afirmações de Lechziner, há em depoimentos colhidos anteriormente evidências suficientes para que a versão de suicídio sustentada no IPM seja desmontada. Já na introdução do memorial que encaminharam ao juiz Martins Filho, os advogados afirmam:

> Vladimir Herzog faleceu em virtude dos maus-tratos a que foi submetido na inquirição que lhe foi imposta, segundo a técnica de violência que se tornou rotina de investigação nos chamados órgãos de segurança.

Além de demonstrar a falsidade da versão de suicídio, o memorial era, ao mesmo tempo, uma vigorosa denúncia da tortura, "transformada em método de investigação generalizado". Citando os depoimentos das testemunhas que haviam passado pelo DOI-Codi, surgia no texto uma indagação: "Suicídio ou assassinato?" E, logo, a resposta:

> A versão oficial, fantasiosa, inverossímil e pueril, de que Vladimir Herzog suicidou-se no cárcere, enforcando-se com o cinto do macacão que usava, foi rigorosamente pulverizada pelos depoimentos reunidos neste processo. Fica, portanto, completamente desmentida a versão do II Exército, segundo a qual Vladimir Herzog se enforcou na prisão, utilizando o cinto do macacão que vestia. Como seria imaginável e como provado nos depoimentos, o macacão que foi dado a Vladimir, a exemplo da indumentária dos outros detidos, era desprovido de cinto.

No fim do memorial, os advogados reafirmaram: "Vladimir Herzog não se suicidou, morreu em decorrência das torturas a que foi submetido e que não pôde suportar."

33 Duas sentenças

A leitura pública da sentença do juiz João Gomes Martins Filho estava marcada para o dia 26 de junho, às 13 horas. Recolhido, o velho juiz debruçava-se sobre o processo.

Sua decisão, todos esperavam, seria aquela reclamada por Clarice Herzog e seus filhos: a responsabilização do Estado pela prisão ilegal, tortura e morte de Vladimir Herzog.

A firmeza e a dignidade com que o juiz conduzira o processo, o volume de provas reunidas e a demonstração de que o IPM fora uma farsa levavam à certeza de qual seria a sentença.

Essa mesma certeza levaria a ditadura a mais um ato de força, prenunciado num parecer do consultor jurídico do II Exército, Nelson Pecegueiro do Amaral, que fez um inflamado discurso de defesa dos órgãos de repressão. Para ele, a ação da família Herzog contra a União não passava de uma tentativa de "intimidação aos que, denodadamente, asseguram a ordem e a tranquilidade".

> O objetivo será lançar o desassossego em todos quantos, para o futuro, ou mesmo para o passado, hajam contribuído, participado ou trabalhado em investigações e inquéritos para apuração de atividades subversivas, ante a ameaça de serem responsabilizados por qualquer mal que aconteça a um subversivo.

Se a ação cível de cunho declaratório se constituía um fato inédito na Justiça brasileira, a resposta da ditadura militar seria também inédita: no mesmo dia que Martins Filho marcara para a proclamação de sua sentença, o juiz Jarbas Nobre, do Tribunal Federal de Recursos, aceitou os argumentos contidos no mandado de segurança impetrado pelo sub-procurador da República, Gildo Corrêa Ferraz, e concedeu uma liminar proibindo a leitura pública do veredicto do magistrado paulista.

Tudo se deu como numa intervenção cirúrgica de urgência. Ime-diatamente à concessão da liminar, Jarbas Nobre expediu um telex ao Tribunal da Justiça Federal em São Paulo, comunicando que a leitura da sentença estava proibida. Tudo fora calculado minuciosamente. Não haveria tempo para um recurso, pois dentro de quatro dias teriam início as férias forenses. Quanto ao juiz Martins Filho, era considera-do carta fora do baralho: no fim das férias ele estaria compulsoriamen-te aposentado.

Martins Filho recolheu-se ao silêncio. Até que, quatro meses depois, no dia 27 de outubro de 1978, o jovem juiz Márcio José de Moraes, seu substituto, proclamou seu veredicto condenando a União pela prisão ilegal, tortura e morte de Vlado.

O golpe que impediu o pronunciamento do velho juiz tinha falhado. A suposição de que o substituto, um jovem de 32 anos, em início de carreira, se encolheria amedrontado pelo aparato arbitrário da ditadura revelou-se equivocada. O velho juiz sintetizou:

> Lançou-se sobre o Poder Judiciário a dúvida a respeito da dignidade, da coragem e da honradez do juiz que me substituísse. Supôs-se que, com o afastamento de um, a lição permaneceria para o outro e que a verdade talvez não aflorasse com a veemência que se deduzia da ação. Engana-ram-se os que assim pensaram, porque talvez mais forte, mais elegante e mais alta se elevou a voz de um jovem magistrado, para deixar bem claro ao país e ao mundo que ainda há juízes no Brasil.

A sentença de Márcio José de Moraes foi por ele mesmo definida como um "parecer técnico", propositalmente despido da emoção que guardara para si durante os longos dias que passou debruçado sobre o processo. Ponto por ponto, ele conseguiu desmontar a farsa do IPM feito de encomenda para "provar" o suicídio de Herzog. Suas conclusões fazem, hoje, parte da história:

> Pelo mesmo motivo que a União Federal não logrou comprovar o suicídio, também, obviamente, não provou a sua não participação em tal evento, se ele tiver ocorrido. Assim, quer pela teoria da falta anônima de servidor público, quer pela teoria do risco administrativo e considerando-se que a União Federal não provou nos autos a culpa ou dolo exclusivos da vítima, permanece íntegra sua responsabilidade civil pela morte de Vladimir Herzog.

34 Testemunhos

Passados trinta anos, cinco personagens que tiveram papel importante nos fatos que se seguiram ao assassinato de Vlado rememoraram os dias tensos de outubro de 1975: Clarice Herzog, dom Paulo Evaristo Arns, o rabino Henry Sobel, o juiz Márcio José de Moraes e o bibliófilo José Mindlin. Eles foram entrevistados durante o segundo semestre de 2005.

Clarice, que conseguiu juntar à dor uma formidável disposição de luta, desde o momento terrível em que recebeu a notícia da morte de Vlado, até alcançar a vitória ao ver proclamada a sentença em que o juiz Márcio José de Moraes declarou a União responsável pela morte de seu marido, relembrou o episódio que marcou para sempre a sua vida:

> É absolutamente incrível que não tenha sentido esse tempo de trinta anos passar. O Vlado continua muito vivo, muito presente. Sinto que nunca passará esse sentimento de ausência, de perda. Imagino o que ele poderia estar fazendo por esse país. Com certeza, hoje ele estaria fazendo, como sempre fez, um bom trabalho.
>
> Sinto, sinto muito que meus filhos não tenham crescido junto com ele. Os meninos são legais, mas eu sempre me pergunto: como seria se o Vlado estivesse vivo?
>
> Logo depois da morte do Vlado decidi sair da casa em que morávamos, porque as crianças ficavam muito sozinhas. Decidi isso num dia em que cheguei do trabalho e vi o Ivo jogando xadrez sozinho.

Fomos para um apartamento onde, uns três meses depois da morte do Vlado, eu estava lá sozinha, olhando o vazio lá fora, pela vidraça. Me deu um desespero. Pensei: "Se não fossem os meus filhos, eu pularia daqui."

Foi um momento de depressão muito sério, mas ao mesmo tempo, recuperada a lucidez, pensei: "Não, não, não posso fazer isso. Tenho dois filhos, tenho responsabilidade em relação a eles e à memória do Vlado."

Resolvi, então, que quando os meninos estivessem fora eu não deveria ficar sozinha. (...) Fiz tudo para que os meus filhos vivessem uma vida normal, para que a morte do pai não pesasse tanto no cotidiano deles. Lutei muito por isso e acho que consegui.

Para mim é mais difícil enfrentar as lembranças. Todo ano, quando se aproxima o aniversário da morte do Vlado, eu fico emocionalmente muito mal. Em 2004, o sofrimento foi maior, por causa das fotos que o *Correio Braziliense* publicou como se fossem do Vlado.[115] (...) Foi uma coisa terrível. Quando cheguei ao escritório, minha secretária me avisou que havia um e-mail importante. Fui ver. Foi terrível. Lá estavam fotos que pareciam ser do Vlado e havia um recado do editor pedindo que eu confirmasse se as fotos eram do Vlado. Foi um horror. Foi nojenta a forma que usaram para pedir a minha confirmação. No princípio, achei que eram fotos do Vlado, mas depois, comparando com outras, vi que não eram. Acho que havia intenção de algum grupo de desestabilizar o governo. Era uma provocação.

(...) A história das fotos foi um fato a me causar mais sofrimento. Foi um desgaste a mais. Mas continuo a enfrentar o sofrimento de falar sobre a morte do Vlado. É um desgaste danado, me sinto muito mal, saio esvaziada das entrevistas. Vai ser assim agora, nos 30 anos da morte do Vlado. O Gunnar,[116] meu atual marido, é uma pessoa generosa, equilibrada. Ele segura a barra. Às vezes fico pensando que o Gunnar é também viúvo do Vlado. No começo, eu me constrangia muito, pois eram mais frequentes os atos em homenagem ao Vlado e o Gunnar sempre me

---

[115] A publicação de supostas fotos de Vladimir Herzog, em outubro de 2004, provocou uma grave crise no governo, levando à demissão do ministro da Defesa, José Viegas. Uma nota oficial divulgada pelo Centro de Comunicação Social do Exército justifica a ação dos órgãos de repressão durante a ditadura militar, o que levou o presidente da República a exigir retratação do comandante do Exército, Francisco Roberto de Albuquerque.

[116] O publicitário Gunnar Muller Carioba, com quem Clarice se casou em 1978.

acompanhava. Eu subia ao palco e, no final, ele sempre estava lá embaixo, à minha espera.

Lucas, meu neto, filho do Ivo, tem 8 anos e dois avôs: o Vlado, que não conheceu, mas um dia quis saber de sua história, e o Gunnar, que ele ama de paixão. O vovô Gunnar.

O Lucas, assim como o Ivo e o André, conversa muito comigo sobre o Vlado. São boas conversas. O Ivo e o André nunca falam do pai como se ele fosse um herói. Hoje eles sabem das consequências políticas da morte do pai e têm consciência de que seu sacrifício foi a gota d'água, o ponto de partida para uma mobilização que levou à queda da ditadura. Muita gente, naquele momento, sentiu que, como o Vlado, podia ser vítima da mesma violência. Cada um se sentia vulnerável e a possível próxima vítima. Então as pessoas se deram as mãos, se uniram, juntaram suas forças.

(...) O papel do Sindicato dos Jornalistas foi fundamental naquele momento. Os jornalistas foram mobilizados. O culto ecumênico promovido pelo Sindicato foi um momento grandioso. Depois, o manifesto "Em nome da verdade", denunciando a farsa do IPM sobre a morte do Vlado, assinado por mais de mil jornalistas. A mentira que os militares queriam impingir não se sustentava.

Em novembro de 2005, dom Paulo Evaristo Arns já não estava à frente da Arquidiocese de São Paulo. Vivia retirado numa casa do bairro de Jaçanã, um canto tranquilo na encosta da serra da Cantareira, e tinha escolhido para celebrar missa a capela de um asilo de idosos a uns dois quilômetros dali.

Num fim de tarde, ele juntou as suas lembranças dos dias de outubro de 1975. Dias atribulados, mas não os mais difíceis que vivera em sua peregrinação pelas prisões da ditadura, a denunciar a tortura, em sua cruzada em defesa dos direitos humanos.

Eu acompanhava, apreensivo, o clima de terror que tomara conta de São Paulo, principalmente a partir do fim de setembro, quando a onda de prisões se intensificou e, no início de outubro, atingiu os jornalistas. Muitos deles, temerosos, me procuraram. Alguns buscaram asilo em conventos.

No dia 25, um sábado, já anoitecendo, recebi a notícia da morte de Vladimir Herzog. Eu estava em minha casa, no Sumaré, dividindo as preocupações entre a preparação da reunião dos bispos, que começaria na segunda-feira, em Itaici, e as notícias das últimas prisões, entre as quais a de Vladimir, que se apresentara naquela manhã à prisão do Exército.

Chegou lá o jornalista Mino Carta, com alguns companheiros. Trazia a notícia da morte. Ele mantivera contatos telefônicos comigo, durante todo o dia. Já de manhã, por volta das 9 horas, o Mino me telefonou para dar a notícia da prisão de Vladimir. A situação era de muita tensão entre os jornalistas.

No dia seguinte, antes do velório no hospital Albert Einstein, fiquei sabendo das pressões sofridas por Clarice Herzog, uma mulher de extraordinária coragem, que clamava para que se fizesse uma segunda autópsia.

Havia muito medo entre os homens da Chevrah Kadisha que cuidavam da preparação do corpo e eles intimidavam a Clarice. Uma parte do cerimonial fúnebre judaico já tinha sido providenciada. Tinham antecipado a lavagem do corpo, o que normalmente é feito no cemitério. Fui informado de que um dos homens, durante a lavagem, comentara que havia sinais de tortura, mas foi obrigado a silenciar. Havia ali agentes da repressão, um dos quais avisou: "Se o senhor disser mais uma palavra, vai para o lugar dele também."

A cada passo eu mais me convencia de que Vlado morrera sob tortura.

Na segunda-feira, fui para Itaici acabrunhado, pensando no que poderia ser feito para deixar claro que mais um crime havia sido cometido pelos militares inconformados com a falada abertura política. Havia os primeiros sinais de reação por parte dos jornalistas. O Sindicato já havia demonstrado isso no comunicado que os jornais do dia publicaram.

Já no dia seguinte, em Itaici, recebi telefonemas do pessoal do Sindicato. O Hélio Damante e o Fernando Jordão me informaram sobre a ideia de se organizar um culto ecumênico. Concordei na hora e logo disse que o culto seria na catedral.

Na sexta-feira, de volta a São Paulo, vi que a mobilização feita pelo Sindicato era muito grande. Os jornais anunciavam o culto e publicavam anúncios dos jornalistas de todas as redações convidando para a cerimônia. Eu já contava com a participação do reverendo Jaime Wright e aguardava a confirmação do rabino Henry Sobel, com quem tinha me comunicado por telefone.

Quando cheguei em casa, no começo da noite, fui avisado de que uma comissão de rabinos me aguardava. Eram cinco, entre eles o Sobel. A conversa com eles não começou bem.

Logo de início, um deles avisou: "Nós estamos aqui para dizer ao senhor que não podemos participar de um culto, porque Vlado Herzog se suicidou."

Respondi que estava convencido do contrário. Citei a informação sobre a lavagem do corpo. Citei outras informações que tinha recebido e que estava convencido de que Vlado morrera sob tortura. Por isso estava decidido a participar de uma cerimônia ecumênica em memória dele. Estava atendendo a um pedido do Sindicato dos Jornalistas e abriria a catedral para o culto. Foi aí, então, que o rabino Sobel se levantou e disse: "Se o senhor presidir a cerimônia, eu me prontifico a participar."

Olhei em volta, os outros rabinos estavam perplexos. Eles não moviam um músculo do rosto. Acho que eles foram a mim com a decisão de que não haveria a participação de um representante da religião judaica, mas diante da decisão de Sobel não tinham o que dizer.

Foi um ato de coragem muito grande do Sobel. Sei que ele pagou muito caro por isso. Houve uma reação muito grande contra ele, que sofreu muita perseguição. Mas eu não acredito que isso partiu do povo miúdo da comunidade judaica, foi de gente mais de cima, gente de dinheiro, o pessoal estabelecido.

A posição desse pessoal, no fim, era a mesma dos militares que mandavam no país. É conhecido o episódio em que três secretários do governador Paulo Egydio foram à minha casa tentar me convencer a desistir da celebração do culto. Eu estava convencido de que a missão deles obedecia a uma ordem acima de Paulo Egydio. Vinha mais de cima, do próprio presidente da República. O Geisel falava em abertura, mas era do jeito dele. Sabia que um grupo de militares conspirava contra ele, mas queria resolver do jeito dele. O Geisel sabia o que acontecia aqui em São Paulo.

Como ele, eu sabia das misérias que aconteciam no DOI-Codi, dentro do Exército, não só pelos depoimentos de presos que haviam passado por lá, mas por outras fontes, gente mais chegada a mim. Uma de nossas paróquias, a da Sagrada Família, era frequentada por militares, oficiais e ex-oficiais do Exército. O vigário era o padre Cury, a quem alguns militares confidenciavam o que acontecia no porão. Havia os que se manifestavam contrários à tortura, mas havia também os que concordavam, achavam que os comunistas eram inimigos da pátria e mereciam até a morte.

Acho que o Ednardo pensava assim. Certa vez, já depois da morte do Vlado, ele me visitou. Foi chegando e dizendo: "Trago uma boa notícia: vamos trabalhar juntos." Respondi-lhe que era realmente uma boa notícia, era a primeira vez que eu recebia uma proposta assim, pois havia divergências sérias entre nós. Então ele disse: "Nós vamos combater a pornografia e contamos com o senhor." Seguiu-se um diálogo, perguntei-lhe:

— O Exército vai combater a pornografia? É isso mesmo?

— Eu sei que a pornografia é orientada, dirigida e publicada, espalhada pelos judeus. Eu sei quem são os judeus. Em São Paulo, são os donos da Abril, que é a maior editora do país, e no Rio, a Bloch. É coisa de judeus.

Espantei-me. Dirigi-me ao general tratando-o por você, porque ele tinha me pedido que o tratasse assim:

— Mas, Ednardo, o que você está me propondo não é um combate à pornografia, mas o antissemitismo.

E continuei, com veemência:

— Você está oferecendo um combate à minha religião, às minhas convicções, aos nossos antepassados, ao próprio Jesus, que era judeu. Se você pensa em fazer uma campanha antissemita, terá a minha oposição, uma oposição ainda maior do que a que sempre fiz.

Ednardo ficou perturbado. Calou-se por um tempo e encerrou a conversa:

— Dom Paulo, daqui em diante não haverá mais diálogo entre nós.

Não houve mesmo. Pouco tempo depois, quando o operário Manoel Fiel Filho apareceu morto na prisão, nas mesmas condições de Vlado Herzog, ele foi sumariamente demitido pelo presidente da República.

Em agosto de 2005, Henry Sobel era o rabino-chefe da Congregação Israelita Paulista, cargo que ocupava desde 1983. Ele relembrava,

AS DUAS GUERRAS DE VLADO HERZOG

passados trinta anos, o papel que desempenhara, na condição de um jovem rabino, mas que o levou a ser uma referência na comunidade judaica, um nome sempre lembrado por todos os que viveram os dias angustiantes de outubro de 1975. O grande momento de sua participação no culto ecumênico em memória de Vladimir Herzog faz parte de sua história. De certa forma, essa participação o tornou um brasileiro, como Vlado.

Sobel disse que aquele momento mudou o rumo do país, foi o catalisador da abertura política, do processo de redemocratização do Brasil.

> Eu era um rabino entre outros rabinos. Mas aconteceu o episódio dramático e traumático da morte de Vlado. Eu sabia que o Vlado não era a única vítima. Sua morte exigia uma tomada de posição minha. Ao assumir essa posição, me transformei, transpus os muros da Congregação Israelita Paulista.
>
> Os grandes momentos criam grandes desafios. Na medida em que aceitamos o desafio do momento que nos chama, podemos nos tornar um pouco maiores do que somos.
>
> Ao tomar a decisão de participar do culto, enfrentei muitas pressões, dentro e fora da Congregação. Claro que não foi fácil. Quando dois oficiais do Exército foram à Congregação e me pressionaram para que não participasse do culto ecumênico, convenci-me de que teria de resistir. Na verdade, eu tinha mais preocupação em relação às pressões de minha própria comunidade. Como rabino assalariado, eu temia também perder o emprego. Desculpem-me a franqueza.
>
> Na vida, em geral, eu lido bem com problemas externos, mas sempre foi um desafio lidar com os problemas internos. Fiquei muito preocupado com a repercussão dentro da comunidade, pois alguns líderes, poucos, me apoiaram, mas não houve apoio de nenhuma entidade representativa.
>
> É importante acrescentar que a decisão de participar da celebração foi tomada por mim, sem consulta. Isso complicava as coisas. A decisão foi minha, de minha consciência. E muita gente na comunidade tinha medo, o tempo que o país vivia não era tranquilo para ninguém. Quero dizer que não me sinto herói por haver tomado a decisão de ser um dos oficiantes do ato religioso em memória de Herzog.

Eu vivo bem comigo mesmo por causa dos meus princípios. Houve um assassinato. Em nenhum momento liguei a minha decisão ao fato de a vítima ser um judeu. Eu disse isso em minha oração na catedral.

Antes do culto eu já havia tomado uma decisão difícil: a de orientar a Chevrah Kadisha a sepultar o corpo de Herzog no centro do cemitério, e não na área reservada aos suicidas. Foi difícil porque o pessoal do serviço fúnebre estava com medo. Medo de tudo, principalmente de que o sepultamento se transformasse num ato político.

Eu estava no Rio de Janeiro e de lá fiz alguns telefonemas. Procurei o senhor Eric Lechziner, que era o presidente da Chevra Kadisha. Ele me contou que vira o corpo do Vlado durante a lavagem e que havia marcas que poderiam ser de tortura. Isso para mim foi o suficiente. Não hesitei em recomendar que o sepultamento fosse feito no centro do cemitério. Houve pressões para que isso não acontecesse.

Não quero dizer de quem partiram essas pressões, mas elas foram muito fortes. O que importa é que Vlado não foi sepultado como suicida.

Até hoje há quem aponte como uma contradição minha o fato de ter declarado, numa entrevista ao jornal *O Estado de S. Paulo*, que os funerais foram realizados plenamente de acordo com os ritos judaicos. Não teria sido exatamente assim, pois o pessoal da Kadisha havia apressado a cerimônia a ponto de fazer o sepultamento antes da chegada de dona Zora, a mãe de Vlado, ao cemitério. Isso é verdade, mas temos que considerar a circunstância. Como já disse, os homens da Kadisha estavam sob forte pressão. E tinham medo. O senhor Lechziner foi depois falar comigo, pedir desculpas. Para ele, apressar o sepultamento tinha o sentido de evitar um ato que contrariasse a lei judaica. E, acima de tudo, havia o medo da repressão. Não se ignora que havia agentes armados no cemitério.

Em dezembro de 2005, aos 91 anos, José Mindlin (falecido em 28/2/2010) relembrou os dias de outubro num canto de sua biblioteca, em sua casa no bairro de Vila Mariana, em São Paulo. Essa imensa biblioteca, que guarda o mais rico acervo particular de livros do Brasil, contém exemplares raríssimos, vários deles únicos, como a primeira edição de *Os Lusíadas*. São livros que ele, zeloso guardião, juntou a vida inteira e que dentro de pouco tempo deverão ocupar um espaço especialmente construído no campus da Universidade de São Paulo. Ele doou toda a coleção de literatura brasileira à USP, em 2005.

Foi Mindlin, então secretário da Cultura de São Paulo, quem autorizou a contratação de Vladimir Herzog para dirigir o Departamento de Jornalismo da TV Cultura. Por isso, foi considerado até espião da KGB.

No domingo, 26 de outubro, eu estava no Texas, onde aguardava um voo de volta ao Brasil. Voltava de uma viagem a Nova York e só conseguira passagem para terça-feira, 28. Foi lá que recebi a notícia da morte do Vlado, um choque muito grande. Telefonei para o governador Paulo Egydio, na esperança de conseguir informações sobre o que realmente tinha acontecido. Ele estava confuso, preocupado.

Já no dia seguinte à minha volta ao Brasil fui falar com o governador. Disse-lhe que não podia continuar no governo. Eu aceitara o convite para a Secretaria porque ele, Paulo Egydio, me dissera estar engajado no processo de abertura de Geisel e que as coisas estavam caminhando nesse sentido. Meu nome, dizia ele, contribuiria para reforçar a luta pela democracia. Mas, com a morte do Vlado, que indicava o contrário, eu não poderia continuar.

Paulo Egydio me liberou, mas argumentou:

— Se você sair agora, vai enfraquecer a nossa resistência à ala extremista do Exército. Eles pegaram o Vlado, iriam pegar você, para me pegar depois e, finalmente, o próprio presidente Geisel. Devo dizer, também, que se você ficar eu não posso garantir nada: amanhã poderemos estar todos na rua ou presos.

Diante disso, considerei que deveria permanecer no governo. Mas poucos dias depois, o governador, numa entrevista, anunciou que iria transferir a Fundação Padre Anchieta, mantenedora da TV Cultura, para a Secretaria de Governo. Uma das razões seria a fraca audiência da emissora.

Ele não me dissera nada sobre tal decisão. Nunca falara sobre a baixa audiência da TV. Na verdade, estava sofrendo pressões dos militares, que consideravam a TV Cultura um ninho de comunistas.

Tudo era muito estranho, pois, ao me convidar, Paulo Egydio me comunicou que transferiria a Fundação para a Secretaria de Cultura. Eu lhe disse que não via necessidade disso. Mas quando saiu a notícia de que ele decidira levar a Fundação de volta para a Secretaria de Governo, comuniquei-lhe:

— Quando você me convidou, eu disse que não queria a Fundação, mas acabei aceitando. Agora, sou eu que não quero a mudança. É você transferir a Fundação e eu deixar a Secretaria.

Resposta do governador:

— Isso é só uma ideia. Ainda não tem nada resolvido.

O governador revelava-se extremamente instável, indeciso. Passados alguns dias, ele declarou, numa entrevista pelo rádio, que a decisão de transferir a Fundação era irrevogável. Liguei para ele:

— Paulo, acabo de ouvir a sua declaração. Vou te levar agora mesmo a minha carta de demissão.

Ele me pediu para aguardar até o dia seguinte, quando tivemos uma conversa de quase duas horas. Repetiram-se os apelos para que eu ficasse, eu não deveria sair, para não prejudicar o projeto de abertura política. Repetia o argumento de sempre. Entreguei-lhe a carta de demissão, mas ele, em tom dramático, pediu-me para pensar até o dia seguinte. Repetiu que estava recebendo pressões dos militares.

Despedi-me, dizendo que, mais uma vez, iria ponderar sobre o que fazer. Antes de sair, disse-lhe:

— Essa é uma questão de estômago. Você engole coisas que eu não consigo engolir.

No dia seguinte, outra conversa, outras lamentações de Paulo Egydio, mas eu deixei a carta de demissão sobre sua mesa. Antes de sair, ainda na porta de sua sala, ele me disse:

— Uma coisa que esqueci de lhe dizer: antes de você chegar ao palácio eu dei uma entrevista coletiva e disse que tinha resolvido adiar a transferência da Fundação.

Respondi:

— Mas agora a carta já foi entregue, vamos deixar assim mesmo.

Tudo isso aconteceu na primeira semana de fevereiro de 1976. O general Ednardo já tinha sido demitido do comando do II Exército. Decidi fazer uma visita ao novo comandante, general Dilermando Monteiro, a quem disse:

— General, veja como são as coisas: eu havia programado lhe fazer uma visita de boas-vindas, na qualidade de secretário de Estado, mas agora estou aqui para me despedir.

Dilermando respondeu:

— Lamento muito a sua saída. Quero lhe dizer que não houve a menor interferência do Exército nesse episódio da transferência da Fundação Padre Anchieta.

Fez uma pausa e propôs:

— Vamos encerrar essa visita protocolar e vamos conversar mais um pouco. Eu quero a sua opinião franca sobre essa história de que a TV Cultura é um reduto de comunistas.

Respondi com outra pergunta ao general:

— Uma das razões alegadas para a transferência é que a TV não tinha audiência. O senhor acha que faz sentido fazer propaganda comunista numa televisão sem audiência? Propaganda comunista se faz na Globo, não é?

A seguir, José Mindlin falou sobre o desenrolar da crise, que, na verdade, começara no mesmo dia em que Vlado assumira a direção de jornalismo da TV Cultura.

P — O senhor conhecia o Vlado quando o indicou para a TV Cultura?

R — Eu o conhecia apenas de nome, mas tinha referências sobre seu trabalho na área de televisão. Examinei vários currículos e vi que o dele era, de longe, o melhor. Antes de liberar a contratação, porém, era preciso consultar o SNI. Liguei para o coronel Paiva, que era o chefe do SNI aqui em São Paulo, perguntei-lhe se havia alguma objeção ao nome de Herzog. Ele me pediu meia hora e ligou de volta, dizendo não haver impedimento. Disse que o Vlado tivera "veleidades comunistas" quando jovem, mas isso era coisa do passado, não havia mais problema.

P — O senhor conversou com o Vlado antes da contratação?

R — Conversei, mas isso foi quase um mês depois que eu havia indicado o nome dele ao governador. Acho que o Paulo Egydio ficou esse tempo todo pedindo informações sobre o Vlado. Depois de nomeado, o Vlado veio conversar comigo. Logo vi que se tratava de uma pessoa de excelente caráter e que merecia respeito. Em nenhum momento, durante todo o tempo de espera pela liberação da contratação, ele fez qualquer movimento no sentido de influir na decisão. Não fez *lobby* nenhum. Nunca mencionou, por exemplo, que era judeu, como eu, o que supostamente poderia influir na minha decisão. O Vlado era um homem digno.

P — Quando começaram as acusações de que Herzog estava fazendo propaganda comunista na TV Cultura, qual foi a reação do governador Paulo Egydio?

R — Uma vez, ele me disse: "Parece que está havendo problema na TV Cultura. Veja como estão as coisas, pois não quero problema nessa área." Voltei a falar com o coronel do SNI, com quem marquei um encontro no palácio. Logo de início ele foi falando:

— Eu estou muito aborrecido com o comportamento do senhor Herzog. Imagine que no próprio dia da posse ele colocou no ar um programa sobre o Ho Chi Minh!

Argumentei que, se foi no próprio dia da posse, não podia ter sido por decisão dele, era óbvio que já estava programado para aquele dia. Por isso, ele não podia ser responsabilizado.

Acrescentei que a nomeação do Vlado tinha sido aprovada por ele, coronel Paiva, e que não havia nenhum fato superveniente que justificasse a sua demissão. O coronel retrucou, meio exaltado:

— Eu não estou pedindo a demissão do Herzog. A permanência dele na TV Cultura depende do grau de risco que o senhor esteja disposto a assumir.

Respondi-lhe que não temia assumir riscos e perguntei se ele estava disposto a ter uma conversa com o Vlado, para que fossem esclarecidas algumas dúvidas. Para tanto, eu solicitaria ao Vlado que lhe pedisse um encontro. Houve a conversa entre os dois. Passados alguns dias, o coronel me ligou, dizendo que estava acompanhando a programação da TV Cultura e estava achando o jornalismo "muito chocho". Não consegui evitar uma risada. Ponderei:

— Pelo jeito, é resultado da orientação que o senhor deu a ele de não fazer comentários, limitar-se aos fatos, às notícias. É que frequentemente os fatos são chochos.

Daí em diante a conversa foi áspera. O coronel estava muito irritado. Insistia em que as coisas não iam bem na TV Cultura, que havia problemas e que a permanência do Vlado dependia de mim, pois o responsável é sempre o chefe.

Resolvi falar com o governador, a quem comuniquei o diálogo com o homem do SNI. Apesar da opinião do coronel Paiva de que o jornalismo da TV Cultura andava chocho, a campanha contra o Vlado, principalmente na coluna de Cláudio Marques, era cada vez mais corrosiva. A crise se acentuava. O Vlado seria uma ponta de lança dos comunistas na televisão estatal. O Cláudio Marques me chamava de "secretário cor-de-rosa".

No dia 24, eu tinha voo marcado para Nova York e o governador viajou para o interior, para visitar obras. À noite, foram pegar o Vlado na redação da TV Cultura.

P — Qual foi a reação do governador Paulo Egydio à morte de Herzog?

R — Ele ficou muito preocupado, mas aceitou a história do suicídio. Ele não queria se indispor com os militares. Queria se relacionar bem com todo mundo, ficar bem com todo mundo, mas naquele tempo isso não era possível. É assim até hoje. O João Batista de Andrade está fazendo um filme sobre os trinta anos da morte do Vlado, procurou o Paulo Egydio e ele se negou a prestar depoimento.[117] João Batista procurou o Erasmo Dias,[118] que aceitou falar. O Erasmo respondeu a todas as perguntas, sem titubear.

— Como é que o senhor, com suas ideias, pôde participar de um governo que se alinhava à proposta de abertura política? — perguntou-lhe João Batista de Andrade.

— Você está enganado. O Paulo Egydio estava bem acertado conosco, não estava querendo abertura, não.

— Mas José Mindlin, que era secretário dele, queria — ponderou João Batista.

— Bem, esse é comunista!

---

[117] De todas as pessoas solicitadas a dar depoimento sobre a morte de Vladimir Herzog para este livro, a única a se recusar foi o ex-governador Paulo Egydio Martins. Em 2005, negou-se a falar também ao cineasta João Batista de Andrade, que filmava o documentário *Vlado 30 anos depois*. Entrevistado pela colunista Mônica Bergamo, da *Folha de S.Paulo*, disse que já dera muitas entrevistas sobre o caso: "É uma repetição muito enfadonha. Eu não posso passar trinta anos falando do Vlado."

[118] Em seu depoimento ao CPDOC/Fundação Getúlio Vargas (*Paulo Egydio conta*, p. 453), o ex-governador de São Paulo faz o elogio de seu secretário de Segurança, coronel Erasmo Dias, por sua "lealdade absoluta", apesar de que "ladrava, falava muito alto, era exagerado. Podia até dar tiro para o alto, mas não mordia ninguém e nunca mordeu". Paulo Egydio vai além, chamando para si a responsabilidade pela invasão da PUC, em 1977: "A invasão da PUC não foi comandada pelo Erasmo. Eu comandei."

Mindlin concluiu:

> — Eu vivi muitas crises, nestes meus noventa anos de vida. Vivi o Estado
> Novo e o regime militar. A morte de Vlado Herzog foi mais uma das crises
> que vivi. O Brasil todo viveu aquele momento, que foi o início do processo
> de abertura. Como em outros momentos de crise, o Brasil saiu mais forte.

Juiz substituto da 7ª Vara da Justiça Federal em São Paulo, Márcio José
de Moraes ficou recolhido em casa, durante suas férias, no início do segundo semestre de 1978, para produzir um documento histórico. Em 56
páginas datilografadas, ele construiu a sentença que condenou a União
pela prisão ilegal, tortura e morte de Vladimir Herzog. O veredicto, inédito na jurisprudência brasileira, foi proclamado no dia 27 de outubro,
quando ainda estava em vigência o AI-5, instrumento de arbítrio que
permitia, entre outras violências, que o juiz fosse cassado, tivesse interrompida sua carreira, recentemente iniciada. Márcio José de Moraes estava consciente dos riscos que corria, mas sabia do peso que sua sentença
representava como afirmação da Justiça diante da ditadura militar.

Durante quase trinta anos, ele permaneceu praticamente em silêncio
sobre sua decisão. Em novembro de 2005, já desembargador, Márcio
José de Moraes falou dos dias de "inquietação e angústia":

> No dia do culto em memória de Herzog eu fui à praça da Sé. Fiquei
> numa pastelaria, numa esquina lá no fundo da praça. Enquanto comia
> um pastel para disfarçar, me prevenir de uma abordagem policial, pen-
> sava que mesmo assim, sem coragem de me aproximar da catedral, eu
> avançara bastante. Estava, pelo menos, testando o meu medo.
>
> Eu tinha andado apenas uns 200 metros desde o meu escritório, na
> rua José Bonifácio, até me refugiar na pastelaria. Mas no meu caso, de-
> pois de tantos anos de alienação, minha sensação era a de que acabara de
> fazer uma grande viagem. Eu sentia, no refúgio da pastelaria, que estava
> começando a ter consciência do horror que o país vivia.
>
> Eu estava ali, com medo, mas sentia que alguma coisa muito im-
> portante acontecia naquele momento. Acho que foi o mesmo que
> aconteceu com milhões de brasileiros. Era preciso dizer basta à ditadu-
> ra. Apesar do medo.

A versão oficial, de suicídio, era insustentável, de uma hipocrisia revoltante. Essa revolta moveu a minha consciência e a de milhões de pessoas. Foi um divisor de águas.

Um divisor de águas, certamente, em minha vida. Deixei a banca de advogado e fui prestar concurso para a magistratura. Aprovado, assumi em 1976 o cargo de juiz substituto na 7ª Vara da Justiça Federal em São Paulo. Não podia sequer imaginar que, dois anos depois, cairia em minhas mãos o processo que Clarice Herzog e seus filhos moviam contra a União pela morte de Vladimir.

Avaliei a situação. Estávamos em plena vigência do AI-5 e a mão pesada da ditadura acabara de descer sobre o juiz titular da 7ª Vara, João Gomes Martins Filho, que se preparava para dar a sua sentença, mas foi impedido por uma liminar concedida em mandado de segurança impetrado pelo Ministério Público da União, no então Tribunal Federal de Recursos.

Senti o peso da responsabilidade que deveria assumir. Eu tinha uma certa noção de que se tratava de um processo de imensa repercussão política e dos riscos que assumiria com ele.

Foi um momento de grande inquietação, de angústia. Debrucei-me sobre o processo. Tinha diante de mim um tremendo desafio. Cabia-me dar a sentença que um velho e digno juiz fora impedido de dar. Eu tinha que ser digno daquele momento.

Tirei férias para mergulhar no trabalho. Deu-se, então, uma revolução interior muito grande. Comecei a me questionar: tenho de encarar esse fato, tenho de ver e rever esse processo para chegar à sentença com dignidade e independência. Mas para chegar à conclusão que antevia, sabia que teria de enfrentar as previsíveis consequências. Teria que me reformar por dentro, assumir, enfim, todos os riscos.

Passei aquele mês de férias enfrentando a mim mesmo. Trancado em minha casa. No começo, me atormentei, pensando na tragédia de Herzog: "O que aconteceu com esse homem, meu Deus, que tragédia ele viveu em tão poucas horas, as últimas de sua vida? Ele se apresentou à prisão e pouco depois estava morto. Que terror ele sentiu?"

Essas indagações me atormentavam, me tiravam o sono.

Sei que os juízes nem sempre têm relação ativa com seus processos. Mas há casos em que os processos os transformam. Foi o que aconteceu comigo em relação ao Caso Herzog. Ao ter o processo em minhas mãos, com a responsabilidade de dar a sentença, me transformei como pessoa. Deixei de comer pastel na esquina.

O que fiz, ao mergulhar no processo, foi o que qualquer juiz consciente deve fazer. Não se pode pegar um processo daquele e folheá-lo como se fosse um monte de papéis burocráticos. Se proceder assim, não será um juiz; será um semeador de injustiça.

Ao tocar os papéis, em determinados processos, o juiz pode fazer o exercício de se colocar no lugar da vítima, perceber que por trás deles há pessoas sofrendo.

Eu não conhecia a senhora Clarice Herzog, mas tinha por ela grande admiração. Admirava-a pela persistência e coragem com que lutou para provar que seu marido não se suicidara. Só vim a conhecê-la pessoalmente no final do ano passado, durante um debate na Faculdade de História da USP. Naqueles dias, vários eventos se realizaram pela passagem dos trinta anos da morte de Herzog.

Em 1978, logo depois que dei a sentença, a revista *Veja* me procurou, me ofereceu a capa e as páginas amarelas. Recusei e sugeri que entrevistassem Clarice. Eles fizeram uma grande matéria e puseram a foto de Vladimir Herzog na capa.

Devo dizer, agora, que recusei a capa da *Veja* não por modéstia; foi por medo mesmo. O peso da sentença era muito grande. No fundo, eu temia uma reação do governo. Afinal, o AI-5 ainda estava nas mãos deles.

A sentença estava, como era previsível, nas primeiras páginas dos jornais. Sobre ela havia muitas indagações. Uma delas era: como um jovem juiz em início de carreira, em plena vigência do AI-5, ousara condenar a União num processo em que a questão central era a tortura? Outra era se eu tinha lido a sentença que o juiz Martins Filho iria dar às vésperas de sua aposentadoria. Não, nunca li. Nunca, nem antes nem depois de dar a minha sentença.

É importante lembrar as circunstâncias em que o processo veio parar em minhas mãos. No dia 26 de junho de 1978, quando o juiz Martins Filho, titular da 7ª Vara da Justiça Federal, se preparava para dar a sua sentença, chegou de Brasília, por telex, a liminar concedida pelo então presidente do Tribunal Federal de Recursos (TFR), Jarbas Nobre, impedindo a sua leitura.

Com aquilo se pretendia impedir que um juiz em final de carreira desse uma sentença condenando a União. Ele poderia fazer isso por estar em fim de carreira e, portanto, nada tinha a perder. Convinha, assim, que o processo fosse para a mão de um juiz iniciante que, ao contrário, teria tudo a perder. No caso, eu, que era o substituto.

Quando o juiz Martins Filho, um grande homem, me entregou o processo, junto vinha um bilhete que li emocionado: "Mal sabem eles que a sua mão é muito mais forte do que a minha."

Naquele momento, eu tinha uma certeza: tinha de ser digno na tarefa de substituir um homem digno. No processo que ele me entregou, estavam todos os depoimentos candentes das pessoas que passaram pelo DOI-Codi na época em que Vladimir Herzog foi morto. Os depoimentos não deixavam dúvidas sobre a violência da tortura praticada contra os presos. Além disso, havia fortes evidências de que o inquérito que o comandante do II Exército mandara fazer estava repleto de contradições. Logo percebi que a necropsia que fizeram para atestar o suicídio não era verdadeira. Entre as evidências de sua falsidade estava o fato de que um dos peritos que assinaram o laudo não estava presente no ato do exame pericial, mas o assinou depois, em confiança. Isso era suficiente para a anulação do laudo.

Passo a passo, caminhei na direção da sentença. Durante esse caminhar, encontrei vários colegas que me aconselhavam a ir devagar, que não deveria dar logo a sentença. O AI-5, lembravam, estava em vigor e eles iriam me pegar. Um colega que era deputado federal, Hélio Navarro, argumentava que eu deveria aguardar pelo menos até janeiro do ano seguinte [1979], quando era prevista a extinção do AI-5.

Mas eu tinha, mais do que uma decisão, uma convicção: a sentença deveria ser dada na vigência do AI-5. Assim teria o sentido de um brado de resistência à ditadura e de afirmação do Poder Judiciário. Era, também, uma homenagem ao juiz que fora silenciado.

O caminho percorrido até a sentença não foi fácil. Havia o temor de que algo de ruim pudesse acontecer a mim e à minha família, eu tinha consciência de que poderia estar caminhando para o fim de minha carreira.

Conversei sobre isso com a minha família, explicando o que eu estava fazendo. Recebi todo o apoio de minha primeira esposa, Ângela. Havia muitas razões para preocupação. O momento era difícil, delicado, pois tínhamos duas filhas pequenas, a Adriana, com 2 anos, e a Ana Paula, recém-nascida.

Mas fui em frente. Minha decisão era a de que deveria conduzir o meu trabalho no sentido de chegar a uma sentença com fundamentos jurídicos que lhe dessem o máximo de consistência, que não deixassem margem a contestação. Ela deveria ser desprovida ao máximo de adjetivos. Eu não queria cutucar a ditadura. Se eu podia dar uma tijolada na ditadura, por que iria atirar-lhe pedrinhas?

Quando chegou o dia de anunciar a sentença [27 de outubro de 1978], as preocupações eram maiores. A grande repercussão na imprensa foi acompanhada por algumas ameaças, telefonemas, cartas anônimas. Eu temia, claro, mas considerava improvável um atentado. Tornara-me conhecido, apoiado pela imprensa, pela maioria da opinião pública. Eles podiam ser violentos, mas não eram burros. Um atentado poderia me transformar em mais um mártir. Não convinha.

Restava o temor de ser alcançado pelo AI-5. Poderia ser cassado, e isso significaria o fim de minha carreira.

A sentença que responsabilizou a União pela morte de Herzog atingiu o regime militar em seu âmago, já que ele foi morto num recinto militar. Depois de meditar sobre esse fato durante muitos anos, concluí que nesse episódio, em que, logo depois de Herzog, houve a demissão de um comandante militar da chamada "linha-dura", teve início a futura redemocratização do país. Ali se deu, na verdade, a ruptura do Estado ditatorial. Foi o Estado Judiciário condenando o Estado Ditatorial. Rompeu-se, ali, a unidade do Estado repressivo, como um vaso que se quebra e não tem mais conserto.

Bibliografia

ABRAMO, Zilah Wendel; MAUÉS, Flamarion. *Pela democracia, contra o arbítrio*. São Paulo: Editora Fundação Perseu Abramo, 2006.

ABRAHAM, Bem. *Holocausto: o massacre de 6 milhões*. São Paulo: WG Comunicações/Confederação Israelita do Brasil, 1976.

ABREU, Hugo. *O outro lado do poder*. Rio de Janeiro: Nova Fronteira, 1979.

———. *Tempo de crise*. Rio de Janeiro: Nova Fronteira, 1980.

ALBERTI, Verena; CORDEIRO DE FARIAS, Ignez; ROCHA, Dora (Orgs.). *Paulo Egydio conta: depoimento ao CPDOC da Fundação Getúlio Vargas*. São Paulo: Imprensa Oficial, 2006.

ALMEIDA FILHO, Hamilton. *A sangue quente: a morte de Vladimir Herzog*. São Paulo: Alfa-Omega, 1977.

ALVES, Maria Helena Moreira. *Estado e oposição no Brasil: 1964-1984*. Bauru: Edusc, 2005.

AMENDOLA, Gilberto. *Maria Antônia: a história de uma guerra*. São Paulo: Letras do Brasil, 2008.

ANDRADE, João Batista de. *O povo fala: um cineasta na área de jornalismo da TV brasileira*. São Paulo: Senac, 2002.

AQUINO, Rubim Santos Leão de. *Um tempo para não esquecer: 1964-1985*. Rio de Janeiro: Coletivo A/Achiamé, 2010.

AQUINO, Maria Aparecida de; MATTOS, Marco Aurélio Vannucchi Leme de; SWENSSON JR., Walter Cruz; MORAES, Letícia Nunes de Góes. *O dissecar da estrutura administrativa do Deops/SP — O anticomunismo: doença do aparato repressivo brasileiro*. São Paulo: Arquivo do Estado/Imprensa Oficial do Estado, 2002.

ARAÚJO, Celso. *Este Espedito: escultura e esperança*. Brasília: Instituto Terceiro Setor, 2011.

AUTY, Pyillis. *Tito*. Rio de Janeiro: Renes, 1975.

AZEVEDO, Carlos. *Jornal Movimento: uma reportagem*. Belo Horizonte: Manifesto Editorial, 2011.

BIANCHI, Pietro (Org.). *Mussolini: o julgamento da história*. São Paulo: Melhoramentos, 1975.

BONES, Elmar; CENTENO, Ayrton; GUIMARAENS, Rafael. *Coojornal: um jornal de jornalistas sob o regime militar*. Porto Alegre: Libreto, 2011.

Brasil: nunca mais — Um relato para a história. Petrópolis: Arquidiocese de São Paulo/Editora Vozes, 1985.

CARTA, Mino. *O castelo de âmbar*. Rio de Janeiro: Record, 2000.

COELHO, Marco Antônio Tavares. *Herança de um sonho: as memórias de um comunista*. Rio de Janeiro: Record, 2000.

COUTO, Ronaldo Costa. *História indiscreta da ditadura e da abertura — Brasil: 1964-1985*. Rio de Janeiro: Record, 1999.

CHAGAS, Carlos. *113 dias de angústia*. Rio de Janeiro: Agência Image, 1970.

D'ARAUJO, Maria Celina; CASTRO, Celso (Orgs.). *Ernesto Geisel*. Rio de Janeiro: Fundação Getúlio Vargas, 1997.

DINES, Alberto (Org.). *Cem páginas que fizeram história: grandes momentos do jornalismo brasileiro nos últimos 80 anos*. São Paulo: LF&N, 1997.

Direito à memória e à verdade. Brasília: Comissão Especial sobre Mortos e Desaparecidos Políticos/Secretaria Especial dos Direitos Humanos da Presidência da República, 2007.

FALCÃO, Armando. *Tudo a declarar*. Rio de Janeiro: Nova Fronteira, 1989.

FICO, Carlos. *Como eles agiam: os subterrâneos da ditadura militar — Espionagem e polícia política*. Rio de Janeiro: Record, 2001.

FERNANDES JÚNIOR, Ottoni. *O baú do guerrilheiro: memórias da luta armada urbana no Brasil*. Rio de Janeiro: Record, 2004.

FIGUEIREDO, Lucas. *A história do serviço secreto brasileiro de Washington Luís a Lula: 1927-2005*. Rio de Janeiro: Record, 2005.

FON, Antônio Carlos. *Tortura: a história da repressão política no Brasil*. São Paulo: Global, 1979.

FREI BETTO. *Batismo de sangue: a luta clandestina contra a ditadura militar*. São Paulo: Casa Amarela, 2000.

FROTA, Sylvio. *Ideais traídos*. Rio de Janeiro: Jorge Zahar Editor, 2006.

GASPARI, Elio. *A ditadura encurralada*. São Paulo: Companhia das Letras, 2004.

——. *A ditadura derrotada*. São Paulo: Companhia das Letras, 2003.

GENTILE, Emílio; FELICE, Renzo de. *A Itália de Mussolini e a origem do fascismo*. São Paulo: Ícone, 1988.

GORENDER, Jacob. *Combate nas trevas: a esquerda brasileira — Das ilusões perdidas à luta armada*. São Paulo: Ática, 1998.

GUTEMBERG, Luiz. *Moisés, codinome Ulysses Guimarães: uma biografia*. São Paulo: Companhia das Letras, 1994.

HOBSBAWM, Eric. *Era dos extremos: o breve século XX — 1914-1991*. São Paulo: Companhia das Letras, 2004.

HOMEM, Wagner. *Chico Buarque: histórias de canções*. São Paulo: Leya, 2009.

JORDÃO, Fernando Pacheco. *Dossiê Herzog: prisão, tortura e morte no Brasil*. São Paulo: Global, 1979.

KUCINSKI, Bernardo. *Jornalistas e revolucionários nos tempos da imprensa alternativa*. São Paulo: Scritta, 1991.

KUSHNIR, Beatriz. *Cães de guarda: jornalistas e censores, do AI-5 à Constituição de 1989*. São Paulo: Boitempo, 2004.

LANDAU, Trudi. *Vlado Herzog: o que faltava contar*. Petrópolis: Vozes, 1986.

LIMA, Samarone. *Clamor: a vitória de uma conspiração brasileira*. Rio de Janeiro: Objetiva, 2003.

LUNGARETTI, Celso. *Náufrago da utopia: vencer ou morrer na guerrilha. Aos 18 anos*. São Paulo: Geração Editorial, 2005.

MAGNOLI, Demétrio (Org.). *História das guerras*. São Paulo: Contexto, 2006.

MARCONI, Paolo. *A censura política na imprensa brasileira: 1968-1978*. São Paulo: Global, 1980.

MARKUN, Paulo (Org.). *Vlado: retrato da morte de um homem e de uma época*. São Paulo: Brasiliense, 1985.

——. *Meu querido Vlado: a história de Vladimir Herzog e do sonho de uma geração*. Rio de Janeiro: Objetiva, 2005.

MATTOS, Sérgio. *Mídia controlada: a história da censura no Brasil e no mundo*. São Paulo: Paulus, 2005.

——. *Memória de repórter: lembranças, casos e outras histórias de jornalistas brasileiros*. Rio de Janeiro: Sindicato dos Jornalistas Profissionais do Município do Rio de Janeiro, 2010.

MIRANDA, Nilmário; TIBÚRCIO, Carlos. *Dos filhos deste solo: mortos e desaparecidos políticos durante a ditadura militar — A responsabilidade do Estado*. São Paulo: Fundação Perseu Abramo/Boitempo, 1999.

MOLICA, Fernando (Org.). *10 reportagens que abalaram a ditadura*. Rio de Janeiro: Record, 2005.

MORAES, Mário Sérgio. *O ocaso da ditadura: caso Herzog*. São Paulo: Barcarolla, 2006.

NOVOA, Cristiane; NOVOA, Jorge (Orgs.). *Carlos Marighella: o homem por trás do mito*. São Paulo: Unesp, 1999.

NUNES, Antônio Carlos Félix. *Fora de pauta: histórias e história do jornalismo no Brasil*. São Paulo: Proposta Editorial, 1981.

PATARRA, Judith Lieblich. *Iara: reportagem biográfica*. Rio de Janeiro: Rosa dos Ventos, 1993.

PEREIRA, Moacir. *O golpe do silêncio: imprensa, censura e medidas de emergência.* São Paulo: Global, 1984.

PEROSA, Lilian M. F. de Lima. *O Caso Herzog através da imprensa.* São Paulo: Imprensa Oficial/Sindicato dos Jornalistas Profissionais no Estado de São Paulo, 2001.

REIS FILHO, Daniel Aarão; FERREIRA DE SÁ, Jair (Orgs.). *Imagens da Revolução: documentos políticos das organizações de esquerda dos anos 1961-1971.* São Paulo: Expressão Popular, 2006.

RIBEIRO, José Hamilton. *Jornalistas — 1937 a 1997: história da imprensa de São Paulo vista pelos que batalharam laudas (terminais), câmeras e microfones.* São Paulo: Imprensa Oficial do Estado, 1998.

ROSE, R. S. *The Unpast: a violência das elites e o controle social no Brasil de 1954 a 2000.* Recife: Massangana (Fundação Joaquim Nabuco), 2009.

SILVA, Deonísio da. *Nos bastidores da censura: sexualidade, literatura e repressão pós-64.* São Paulo: Estação Liberdade, 1984.

SILVA, Hélio. *O poder militar.* Porto Alegre: L&PM, 1987.

SINGER, André; GOMES, Mário Hélio; VILLANOVA, Carlos; DUARTE, Jorge (Orgs.). *No Planalto, com a imprensa: entrevistas com secretários de imprensa e porta-vozes — de JK a Lula.* Recife: Massangana (Fundação Joaquim Nabuco)/Secretaria de Imprensa da Presidência da República, 2010.

SKIDMORE, Thomas. *Brasil: de Castello a Tancredo.* Rio de Janeiro: Paz e Terra, 1988.

SOUZA, Percival de. *Autópsia do medo: vida e morte do delegado Sérgio Paranhos Fleury.* São Paulo: Globo, 1970.

SOARES, Gláucio Ary Dillon; D'ARAUJO, Maria Celina; CASTRO, Celso (Orgs.). *A volta aos quartéis: a memória militar sobre a abertura.* Rio de Janeiro: Relume-Dumará, 1995.

SYDOW, Evanize; FERRI, Marilda. *Dom Paulo Evaristo Arns: um homem amado e perseguido.* Petrópolis: Vozes, 1999.

TAVARES, Flávio. *Memórias do esquecimento.* São Paulo: Globo, 1999.

VENTURA, Zuenir. *1968: o ano que não terminou.* Rio de Janeiro: Nova Fronteira, 1988.

YOUNG, Peter. *A Segunda Guerra Mundial.* São Paulo: Círculo do Livro/Melhoramentos, 1980.

Índice

Abramo, Perseu, 14, 252, 255, 263
Aidar, Henry, 87
Alberti, Verena, 142
Albuquerque, dom João da Motta e, 290
Albuquerque, Francisco Roberto de, 378
Aleixo, Alberto, 101
Aleixo, Pedro, 101
Almeida, Gastão Thomaz de, 85, 137, 166, 196, 225, 238, 252, 259, 304, 352
Almeida, Hélio de, 233
Almeida, José Ferreira de (Piracaia), 141, 142, 144, 151, 254, 356, 359
Almeida, José Pereira de, 143
Almeida, Sebastião, 355
Alves, Audálio, 133
Alves, Castro, 246, 254
Alves, Márcio Moreira, 98, 278
Alves, Sidney Teixeira, 299
Alzugaray, Domingo, 206
Amado, Jorge, 124
Amaral, Nelson Pecegueiro do, 373
Amaral, Tarsila do, 120
Andrade, Gaspar, 360
Andrade, João Batista de, 64, 65, 67, 69, 88, 107, 223, 224, 389
Andrade, Joaquim dos Santos (Joaquinzão), 358, 359
Andrade, Jorge, 202
Andrade, Oswald de, 16, 119, 120, 121, 122, 123
Andrade, Roberto Carrão de, 293
Andrade, Sílvio Correia de, 99
Anelli, Romeu, 83

Aparecido, José, 85, 131, 133, 137, 196, 238, 252, 257, 352
Aquino, Rubim Santos Leão de, 156
Araújo, Durval Ayrton Moura de, 332, 333, 334, 335, 337, 348
Araújo, Manoel dos Reis, 75
Armond, Ismael, 151
Arns, dom Paulo Evaristo, 81, 189, 211, 212, 230, 241, 258, 263, 273, 290, 291, 303, 313, 314, 317, 318, 319, 328, 377, 379, 382
Artigas, Villa Nova, 82
Artigas, Virgínia, 82, 83
Avelino, Confúcio Danton de Paula, 357
Ayala, Vladimir, 163
Azambuja, Horuz, 195, 198, 201
Azevedo, Victor, 118
Azzi, Rodolfo, 91

Bairão, Marcelo, 82, 83, 199
Barbosa, Marco Antônio Rodrigues, 361
Barreto, Humberto, 171, 172
Bastos, Raul, 193
Bella, Ivan de Barros, 77
Benetazzo, Antônio, 78
Bergamo, Mônica, 389
Berger, Harry, 117, 118
Bermudes, Sérgio, 361, 370
Bernardes, Arthur, 121
Bernardino, dom Angélico Sândalo, 274, 359
Bicudo, Hélio, 151
Birri, Fernando, 48, 58

Boal, Augusto, 47, 61
Borges, Múcio, 206
Bourdokan, Georges, 87, 88
Branco, Castello, 76, 84, 129
Brickmann, Carlos, 207
Brizolla, Fernando, 77
Brossard, Paulo, 101
Buschilla, Dulcídio Vanderley, 189, 338

Cabral, Sérgio, 111, 112
Callado, Antonio, 61
Câmara, dom Helder, 12, 314, 318, 329
Camargo, Edmur Péricles, 78
Campanhole, Adriano, 76, 77, 83, 84, 129
Candido, Antonio, 61
Canto, Marival Chaves Dias do, 155
Cardoso, Fernando Henrique, 68
Cardozo, José Eduardo Martins, 16
Carioba, Gunnar Muller, 378, 379
Carmen, Maria del, 168, 169, 247, 259, 260
Carta, Luís, 206
Carta, Mino, 207, 208, 209, 210, 211, 212, 213, 269, 292, 310, 326, 380
Carvalho, José Albuquerque de (Carvalhinho), 120
Carvalho, José Roberto Leal de, 342
Carvalho, Marinilda. *Ver* Marchi, Marinilda
Carvalho, Ricardo, 222
Casadei, Altair, 343, 346
Casanova, Mário Leônidas, 45
Castro, Celso, 149, 321, 324, 353, 357
Castro, Fidel, 46, 206
Castro, Renato Correia de, 295
Chandler, Charles, 91
Charf, Clara, 90, 91, 93
Chateaubriand, Assis, 119
Chaves, Clarice Ribeiro. *Ver* Herzog, Clarice
Chaves, João (Zico), 40, 223
Chaves, Leite, 277, 278, 279, 280
Christo, Anthony de, 42, 86, 87, 156, 162, 168, 169, 170, 174, 184, 185, 186, 229, 237, 242, 243, 244, 247, 259, 260, 347, 363

Civita, Victor, 208
Coelho, Marco Antônio Tavares (Jacques), 101, 102, 103, 104, 105, 106, 115, 158
Coelho, Milton, 80, 86, 111, 112, 205, 339
Coelho, Teresa, 102, 103, 104, 105
Conselheiro, Antonio, 68
Corrêa, José Celso Martinez, 61
Corrêa, Marcos Sá, 210
Correia, Altino, 225
Correia, Hilário, 118
Cortez, Raul, 242
Costa, David Capistrano da, 78, 192
Costa, Élson, 101, 106, 156
Costa e Silva, marechal, 62, 98, 101, 332
Costa, Fernando, 125
Costa, Luiz Paulo, 156, 188, 189, 190, 191, 192, 193
Costa, Maria Elisa, 190
Costa, Miguel, 121
Couto e Silva, Golbery do, 73, 100, 104, 143, 165, 208, 210, 212, 213, 230, 288, 292, 326
Couto, Ronaldo Costa, 62, 100

Dada, Idi Amin, 148
Damante, Hélio, 83, 84, 86, 114, 131, 258, 263, 291, 380
Dantas, Audálio, 3, 68, 131, 133, 234, 282, 326, 327
D'Araujo, Maria Celina, 149, 321, 324, 353, 357
Delgado, Ieda Santos, 78
Dianesi, Vicente, 79
Dias, Erasmo, 142, 211, 280, 282, 285, 295, 299, 389
Dias, Giocondo, 102, 158
Dias, José Carlos, 342
Dias, Lia Ribeiro, 86
Dias, Lucy Teresa Cardoso, 271
Dines, Alberto, 61, 133, 233, 282
Dirceu, José, 92
Duarte, Paulo, 310
Duda, Nego, 360

Emma, 32, 33, 54
Escobar, Ruth, 92, 246
Estrada, George Benigno Jatahy Duque, 86, 156, 198, 199, 205, 213, 215, 216, 217, 229, 230, 233, 237, 242, 243, 247, 249, 333, 337, 338, 349, 363
Estrada, Hildebrando de Assis Duque, 337
Estrada, João Augusto de Assis Duque, 337

Fabiano, Nelson, 354
Falcão, Armando, 104, 197, 208, 275, 278, 279
Farias, Ignez Cordeiro de, 142
Farkas, Melanie, 207
Farkas, Thomas, 207
Faro, Fernando, 212, 213
Félix, Anísio, 262
Ferrador, João, 85, 114
Ferrari, Levi Bucalem, 19
Ferraz, Geraldo, 69, 107, 119
Ferraz, Gildo Corrêa, 374
Ferreira, Argemiro, 69
Ferreira, Evaldo Dantas, 125
Ferreira, Heitor, 72
Ferreira, Joaquim Câmara, 78, 123, 124
Ferri, Antônio Guimarães, 66
Ferri, Marilda, 300
Figueiredo, Armando, 222
Figueiredo, João Baptista, 283, 357
Figueiredo, Samuel MacDowell de, 361
Filho, Arnaldo Malheiros, 342
Filho, Carlos Caldeira, 211
Filho, Daniel Aarão Reis, 91
Filho, David Capistrano, 192, 193
Filho, Expedito, 155
Filho, Hamilton Almeida, 325
Filho, João Gomes Martins, 363, 364, 370, 371, 372, 373, 374, 391, 392, 393
Filho, Laurindo Leal, 86
Filho, Luís Inácio Maranhão, 78, 156
Filho, Manoel Fiel, 10, 149, 150, 262, 355, 356, 357, 358, 359, 360, 361, 364, 382
Filho, Manoel Gonçalves Ferreira, 139

Filho, Oduvaldo Viana, 47
Fiorda, Neusa, 79
Fleury, Sérgio Paranhos, 80, 93, 128, 272, 273, 299, 339
Fonseca, Ariel Pacca da, 253
Fragoso, Heleno, 361
Franco, Francisco, 39, 216
Frate, Alberto, 183
Frate, Delma, 183
Frate, Diléa, 156, 175. *Ver* Markun, Diléa
Freire, Eleonora Machado (Léo), 164, 165, 167, 168
Frota, Sylvio, 72, 94, 104, 147, 150, 277, 278, 279, 280, 294, 321, 357, 358, 364
Fuerstein, Leon, 335

Gajardoni, Almir, 210
Galé, José Vidal Pola, 79, 156, 188, 189
Galvão, Patrícia Rehder (Pagu), 16, 118, 119, 120, 121, 122, 123
Gasparian, Fernando, 68
Gaspari, Elio, 72, 104, 251, 278, 280, 294, 300, 301, 319, 324, 353, 358, 359
Gatto, Marcelo, 354
Geisel, Amália Lucy, 295
Geisel, Ernesto, 61, 62, 66, 70, 71, 72, 73, 78, 97, 99, 100, 104, 141, 143, 144, 146, 147, 148, 150, 171, 203, 207, 266, 267, 268, 279, 280, 288, 289, 292, 293, 294, 295, 301, 302, 308, 320, 321, 322, 324, 331, 353, 354, 357, 358, 381, 385
Geisel, Lucy, 294
Gertel, Eugênio, 118
Gertel, Noé, 123
Godoy, Antônio Carlos, 77
Godoy, Marcelo, 299
Goldman, Alberto, 191, 234, 241, 259
Gomes, Wilson Lourenço, 86, 114, 137, 166, 196, 219, 238, 244, 252, 263, 352
Gorender, Jacob, 124
Goulart, João, 97, 98, 300, 333
Graça, Milton Coelho da, 80, 86, 111, 112, 205, 339
Grancieri, Pedro Antônio Mira, 216, 217, 344, 345, 362, 363, 371

Guarnieri, Giafrancesco, 47
Guevara, Che, 300
Guild, John, 203
Guimarães, capitão, 271
Guimarães, Ulysses, 100, 147, 148
Guzzo, José Roberto, 210, 269

Helu, Vadih, 170, 171
Herzog, André, 12, 40, 53, 56, 245, 318, 361, 379
Herzog, Clarice, 19, 40, 41, 42, 49, 50, 51, 53, 54, 55, 58, 60, 68, 91, 92, 93, 202, 203, 204, 212, 215, 221, 222, 223, 224, 226, 227, 238, 241, 245, 307, 317, 334, 336, 342, 347, 361, 371, 373, 377, 378, 380, 391, 392
Herzog, David, 55, 56
Herzog, Gisela, 24, 26, 30
Herzog, Ivo, 12, 19, 40, 53, 54, 56, 245, 318, 361, 377, 379
Herzog, Lucas, 379
Herzog, Moritz, 24, 25, 26, 28, 30
Herzog, Zigmund (Giga), 18, 21, 23, 24, 25, 26, 27, 28, 29, 30, 31, 32, 33, 34, 35, 36, 43, 50, 53, 55, 56
Herzog, Zora, 19, 21, 23, 24, 25, 26, 27, 28, 29, 30, 31, 34, 35, 36, 37, 40, 43, 44, 50, 53, 221, 226, 246, 318, 334, 335, 371, 384
Hirszman, Leon, 61
Hitler, Adolf, 23, 24, 30, 277
Hollanda, Chico Buarque de, 68, 92

Inês (mãe de Clarice), 56, 57, 223, 224
Izar, Margarida, 118

Jaccoud, D'Alembert, 171
Jeremias, profeta, 246
Jordão, Fátima Pacheco, 53, 222
Jordão, Fernando Pacheco, 13, 19, 51, 53, 63, 64, 66, 67, 70, 87, 88, 89, 95, 96, 114, 131, 136, 145, 146, 153, 171, 173, 174, 202, 214, 219, 220, 221, 222, 223, 224, 226, 232, 238, 243, 252, 254, 258, 334, 336, 352, 364, 367, 370, 380

Jr., Goffredo da Silva Telles, 151
Júnior, Orlando Bonfim, 156
Júnior, Ottoni Fernandes, 272

Kalili, Narciso, 77
Kawal, Luís Ernesto Machado, 262
Kfouri, Juca, 19
Konder, Rodolfo Oswaldo, 80, 86, 151, 156, 198, 204, 205, 215, 216, 217, 229, 230, 233, 237, 238, 242, 243, 247, 249, 337, 338, 349, 363
Kotscho, Ricardo, 86, 266
Kruel, Amauri, 332
Kubitschek, Juscelino, 45
Kushnir, Beatriz, 268

Lampião, 121
Landau, Trudi, 18, 53, 371
Lang, Adhemar, 223
Lázaro, Darcy, 160
Lechziner, Eric, 335, 336, 371, 372, 384
Leite, Paulo Moreira, 257
Lemos, João Baptista, 176
Leocádia, Anita, 161, 163, 170
Leopoldo, dom Duarte, 121
Levi, Rino, 113
Lia, Rosa, 175, 176
Lima, Fernando Guimarães de Cerqueira, 294, 331, 332, 335, 337, 338, 341, 367, 369
Lima, José Montenegro de (Magrão), 155, 156, 175
Lima, Valfrido, 172
Lobato, Randolfo Marques, 342, 349
Lobo, Aristides, 118, 123
Lopes, Bruno Tito, 363
Lopes, Eurico Prado, 73, 113
Lorenzotti, Elizabeth, 86

Machado, Raul, 117
Maciel, Audir Santos, 220, 243, 335, 345, 346, 347, 348
Maia, Carlito, 304
Maia, Dulce, 304
Maia, Gastão, 304, 305
Maksoud, Henry, 68, 206

Marchi, Carlos, 160
Marchi, Marinilda, 156, 160, 161, 162, 163, 179, 188
Marcondes, Gentil, 150
Marcos, Plínio, 208, 209, 313
Marighella, Carlos, 81, 90, 91, 92, 93, 124
Marinho, Robson, 241
Markun, Ana, 175, 178, 179, 182, 183, 184
Markun, Bernardo, 183
Markun, Diléa, 156, 162, 168, 175, 176, 177, 178, 179, 181, 182, 183, 184, 195, 196, 219, 220, 333
Markun, Paulo, 42, 47, 79, 86, 113, 142, 156, 158, 162, 168, 169, 174, 175, 176, 177, 179, 181, 183, 184, 195, 196, 199, 204, 219, 229, 231, 237, 242, 243, 333, 347, 363
Marques, Cláudio Martins, 41, 138, 139, 152, 153, 154, 170, 171, 202, 233, 389
Marques, Ferreira, 211, 251, 252, 253, 254, 275
Marques, Randau, 233
Marta, Maria, 201, 303
Martins, Emanuel, 246
Martins, Luís Arrobas, 143
Martins, Paulo Egydio, 70, 73, 135, 139, 141, 142, 143, 144, 149, 150, 151, 165, 191, 210, 211, 213, 230, 276, 292, 305, 357, 381, 385, 386, 387, 388, 389
Martins, Rui Nogueira, 77, 145, 213, 222
Matarazzo, Francisco, 125
Médici, Emílio Garrastazu, 62, 63, 64, 67, 99
Meireles, Tomaz Antônio, 78
Meirelles, Hely Lopes, 80
Mello, Arnon de, 115
Mello, Ednardo d'Ávila, 73, 133, 134, 135, 137, 139, 141, 142, 143, 144, 145, 146, 150, 151, 156, 196, 197, 198, 214, 251, 293, 294, 321, 327, 337, 341, 352, 357, 358, 362, 382, 386
Mello, Fernando Collor de, 115
Mello, João Massena, 156

Melo, Iberê Bandeira de, 206
Melo, Sarita d'Ávila, 196
Mendes, Alaí Garcia Diniz, 311, 312
Meneghetti, 121
Merlino, Luiz Eduardo da Rocha, 75, 78
Mesquita, Ruy, 104, 270, 275
Michelangelo, 61
Mindlin, José, 151, 152, 165, 170, 172, 230, 276, 377, 384, 385, 387, 389, 390
Minh, Ho Chi, 152, 153, 388
Miranda, Jayme Amorim de, 106, 115, 156
Miranda, Jorge Sá de, 18
Miranda, Nilmário, 101, 106
Monerat, Roberto Mário, 293
Monteiro, Cyro, 186
Monteiro, Dilermando Gomes, 362, 363, 386, 387
Monteiro, Fernando, 186
Monteiro, Luiz Guilherme de Moraes, 186, 187, 188
Monteiro, Ricardo Moraes, 79, 86, 156, 186, 187, 189
Montoro, Franco, 100, 241, 245, 277
Moraes, David de, 77, 258
Moraes, Márcio José de, 310, 374, 377, 390
Moraes, Mário Sérgio de, 359
Moraes, Prudente de, 151, 263, 281, 319, 327
Morais, Fernando, 80, 95, 199, 205, 206, 207, 233
Morais, Rúbia, 206, 207
Moreira, Cid, 283
Mungioli, Arlindo, 86
Mussolini, Benito, 22, 24

Natel, Laudo, 64, 65, 87, 88, 139
Navarro, Hélio, 393
Neotti, Clarêncio, 181, 182
Neto, José Maximiniano de Andrade, 141, 144
Neto, José Vicente Freitas, 262
Neto, Júlio de Mesquita, 77, 97, 98, 198
Neto, Marcelo Tulmann, 84, 86, 119
Netto, João Guilherme Vargas, 111, 157, 158, 159

Nobre, Freitas, 84, 234, 264
Nobre, Jarbas, 374, 392
Nogueira, José Bonifácio Coutinho, 65, 66, 144
Nogueira, Nemércio, 51
Novaes, Israel Dias, 365
Novak, Paulo, 244, 314, 315, 335
Nunes, Antônio Carlos Félix, 85, 86, 112, 114, 128, 131
Nunes, Paulo Pereira, 195, 209, 213, 214, 215, 347
Nunes, Vasco Oscar, 85, 128, 131

Oliveira, Hélio, 223
Oliveira, Juca de, 212, 242
Oreb, Laís Fagundes, 131
Ortiz, Horácio, 241
Otávio (chargista), 85

Paes, José de Barros, 149, 150, 214, 220, 251, 253, 270, 275, 343, 346, 347, 349
Paiva, Dídimo, 262
Paiva, José Paulo, 361
Paiva, Oscar, 142, 149, 172, 213, 387, 388, 389
Pavelitch, Ante, 24
Pereira, Canavarro, 80
Pereira, Francelino, 322
Pereira, Hiran de Lima, 106, 156
Pereira, Marcus, 201
Pereira, Moacir, 262
Pereira, Raimundo, 68
Perosa, Lilian M. F. de Lima, 323
Pessoa, Fred, 188, 189
Pessoa, Lenildo Tabosa, 154
Pfitzreuter, Ruy Oswaldo, 79
Pierro, Gilberto de, 152
Pinkuss, Fritz, 335
Pinochet, 94, 353
Pinto, Carvalho, 101
Pinto, Sobral, 117
Pires, Herculano, 263, 264
Poljokan, Laslo, 56
Pomar, Pedro, 123
Pompeu, Sérgio, 210

Portella, Petrônio, 265, 273, 278
Prado, Antonio Alberto, 199, 237
Prado, Antônio Carlos, 362
Prado, Décio de Almeida, 46
Prestes, Luiz Carlos, 117, 123, 161, 170, 230

Quadros, Jânio, 133
Quadros, Valdir, 158, 159
Queiroz, Ademar de, 73
Quércia, Orestes, 100, 245

Raide, Elias, 84
Ramiro, capitão, 162, 187, 271, 371
Ramos, Graciliano, 355
Ramos, Luiz Carlos, 110
Regina, Elis, 225, 226
Régis, Jairo, 111
Rego, Gustavo Moraes, 149, 294, 324
Ribeiro, José Hamilton, 76, 84, 115, 117, 118, 119, 120, 131
Rios, Jefferson Del, 222
Rittner, Marcelo, 314
Roberto, Maurício, 61
Rocha, Alexandre, 12
Rocha, Dora, 142
Rocha, Espedito, 19
Rocha, Fausto, 133, 134, 135, 136, 137, 138, 139
Rocha, Glauber, 61
Rocha, Júlia, 12
Rocha, Marco Antônio (Marquito), 12, 86, 87, 89, 104, 109, 199, 203, 204, 233, 237, 270, 275
Rocha, Olívia, 275
Rodrigues, Armando Canger, 367, 368, 369
Rodrigues, Miguel Urbano, 191, 237
Rodrigues, Sidneia, 19, 311
Rodrigues, Sineval Martins, 19, 311
Rosenfeld, Gerson, 335
Rousseff, Dilma, 82

Sacchetta, Hermínio, 20, 118, 123, 124, 125, 126
Sá, Jair Ferreira de, 91

Sales, dom Eugênio, 303
Salgado, Plínio, 117
Sá, Luiz Fernando, 362
Sampaio, Antônio Possidônio, 19
Sampaio, Walter, 66, 153
Santos, Nelson Pereira dos, 47
Santos, Osmar, 110, 114
Sartre, Jean-Paul, 46, 47
Saturnino, Roberto, 101, 264
Shibata, Harry, 16, 105, 344, 364, 365, 366, 367, 368, 369, 370
Shibata, Silvio, 345
Shiota, Motoho, 345
Silva, Adelaide da, 166
Silva, Edwaldo Alves da, 155
Silva, Frederico Pessoa da (Fred), 86, 110, 156, 161, 162, 163, 164, 165, 167, 168, 188, 229, 339
Silva, Geraldo Castro da, 356
Silva, Ivone Borges da, 312
Silva, José Maria da, 166
Silva, José Raymundo da, 163
Silva, Luiz Inácio da (Lula), 85, 262, 358
Silva, Sérgio Gomes da (Serjão), 19, 79, 81, 82, 83, 111, 156, 157, 158, 159, 162, 166, 167, 168, 176, 187, 188, 189, 192, 339, 363
Silva, Walter (Picapau), 225, 226
Simões, Aloísio, 285, 289
Siqueira, Arnaldo, 366, 367, 368
Soares, Ayrton, 20, 234, 241
Soares, Gláucio Ary Dillon, 149, 324, 357
Sobel, Henry, 246, 291, 302, 303, 305, 314, 348, 377, 381, 382, 383
Sobrinho, Barbosa Lima, 282, 319
Sobrinho, Orlando Marretti, 155
Sobrinho, Santilli, 207
Sodré, Roberto de Abreu, 80, 139
Sófocles, 61
Sousa, João Borges de, 262
Souza, Hamilton Octavio de, 86, 128, 193, 352
Souza, Percival de, 77

Stachini, José, 123
Sydow, Evanize, 300

Tibúrcio, Carlos, 101, 106
Tinhorão, José Ramos, 211
Tito, Josip Broz, 28, 34
Torres, Antonio, 19
Torres, Vinícius Ferraz, 284
Toti, Paulo, 207
Trefaut, Miguel, 191
Trotsky, Leon, 124
Tuma, Romeu, 272, 273

Ubirajara, capitão, 10, 162, 271, 348, 361, 362, 370, 371

Vandré, Geraldo, 77, 81, 244
Vargas, Getúlio, 49, 117
Veloso, Itair José, 106, 156
Ventura, Luís Carlos, 85
Ventura, Zuenir, 60
Viana, Arildo de Toledo, 344, 366, 367, 368
Vidal, Paulo, 85
Viegas, José, 378
Villas-Boas, Orlando, 68

Wainer, Samuel, 49, 206
Weis, Luís, 44, 45, 47, 86, 87, 89, 90, 109, 171, 172, 173, 174, 184, 185, 207, 208, 209, 210, 211, 213, 219, 237, 268, 269, 270, 272, 338, 363
Wilheim, Jorge, 143
Wilma, Eva, 242, 313
Wolf, Sirena, 31
Wollner, Robert (Robi), 29, 30, 32, 33, 34
Wollner, Ziga, 31
Wright, Jaime, 291, 312, 313, 314, 315, 380
Wright, Paulo Stuart, 312

Ziskind, Moisés Oscar, 352
Zulin, Olívio Caetano, 151

*O texto deste livro foi composto em Sabon,
desenho tipográfico de Jan Tschichold de 1964
baseado nos estudos de Claude Garamond e
Jacques Sabon no século XVI, em corpo 11/15.
Para títulos e destaques, foi utilizada a tipografia
Frutiger, desenhada por Adrian Frutiger em 1975.*

*A impressão se deu sobre papel off-white
pelo Sistema Cameron da Divisão Gráfica
da Distribuidora Record.*